Hermann K. Heußner
Otmar Jung (Hg.)

Mehr
direkte
Demokratie
wagen

Herausgegeben von
Hermann K. Heußner/Otmar Jung
im Auftrag des Kuratoriums für Mehr Demokratie

Hermann K. Heußner
Otmar Jung (Hg.)

Mehr direkte Demokratie wagen

Volksbegehren und Volksentscheid:
Geschichte – Praxis – Vorschläge

Mit einem Vorwort von Hans-Jochen Vogel

OLZOG

Die Deutsche Bibliothek - CIP-Einheitsaufnahme

Mehr direkte Demokratie wagen :
Volksbegehren und Volksentscheid: Geschichte - Praxis - Vorschläge /
Hermann K. Heußner ; Otmar Jung (Hg.). Im Auftr. des Kuratoriums
für Mehr Demokratie. - München: Olzog, 1999
ISBN 3-7892-8017-8

ISBN 3-7892-8017-8

© 1999 Olzog Verlag GmbH, München

Internet: http://www.olzog.de

Umschlagentwurf: Gruber & König, Augsburg
Druck- und Bindearbeiten: Presse Druck, Augsburg
Printed in Germany

Zum Geleit

Die unmittelbare Bürgerbeteiligung in Gestalt der Volksinitiative, des Volksbegehrens und des Volksentscheids habe ich in all meinen Funktionen schon seit langem befürwortet. Bestimmt haben mich dazu insbesondere die positiven Erfahrungen, die mit dieser Form der direkten Demokratie in Bayern seit dem Inkrafttreten der Verfassung von 1946 gemacht wurden und die ich an Ort und Stelle – mehrfach sogar als Mitinitiator oder Befürworter – gewinnen konnte. Überfällige Reformen, denen sich die Parlamentsmehrheit jedenfalls bis zum Zustandekommen der jeweiligen Volksinitiative verweigerte, wie etwa der Übergang von der Bekenntnis- zur Gemeinschaftsschule, die verfassungsrechtliche Verankerung der Rundfunkfreiheit und die Einführung des kommunalen Bürgerentscheids, sind auf diesem Wege verwirklicht worden. Das hat auch bewirkt, daß sich in Bayern ein stärkeres demokratisches Selbstwertgefühl der Bürgerinnen und Bürger entwickelte und das Vorurteil, man könne – schon angesichts der seit Jahrzehnten verfestigten Mehrheitsverhältnisse – ja doch nichts machen, von Fall zu Fall überzeugend widerlegt wurde.

Anfang der 90er Jahre bin ich zusammen mit anderen in der Gemeinsamen Verfassungskommission von Bundestag und Bundesrat dafür eingetreten, die unmittelbare Bürgerbeteiligung auch auf der Bundesebene einzuführen. In Anbetracht der Tatsache, daß die Menschen in der DDR unter der Devise „Wir sind das Volk" kurz zuvor das SED-Regime beendet und den entscheidenden Anstoß zur deutschen Einheit gegeben hatten, erschien das auch aus der konkreten geschichtlichen Situation heraus geboten. Zudem hätte es den inneren Einigungsprozeß befördert, wenn bei dieser Gelegenheit wenigstens e i n Impuls der friedlichen Revolution des Jahres 1989 vom Grundgesetz aufgenommen und so deutlich geworden wäre, daß das Grundgesetz nicht mehr allein das Verfassungsdenken und den Verfassungszustand der alten Bundesrepublik wiedergibt. Dies um so mehr, als in dem Zeitpunkt, in dem die Gemeinsame Verfassungskommission diesen Vorschlag beriet, bereits alle Neuen Bundesländer entsprechende Regelungen in ihre Verfassungen aufgenommen hatten. Leider blieb der Vorstoß vergeblich, weil er infolge der Ablehnung von konservativer Seite die Zweidrittel-Mehrheit verfehlte.

Vieles spricht dafür, jetzt einen neuen Vorstoß zu unternehmen. Immerhin hat die direkte Demokratie inzwischen in den Bundesländern, die dieses Institut noch nicht kannten, auf Landesebene und – dem bayerischen Beispiel folgend – auch auf kommunaler Ebene geradezu einen Siegeszug angetreten. Und auch die Stimmen, die eine unmittelbare Bürgerbeteiligung nun ebenso auf Bundesebene fordern, haben deutlich zugenommen. Sogar der Bayerische Ministerpräsident, der in der Gemeinsamen Verfassungskommission noch zu den Gegnern einer solchen Regelung gehörte, hat sich kürzlich dazu positiv geäußert. Und in der Tat ist weniger denn je einzusehen, warum das Volk in den Ländern und in vielen Gemeinden, nicht aber im Bund das letzte Wort haben soll, wenn eine hinreichende Anzahl von Bürgerinnen und Bürgern das will.

Wie auch in vielen anderen europäischen Staaten, die dieses Institut schon lange praktizieren, würde die repräsentative Demokratie dadurch keineswegs abgeschafft, sondern in substantieller Weise ergänzt. Substantiell deshalb, weil so einer zentralen Norm des Grundgesetzes, nämlich seinem Art. 20, demzufolge alle Staatsgewalt vom Volke ausgeht und von ihm in Wahlen u n d Abstimmungen ausgeübt wird, endlich zur vollen Wirksamkeit verholfen würde. Und das ohne Beeinträchtigung des Bundesstaatsprinzips. Denn dieses würde durch die auch in diesem Sammelband befürwortete Regelung voll gewahrt, derzufolge ein erfolgreicher Volksentscheid neben der nationalen Mehrheit auch das sogenannte Ländermehr, also eine Mehrheit in so vielen Ländern erfordert, daß deren Stimmen eine Bundesratsmehrheit ergeben würden.

Die in dem vorliegenden Sammelband zusammengefaßten Beiträge ermutigen zu einem solchen Vorstoß und bieten für die jetzt notwendige Intensivierung der Diskussion wertvolles Material. Dabei erscheint mir neben den Berichten über die Situation in anderen Staaten, über die Entwicklung innerhalb der Bundesrepublik und über praktische Erfahrungen mit der direkten Demokratie auf der Länder- und der kommunalen Ebene vor allem die konzentrierte Auseinandersetzung mit den Gegenargumenten von Nutzen, die in einem eigenen Beitrag, aber auch an vielen anderen Stellen stattfindet. In diesem Zusammenhang wird dankenswerterweise auch auf die unzutreffende Behauptung eingegangen, daß die Republik von Weimar gerade auch an den seinerzeitigen Volksbegehren zugrunde gegangen sei. Des weiteren enthält der Band auch einen Vorschlag für die inhaltliche Ausgestaltung einer entsprechenden Verfassungsänderung und ein politisches Konzept für deren Verwirklichung, das ganz neue Wege beschreitet. Beides werden auch diejenigen begrüßen, die in der einen oder anderen Einzelfrage abweichende Meinungen vertreten. Denn es kommt nunmehr darauf an, die Dinge in Bewegung zu bringen und möglichst bald auch Bundesgenossen im Bundestag und im Bundesrat zu gewinnen und zu aktivieren. Dazu leistet der Sammelband einen wichtigen Beitrag, und schon deshalb wünsche ich ihm eine weite Verbreitung.

München, im Juli 1999   *Dr. Hans-Jochen Vogel*
                                          Bundesminister a. D.

Inhaltsverzeichnis

Einleitung

Von Hermann K. Heußner und Otmar Jung

Die gesellschaftliche Situation

Unbefriedigende Zustände

In ihren ersten 40 Jahren war die Demokratie in der Bundesrepublik Deutschland fast rein repräsentativ organisiert. Die Bürger gaben alle vier Jahre ihre Stimme ab – in einem doppelten Sinne: Durch ihre Wahlstimmen entschieden sie über die jeweilige Stärke der Parteien im Parlament. Aber zugleich hatten sie ihre Stimme *abgegeben* und für die folgenden Jahre bis zur nächsten Wahl nichts mehr *zu sagen*. Politik machte nun die gewählte Volksvertretung.

Dies soll nicht heißen, daß es zwischen Abgeordneten und Bürgern keine Verbindungen und Einwirkungen gegeben hätte. Die Politiker achteten (manchmal zu sehr) auf die Meinungsumfragen, die ihnen die Demoskopie lieferte; die öffentliche Meinung, und zumal die veröffentlichte (also Presse, Rundfunk und Fernsehen), besaß durchaus Gewicht; die verhältnismäßig wenigen Parteimitglieder unter den Bürgern konnten auf dem Wege der innerparteilichen Demokratie einen gewissen Einfluß nehmen. Aber jenseits dieser eher informellen Möglichkeiten bleibt es wahr, daß das Volk bis zur nächsten Wahl nichts mehr zu *entscheiden* hatte.

Unter diesem System sind in der Geschichte der Bundesrepublik immer wieder grundlegende Weichenstellungen vorgenommen worden, ohne das Volk zu fragen. Über die Weisheit dieser Entscheidungen (sozusagen von NATO bis EURO) mag man streiten; aber daß sie seinerzeit nur in der Volksvertretung durchgesetzt wurden, während es im Volk selbst keine mehrheitliche Unterstützung dafür gab und man sich auch gar nicht darum bemühte, wird heute von der politischen Klasse selbst offen eingestanden. Wenn das Parlament derart von der demokratischen Basis „abgehoben" hatte, taugten die nächsten Wahlen nie als Sanktion: Sie fanden erst Jahre später statt; dann ging es um ein ganzes Themenbündel, und schließlich überlagerte die Wahlentscheidung für die Zukunft immer die Abrechnung für die Vergangenheit. Nach diesem Muster wurden auch in den Ländern und Gemeinden fundamentale Entscheidungen getroffen, was auf der Kommunalebene besonders mißlich wirkte, wenn die Vertretungsorgane gar nur alle sechs Jahre gewählt wurden.

Daß die Bundesrepublik Deutschland in diesen vier Jahrzehnten – gemessen an anderen Epochen der deutschen Geschichte – insgesamt ganz gut regiert worden ist, wird kaum jemand in Abrede stellen. Aber es war, um es knapp auf den Begriff zu bringen, immer eine Regierung *für* das Volk und keine Regierung *durch* das Volk. Die Bundesrepublik Deutschland war in gewissem Sinne eine *obrigkeitsstaatliche* Demokratie. Die Bürger – und insbesondere diejenigen, die erst in der Bundesrepublik aufgewachsen waren und ein grundlegend anderes Politikverständnis hatten – reagierten auf diese Situation mit zunehmender Politik(er)verdrossenheit.

Auf der Bundesebene konnten sich die Verhältnisse kaum anders entwickeln, nachdem das Grundgesetz alle wesentlichen politischen Sachentscheidungen beim Parlament monopolisiert hatte. Das gleiche gilt für die Kommunalebene. Etwas wundern muß man sich dagegen bei den Ländern. Die meisten Landesverfassungen hatten nämlich ein „gemischtes" System der Demokratie eingeführt, sahen also – außer Wahlen – auch Volksbegehren und Volksentscheid vor. Aber in der Praxis funktionierte das nicht. In Hessen und Rheinland-Pfalz z. B. ist es bis heute – mehr als ein halbes Jahrhundert seit der Verabschiedung der entsprechenden Verfassungen – zu keiner Volksgesetzgebung gekommen; in Nordrhein-Westfalen kam in 49 Jahren Staatspraxis bislang ein einziges Volksbegehren zustande. Die Gründe dafür liegen auf der Hand: Man hatte in der ersten Nachkriegszeit die Hürden für die Volksgesetzgebung so hochgesetzt, daß sie praktisch unüberwindlich waren. Es gab also zwar die Volksrechte – aber sie standen sozusagen „nur auf dem Papier". Allein Bayern mit seinem schweizerisch geprägten Regelwerk direkter Demokratie machte davon eine rühmliche Ausnahme.

Eine Abhilfe: direkte Demokratie

Der Siegeszug des direktdemokratischen Gedankens

Seit etwa zehn Jahren findet der Gedanke immer mehr Anklang, daß es das demokratische Gemeinwesen insgesamt belebt, wenn das bislang geschlossene repräsentative System plebiszitär geöffnet wird. Selbstverständlich bleibt das Parlament unentbehrlich, und auch das Schwergewicht der politischen Arbeit wird weiterhin dort liegen. Aber ergänzend sollen die Bürger die Möglichkeit haben, durch Volksbegehren und Volksentscheid einzugreifen und punktuell politische Fragen selbst zu beantworten. Es braucht dies nicht häufig zu geschehen. Doch es muß den Volksvertretern künftig bewußt sein, daß sie nach ihrer Wahl nicht frei schalten und walten können, weil das Volk seine Stimme am Wahltag nicht „abgegeben" hat, sondern auch während der Wahlperiode noch eine Sache zur Entscheidung an sich ziehen kann. Daraus ergab sich eine dreifache Aufgabe: Es galt, das erwähnte „gemischte" System der meisten Landesverfassungen funktionsfähig zu machen und Elemente direkter Demokratie auf Kommunalebene sowie auf der Ebene des Bundes einzuführen.

Diese Aufgabe wurde so erfolgreich angepackt, daß man geradezu von einem Siegeszug der direkten Demokratie nach 1989 sprechen kann. Seitdem sind in einer wahren Verfassungsbewegung acht neue Landesverfassungen in Kraft getreten – in Schleswig-Holstein, den fünf ostdeutschen Bundesländern, in Niedersachsen und Berlin. In der Hälfte aller Bundesländer hat damit eine tiefgreifende Änderung der rechtlichen Grundordnung stattgefunden, und durchweg ging eine Entscheidung für mehr direkte Demokratie einher. Aufgrund dieser Entwicklung gilt, nachdem Hamburg im Juni 1996 sozusagen den „Schlußstein" gesetzt hat, direkte Demokratie in Deutschland auf Landesebene nun flächendeckend.

Aber es wurden nicht nur Volksbegehren und Volksentscheid neu eingeführt, wo sie bislang fehlten. Zum Aufschwung der direkten Demokratie gehört auch, daß in den alten Ländern mit unmittelbar-demokratischen Möglichkeiten die Hürden für die Volksgesetzgebung teilweise drastisch gesenkt wurden bzw. werden sollen – eine Halbierung des Quorums beim Volksbegehren, in der Nachkriegszeit prohibitiv hoch auf 20 % festgesetzt, haben Bremen und Berlin durchgeführt und plant Rheinland-Pfalz.

Noch rasanter ist der Wandel in puncto direkte Demokratie auf Kommunalebene. Dort hatte bislang nur ein einziges Land, Baden-Württemberg, Bürgerbegehren und Bürgerentscheid eingeführt (1956). Über drei Jahrzehnte fand dieses Beispiel keine Nachahmung. Dann setzte auch hier geradezu ein partizipatorischer Schub ein. Beginnend mit Schleswig-Holstein 1990 und abgeschlossen 1997 mit dem Saarland bzw. 1998 mit Hamburg, hat sich auch auf Kommunalebene die direkte Demokratie innerhalb von nur acht Jahren flächendeckend etabliert. Besonderheiten gelten lediglich noch für Berlin.

Diese neuen Angebote zur politischen Beteiligung und Selbstbestimmung wurden von den Bürgern sehr gut angenommen. Beispiel Verfassungsreferendum: Gutem demokratischen Brauch folgend, wurden immerhin drei der fünf Verfassungen der neuen Bundesländer, nämlich in Brandenburg, Mecklenburg-Vorpommern und Thüringen, sowie die neue Verfassung von Berlin einem Referendum unterworfen, also den Bürgern zur Zustimmung vorgelegt. Zusammen mit Referenden zur Verfassungsänderung und Fällen der Volksgesetzgebung ergab das bis zu drei Volksentscheide pro Jahr, während früher oft jahrelang überhaupt keine einzige Abstimmung stattfand, und erreichte seinen bisherigen Höhepunkt im Jahre 1998, als nicht weniger als sechs Volksabstimmungen in Bayern, Schleswig-Holstein und Hamburg stattfanden, die u. a. so wichtige Themen wie die Abschaffung des bayerischen Senats, die Rechtschreibreform und die Erleichterung der Volksgesetzgebung betrafen.

Noch beeindruckender ist die Akzeptanz auf der Kommunalebene, vor allem in Bayern. Kommunale Direktdemokratie hat dort eine neue Dimension erreicht. Innerhalb von fünf Monaten wurde in Bayern mit 170 Bürgerbegehren eine politische Praxis realisiert, für die man in Baden-Württemberg fast 35 Jahre benötigte (197 Bürgerbegehren). Inzwischen ist die Zählung nach dreieinhalb Jahren Geltung des einschlägigen Gesetzes schon bei 673 Bürgerbegehren und 389 Bürgerentscheiden angelangt.

Gründe für die Entwicklung zu mehr direkter Demokratie

Woher kommt dieser Aufschwung direkter Demokratie auf Landes-
und Kommunalebene? Hauptursache ist ein gesellschaftlicher Wandel,
der hier nur mit ein paar Strichen skizziert werden kann. Die Steigerung des allgemeinen Bildungsstandes und des Informationsniveaus
der Bevölkerung wirken dabei ebenso wie die Mobilität einer Gesellschaft im Wohlstand. Ein besonders wichtiger Faktor ist die rapide
Auflösung vieler herkömmlicher Bindungen und damit einhergehend
die Desintegration und Individualisierung der Gesellschaft. Die Zeiten,
da man der Kirche oder der Partei, dem Verein oder der Gewerkschaft
seine Sache einfach anheimgab und auf diese Interessen-Vertretung
baute, gehen für viele Bürger sichtlich zu Ende. Das hat Auswirkungen
auf die Legitimation des Repräsentationsprinzips, nach dem alle diese
Verbände organisiert sind. Dagegen „trauen" sich immer mehr Menschen und beginnen, ihre eigene Sache auch selbst in die Hände zu
nehmen.

Aus all dem ergibt sich ein gesteigertes Interesse an öffentlichen
Angelegenheiten. Die Verantwortungsbereitschaft der selbstbewußter
gewordenen Deutschen ist gewachsen. Eine Vielzahl von Menschen
engagiert sich in Bürgerinitiativen, demonstriert für dieses oder gegen
jenes, leistet Unterschriften oder investiert Kraft und Freizeit für Angelegenheiten der Allgemeinheit. Daß dabei oft egoistische Interessen
im Spiel sind, ist unverkennbar. Aber das enorme Engagement der
Bürger bei den Angelegenheiten, in denen sie selbst bestimmen können, kompensiert die „Politikverdrossenheit", die gegenüber der Berufspolitik zu erkennen ist. Was hier geschieht, ist nichts weniger als
eine Bewegung hin zur Emanzipation der Bürger: Die braven Unterta-
nen werden politisch mündig.

Die Rolle der Parlamente und der Druck der Basis

Die geschilderten normativen Entwicklungen auf der Landes- und der
Kommunalebene wurden fast durchweg aus dem bestehenden System
der repräsentativen Demokratie initiiert und parlamentarisch sanktio-
niert, also von Institutionen, die nicht nur keine Demontage ihrer
selbst beabsichtigten, sondern denen auch das Spannungsverhältnis
zwischen Repräsentation und korrigierendem „Selbsteintritt" durchaus

bewußt war. Vielmehr waren es übergeordnete Gesichtspunkte der Überwindung von „Politikverdrossenheit" und Verlebendigung von Demokratie, die diese Repräsentativorgane zur Einführung der direktdemokratischen Institutionen bzw. zur Verbesserung der einschlägigen Verfahrensregeln bewogen. Damit sind diese Reformen auch ein guter Beweis für die Fähigkeit des politischen Systems zur eigenen Erneuerung.

Realistischerweise muß allerdings davon ausgegangen werden, daß die politische Klasse keine Reformen ohne Veranlassung durchführt. Auch politische Einsicht kommt nicht „einfach so". Es ist durchaus der politische Druck des starken Wunsches der Bürger – also „von unten" –, der das politische System dazu gebracht hat, sich zu bewegen. Besonders deutlich wird dies in jenen Fällen, wo die repräsentativen Institutionen sich einer Reform zunächst verweigert haben. So wurde in Bayern das „Gesetz zur Einführung des kommunalen Bürgerentscheids" nicht vom Parlament verabschiedet, sondern 1995 von einer Bürgerinitiative im Wege des Volksgesetzgebungsverfahrens durchgesetzt. Das gleiche geschah 1998 in Hamburg bei der Einführung von Bürgerbegehren und Bürgerentscheid auf Bezirksebene. In diesem Sinne wurden neuerdings in einer Reihe von Bundesländern Volksbegehren für mehr direkte Demokratie gestartet (Bremen, Berlin, Nordrhein-Westfalen, Thüringen, Bayern, Baden-Württemberg), weil die Volksvertretungen immer noch nicht bereit waren, die Hürden so herabzusetzen, daß Volksbegehren und Volksentscheid praktikabel werden.

Die Bundesebene

Von den skizzierten gesellschaftlichen Entwicklungen, die mittelfristig höhere Partizipationserwartungen befördern und dem Aufschwung der direkten Demokratie auf Landes- und kommunaler Ebene zugrunde liegen, kann die Bundesebene nicht unberührt bleiben. Bereits in der „Gemeinsamen Verfassungskommission" erzielte die Sache der direkten Demokratie beträchtliche Erfolge. Bei der Abstimmung am 11. Februar 1993 votierte jeweils eine *Mehrheit* für die Einführung der Volksinitiative (29 Ja- gegen 27 Nein-Stimmen, keine Enthaltung) bzw. von Volksbegehren und Volksentscheid (28 Ja- gegen 27 Nein-Stimmen, keine Enthaltung) auf Bundesebene. Allerdings verfehlte der einschlägige Antrag die erforderliche Zweidrittel-Mehrheit, d. h. die unterlegenen Gegner direkter Demokratie setzten sich letztlich aufgrund ihrer *Sperrminorität* durch. Fünfeinhalb Jahre nach jener Abstimmung bahnte sich dann auf der Bundesebene mit dem Regierungswechsel des Herbstes 1998 der politische Durchbruch an. Die neuen Regierungsparteien SPD und Bündnis 90/Die Grünen vereinbarten in ihrem Koalitionsvertrag, „auch auf Bundesebene Volksinitiative, Volksbegehren und Volksentscheid durch eine Änderung des Grundgesetzes einzuführen". Noch müßten sich, damit die verfassungsändernde Mehrheit in Bundestag und Bundesrat zustandekommt, auch die Unionsparteien bewegen. Der Bürgerwunsch jedenfalls ist eindeutig: Nach einer *Forsa*-Umfrage im Januar 1999 befürworteten 70 % der Deutschen Volksbegehren und Volksentscheid auf Bundesebene.

Unser Buch

Eine Antwort auf die skizzierte Situation

Der vorliegende Band verdankt seine Entstehung dem skizzierten Aufschwung der direkten Demokratie nach 1989 und bedeutet zugleich ein gewisses Innehalten. Er möchte helfen sich zu vergewissern, er will schildern und er hofft zu fördern.

Keine Diskussion um direkte Demokratie in Deutschland kommt an den fünf klassischen Fragen vorbei: Warum sieht das Grundgesetz weder Volksbegehren noch Volksentscheid vor? Was ist mit den negativen „Weimarer Erfahrungen"? Warum gibt es direkte Demokratie so ausgeprägt in der Schweiz? Und in den US-Bundesstaaten? Wie „geht" das in Bayern? Wir haben diese Fragen natürlich ebenfalls aufgeworfen und weitere gestellt.

Im Abschnitt über die Lehren aus der deutschen Geschichte freuen wir uns, daß der Nestor der historischen Direkte-Demokratie-Forschung in Deutschland, Herr Prof. Dr. *Schiffers*, die Antwort zu Weimar übernommen hat. Nach einer Betrachtung der Volksabstimmungen der Nationalsozialisten wird der zentralen Frage nachgegangen, warum das Grundgesetz von Anfang an und bis heute weder Volksbegehren noch Volksentscheid enthält.

Der Blick ins Ausland geht „natürlich" in die Schweiz und die US-Einzelstaaten mit ihrer alten und ausgiebigen Praxis direkter Demokratie. Dann hatten wir die Qual der (Aus-)Wahl. Wir entschieden uns, im übrigen aus Europa nur noch Italien zu betrachten mit seinen vielen interessanten Referenden. Freuen wir uns aber, daß die 35 Mitgliedsstaaten des Europarats eine solche Fülle direktdemokratischer Beteiligungsformen aufweisen, daß überhaupt eine solche „Qual" sich einstellen kann.

Die Berichte über Volksbegehren und Volksentscheid auf der Ebene der deutschen Bundesländer sind relativ vollständig; freilich tragen die gewählten Formen (Einzelberichte, ein Bericht über eine Ländergruppe und dann über „die anderen") der Unmöglichkeit Rechnung, über 16 Bundesländer einfach ebenso viele einzelne Berichte vorzulegen. Daß Bayern als das Land mit der größten Praxis direkter Demokratie ausführlich gewürdigt werden mußte, versteht sich von selbst. Auch der Raum für Schleswig-Holstein, das die interessanteste Praxis in jüngster Zeit aufweist, wird akzeptiert werden. Im übrigen freilich könnte man über vieles streiten; mancher mag sich eine andere Auswahl bzw. Akzentsetzung gewünscht haben, und wir können ihm nur versichern, daß es niemand mißachten soll, wenn sein Land bloß unter „den anderen" aufgeführt ist.

Bei Bürgerbegehren und Bürgerentscheid schließlich konnte es von vornherein nur darum gehen, aus den Hunderten derartiger Fälle exemplarisch einige herauszugreifen. Auch hier möge die Genugtuung über die Fülle kommunaler Direktdemokratie jene trösten, die sich andere Beispiele gewünscht hätten.

Wir betrachten es als Vorzug, daß ein Vertrauensmann (Herr *Efler*), ein Protagonist (Herr *Schimmer*) und zwei Aktivisten (Frau und Herr Dr. *Kliegis*) von geradezu aufregenden Volksbegehren der jüngsten Zeit Beiträge geschrieben haben. Der Kampf für die Erleichterung der Volksgesetzgebung bzw. die Einführung von Bürgerbegehren und Bürgerentscheid auf Bezirksebene in Hamburg 1997-1998 und die politischen Auseinandersetzungen um die Erhaltung des Buß- und Bettages in Schleswig-Holstein 1995-1997 sowie gegen die Rechtschreibreform ebendort 1996-1998 werden so noch einmal lebendig-engagiert geschildert. Mit Herrn *Mayer,* Herrn *Kampwirth* und Frau *Schaal* befinden sich drei weitere Vertrauenspersonen von Volksbegehren (zur Einführung des kommunalen Bürgerentscheids in Bayern, 1992 bis

1995, und für „Mehr Demokratie in Bremen" bzw. „Mehr Demokratie
in Berlin", beide seit 1998) unter unseren Autorinnen und Autoren.

Die Sache der direkten Demokratie befördern will der Band in
mehreren Ansätzen. Einmal geht es um eine historisch-theoretische
Grundlegung, für die wir Herrn Priv.-Doz. Dr. *Evers* zu Dank verpflichtet sind. Dann erschien es nützlich, die alte Liste der Argumente,
mit denen man in Diskussionen immer konfrontiert wird, wieder zu betrachten. Schließlich stellen Herr *Mayer* und Herr *Weber*, der alte und
der neue Vorstandssprecher von Mehr Demokratie e. V., die Kampagne zur Einführung des Volksentscheids auf Bundesebene vor.

Zur Entstehung des Buches

An dieser Stelle erscheint es angemessen, unser Verhältnis zu Mehr
Demokratie und zu mehr direkter Demokratie klarzustellen. Mehr
Demokratie e. V. ist ein bundesweiter Verein mit über 2.000 Mitgliedern, der sich für „die gedankliche Weiterentwicklung der Staats- und
Gesellschaftsform unter dem Gesichtspunkt des zunehmenden Bedürf-
nisses der Menschen nach Selbstbestimmung und nach Möglichkeiten
der direkten politischen Einflußnahme, z. B. durch Volksbegehren und
Volksentscheid" einsetzt. Dem Kuratorium für Mehr Demokratie gehören 35 Persönlichkeiten aus Wissenschaft, Politik und Kunst an; es
unterstützt Mehr Demokratie e. V. bei ihrem Ziel, Volksbegehren und
Volksentscheid auch auf Bundesebene einzuführen. Etliche Beiträger
sind Mitglieder dieses auftraggebenden Kuratoriums bzw. von Mehr
Demokratie e. V.; die meisten jedoch wurden aufgrund persönlicher
bzw. fachlicher Kontakte gewonnen.

Diese 27 Autoren sind auf ganz unterschiedlichen Wegen zur direkten Demokratie gekommen. Die meisten sind Juristen, Politologen
oder Historiker. Sie haben sich – manche viele Jahre lang – mit dem
Thema beschäftigt und zum Teil Bahnbrechendes veröffentlicht. Dann
sind Politiker zu nennen, Persönlichkeiten wie der ehemalige Partei-
vorsitzende der SPD, Herr Dr. *Vogel,* oder der bayerische Landtagsabgeordnete und Verfassungsexperte Herr Dr. *Hahnzog*. Sie haben in
einem jahrzehntelangen politischen Leben immer wieder für mehr Demokratie gekämpft. Aber auch Herr *Gross,* Abgeordneter des Bundes-
parlaments der Schweiz, des europäischen Mutterlandes direkter De-

mokratie, ist hier zu nennen. Auf die insgesamt vier Vertrauensleute von Volksbegehren wurde schon hingewiesen.

Was ist direkte Demokratie? So einfach gefragt – so schwer ist doch zu antworten. Wir haben dazu zwei pragmatische Grundsatzentscheidungen getroffen:

Erstens: Es geht um *bürgerliche Sachentscheide*. Damit scheiden die Direktwahl von Personen in Ämter oder Positionen (von der Volkswahl eines Präsidenten bis zur innerparteilichen Urwahl eines Kandidaten) und die Auflösung von Parlamenten durch Volksentscheid aus, weil es dabei nicht bzw. nur mittelbar um Sachfragen geht. Innerparteiliche Sachentscheidungen wurden ausgeklammert, weil eben nicht jeder Bürger, sondern nur die Parteimitglieder sich beteiligen können. Offizielle Befragungen (konsultative Referenden) gehören nicht hierher, weil ihnen der Entscheidungscharakter fehlt.

Zweitens: Wir konzentrieren uns auf die klassische *Volksgesetzgebung* in ihrer zwei- bzw. neuerdings oft dreistufigen Abfolge. Eine Initiierungsphase: die Volksinitiative – eine Qualifizierungsphase: das Volksbegehren – eine Entscheidungsphase: der Volksentscheid. Andere Formen bürgerlicher Sachentscheide, vor allem das Referendum über ein Parlamentsgesetz – sei es „von oben" gestartet (Parlament oder Regierung legen das bereits verabschiedete Gesetz dem Volk zur Billigung vor), sei es „von unten" begehrt (eine bestimmte Anzahl von Bürgern verlangt einen Volksentscheid über das beschlossene Gesetz) –, wurden nur mitbetrachtet, soweit es bei der Behandlung eines Landes oder Staates erforderlich war.

Was wir ausgewählt haben, ist gediegen geschrieben worden. Es sollte zwar kein wissenschaftliches Buch werden, und niemand braucht ein sozial- oder geisteswissenschaftliches Studium absolviert zu haben, um es zu verstehen. Aber die Verläßlichkeit der Information und die Qualität der Darstellung waren oberstes Gebot. Dafür stehen die Beiträger und die Herausgeber ein. Wer sich weiter informieren möchte, dem sollen die Hinweise auf (meist wissenschaftliche) Literatur am Ende der jeweiligen Beiträge den Weg weisen. Daß darunter oft Forschungsarbeiten der einzelnen Beiträger sind, bietet eine entsprechende Gewähr.

Alle 27 Autoren plädieren dafür, mehr direkte Demokratie zu wagen. Es ist also kein kontroverser Band des Typs „Direkte Demokratie – Ja oder Nein?" entstanden. Aber jenseits dieses generellen „Pro" ist doch manches – freundschaftlich – streitig. Der Leser, der auf solche Beurteilungsdifferenzen stößt, möge sich also nicht wundern: So sieht der jeweilige Autor die Dinge, und niemand wäre in der Lage bzw. überhaupt befugt, das in diesem Band vertretene wissenschaftliche bzw. politische „Spektrum" auf eine „Linie" zu bringen. Die Stärke der Bewegung für mehr direkte Demokratie besteht gerade darin, daß viele Menschen mit je unterschiedlichen Einzelpositionen mitarbeiten auf das große Gesamtziel hin.

Daß dieses Buch erscheinen konnte, war nur im Zusammenwirken vieler möglich, denen wir hier unseren Dank aussprechen. Zunächst den Beiträgern, die sich alle bereitwillig für die Mitarbeit gewinnen ließen und uns nicht mehr Mühe machten, als Herausgeber realistischerweise zu erwarten haben. Dann insbesondere Herrn Bundesminister a. D. Dr. *Vogel*, daß er für den Band ein Geleitwort schrieb; dies gereicht allen Beteiligten zur Ehre. Herr Dipl.-Pol. *Mittendorf* und – unermüdlich – Herr Dipl.-Pol. *Rehmet* haben uns bei der PC-Technik und vor allem dem Layout sehr geholfen. Schließlich danken wir dem Olzog-Verlag und Frau *Riedel* sowie den Vorständen von Mehr Demokratie e. V. und der Stiftung MITARBEIT für ihre Unterstützung.

Die wissenschaftliche Literatur über direkte Demokratie ist dank der zunehmenden Beschäftigung mit diesem Thema in den letzten zehn Jahren erheblich gewachsen. Ein Buch der hier vorliegenden Art aber gab es bislang nicht. Wir hoffen, daß es bei dem offenkundigen Aufschwung der direkten Demokratie, dessen Zeugen wir sind, vielen ein nützlicher Begleiter sein möge.

Auf der folgenden Seite: die Rose von *Joseph Beuys*.

I. Volkssouveränität und parlamentarisches System – Ideologiegeschichtliche Wurzeln einer aktuellen Debatte

Von TILMAN EVERS

Einleitung

Alle politikwissenschaftlichen Studien zur Wirkungsweise von Volksgesetzgebung, die in den letzten Jahren erschienen sind, kommen übereinstimmend zu dem Ergebnis: Direkte Demokratie ist kein Gegenprinzip zum parlamentarischen System, sondern eine mögliche Ergänzung dazu. Sie ist zwar nicht – sowenig wie die indirekte Demokratie – frei von Begrenzungen und Risiken, und sie bringt auch nicht automatisch bessere Ergebnisse hervor. Aber sie erscheint geeignet, um Verengungen des parlamentarischen Systems zu korrigieren und das Entscheidungssystem durchlässig zu halten für neue Anliegen und Lösungen. Daß Volksabstimmungen das parlamentarische System grundsätzlich bedrohen und aushöhlen, behauptet in der Politikwissenschaft niemand.

Das ist aber nach wie vor der herrschende Standpunkt der konservativen Parteien sowie der ihnen nahestehenden liberal-konservativen Mehrheit unter den deutschen Staatsrechtlern. Während das parlamentarische Verfahren für Rationalität, Differenzierung und Kompromiß im Prozeß der Gesetzgebung sorge, seien direktdemokratische Verfahren anfällig für Demagogie und Irrationalität und mündeten in holzschnittartige Ja-Nein-Entscheidungen. Nur das Parlament sei legitimiert und imstande, das Gemeinwohl zu artikulieren; Volksinitiativen böten statt dessen selbsternannten Wortführern eine Tribüne für Partikularinteressen nach dem Sankt-Florians-Prinzip. Was in der kleineren Einheit von Bundesländern allenfalls angehen könne, tauge nicht für die Bundesebene.

Diese Argumentation mutet ihrerseits wie ein Holzschnitt an, indem sie ein Zerrbild von direkter Demokratie mit dem Idealbild des Parlamentarismus kontrastiert. Die Erfahrung zeigt jedoch: So wenig der reale Parlamentarismus seinem Ideal entspricht, so wenig läßt die

Praxis direkter Demokratie sich auf einen möglichen Mißbrauch reduzieren. Demokratie ist in heutigen Massengesellschaften weder so
noch so in „reiner", von Interessen, Medien und Stimmungen unverfälschter Form zu haben. Anstelle einer objektiven Gewißheit von Rationalität und Gemeinwohl, die es in pluralistischen Gesellschaften
nicht geben kann, müssen in jedem Falle möglichst vernünftige Verfahren treten.

Das Erstaunliche ist nun, daß die herrschende Staatswissenschaft
jene Ergebnisse der empirischen Politikforschung nicht zur Kenntnis
nimmt. Es gibt keine einzige wissenschaftliche Studie aus der Feder
eines der Gegner direkter Demokratie, die sich ernstlich auf die Erfahrungen anderer Staaten oder auch nur der deutschen Bundesländer
einlassen würde. Das Ergebnis: Alle Fortschritte der Erkenntnis ändern
nichts an dem *Njet* der Gegner direktdemokratischer Elemente.

Man könnte meinen, daß es sich um den Gegensatz zwischen einer
in rechtlichen Institutionen denkenden, darum eher konservativen
Staatswissenschaft und einer in Prozessen denkenden, darum „progressiven" Politikwissenschaft handele. Die Wurzeln reichen jedoch tiefer.
Für die USA stellte ein Forscher fest, daß die Debatten um das Für und
Wider plebiszitärer Verfahren am Ende dieses Jahrhunderts sich trotz
vielfältiger Erfahrung kaum von den Debatten unterschieden, die zu
Beginn des Jahrhunderts die Einführung dieser Verfahren begleiteten.
Wenn die Grundpositionen durch Argumente und Erfahrungen so
wenig beeinflußbar sind, dann darf vermutet werden, daß ihnen ein
tieferes Vorverständnis von Politik und Demokratie zugrundeliegt, für
das die jeweiligen Bewertungen nur Symptome darstellen.

Im Folgenden soll daher versucht werden, die antiplebiszitäre Position aus der Traditionsgeschichte des Liberalismus zu verstehen und
sie zugleich zu kritisieren aus der Sicht einer anderen, demokratisch-
republikanischen Tradition. Sollte dabei die Argumentation wiederum
streckenweise zum Holzschnitt geraten, ist dies teils der gewollten
Parteinahme, teils aber auch ungewollt der Kürze der zur Verfügung
stehenden Seiten geschuldet. Es geht dabei nicht darum, das parlamentarische System als zentrales Element der Selbststeuerung einer
modernen Gesellschaft in Frage zu stellen. Die Erfahrung zeigt vielmehr: Das System von Parlament und Parteien gefährdet sich selbst,
wenn nicht durch andere Formen politischer Artikulation seinen Tendenzen zur Verselbständigung und Abkapselung gewehrt wird.

Volkssouveränität – durch das Volk oder für das Volk?

Die Volkssouveränität ist vielgestaltig

Es gibt keine andere Quelle legitimer staatlicher Machtausübung als die freie Zustimmung der vollberechtigten Bürgerinnen und Bürger. Bekanntlich geht dieses Grundprinzip moderner Staatlichkeit zurück auf *Jean-Jacques Rousseau* (1712-1778), der in seiner antiabsolutistischen Streitschrift „Vom Gesellschaftsvertrag" das Prinzip der Volkssouveränität so begründete: Die Menschen sollen frei und gleich sein; aber für ihr staatliches Zusammenleben sind Gesetze nötig, die Freiheiten einschränken und Ungleichheiten bewirken. Wer erläßt diese Gesetze, und warum können sie Gehorsam fordern? Der Widerstreit zwischen Freiheit und Herrschaft läßt sich nur dann überbrücken, wenn die Gesetzesunterworfenen zugleich in ihrer Gesamtheit die Gesetzgeber sind. Wenn alle am Erlaß der Gesetze mitwirken, gehorcht im Ergebnis jeder nur sich selber.

Dabei hatte *Rousseau* das Bild der Volksversammlungen in der antiken Polis sowie in Schweizer Landgemeinden vor Augen. Auf den modernen Flächenstaat war dieses Idealbild identitärer Demokratie nicht zu übertragen. Schon in der französischen Revolution setzte sich die Einsicht durch, daß die Versammlung des Volkes nur noch vermittelt in der Form von Repräsentanten verwirklicht werden könne. Alle seitherigen Ausprägungen von Demokratie sind unterschiedliche Versuche, das Prinzip der Volkssouveränität in Verfahren zu übersetzen, die dem Postulat der Mitwirkung aller Bürgerinnen und Bürger in vermittelter Form dennoch einen plausiblen Ausdruck bieten.

Es würde zu weit führen, hier auch nur die wichtigsten dieser Umsetzungsversuche in ihrem geschichtlichen Verlauf (gar mitsamt ihren Beschränkungen und Verirrungen) darzustellen. Wichtig ist, daß dabei unterschiedliche Traditionen und Strukturerfahrungen untereinander sowie mit jeweiligen nationalen Gegebenheiten höchst wechselhafte Verbindungen eingingen. Dazu gehörten: das aus den Ständeversammlungen der frühen Neuzeit gewonnene, in der französischen Revolution republikanisch gewendete Prinzip der Repräsentation; die aus der Aufklärung stammende Idee des Rechtsstaats mitsamt dem von *Charles de Montesquieu* (1689-1755) begründeten Postulat der Gewaltenteilung; vor allem aber auch die Selbstverwaltungspraxis der calvinistisch geprägten Handelsherren in den Niederlanden und ihre geschichtsmächtige Übertragung in die nordamerikanischen Siedlerkolonien. Dort, abseits der ideologischen und sozialen Kämpfe in Europa, entwickelte sich eine pragmatische Form von Volkssouveränität, in der die unmögliche Zustimmung aller auf die Mehrheitsregel und die reale Beteiligung auf die Beteiligungs*chance* ermäßigt wurden. Aus der Kombination dieser Elemente sind – in langen, bis heute fortdauernden Auseinandersetzungen mit den jeweiligen Geschichtsmächten – alle bekannten Formen von Demokratie entstanden.

Ein erstes Ergebnis dieses Rückblicks lautet: Die geschichtliche Wirklichkeit kennt zahlreiche *Ausgestaltungen* von Volkssouveränität; *die* Volkssouveränität findet sich nicht darunter, denn sie ist ein gedankliches Prinzip. Daher geht auch der bisweilen anzutreffende pro-plebiszitäre Überschwang in die Irre, unmittelbare Demokratie bedeute „echte", repräsentative Demokratie dagegen „unechte" Volkssouveränität. Es gibt Volkssouveränität nur in vermittelter Form. Zur Debatte stehen lediglich verschiedene Formen der Vermittlung: solche mit kürzeren oder längeren Wegen der Vermittlung, hauptsächliche und zusätzliche, alte und neue, geeignete und weniger geeignete.

Allenfalls in einem solchen graduellen Sinne kann man sagen, daß Volksabstimmungen dem Prinzip der Mitwirkung näher stehen als repräsentative Verfahren – um den Preis, besonders aufwendig zu sein und deshalb zum Normalverfahren nicht zu taugen. Auch sind Abstimmungskampagnen vor Volksabstimmungen keineswegs frei von repräsentativen Elementen: Sie müssen organisiert, also von Gruppierungen getragen und von Vertrauensleuten vertreten werden, die damit repräsentative Funktionen auf Zeit für die Vielzahl der Befürworter wahrnehmen. Damit verlagert sich auch die Kritik repräsentativer Verfahren von der Ebene der Prinzipien auf die der geschichtlichen Befunde: Wo die Mandatsträger sich allzuweit von den Auffassungen der Bevölkerungsmehrheit entfernen, wo Verkrustungen der Parteienpolitik wichtige Anliegen ausblenden, wo gewachsene Machtballungen keine erfahrbare Beteiligung mehr zulassen, da können direktdemokratische Elemente der allzu ausgedünnten Volkssouveränität wieder Wirksamkeit verleihen.

Zwei gegensätzliche Konsequenzen

Aus der Tatsache, daß keine reale Form der Demokratie mit dem Postulat der Volkssouveränität völlig zur Deckung zu bringen ist, können
nun zwei gegensätzliche Folgerungen (samt möglicher Zwischenposi-
tionen) gezogen werden. Entweder man orientiert sich weiter am Ideal
und bemüht sich daher um eine ständige Verbesserung der institutionellen Umsetzung; oder man hält sich an die Realität der unvollkom-
menen, aber handhabbaren Institutionen und verabschiedet das Ideal in
die Unwirklichkeit. Bezogen auf den Wortlaut des Grundgesetzes,
würde die eine Position sich also programmatisch auf den ersten Satz
des Art. 20 Abs. 2 stützen: „Alle Staatsgewalt geht vom Volke aus."
Die andere würde sich an den nachfolgenden Satz halten: „Sie wird
vom Volke in Wahlen und Abstimmungen und durch besondere Organe der Gesetzgebung, der vollziehenden Gewalt und der Rechtsprechung ausgeübt."

Tatsächlich durchziehen diese beiden unterschiedlichen Verständ-
nisse von Volkssouveränität alle Diskussionen über Verfassung und
Demokratie, weit über den Streitpunkt „Volksgesetzgebung" hinaus.
Es überrascht nicht, daß sich die herrschende Staatslehre dabei an die
geltende Rechtsordnung hält, aus der sie die Volkssouveränität als
bloßes Vorverständnis ausgrenzt. In ihrer Sicht beschränkt sich die
unmittelbare Ausübung der Volkssouveränität auf den Wahlakt, bei
dem der Souverän alle vier Jahre *seine Stimme abgibt*; und zwar wörtlich auch in dem Sinne, daß er damit seine politischen Teilhaberechte
bis zur nächsten Wahl an die gewählten Organe delegiert. Der Staats-
apparat tankt sich gewissermaßen alle vier Jahre mit einem Vorrat an
Legitimation auf, den er über oft lange Legitimationsketten in alle einzelnen Ämter und Verwaltungsstellen verteilt und der ihm bis zur
nächsten Wahl ein vom Volk unbehelligtes Regierung erlaubt. Real
gilt Staatssouveränität; die Volkssouveränität dient ihr als Begrün-
dungsmythos. So hätten es – immer in dieser Sicht – die Väter und
Mütter des Grundgesetzes in staatspolitischer Weisheit mit der streng
repräsentativen Konstruktion des Grundgesetzes gewollt. Die Worte
„und Abstimmungen" bezögen sich nur auf die seltenen Territorialplebiszite nach Art. 29 bzw. 118 GG.

Für ein an realer Bürgerbeteiligung orientiertes Verfassungsver-
ständnis gilt zu alledem das Gegenteil: Die Amtsgewalt der Organe

versteht sich als *Ausfluß* der Volkssouveränität und nicht als deren Übertragung. Der Wahlakt ist nur die exemplarische Grundform der Mitwirkung der Staatsbürger am Gemeinwesen, die sich zusätzlich in vielen weiteren Formen öffentlicher Meinungsbildung und Entscheidungsfindung äußert. Volkssouveränität ist keine juristische Fiktion ohne Belang für die reale Verfassungspraxis, sondern durchzieht sie in Form erfahrbarer Teilhabe. Der Volkssouverän fällt zwischen den Wahlakten nicht etwa in einen politischen Winterschlaf; vielmehr beteiligt er sich an einem unaufhörlichen Wettstreit der Meinungen in einer zivilgesellschaftlichen Öffentlichkeit, in der Meinungsführungen ermittelt und so parlamentarische Mehrheiten vorgeprägt werden. In diesem Rahmen haben Volksabstimmungen ihren Platz als ein Ausdruck von Volkssouveränität neben und zwischen Wahlen. Daß der Parlamentarische Rat die Worte „und Abstimmungen" unausgefüllt ließ, hat mit den besonderen Bedingungen der sich abzeichnenden deutschen Teilung zu tun und war nicht als Monopol für die repräsentative Demokratie gedacht.

Aus dem Gesagten wird deutlich, daß in der Debatte für oder gegen Volksgesetzgebung nicht etwa nur unterschiedliche Folgerungen aus dem Prinzip der Volkssouveränität gezogen werden, sondern daß im Kern zwei Vorstellungen von Volkssouveränität im Streit liegen. Verständlich wird auch, warum die eine Position vorrangig mit Begriffen der Rationalität und Effizienz, die andere dagegen mit solchen der Beteiligung und Responsivität argumentiert. Noch ungeklärt sind die geistesgeschichtlichen Quellen dieser Kontroverse. Ihnen gilt es jetzt nachzuspüren.

Liberalismus – Handel oder Wandel?

Die Kernthese dieses Beitrags lautet, daß die Kontroverse für oder gegen eine direktdemokratische Ergänzung des parlamentarischen Systems zurückzuführen ist auf einen inneren Widerstreit des Liberalismus. Seit ihren Anfängen ist die Geschichte liberalen Denkens durchzogen von einer Spannung zwischen einem eher politischen und einem eher ökonomischen Freiheitsverständnis. Die Figur des freien Bürgers (erst viel später auch: der Bürgerin) hat demnach ein doppeltes Gesicht: als gemeinwohlorientierter politischer *citoyen* auf der einen und als eigennützig wirtschaftender *bourgeois* auf der anderen Seite. Beide Freiheitsbegriffe haben Traditionslinien im Liberalismus begründet, die sich in seiner 300-jährigen Geschichte weder endgültig getrennt noch je ganz vereint haben. Gesellschaftsmächtig wurde jedoch vorrangig die wirtschaftsliberale Tradition, welche die westlich-kapitalistischen Gesellschaften hervorbrachte. Der politische Liberalismus dagegen geriet, nachdem der Absolutismus besiegt und der Wirtschaftsliberalismus staatsbestimmend geworden war, in die Rolle des ungeliebten kleineren Bruders. Er überlebte geschichtlich, indem er sich mit anderen vom Wirtschaftsliberalismus bedrohten Kräften verband: Sozialgeschichtlich waren dies vormoderne Solidartraditionen ständischer, z. T. auch konfessioneller Herkunft, die er auf ihrem Weg in die Moderne begleitete. Und ideengeschichtlich wurde er zum Weggefährten einer aus der Antike stammenden *republikanischen* Demokratietradition, in der *direkte* Demokratie als Grundform von Demokratie schlechthin galt.

Die Freiheit des Besitzstandes

Beide liberale Traditionslinien nehmen ihren gemeinsamen Ausgang bei dem englischen Sozialphilosophen *John Locke* (1632-1704). Gegen die absolutistischen Tendenzen im England seiner Zeit erklärt er den König zum bloßen Sachwalter der Bürgerschaft mit dem einzigen Auftrag, deren Leben, Freiheit und Eigentum zu schützen. Dabei umfaßte „die Bürgerschaft" in *Lockes* Verständnis nicht mehr als die männlichen Familienoberhäupter der besitzenden Stände – also vielleicht drei Prozent der englischen Wohnbevölkerung. So wenig der Monarch und mit ihm der Staat das Eigentum dieser Bürger antasten dürften, so sehr hätten sie es vor dem „Neid und Raub" der besitzlosen Massen zu schützen. Damit wurde *Locke* zum Ahnherrn sowohl der universellen Grund- und Menschenrechte, wie aber auch des auf Privateigentum gegründeten Besitzindividualismus und der heraufziehenden kapitalistischen Klassengesellschaft.

Von dort nimmt eine Geschichte ihren Ausgang, wie sie ambivalenter kaum sein könnte. Auf den Liberalismus beriefen sich Humanisten und Sklavenhalter, Arbeiter und Industriebarone, Kolonialisten und Befreiungsbewegungen, Feinde staatlicher Macht wie deren Anbeter. Historisch dominant blieb der Drang des aufstrebenden Bürgertums zur neuen Herrschaft, gegründet auf wirtschaftliche Macht. Erst in England, dann in den neugegründeten Vereinigten Staaten von Nordamerika, in Frankreich und in Südamerika wurden die Liberalen zur staatstragenden Elite. Dementsprechend entwickelten sie Politikformen von Eliten für Eliten. Soweit sie sich dabei demokratischer Formen bedienten, konnten dies nur streng repräsentative Systeme weitab vom einfachen Volk sein.

Dies war die offene Türe für die *Marx*sche Kritik, der die Versprechungen von Freiheit und Wohlstand als Verbrämung des Eigennutzes Weniger und die liberale Republik als Gegensatz echter Demokratie brandmarkte. In der Tat blieb die wirtschaftsliberale Ausrichtung so vorherrschend, daß die Besitzbürgerschaft des 19. und 20. Jahrhunderts in Krisen lieber auf die Freiheit als auf ihre Interessen verzichtete und diesen bedenkenlos je nach Lage den Frieden, das Leben anderer Völker, die Sozialschwachen der eigenen Gesellschaft oder die natürliche Umwelt opferte. Was heute „liberal" heißt, ist maßgeblich durch diese Geschichte mit ihrem wirtschaftsliberalen Kern definiert.

Der Besitzstand der Freiheit

Analoge Kämpfe im und mit dem Liberalismus durchziehen auch die Theoriegeschichte. Sie können hier ebenfalls nicht im Einzelnen nachgezeichnet werden. Die wirtschaftsliberale Tradition reicht von *Adam Smith* über *Bentham* und *Ricardo* bis zu *Hayek* und den heutigen Neoliberalen. Demgegenüber führt die Linie politischer Liberalität über *Montesquieu, Kant, Tocqueville* und den jungen *Marx* bis zu *Hannah Arendt, Jürgen Habermas* und *John Rawls*. Vermittelnde Ansätze vertraten *Proudhon, John Stuart Mill, Max Weber, Keynes* und die Sozialdemokratie seit ihrer Trennung vom Kommunismus. Zu reden wäre vom *Marx* des „Kapitals", der den ökonomischen Liberalismus mit ökonomischen Kategorien angriff und dadurch ungewollt bekräftigte. Zu berichten wäre von der Herausforderung durch die Totalitarismen des 20. Jahrhunderts, die es unternahmen, die Trennung von Öffentlich und Privat rückgängig zu machen und die Gesellschaft in einer staatlichen Zwangsgemeinschaft zu vereinen.

Ihr fürchterliches Scheitern verdeutlicht zugleich die unaufgebbaren Errungenschaften der liberalen Tradition: Hinter das Bild des freien, autonomen Individuums, hinter die Grund- und Menschenrechte darf es kein Zurück geben. Die Unterscheidung zwischen öffentlicher und privater Sphäre ist die Voraussetzung jeder Rechtlichkeit, auch wenn die Grenze zwischen beiden immer wieder neu vermessen werden muß. Heutige Prinzipien einer pluralistischen, weltoffenen und rechtsstaatlich gesicherten Gesellschaft wären ohne das Erbe des Liberalismus nicht denkbar. Er hat ein Richtmaß der Moderne geschaffen, an dem selbst seine eigenen Verirrungen immer wieder ihren Widerspruch fanden und finden.

Denn die gefährlichste, ständig wiederkehrende Bedrohung des Liberalismus steckt in ihm selber: Der „Trick" von *Locke*, den gesellschaftlichen Reichtum der Privatsphäre zuzuschlagen und unter die Grundrechte zu zählen, entzieht die Aufhäufung wirtschaftlicher und technologischer Macht der gesellschaftlichen Einwirkung und macht das autonome Individuum zum Sklaven der Konkurrenz. Ein Blick in die Gefahren der heutigen, sich globalisierenden Welt zeigt: Die Entwicklungen, die heute Freiheit, Wohlstand und Umwelt bedrohen, sind die „wildgewordenen Kinder" der wirtschaftlichen Freiheit: Casinokapitalismus, Plünderung der sozialen und natürlichen Ressourcen, Individualisierung und soziale Desintegration, mediale Vernebelung von Wirklichkeiten. Aber auch in allem, was sich dagegen an integrierenden Kräften regt, gibt es liberale Wurzeln: die zahllosen Bürgerinitiativen, die Frauenbewegung, die Umwelt- und Friedensbewegung, die internationalen Organisationen und das sich mühsam herausbildende Weltrecht.

So kann auch die Auseinandersetzung für und gegen direkte Demokratie gelesen werden als ein Ringen des Liberalismus mit sich selbst, als Selbstkritik eines unverkürzten Liberalismus auf dem Umweg über seine demokratisch-republikanische Nebenlinie. Von ihr soll nun die Rede sein.

Zwei Modelle der Demokratie

Liberalismus gegen Demokratie

Es ist heute kaum noch nachvollziehbar, daß „Demokratie" ursprünglich nicht zum Vokabular der Liberalen gehörte, ja bis weit ins 19. Jahrhundert geradezu als Schimpfwort galt, das für Pöbel, Aufruhr und Anarchie stand. So erregte sich noch *John Adams* (1735-1826),

einer der Gründungsväter und zweiter Präsident der USA: „Demokratie führt dazu, alles zu beneiden, alles anzufechten, alles niederreißen
zu wollen." Die Stoßrichtung gegen die Unterschichten ist unüberhör-
bar. Demokratie war für ihn wie für die meisten seiner Zeitgenossen
gleichbedeutend mit unmittelbarer Volksherrschaft und also ein Ge-
genmodell zur Elitenherrschaft der Liberalen.

Diese Gleichsetzung von direkter Demokratie mit Demokratie
schlechthin war im politischen Denken der Jahrhunderte seit der Antike bis an die Schwelle des 19. Jahrhunderts unangefochten. Sie ging
zurück auf die einzig bekannten Erfahrungen in der griechischen Polis
und die darauf fußende Lehre des *Aristoteles* von den drei möglichen
Verfassungen samt ihren Verfallsformen: der Herrschaft aller, die in
die Herrschaft des Pöbels umschlagen könne (Demokratie – Ochlokra-
tie), der Herrschaft Weniger, die zum eigennützigen Herrschaftspakt
entarten könne (Aristokratie – Oligarchie), und der Herrschaft des
Einen, die zur Unterdrückung aller anderen verführe (Monarchie –
Tyrannei). In dieser Sicht erschien eine demokratische Republik zwar
als theoretisches Ideal, praktisch aber weder möglich noch wünschbar.
Denn der menschlichen Natur zuwider setze sie die Bereitschaft aller
Bürger voraus, ihren Eigennutz hinter das Gemeinwohl zurücktreten
zu lassen. So hatten die spätrömischen Geschichtsschreiber den Sturz
der römischen Republik mit dem Verfall der „Tugend" erklärt. Noch
1748 faßte *Montesquieu* den Stand der jahrhundertealten Lehre so
zusammen: Die demokratische Republik stelle so hohe Anforderungen
an die Moral ihrer Mitglieder, daß sie „ein Volk von Engeln" voraus-
setze und von allen Staatsformen am schwersten zu verwirklichen sei.
Eine Aristokratie bedürfe schon weit weniger Sittlichkeit, und in einer
Monarchie würde der Wille des Herrschers vollends an die Stelle der
Bürgergesinnung treten. Es war *Immanuel Kant* (1724-1804), der
diese Tugendzumutung handhabbar machte, indem er das Gemeinwohl
auf das Wirken kluger Institutionen übertrug, so daß „der Mensch,
wenngleich nicht ein moralisch-guter Mensch, dennoch ein guter Bürger zu sein gezwungen wird". Mit Hilfe der gegenseitigen Neutralisie-
rung der Egoismen werde eine republikanische Staatsform selbst „für
ein Volk von Teufeln" lösbar. Mit dieser Übersetzung von persönlicher Sittlichkeit in Rechte und Verfahren auf der Grundlage einer
Scheidung von Öffentlich und Privat machte *Kant* den demokratisch-
republikanischen Diskurs anschlußfähig an die liberale Tradition.

Liberalismus und Demokratie

Dennoch brauchte es einige Zeit, bis die amerikanischen Besitzbürger ihre Selbstverwaltungspraxis mit der Vokabel „Demokratie" verbanden. Einen wichtigen Beitrag zur Neubewertung des Begriffs leistete der ab 1835 erscheinende Reisebericht des jungen französischen Gelehrten *Alexis de Tocqueville* (1805-1859) über „Die Demokratie in Amerika". Das Buch fand in den USA wie in Europa eine große Leserschaft und trug die Erkenntnis ins politische Bewußtsein, daß Demokratie auch in größeren Staatsgebilden machbar sei, wenn beides zusammenkomme: eine politische Kultur aktiver Bürgerbeteiligung und – darauf aufbauend – anerkannte Formen der Repräsentation.

Seitdem erst gilt demokratisches Denken als Teil der liberalen Tradition. Aber indem die demokratische Linie sich mit der liberalen verband, geriet sie mit hinein in den innerliberalen Widerstreit zwischen politischer und wirtschaftlicher Freiheit. Auch in der Demokratietheorie läßt sich ein Mit-, Neben- und Gegeneinander der Traditionen beobachten, in der insgesamt die besitzbürgerliche Linie dominiert. Zwar haben sich in allen Theorieentwürfen die liberalen Grundrechte mit der Volksherrschaft, die demokratisch-republikanische Selbstregierung mit der Repräsentation ausgesöhnt. Dennoch bleiben die unterschiedlichen Herkünfte gewissermaßen als verschiedene Dialekte im demokratischen Diskurs erkennbar. Am deutlichsten wird dies heute am Begriff der „Zivilgesellschaft", der für ein Denken aus demokratisch-republikanischem Geist zentrale Bedeutung hat und fast zu einer Übersetzung von „Volk" in seiner politisch aktiven Form geworden ist, während die liberale Tradition ihn nicht kennt. Diese verbleibenden Unterschiede demokratietheoretischen Herkommens sind es auch, die heute Befürworter und Gegner von direktdemokratischen Elementen trennen und die Verständigung zwischen ihnen so schwer machen.

In idealtypischer Überzeichnung lassen sich beide Demokratiemodelle folgendermaßen charakterisieren: Während in der zivilgesellschaftlichen Variante Demokratie nach dem Modell des *Gesprächs* konzipiert wird, formt das wirtschaftsliberale Denken sie nach dem Modell des *Marktes*: Ausgangspunkt dieses Marktmodells ist die Freiheit des Einzelnen, vorrangig verstanden als negatives Abwehrrecht gegen den Staat. Die geschützte Privatsphäre wird übergewichtig als ökonomische Sphäre gesehen, in der die Bürger ihrem jeweiligen wirtschaftlichen Eigennutz nachgehen. Der Staat ist demgegenüber dazu da, die Bürger von der Besorgung des Gemeinwohls zu entlasten, indem er das unverzichtbare Minimum an gemeinsamen Interessen und Marktregeln gewährleistet. Indem die Festlegung dieser Regeln jedoch unvermeidlich je besondere Interessen befördert und andere hintansetzt, erscheint Politik – analog zur Marktkonkurrenz – als ein Wettbewerb um die Beeinflussung des Staates. Die Stimmabgabe ist dann ein Analogon zum Kaufakt: Wie jede Münze ein Quantum Kaufkraft, so bedeutet jede Stimme ein Quantum Entscheidungsmacht, mit dem das günstigste politische Angebot prämiert wird. Die Mehrheitsverhältnisse im Parlament werden wie in einer Aktiengesellschaft als Kräfteverhältnis der Anteilseigner gesehen, in dem sich die Fraktionen unter dem Gesichtspunkt ihres größtmöglichen Nutzens zu Bündnissen und Kompromissen zusammenfinden.

Die kontrastierende Sicht des Gesprächsmodells definiert den Bürger über seine politisch aktive Teilhabe am Geschehen der *Res publica*. Sie sieht den Menschen nicht als isoliertes Individuum, sondern geht von seinen Bezügen zu anderen Menschen und zur Gesellschaft aus, die ihn schon je bestimmen und ausmachen. Im Widerstreit sind nicht primär wirtschaftliche Interessen, sondern politisch Bewertungen, die sich am Maßstab gemeinsamer kultureller Grundüberzeugungen bewähren müssen. Die Grundform politischen Handelns ist demnach die diskursive Beratung, in der die Gesellschaft über sich selbst reflektiert; *Habermas* spricht von „deliberativer Demokratie". Entscheidungen ergehen nach einem Prozeß der strittigen Abwägung, nicht als *deal*, sondern als vorläufige mehrheitliche Vermutung des Richtigen. Es ist diese auf das Gemeinwohl bezogene Richtigkeitsvermutung, die politische Macht legitimiert und zugleich begrenzt. Der Staat erscheint nicht als Apparat, sondern als Zusammenfassung der Sozialbezüge seiner Bürgerinnen und Bürger. Die Wahlen sind daher auch nicht die einzige Form ihrer politischen Betätigung, sondern die Grundform einer fortdauernden Mitwirkung am Gemeinwesen in einer Vielfalt selbstorganisierter Zusammenhänge zwischen Einzelnen und Staat. Der eigentliche Ort des Politischen ist demnach nicht primär beim Einzelnen oder beim Staat, sondern gerade in diesem *Dazwischen* der zivilgesellschaftlichen Kommunikation und Interaktion.

Versteht sich, daß alle realen Demokratien Elemente beider Denkmodelle enthalten (und mit weiteren, je nationalen Gegebenheiten mischen). Allerdings wird in der typisierenden Gegenüberstellung deutlich, wie übergewichtig westliche Demokratien – auch die der Bundesrepublik – vom wirtschaftsliberalen Politikmodell geprägt sind.

Die Gefährdung des liberalen Demokratiemodells

Die Pointe ist nun: Daß die liberale Konzeption die Freiheit des Einzelnen vorrangig als Schutz vor Politik begreift und auch die vermittelnden Instanzen zwischen Einzelnem und Staat nicht als politisch begreift, hat gedanklich und praktisch zur Folge, daß Politik dann *nur noch* im Staat stattfindet. Dies führt zu einer Auseinanderentwicklung zwischen entpolitisierter Bürgerschaft auf der einen und einem staatlichen Politikmonopol auf der anderer Seite – wie im ursprünglich bekämpften Absolutismus. Der theoretischen Forderung nach einem „schwachen" Staat zuwider, mündet das liberale Demokratiemodell so hinterrücks in ein staatszentriertes Politikverständnis, das die Machtfülle des Staates nicht schwächt, sondern stärkt.

So wird auch die dominierende Rolle der Parteien verständlich. Der Wirtschaftsbürger ist in der Privatsphäre geschützt, soll aber auch in ihr verbleiben. Wenn der Wahlakt seine einzige politische Betätigung darstellt, werden die Parteien zu faktischen Inhabern der an sie abgegebenen Stimmen. Sie sind die Verkörperung der Volkes im Quantum ihrer Sitzanteile, die Sachwalter der Volkssouveränität in der Zeit zwischen den Wahlen. Die einzigen Politikakteure, die in diesem Modell neben den Parteien noch Platz haben, sind die großen wirtschaftlichen Interessengruppen – gewissermaßen der Wirtschaftsbürger im Großformat.

Kein Wunder, daß viele Parteienvertreter Forderungen nach direktdemokratischer Mitsprache ablehnen. Wenn das Gemeinwohl durch den Wahlakt in ihre Hände gelegt wurde, dann muß alles, was danach bis zur nächsten Wahl an politischen Forderungen aus der Bevölkerung kommt, ein illegitimer Partikularismus, ja ein Angriff auf das Gemeinwohl sein. So erscheint ihnen als Prinzipientreue, was Kritiker des Parteienstaates als Machtinteresse sehen.

Tatsächlich ist die politische Wirklichkeit der Bundesrepublik (wie die aller westlichen Demokratien) natürlich komplexer und „gemischter". Es wäre falsch, das Bild der liberalen Politiktradition nur negativ zu zeichnen. Das auf ihr fußende System scharfgeschnittener, einklag-

barer Abwehrrechte und Ansprüche hat zu einem geschichtlich unge-
kannten Maß an Freiheit und innergesellschaftlicher Befriedung geführt. Ebenso wenig läßt das zivilgesellschaftliche Demokratiemodell
sich nur positiv zeichnen. Sein Bild vom gemeinwohlorientierten, teil-
habebereiten Bürger ist idealistisch überfärbt. Allzu sehr blendet die
Vorstellung von Politik als Prozeß normativer Verständigung die
Wirklichkeiten von Macht, Interesse und Gewalt aus. Die Geschichte
zeigt, daß Gemeinwohlorientierung ihren Beitrag nur innerhalb rechts-
staatlicher Institutionen leisten kann und daß der Staat vom Einzelnen
zwar gesetzliches, nicht aber politisches Handeln verlangen darf.

Es ist weder möglich noch wünschenswert, daß ein soziomoralisch
und partizipatorisch gefärbtes Politikmodell die klassisch-liberale Demokratie schlankweg ersetzt. Wohl aber enthält die demokratisch-republikanische Tradition Elemente, die heute wichtige Korrekturen zum
Wirtschaftsliberalismus und zur Parteiendemokratie bieten. Im Grunde
geht es um einen neuen Akt im jahrhundertealten Drama der Selbstkritik des Liberalismus, in dem wieder einmal verdrängte Aspekte
zurückzugewinnen und Vereinseitigungen zu überwinden sind.

Geistig und praktisch ist diese Durchdringung schon seit langem
im Gange: Wenn etwas die „alte" Bundesrepublik in den vergangenen
zwanzig, dreißig Jahren verändert hat, dann jenes Multiversum selbstorganisierter Initiativen, das zunächst „neue soziale Bewegungen" genannt wurde, ehe sich die Sammelbezeichnung „Zivilgesellschaft"
fand. Als Kapillarwurzeln gesellschaftlicher Kleinarbeit, als Modelle
alternativen Probehandelns und als Laboratorien sozialen Lernens haben sie der Wirtschaftswunder-Demokratie erst zu ihrer heutigen Viel-
gestaltigkeit und Anerkennung verholfen. Dabei haben sie den *closed
shop* der verfaßten Politikakteure und Großinteressen geöffnet und in
einem durchaus positiven Sinne zur „neuen Unübersichtlichkeit" von
Politik beigetragen.

Aus diesen Initiativen und Erfahrungen erhält die erneute Forderung nach direktdemokratischen Beteiligungsformen auf Bundesebene
ihren Anstoß und zieht sie ihre Berechtigung. Gestärkt wurde sie durch
die Bürgerbewegungen in der DDR, die mit ihrem Ruf „Wir sind das
Volk" das SED-Regime zum Einsturz brachten. In der nachfolgenden
Verfassungsdebatte der deutschen Einheit spielte die Forderung nach
direktdemokratischen Elementen auf Bundesebene eine große Rolle;
sie erreichte zwar die einfache, nicht aber die erforderliche Zweidrit-

tel-Mehrheit bei der Beratung in der Verfassungskommission von Bundestag und Bundesrat (vgl. den Beitrag von *Bachmann*). Sie scheiterte am Widerstand der Unionsparteien, sekundiert von der Mehrheit der liberal-konservativen Staatsrechtler.

Diese herrschende Staatslehre wird nun besser verständlich: Sie vertritt das strenge Institutionendenken des klassischen Liberalismus mitsamt dessen Selbstverständnis elitärer Repräsentation. Die Bürger sollen durch Politik nicht behelligt werden, aber auch die Politik nicht behelligen. In dieser politischen Enteignung des Bürgers fließt liberales Denken zwanglos mit einer ursprünglich antiliberalen, obrigkeitlichen Denktradition deutscher Provenienz zusammen.

Einige Schlüsse

Untergrabung des parlamentarischen Systems?

Wie steht es also mit der Befürchtung, direktdemokratische Elemente untergrüben das parlamentarische System? Ein erstes Ergebnis der vorstehenden Gedanken lautet: Das parlamentarische System ist untergraben. Seine Fundamente an demokratischer Kultur und lebendiger Beteiligung sind ausgehöhlt durch das Politikmonopol von Staat und Parteien. Das in Deutschland vorherrschende liberale Politikmodell führt dazu, daß Bürgerschaft und politische Eliten einander den Rükken zukehren. Die „Politikverdrossenheit" ist keine vorübergehende Stimmung, sondern systembedingt. Sie beschädigt beide: die Bürgerschaft, deren demokratische Urteils- und Handlungsfähigkeit durch Unterforderung erlahmt, und die politischen Eliten, deren Realitätsbezug und Legitimation ausdünnen. Ein Negativbeispiel war das Unterfangen der neugewählten rot-grünen Bundesregierung, nur aufgrund ihrer Mehrheit im Parlament in einer so sensiblen Frage wie dem Ausländerrecht eine radikale Wende hin zur doppelten Staatsbürgerschaft durchsetzen zu wollen, ohne dafür zunächst mehrheitliche Akzeptanz in der Bevölkerung zu suchen.

Wer also direktdemokratische Ergänzungen zur parlamentarischen Repräsentation vorschlägt, untergräbt den Parlamentarismus nicht, sondern fügt ihm neue Stützen ein. Gewollt ist freilich eine Relativierung: Nicht der Primat, wohl aber das Monopol der Parteiendemokratie soll abgeschafft werden. Es geht darum, daß „dem Volk ein verfassungsmäßiger Weg für bestimmte große und außergewöhnliche Gelegenheiten vorgezeichnet und offengehalten wird" – so schon *James Madison* (1751-1836), einer der amerikanischen Verfassungsväter. Das ist keine Beschädigung des parlamentarischen Systems, sondern eine überfällige Korrektur im Interesse der demokratischen Ordnung.

Stärkung der Legitimität des politischen Systems

Direktdemokratische Elemente auf Bundesebene könnten natürlich für sich genommen nicht alle Defekte bundesdeutscher Politik beheben, so wenig sie selbst von allen Defekten frei wären. Eingebettet in andere Formen der Bürgerbeteiligung unterhalb der Entscheidungsebene (Runde Tische, Bürgergutachten, Anhörungen, Akteneinsicht ...) könnten sie jedoch die Kommunikation zwischen Bürgerschaft und Parlament verbessern. Gegenüber Blindstellen im politischen Tagesgeschäft könnten sie zusätzliche Kanäle der Realitätswahrnehmung eröffnen und neue Lösungen in den Blick rücken. Und zwar nicht nur in den seltenen Fällen, in denen die Stimmbürgerschaft tatsächlich ein Anliegen zur Abstimmung bringt, sondern vor allem auch durch seine Vorfeldwirkung im Bewußtsein und Alltagshandeln der politischen Repräsentanten. Dadurch würde die Legitimität des politischen Systems insgesamt gestärkt.

Auch für die Bürgerschaft würde ein solches Instrument eine Stärkung ihrer politischen Kompetenz weit über den Moment eines Volksentscheids hinaus bedeuten: rechtlich durch die Möglichkeit der Mitentscheidung, die andere Formen beratender Bürgerbeteiligung mit aufwertet; inhaltlich durch das argumentative Training im vorangehenden Abstimmungskampf sowie politisch-kulturell durch das Bewußtsein einer gesteigerten Mitverantwortung.

Hier bietet der Konflikt um die doppelte Staatsbürgerschaft im Winter 1998/99 abermals ein Negativbeispiel, diesmal in Gestalt der Unterschriftensammlung der CDU/CSU. Sie zeigt, wie demokratische Beteiligung in ihr populistisches Zerrbild verkehrt wird, wenn ein Thema ohne Sachdiskussion, ohne Verfahren und ohne Verantwortung zum Stimmenfang mißbraucht wird. Ein regulärer Volksentscheid dagegen zum Abschluß eines dreistufigen, anderthalbjährigen Verfahrens hätte der Sache, den Bürgerinnen und Bürgern, den Parteien, der Demokratie genützt, wie immer sein Ergebnis gewesen wäre.

Direkte Demokratie und Föderalismus

Zum Schluß noch ein Wort zur angeblichen Spannung zwischen Föderalismus und direkter Demokratie. Ein Volksentscheid – so heißt es – überspiele die Mitwirkung der Länder bei der Gesetzgebung und gefährde so das bundesstaatliche System. Es fällt schwer, hierauf nicht sarkastisch zu antworten! Wenn etwas den deutschen Föderalismus entleert, dann die Allmacht und Allgegenwart der Parteien, die horizontal wie vertikal das Prinzip der Gewaltenteilung aushebeln. Für den Abstimmungsalltag des Bundesrates gilt das Wort eines Fernsehreporters: „Vor den Interessen der Länder kommen die Interessen der Parteien." Gegenüber diesen Auswüchsen des Parteienstaates sind Föderalismus und direkte Demokratie strukturelle Verbündete.

Wie anders könnten sie sonst seit über hundert Jahren im Verfassungsleben der Schweiz zusammen bestehen als die beiden staatsleitenden Institutionen? Die Erfahrung zeige – so der Schweizer Nationalökonom *Bruno S. Frey* –, daß beide Einrichtungen sich gegenseitig sichern. Wenn die dort geltende Vorkehrung einer doppelten Mehrheit nach Stimmen insgesamt wie nach Kantonen den auf ihre kantonale Selbständigkeit bedachten Eidgenossen genügt, sollte sie auch für Deutschland ausreichen.

Wer macht sich in der Bundesrepublik noch Gedanken darüber, daß die Existenz des Bundesverfassungsgerichts eine weitaus größere Einschränkung der gesetzgeberischen Allmacht von Bundestag und Bundesrat bedeutet, als gelegentliche Volksentscheide sie mit sich brächten? In der Schweiz, die eine solche Verfassungsgerichtsbarkeit nicht kennt, werden Vorschläge zu ihrer Einführung bislang mit der Begründung abgelehnt, sie beeinträchtige die Volkssouveränität in ihrer repräsentativen wie plebiszitären Form. Die liberal-konservativen Priester der deutschen Staatswissenschaften würden sich vermutlich ihre Gewänder zerreißen, wenn ihnen zugemutet würde, ein solches systemsprengendes Element *neu* in die Verfassungsordnung einzuführen. Weil es aber bereits Bestandteil des positiven Verfassungsrechts ist, wird es in ihren Lehrbüchern wie selbstverständlich dargestellt und gewürdigt.

Der Schluß liegt nahe: Direktdemokratische Elemente lösen keine Erregung mehr aus, sobald sie einmal im Grundgesetz stehen.

Weiterführende Literatur:

Evers, Tilman: Volkssouveränität im Verfahren. Die Verfassungsdiskussion über direkte Demokratie, in: Aus Politik und Zeitgeschichte, B 23/91 vom 31.5.1991, S. 3-15.

Ders.: Stellungnahme zum Thema Bürgerbeteiligung/Plebiszite, vorgelegt zur öffentlichen Anhörung als Sachverständiger vor der Gemeinsamen Verfassungskommission von Bundestag und Bundesrat am 17. Juni 1992. Bonn: Gemeinsame Verfassungskommission, Arbeitsunterlage 57, Juni 1992, abgedruckt auch in: Zeitschrift für Direkte Demokratie [4] 1992, H. 15, S. 10-20.

Fetscher, Iring/Münkler, Herfried (Hrsg.): Pipers Handbuch der politischen Ideen, Bd. 3: Neuzeit: Von den Konfessionskriegen bis zur Aufklärung, Bd. 4: Neuzeit: Von der Französischen Revolution bis zum europäischen Nationalismus, München/Zürich 1985/86.

Habermas, Jürgen: Drei normative Modelle der Demokratie, in: ders.: Die Einbeziehung des Anderen. Studien zur politischen Theorie, Frankfurt 1996, S. 277 – 292.

Jung, Otmar: Siegeszug direktdemokratischer Institutionen als Ergänzung des repräsentativen Systems? Erfahrungen der 90er Jahre, in: Demokratie vor neuen Herausforderungen. Vorträge und Diskussionsbeiträge auf dem 1. Speyerer Demokratie-Forum vom 29. bis 31. Oktober 1997 an der Deutschen Hochschule für Verwaltungswissenschaften Speyer, hrsg. von Hans Herbert v. Arnim, Berlin 1999 (Schriftenreihe der Hochschule Speyer Bd. 130), S. 103-137.

Kielmannsegg, Peter Graf: Volkssouveränität. Eine Untersuchung der Bedingungen demokratischer Legitimität, Stuttgart 1977.

Schmidt, Manfred G.: Demokratietheorien. Eine Einführung, Opladen 1995.

Sternberger, Dolf: Kritik der dogmatischen Theorie der Repräsentation, in: ders.: Herrschaft und Vereinbarung (Schriften III), Frankfurt 1980, S. 173 – 226.

II. Was lehrt die deutsche Geschichte?

II.1 Schlechte Weimarer Erfahrungen?

Von REINHARD SCHIFFERS

Die Diskussion im Schatten von Weimar

Die Weimarer Republik kannte Volksbegehren und Volksentscheid in Theorie und Praxis nicht nur auf den Ebenen der Gemeinden und Länder, sondern auch auf Reichsebene. Nach 1945 nahm die Weimarer Reichsverfassung in den Diskussionen über die Ursachen für das Scheitern der ersten deutschen Republik breiten Raum ein. Dabei begriff man anfänglich die Weimarer Verfassung in erster Linie von ihrem Ende her, und die unterschiedlichen Bewertungen entsprangen nicht allein wissenschaftlichen Erklärungsversuchen, sondern auch politischen Rechtfertigungsbedürfnissen. Später lautete eine Hauptfrage, ob 1918/19, also bereits am Anfang der Republik, die Weichen richtig gestellt worden waren. Festzuhalten ist, daß die Weimarer Reichsverfassung „in der Stunde höchster Not" entstand und „eine Verfassung für die staatliche Normallage" war (*C. Gusy*). Diese Normalität bestand aber eingeschränkt nur in der Phase der relativen Stabilisierung von 1924 bis 1929.

Die Folgen politischer Fehlentwicklungen, die letztlich zu Hitler führten, werden aber zu Recht nicht nur dem Versagen der Verfassung zugeschrieben. Weitere Ursachen sieht die Geschichtsschreibung u. a. auch im Verhalten der gesellschaftlichen Eliten, der politischen Parteien, der Wahl- und Stimmbürger sowie in der Ausgestaltung der Wahl- und Abstimmungsverfahren. Zu der Diskussion über die Wiedereinführung direktdemokratischer Verfahren auf gesamtstaatlicher Ebene auch in der Bundesrepublik gehörte daher von Anfang an die Frage, ob die „Weimarer Erfahrungen" eher für oder gegen eine solche Wiederaufnahme sprechen, und wenn ja, in welcher Weise und zu welchen Bedingungen.

Dabei ist zu bedenken, daß es *die* „Weimarer Erfahrungen" als eindeutige, objektiv feststehende Erfahrung nicht gibt. Dies mag der
Grund dafür sein, daß der Begriff in der Literatur überwiegend in An-
führungszeichen gesetzt wird. Hier soll der Hinweis genügen, daß sich
die „Weimarer Erfahrungen" trotz der Subjektivität der jeweiligen
Standpunkte von ihrem Inhalt her analysieren lassen, so z. B. in den
Rückblicken und Schlußfolgerungen der Verfassungsberatenden und
-gebenden Versammlungen der Länder 1946-1947 und in denen des
Parlamentarischen Rates 1948-1949. In seinen Argumentationen
spielten die „Weimarer Erfahrungen" eine Rolle; interpretiert wurden
sie jedoch aus dem jeweiligen parteipolitischen Blickwinkel.

Zu den direktdemokratischen, in der Weimarer Zeit praktizierten
Verfahren werden häufig auch die Volksabstimmung über Gebietsver-
änderungen und die Volkswahl des Staatsoberhauptes gerechnet. Indes
behandelt der folgende Rückblick – der Konzeption des vorliegendes
Bandes entsprechend – nur Volksbegehren und Volksentscheid über
Sachfragen, vor allem die sogenannte Volksgesetzgebung. Mit einbe-
zogen werden wegen des oft verfassungssystematischen Zusammen-
hangs auch die volksbegehrten Landtagsauflösungen.

Die alte und die neue Antwort

Wer über die Einführung von Volksbegehren und Volksentscheid auf
Bundesebene diskutiert, begegnet unvermeidlich der Frage, warum das
Grundgesetz diese direktdemokratischen Verfahren nur auf der Ebene
der Länder zugelassen hat. Die Antwort war Jahrzehnte lang die gleiche: Der Parlamentarische Rat habe wegen der negativen „Weimarer
Erfahrungen" mit Volksbegehren und Volksentscheid von der Aufnahme direktdemokratischer Verfahren in das Grundgesetz abgesehen
und sich für die Einführung einer strikt repräsentativen Demokratie
entschieden (vgl. den Beitrag von *Bachmann*).

Die Forschung hat diese zunächst ungeprüfte Aussage, die endgültig zu sein schien, inzwischen korrigiert, indem sie zwei Wege gegangen ist. Zum einen hat sie mit neuen Methoden und auf Grund der inzwischen erschlossenen Quellen die Geschichte der ersten deutschen
Republik mit Blick auf die direktdemokratischen Verfahren untersucht. Zum andern ist die Wissenschaft der Frage nach den Motiven

und der Reichweite des Verzichts des Parlamentarischen Rates auf direktdemokratische Verfahren nachgegangen. Dabei erwiesen sich die bisherigen Erklärungen nur aus einer Ursache als unzutreffend; als Ergebnis treten vielmehr Ursachengeflechte zutage. Dies gilt für die Beteiligungsformen, Initiatoren und Folgen der Volksbegehren in den Jahren 1922 bis 1932. Und es gilt für die Pluralität der Meinungen im Parlamentarischen Rat über die unterschiedlichen Abstimmungsgegenstände und Abstimmungsmodalitäten bei direktdemokratischen Verfahren. Jeder Versuch, die „Weimarer Erfahrungen" zu bewerten, muß indessen bei der Ausgestaltung der sogenannten Volksrechte durch die Nationalversammlung von 1919 einsetzen.

Die Verfassungsgebung von 1918/19: Direktdemokratische Verfahren als verfassungsrechtliches Neuland

So verschieden die Argumente der Befürworter und Gegner der Volksabstimmung in Weimar auch waren, gemeinsam war ihnen der Hinweis auf ihre Neuheit; sie wurde häufig als hemmend empfunden. Volksbegehren und Volksentscheid erschienen vielen als eine Größe, mit der man noch gar nicht rechnen konnte. Die Unsicherheit der Parteien äußerte sich in unterschiedlichen Vorstellungen über den Anwendungsbereich. Zu dem Hauptargument, die direktdemokratische Beteiligung als Korrektiv des Parlaments einzusetzen, kamen die Motive, mit ihr die Exekutive zu stärken, ihren erzieherischen Wert und ihre besondere demokratische Substanz zu nutzen, dem Rätegedanken entgegenzuwirken und eine verbreitete radikaldemokratische Unterströmung aufzufangen. Übereinstimmung besteht heute darin, daß die Einfügung direktdemokratischer Verfahren in die Reichsverfassung von 1919 das Ergebnis eines Kompromisses zwischen sehr verschiedenen und zum Teil einander entgegengesetzten Bestrebungen war. Zusammenfassend gesagt: Die Nationalversammlung von 1919 sah das direktdemokratische Beteiligungsverfahren als mit dem parlamentarischen System vereinbar an und baute es als „Korrekturmechanismus" (*O. Jung*) in Art. 73 bis 76 der Verfassung ein.

Keine der an den Verfassungsberatungen von 1919 beteiligten politischen Parteien war vorbehaltlos oder aus voller Überzeugung für Volksbegehren und Volksentscheid eingetreten. Deshalb ließ auch das Ausführungsgesetz zu Art. 73 bis 76 der Reichsverfassung auf sich warten. Erst mit dem Gesetz über den Volksentscheid vom 27. Juni 1921 schuf das Reich nach den Ländern Bayern, Mecklenburg-Schwerin, Lübeck, Baden, Lippe, Bremen, Hamburg, Sachsen und Hessen die gesetzlichen Grundlagen für die Anwendung der neuen Rechte. Das erste Volksbegehren auf Reichsebene wurde Ende 1922 zugelassen.

Die Verfassungspraxis von 1922 bis 1932: ambivalente Züge der Volksbegehren und Volksentscheide

Das äußere Erscheinungsbild

Nachdem weder die Reichsverfassung von 1919 noch das Gesetz über den Volksentscheid von 1921 etwas über das Rangverhältnis zwischen parlamentsbeschlossenen und volksbeschlossenen Gesetzen gesagt hatten, erwiesen sich die Versuche der Volksgesetzgebung seit 1922 als „ein Verfahren zweiter Wahl" mit unverkennbarem „Protestcharakter" (*O. Jung*). In der Praxis blieben Volksbegehren und Volksentscheide ein Nebenschauplatz der politischen Auseinandersetzung. Reichstags-, Landtags- und Präsidentenwahlen boten erheblich größere Agitations- und Mobilisierungchancen als die Mehrzahl der Volksbegehren. Somit erwiesen sich auf Reichsebene nur die beiden Volksabstimmungen über die Fürstenenteignung von 1926 und den Young-Plan von 1929 als „ein dramatischer Akt des Verfassungskampfs" (*E. R. Huber*).

Dieser erste historisch-politische Eindruck findet seine Entsprechung in staatsrechtlicher Perspektive. Angesichts der vorhandenen politischcn und sozialen Spannungen, welche die Weimarer Republik von Anfang an belasteten, blieb die Anzahl der tatsächlich eingeleiteten Volksbegehren bemerkenswert gering. Zudem wurden von den insgesamt acht beantragten Volksbegehren auf Reichsebene lediglich vier vom Reichsminister des Innern zugelassen.

Die Feinheiten des äußeren Erscheinungsbildes der sogenannten Volksrechte erschließen sich, wenn man die konkreter gewordenen Pläne für Volksbegehren auf Reichsebene einbezieht. Sie galten unterschiedlichen Zielen wie z. B. der Beschaffung von Siedlungsland für Aussiedler aus Polen, der Verbesserung der Kriegsopferversorgung, einer gesetzlichen Mietpreisbindung, der Wiederherstellung der durch die Inflation geminderten oder wertlos gewordenen Vermögen, der Aufhebung des § 218 StGB und der Rückgängigmachung von durch das Präsidialregime verordneten Lohnkürzungen. Daneben erwogen einzelne Parteien auch eine Entscheidung außenpolitischer Fragen durch Volksabstimmung, so vor der Verabschiedung der Gesetze zum Dawes-Plan 1924 und der Verträge von Locarno 1925.

Von diesen aus unterschiedlichen Gründen nicht realisierten Aktionen, die zudem nicht alle gleichermaßen öffentlichkeitswirksam waren, lassen sich zwar keine „Weimarer Erfahrungen" mit der Volksgesetzgebung gewinnen. Sie sind aber Ausdruck dafür, in welchem Maße vor allem Verbände der Mittelschichten im Volksbegehren eine Möglichkeit sahen, Ziele zur Sprache zu bringen, deren Verwirklichung unterblieben oder durch Teillösungen vertagt worden war. Insgesamt gesehen hat der Gedanke an den Einsatz der direktdemokratischen Beteiligungsrechte die innenpolitische Diskussion „weit nachhaltiger bestimmt, als dies der übliche Verweis auf die ‚nur' acht" beantragten Volksbegehren auf Reichsebene „erkennen läßt" (*K. Bugiel*).

Zum äußeren Erscheinungsbild der Volksbegehren auf Reichs- und Landesebene bis 1933 gehört schließlich, daß alle bedeutenden direktdemokratischen Verfahren von Parteien durchgeführt oder zumindest von ihnen unterstützt wurden. Volksbegehren waren überwiegend „Parteibegehren". Die wenigen Volksbegehren, die beispielsweise mittelständische Gruppierungen in der Phase der relativen Stabilisierung von 1924 bis 1929 planten, blieben gerade deswegen ohne Erfolg, weil sie von den Parteien keine Unterstützung erhielten. Auch die spontane Volksbewegung für die Fürstenenteignung von 1925/26 war keineswegs erfolgsgewiß bis zu dem Augenblick, wo KPD und SPD das Volksbegehren zu organisieren und zu kanalisieren begannen.

In der Auflösungsphase der Weimarer Republik ab 1929/30 gingen Volksbegehren fast nur noch von NSDAP und KPD aus, d. h. von auf die Zerstörung der Republik ausgerichteten Parteien. Dies galt nicht nur für den volksbegehrten Gesetzentwurf zum Young-Plan von 1929, sondern auch für die Versuche der plebiszitären Parlamentsauflösung in den Ländern. Beispiele dafür sind der erfolglose Volksentscheid über die Auflösung des Landtags im größten deutschen Land Preußen 1931 und der erfolgreiche Volksentscheid im kleinen Oldenburg 1932. In beiden Fällen wurden formell verfassungsmäßig eingeleitete Volksbegehren als Kampfinstrumente einer antiparlamentarischen Obstruktionspolitik mißbraucht. Während lediglich die SPD 1932 noch einmal einen Sachentscheid des Volkes beantragte, setzten NSDAP und KPD 1931 und 1932 ausschließlich auf volksbegehrte Landtagsauflösungen mit anschließenden Neuwahlen.

Der Fall „Fürstenenteignung"

In den direktdemokratischen Verfahren und ihrer Praxis ist eine Ursache für das Scheitern der Weimarer Republik gesehen worden. Deshalb werden hier die vier wichtigsten Fälle versuchter Volksgesetzgebung auf Reichsebene näher betrachtet: Haben sie die Funktionsfähigkeit des politischen Systems beeinträchtigt, und konnten sie zu einer Problemlösung beitragen? Beide Fragen schließen einen Blick auf die Stabilisierungsphase und die Auflösungsphase der Weimarer Republik ein.

Der 1926 von KPD und SPD gemeinsam gestartete Versuch einer Volksgesetzgebung zur Enteignung der bis 1918 regierenden Fürsten eskalierte zu einer der umfassendsten politischen Auseinandersetzungen in der Weimarer Republik seit der Revolution von 1918. Der ungewöhnliche Grad der Mobilisierung drückte sich im Ergebnis des Volksentscheids aus: 1926 stimmte nahezu die Hälfte der bei stärkster Wahlbeteiligung überhaupt verzeichneten Stimmberechtigten, nämlich 14,5 Mio. Bürger, für die entschädigungslose Enteignung der Fürsten. Unter den Abstimmenden waren – über die Parteigrenzen hinweg – etwa 3,5 Mio. Stimmberechtigte aus Wählerschichten der Mitte und teilweise auch der Rechten.

Gleichwohl scheiterte der Volksentscheid am geforderten Beteiligungsquorum von 50 %, was etwa 20 Mio. Stimmen bedeutete. Die verfahrensrechtlichen Bedingungen und die parteipolitischen Strategien und Taktiken waren so eng miteinander verflochten, daß bis heute umstritten ist, ob der Volksentscheid bei einem niedrigeren Quorum mehr Aussicht auf Erfolg gehabt hätte.

Abbildung 1

SPD-Werbung vor dem Volksentscheid zur Fürstenenteignung

O. Jung: Direkte Demokratie in der Weimarer Republik, 1989, S.65.

Die genannte Verflechtung macht es unmöglich, die Zusammensetzung jener Mehrheit, die den Urnen ferngeblieben war, zuverlässig aufzuschlüsseln: Sie bestand aus Sachgegnern, aus Befürwortern, die durch Boykott bzw. den entsprechenden Sozialdruck zum Fernbleiben genötigt wurden, sowie aus Desinteressierten.

Eine solche Einschätzung muß kurz an den zugrunde liegenden Sachverhalt erinnern. Der im Herbst 1925 von der SPD vorbereitete Gesetzentwurf für ein Volksbegehren schloß noch kleinere Abfindungen an die Fürsten ein. Die KPD kam dieser Initiative mit dem Zulassungsantrag für ein Volksbegehren zuvor, das die entschädigungslose Enteignung der gesamten Fürstenvermögen zugunsten von Arbeitslosen, Inflationsopfern usw. vorsah. Da das Nebeneinander zweier Volksbegehren jedes einzelne aussichtslos gemacht hätte, schloß sich die SPD (unter dem vermittelnden Einfluß der Gewerkschaften) dem radikalen Begehren der KPD an. Möglich wurde das kommunistisch-sozialdemokratische Zweckbündnis durch die taktische, von der Komintern veranlaßte Rückkehr der KPD zur Einheitsfrontpolitik.

Was die innenpolitische Stabilität der Weimarer Republik angeht, so wurde sie durch den ersten deutschen Volksentscheid vom 20. Juni 1926 nicht ernsthaft in Frage gestellt. Die Feststellung, daß auf den maximalen Gebrauch der Volksrechte eine maximale Stabilität der ersten deutschen Republik gefolgt sei, differenziert gewiß zu wenig. Tatsache ist indessen, daß die vor jenem Volksentscheid von der vereinigten Rechten beschworene Staatskrise ausblieb und die parlamentarischen Gremien trotz vorausgegangener Polarisierung bald zur geordneten Gesetzgebung zurückkehrten. Der Volksentscheid von 1926 ist u. a. als eine deutliche Demonstration für die Republik begriffen worden, die zudem den Tod des monarchischen Gedankens gebracht habe. Zumindest hat sie sein Sterben beschleunigt.

Was den Beitrag des Volksgesetzgebungsverfahrens im Fall „Fürstenenteignung" zu einer Problemlösung angeht, so ist daran zu erinnern, daß das Verfahren ohne ein gesetzgeberisches Ergebnis zu Ende ging. Damit vermochte der Volksentscheid nicht die Funktion eines Schiedsspruchs zu erfüllen, die die Weimarer Verfassungskonstruktion ihm zugedacht hatte. Gleichwohl erwies sich das Votum von 14,5 Mio. Bürgern als gewichtige Vorgabe: Sie veranlaßte die politischen Akteure zu Verhandlungen, auf deren Grundlage dann im Oktober 1926 der Vergleich zwischen dem Land Preußen und dem Haus Hohenzollern zustande kam. Dieses indirekte und nachträgliche Ergebnis nahm sich ohne Zweifel bescheiden aus im Vergleich zu der ursprünglichen Zielsetzung, war aber doch ein konkreter „Erfolg im Scheitern" (*U. Schüren*).

Der Fall „Aufwertung"

Die in den Jahren 1925 bis 1927 vorbereiteten Volksbegehren durch den „Sparerbund – Dr. Best" und die „Reichsarbeitsgemeinschaft der Aufwertungs-, Geschädigten- und Mieterorganisationen" sowie eine geplante Initiative der durch Inflationskäufe Geschädigten zielten vor allem auf die Aufwertung der in festen Geldbeträgen angelegten Vermögenswerte, die durch die Inflation wertlos geworden waren.

Denn das Aufwertungsgesetz vom Juni 1925, das nur die Hypotheken mit 25 % aufwertete, alle anderen Schulden dagegen mit geringeren Sätzen, hatte Eigentumsverschiebungen und -zerstörungen nur teilweise rückgängig gemacht. Das Gesetz konnte die Entfremdung zwischen der Republik und den Geschädigten nicht heilen; ihre Probleme fanden in der Sozialdemokratie und bei den Gewerkschaften nur geringes Verständnis. Aber auch die DNVP entzog den Aufwertungsgeschädigten ihre anfängliche Unterstützung. Damit war das Volksbegehren kein „Parteibegehren" mehr.

Die reale Erfolgsaussicht des schließlich nicht zugelassenen Volksbegehrens des Sparerbundes unter dem Oberlandesgerichtspräsidenten i. R. *Dr. Best* wird im Rückblick übereinstimmend als gering eingeschätzt. Von den sehr verschiedenen Gruppen der Mittelschichten schädigte die Inflation die Sparer, Hypothekengläubiger und Inhaber öffentlicher Anleihen am meisten. Diese Gruppen traf die nahezu völlige Entwertung aller Geldvermögen. Sie mußten die totale Entschuldung aller Schuldner einschließlich der öffentlichen Hände tragen. Mit dem Aufwertungsgesetz von 1925 hatten Parlament und Regierung immerhin anerkannt, daß dieser Bevölkerungsgruppe eine bloße Hinnahme des Geschehenen nicht zuzumuten war. Die Forderung des Sparerbundes nach einer 50%igen Aufwertung erhielt auch insofern Rückhalt, als andere seriöse Vorschläge, z. T. aus dem Parlament, eine 40%ige Aufwertung vorsahen.

Abbildung 2:   Geplantes Volksbegehren „Aufwertung"

Der Sparerbund mobilisiert (Frühjahr 1926)

Mittelstand, wach' auf!

„Auf"= wertungs=

Volks= begehr

Eiserner Wille schafft Dir Dein Recht!

Aus: O. Jung: Direkte Demokratie in der Weimarer Republik, 1989, S. 46.

Schließlich blieben die beiden Aufwertungsinitiativen von 1925/27 nicht völlig erfolglos. Sie erbrachten immerhin kleine Korrekturen des umstrittenen Aufwertungsgesetzes von 1925. Wie realistisch die Forderung nach einer 50%igen Aufwertung war, läßt sich weder aus der Sicht der Adressaten (Regierung, Parlamentsmehrheit, Wirtschaftsverbände, Reichsbank) noch aus der Notlagenperspektive der Initiatoren allein abschließend beantworten.

Im Hinblick auf die Folgen des volksbegehrten Gesetzes stehen sich zwei Interpretationen gegenüber: zum einen die Bewertung als eine das gesamte politische System belastende „politische Richtungsentscheidung" (*S. Meineke*), zum anderen die wohl schlüssigere Einschätzung als „ein sekundäres Verfahren zur punktuellen und begrenzten Korrektur parlamentarischer Entscheidungen" (*O. Jung*). Tatsache ist, daß wenige Volksbegehren die Reichsregierung so in die Defensive drängten wie das Aufwertungsbegehren.

Der Fall „Panzerkreuzerverbot"

Am Anfang stand ein vier Panzerkreuzer umfassendes Bauprogramm mit einem Kostenaufwand von 500 Mio. Mark. Die zunächst noch in Opposition stehende SPD versuchte bei der Reichstagswahl von 1928, die Wähler u. a. mit dem Argument zu gewinnen, es sei ganz in ihre Entscheidung gelegt, ob diese für damalige Verhältnisse riesige Ausgabe für die Rüstung tatsächlich kommen solle. Ihre eigene verteilungspolitische Formel lautete dementsprechend: „Kinderspeisung statt Panzerkreuzer". Als aber die SPD nach der Wahl Regierungspartei wurde und den Reichskanzler stellte, stimmten ihre Minister – aus koalitionspolitischen Gründen – im Gegensatz zur eigenen Fraktion für das Rüstungsprogramm, während gleichzeitig die Mittel für die Kinderspeisung gestrichen blieben. Dies bedeutete zweifellos eine Brüskierung vieler SPD-Wähler.

In dem widersprüchlichen Taktieren der SPD spiegelte sich ihr ungeklärtes Verhältnis zur bewaffneten Macht seit 1918 wider. Dies bot der KPD eine willkommene Angriffsfläche. Geführt wurde der Angriff mit dem Volksbegehren gegen den Panzerkreuzerbau. Getroffen werden sollte die SPD als „Hauptfeind" und als „die rechte Gefahr in der Arbeiterbewegung". Daß das Volksbegehren erfolglos blieb, war vor allem der Isolierungsstrategie der drei „Weimarer" Parteien SPD, Zentrum und DDP sowie einer Führungskrise der KPD zuzuschreiben.

Barg nun das Volksbegehren die Gefahr, daß mit ihm ein dauerhafter Verzicht auf jegliche maritime Rüstung festgeschrieben würde? Oder handelte es sich um ein normales Verfahren, gerade bei diesem Thema die Ausgaben für soziale und für militärische Zwecke einander gegenüberzustellen? Der eigentliche Grund für diese direktdemokratische Aktion lag tiefer. Nach 1918 war es nicht gelungen, die bewaffnete Macht organisch in die Verfassungsordnung der Republik und in ihre Gesellschaft einzufügen. Deshalb und mit Blick darauf, daß die Reichswehr illegal, unter Umgehung des Parlaments, aufrüstete und daß das Panzerkreuzerprojekt verteidigungspolitisch umstritten war, ist das Volksbegehren seinem Inhalt nach als ein „legitimes plebiszitäres Veto" einzuschätzen. Diese Legitimität wurde aber zumindest teilweise dadurch wieder eingeschränkt, daß die KPD das Volksbegehren als Kampfmittel nicht nur gegen die SPD, sondern auch gegen die Republik insgesamt instrumentalisierte.

Abbildung 3:   Werbung zum Volksbegehren „Panzerkreuzerverbot"

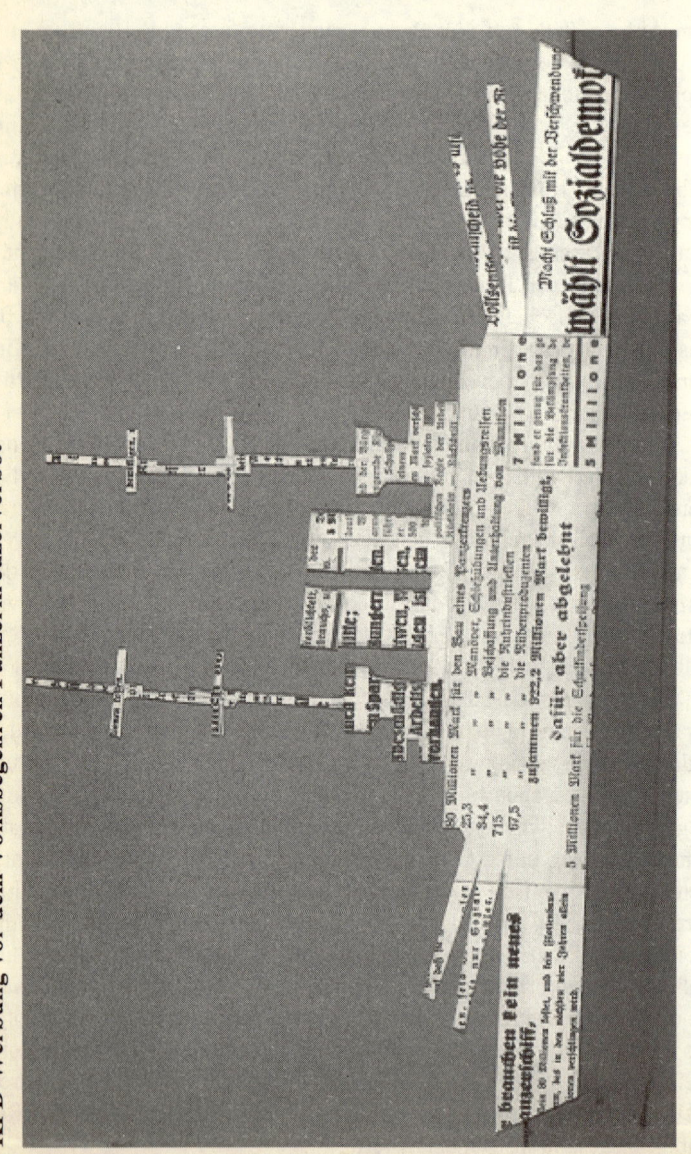

KPD-Werbung vor dem Volksbegehren Panzerkreuzerverbot

Dieses Einschwenken der KPD auf einen neuen ultralinken Kurs war Ausdruck der von der Komintern im Februar 1928 veranlaßten Rückkehr der KPD zur revolutionären Taktik.

Der Fall „Young-Plan"

Eine ungleich größere Belastung entstand für Regierung und Regierungsparteien aus dem Volksbegehren gegen den Young-Plan von 1929, der die Reparationsregelung des Dawes-Abkommens von 1924 ablösen sollte. Bei dieser Initiative handelte es sich um die einzige direktdemokratische Aktion der organisierten Rechten auf Reichsebene, die politische Bedeutung erlangte. Nach Auffassung der Reichsregierung und der sie tragenden Parteien, aber auch nach dem Urteil der Forschung, bot die Reparationsregelung im Young-Plan dem Reich Vorteile gegenüber dem damaligen Status quo. Hinzu kam die vertragliche Zusage der früheren Alliierten, daß sie die noch besetzten Teile des Rheinlandes bei Annahme des Young-Plans vorzeitig räumen würden.

Trotz der im Vergleich zum Dawes-Abkommen erheblichen Milderung der Reparationsforderungen bot der Young-Plan noch genügend Anlaß zu begründeter Kritik: insbesondere die generationenlange Dauer der Reparationsbelastung und die nach wie vor hohen jährlichen Tilgungsraten. Schon bald nach Bekanntwerden des Young-Plans verbündeten sich seine innenpolitischen Gegner, nämlich DNVP, Stahlhelm, NSDAP, Alldeutsche, der Reichslandbund und kleinere Rechtsgruppen, im „Reichsausschuß für das deutsche Volksbegehren".

Der von dem „Reichsausschuß" als Volksbegehren vorgelegte Entwurf für ein „Gesetz gegen die Versklavung des Deutschen Volkes" (Kennwort „Freiheitsgesetz") ging in seinem Inhalt deutlich über den Bereich der Gesetzgebung hinaus. Der Entwurf forderte in § 1 den Widerruf von Art. 231 des Versailler Vertrags (weil die Anerkennung der Kriegsschuld der historischen Wahrheit widerspreche) und in § 2 die unverzügliche Räumung der besetzten Gebiete (ohne Bindung an den Young-Plan). In § 3 untersagte der Gesetzentwurf die Übernahme neuer Lasten und Verpflichtungen gegenüber auswärtigen Mächten auf der Grundlage des Kriegsschuldanerkenntnisses. § 4 des Volksbegehrens forderte die Bestrafung für „Reichskanzler, Reichsminister und

deren Bevollmächtigte" als Landesverräter (d. h. mit Zuchthaus), sofern sie den Bestimmungen der §§ 1 bis 3 zuwiderhandelten.

Die politische Auseinandersetzung entfernte sich bald von der
Kernfrage, nämlich der Abwägung zwischen dem alten und dem neuen
Reparationsplan. Die mit der Waffe des Strafrechts bedrohte Reichsregierung bekämpfte ebenso wie die preußische Regierung das Volksbegehren massiv: durch den Einsatz von Geldmitteln zur Gegendar-
stellung, erstmals auch im Rundfunk, sowie durch die Androhung von
Disziplinarmaßnahmen gegen Beamte, die sich dem Volksbegehren
anschlossen.

Obwohl die Reichsregierung durch das Volksgesetzgebungsverfahren stark in die Defensive gedrängt wurde, führte es durch sein Scheitern im Endeffekt zu einer Bestätigung der Politik der Reichsregierung. Tatsächlich mobilisierte der Volksentscheid Ende 1929 lediglich
6,3 Mio. Bürger, gleich 14,9 % der Stimmberechtigten. Die Parteien
der „Nationalen Opposition" konnten ihr Wählerpotential der Reichstagswahl vom Mai 1928 nur zu 84,5 % ausschöpfen. Während sich der
Aufruf zum Abstimmungsboykott 1926 gegen die Linke ausgewirkt
hatte, wurde 1929 die Rechte von dieser Taktik getroffen.

Das Volksgesetzgebungsverfahren gegen den Young-Plan gilt
weithin als Paradebeispiel für die nachteiligen Auswirkungen von Elementen direkter Demokratie auf das Weimarer Regierungssystem.
Dies gilt gleichermaßen für die ausdrückliche Kampfansage an den
Staat von Weimar, das gezielte Eingreifen in spezifische Regierungs-
funktionen, die bedenkenlose Propaganda und Agitation der „Nationalen Opposition" gegen das „System" und den Eindruck, daß Hitler
durch seine Aufnahme als gleichberechtigter Partner in die antirepu-
blikanische Front – wie man damals sagte – „salonfähig" wurde. Vor
allem erschien es vielen so, als ob der NSDAP mit dem Volksbegehren und Volksentscheid gegen den Young-Plan der „Durchbruch" gelungen sei. Genauer besehen war der Vorgang weniger spektakulär.
Der Trend zugunsten der NSDAP bei den Landtags- und Kommunalwahlen hatte bereits in der ersten Hälfte des Jahres 1929, vor dem
Volksbegehren vom September desselben Jahres, eingesetzt. Der darauf folgende Volksentscheid gegen den Young-Plan war für die
NSDAP nur eine der von ihr demonstrativ geringschätzig behandelten
„Stimmzettelaktionen", an denen sie sich zwar beteiligte, auf die sie
aber keineswegs ausschließlich setzte.

Abbildung 4

Rechte Werbung vor dem Volksbegehren gegen den Youngplan

Sechzig Jahre lang Fronarbeit!

**Hierfür stimmst Du,
wenn Du nicht für das Volksbegehren stimmst!**

Aus: O. Jung: Direkte Demokratie in der Weimarer Republik, 1989, S.142.

Konsens besteht über die Kennzeichnung des Volksbegehrens von 1929 als das Gegenteil einer Volksbewegung. Ähnlich wie das Volksbegehren „Panzerkreuzerverbot" hätte das Volksbegehren gegen den Young-Plan eine inhaltliche Legitimität für sich gehabt, wenn die Initiatoren sich auf das zugrunde liegende Reparationsproblem beschränkt hätten. So aber machten sie diese Legitimität zunichte durch die Instrumentalisierung des Volksbegehrens als Kampfmittel, das auf die Zerstörung der Republik gerichtet war. Hier wie in den übrigen Fällen gilt indessen, den Unterschied zwischen den von den Initiatoren verfolgten Zielen und den tatsächlichen Auswirkungen der Volksbegehren im Blick zu behalten.

Unmittelbare und mittelbare Auswirkungen der Volksbegehren

Ein Rückblick auf die vier bedeutendsten Volksbegehren auf Reichsebene ergibt, daß diese sich nur begrenzt als Beispiele für die Gefahr der Demagogie – so z. B. im Fall „Young-Plan" – heranziehen lassen. Dem generellen Demagogievorwurf steht nicht nur das Argument der unmittelbaren Folgenlosigkeit der Volksbegehren entgegen, sondern auch der konkrete Ausgang der Verfahren. In einem erkennbaren Gegensatz zu der rechtlichen Folgenlosigkeit der Volksbegehren stehen indessen ihre indirekten Auswirkungen.

So fällt bei den Abstimmungen von 1926 und 1929 auf, daß sie ähnlich wie die Wahlen nach dem Verhältniswahlrecht nicht zur Überwindung der in der Bevölkerung vorhandenen Gegensätze führten, sondern lediglich die Offenlegung ihrer zahlenmäßigen Stärke und damit eine Verschärfung der Gruppen- und Klassengegensätze bewirkten. Während die Volksentscheide über die Fürstenenteignung und das „Freiheitsgesetz" aus zeitgenössischer Sicht eine marxistische und eine antimarxistische Front gegenüberstellten, rückten die Volksbegehren aus den Mittelschichten deren Isolierung und Krisensituation ins Licht. Auch konnten sich für die Dauer der Abstimmungskampagnen politische Gruppen verbünden, die in ihren weitergehenden politischen Zielen entgegengesetzt und daher zu einer konstruktiven Politik unfähig waren.

Eine andere mittelbare Folge lag in einem Legitimitätsverlust der Regierung und der Regierungsparteien insoweit, als ihre Abwehrstrategien gegen die Volksbegehren wiederholt verfassungswidrig oder nicht zweifelsfrei verfassungsgemäß waren. Beispiele dafür waren etwa das gegen die Aufwertungsinitiative vorbereitete „Abdrosselungsgesetz" (das auf eine Verfassungsänderung für diesen Einzelfall zielte), das Verlassen der dem Reichspräsidenten angesonnenen Neutralität im Fall der Fürstenenteignung, das widersprüchliche Taktieren der SPD im Fall „Panzerkreuzerverbot" sowie der Einsatz des nur der Regierung zugänglichen Rundfunks und von Disziplinarmaßnahmen gegen Beamte im Fall „Young-Plan".

In den genannten Fällen konnten sich die Gegner der Republik auf die Legalität und den demokratischen Charakter des von ihnen genutzten Volksgesetzgebungsverfahrens berufen. Zu dieser Entwicklung hatte die Konzeption der Weimarer Verfassung beigetragen, die wohl verfassungswidrige Methoden, aber keine verfassungswidrigen Ziele gekannt hatte; damit wurden in der Form legale Angriffe auf die Republik möglich. Insoweit sind die Legitimationsprobleme durch die Praxis der Volksgesetzgebung auf Reichsebene nicht geringer, sondern eher größer geworden.

Dem ambivalenten Charakter der direktdemokratischen Politikinstrumente ist es zuzuschreiben, daß die Einschätzung ihrer mittelbaren Folgen nicht nur negativ ausfällt. So lag eine stabilisierende Wirkung darin, daß wiederholt oppositionelle Parteien und Gruppen durch ein Volksgesetzgebungsverfahren auf einen verfassungsmäßigen Lösungsweg geführt wurden. Das Beschreiten dieses Weges wurde indessen dadurch erschwert, daß die Volksgesetzgebung in der Weimarer Verfassung eine vergleichsweise aufwendige und schwerfällige Alternative darstellte. Attraktiv genug erschien das Verfahren immer erst dann, wenn das Mißverhältnis zwischen Regelungsversprechen und Regelungskompetenz von Regierung und Parlament auf der einen Seite und den Regelungsmängeln auf der anderen Seite kritische Ausmaße annahm.

Die Begrenztheit der „Weimarer Erfahrungen"

Eine Analyse der „Weimarer Erfahrungen", die sich auf die vier bedeutendsten Volksbegehren auf Reichsebene beschränkt, ergibt zweierlei: a) das Erfahrungsgut ist nicht sehr groß und beschränkt sich
b) vorwiegend auf die umstrittene Verfahrensgestaltung.

Die Forschung ist sich weitgehend einig, daß in der „Fehlgestalt
des Volksentscheids" (*Tannert 1929*) der Hauptgrund dafür lag, daß
eine erfolgreiche Initiative zur Volksgesetzgebung praktisch ausgeschlossen war. Das Beteiligungsquorum für einfache und das Zustimmungsquorum für verfassungsändernde Gesetze von jeweils 50 % der
Stimmberechtigten hatte zur Folge, daß das Fernbleiben von den Urnen mehr im Interesse der Sachgegner lag als die Mobilisierung von
Nein-Stimmen beim Urnengang. Ein organisierter Abstimmungsboykott wie bei den Volksentscheiden von 1926 und 1929 konnte die
Stimmbeteiligung weiter senken – und zwar „effektiv" durch die fakti-
sche Aufhebung des Abstimmungsgeheimnisses, „billig" durch die
Einsparung der Mobilisierungslast und „sicher" durch die interpretati-
ve Vereinnahmung sämtlicher Nichterschienenen als überzeugter
Sachgegner (*O. Jung*).

Die Schlußfolgerungen aus diesem unbestrittenen Befund sind ge-
gensätzlich. Eine Minderheitsmeinung geht dahin, daß die verfahrens-
technische Ausgestaltung der Volksgesetzgebung grundsätzlich mit
nicht lösbaren Problemen belastet sei. Die Mehrheit der Forscher ver-
weist dagegen auf die kaum umstrittene direktdemokratische Praxis in
den westdeutschen Ländern seit 1946, vor allem in Bayern (vgl. die
Beiträge von *Jürgens* und *Hahnzog*) und neuerdings auch in den neuen
Bundesländern (vgl. den Beitrag von *Paulus*). Sie gilt als ein Beleg dafür, daß auf Landesebene ein zumindest diskussionswürdiges Erfahrungsgut vorliegt und daß die Verfahrensprobleme auf Landesebene,
wenn nicht in allen Fällen als ganz gelöst, so doch nicht als Argument
gegen die Volksgesetzgebung anzusehen sind.

Eine weitere zentrale Frage betrifft die „Weimarer Erfahrungen"
mit dem Parlamentarismus und den politischen Parteien. Wenn seit
den 80er Jahren zunehmend die Einführung von Volksabstimmungen
auch auf Bundesebene gefordert wird, geschieht dies häufig mit dem
Hinweis auf den defizitären Weimarer Parlamentarismus. Diese Kritik

könnte den Gedanken nahelegen, dem Parlamentarismus von 1919 bis 1930 sei quasi monokausal das Scheitern der Weimarer Republik zuzuschreiben. Tatsächlich handelte es sich um einen multikausalen Sachzusammenhang. Die Krisen des Parlamentarismus in seiner Weimarer Ausgestaltung erwuchsen wesentlich, aber nicht ausschließlich aus dem Versagen der Parteien und damit auch der Wähler. Wenn das Parlament „nicht besser als seine Wähler" war (*K. Schwabe*), konnten dann – abgewandelt – die Volksbegehren inhaltlich besser sein als ihre Initiatoren, zumeist eben dieselben Parteien wie im Parlament?

Diesem Abschnitt der Verfassungsgeschichte steht die Praxis des „Parteienstaates" Bundesrepublik gegenüber. In ihm erlangten die politischen Parteien die Anerkennung, die ihnen die Weimarer Verfassung versagt hatte; und sie wurden im Verlauf von nunmehr 50 Jahren – trotz eines unstrittigen Reformbedarfs – zu Elementen der Stabilität. Im Rückblick auf diesen Befund und im Hinblick auf die gegenwärtige Diskussion hat nach wie vor die Einschätzung von *Herman Finer* Gewicht: „Auf jeden Fall ist das Problem des Referendums das Problem der Qualität der in einem Lande bestehenden Parteien."

Insgesamt betrachtet läßt sich die sporadische Praxis der sogenannten Volksrechte nicht als wesentliche Ursache für die Weimarer Verhältnisse werten. Geht man davon aus, daß die Auflösung der Weimarer Republik das Ergebnis „eines sehr komplexen Ursachengeflechts" (*E. Kolb*) war, dann gibt es keinen Beleg dafür, daß die vier bedeutendsten Versuche der Volksgesetzgebung auf Reichsebene die allgemeine Radikalisierung „wesentlich begründet oder entscheidend vorangetrieben hätten" (*C.-H. Obst*). Auch die Sekundäreffekte waren nicht nur negativ.

Mancher hätte sich an dieser Stelle vielleicht eine eindeutigere Antwort gewünscht. Aber „der Historiker kann sie oft nicht geben, weil die Realität so eindeutig nicht war, weil sich in einem historischen Augenblick durchaus gegensätzliche Elemente verbinden können oder in unaufhebbarer Spannung bleiben" (*H. Möller*). So gesehen sind die „Weimarer Erfahrungen" eine Orientierungshilfe für die Aufnahme von Volksbegehren und Volksentscheid in das Grundgesetz nur unter den vorstehend in diesem Abschnitt genannten Gesichtspunkten.

Weiterführende Literatur

Bugiel, Karsten: Volkswille und repräsentative Entscheidung. Zulässigkeit und Zweckmäßigkeit von Volksabstimmungen nach dem Grundgesetz, Baden-Baden 1991.

Jung, Otmar: Direkte Demokratie in der Weimarer Republik. Die Fälle „Aufwertung", „Fürstenenteignung", „Panzerkreuzerverbot" und „Young-Plan", Frankfurt a. M./New York 1989.

Jung, Otmar: Volksgesetzgebung. Die „Weimarer Erfahrungen" aus dem Fall der Vermögensauseinandersetzungen zwischen Freistaaten und ehemaligen Fürsten, Hamburg, 2. Aufl. 1996.

Schiffers, Reinhard: Elemente direkter Demokratie im Weimarer Regierungssystem, Düsseldorf 1971 (Beiträge zur Geschichte des Parlamentarismus und der politischen Parteien Bd. 40).

Schiffers, Reinhard: „Weimarer Erfahrungen": Orientierungshilfe für die Aufnahme plebiszitärer Elemente in das Grundgesetz? (Zur Debatte zwischen Meineke und Jung), in: Zeitschrift für Politikwissenschaft Jg. 6 (1996), S. 349-374.

Schüren, Ulrich: Der Volksentscheid zur Fürstenenteignung 1926. Die Vermögensauseinandersetzung mit den depossedierten Landesherren als Problem der deutschen Innenpolitik unter besonderer Berücksichtigung der Verhältnisse in Preußen, Düsseldorf 1978 (Beiträge zur Geschichte des Parlamentarismus und der politischen Parteien Bd. 64).

II.2   Die Volksabstimmungen der Nationalsozialisten

Von OTMAR JUNG

Einleitung

Warum steht in einem Band, der auf dem Boden des Grundgesetzes für mehr direkte Demokratie plädiert, ein Beitrag über die Volksabstimmungen unter der nationalsozialistischen Diktatur? Haben jene Vorgänge überhaupt einen praktischen Bezug zu den politischen Bestrebungen heute? In der Tat könnte man dieses düstere Unterkapitel der deutschen Geschichte durchaus geschlossen halten, wenn nicht in den aktuellen Diskussionen immer wieder das Argument käme, die Volksabstimmungen der Nationalsozialisten hätten das Institut „Direkte Demokratie" diskreditiert und insbesondere den Parlamentarischen Rat veranlaßt, das Grundgesetz strikt repräsentativ-demokratisch zu gestalten.

Letzteres Argument stimmt nicht – darauf wird der folgende Beitrag eingehen. Aber auch falsche Argumente „wirken"; zumindest eine klimatische Belastung für die verfassungspolitische Diskussion – ein historisch-politischer „Schatten" – resultiert daraus offensichtlich.

Was also hatte es mit den Volksabstimmungen der Nationalsozialisten tatsächlich auf sich?

Das „Gesetz über Volksabstimmung"

Am 14. Juli 1933 beschloß das Kabinett *Hitler* – aufgrund des kaum vier Monate vorher vom Reichstag verabschiedeten „Ermächtigungsgesetzes" konnte ja die Regierung Gesetze beschließen – ein sogenanntes „Gesetz über Volksabstimmung". Nach seinen knappen Bestimmungen konnte die Reichsregierung das Volk befragen, ob es einer von ihr „beabsichtigten Maßnahme zustimmt oder nicht"; bei dieser Maßnahme konnte es sich auch um ein Gesetz handeln. In der Abstimmung entschied die Mehrheit der abgegebenen gültigen Stimmen. Dies galt auch dann, wenn ein beabsichtigtes Gesetz verfassungsändernde Vorschriften enthielt.

Verglichen mit der direkten Demokratie, wie sie die Weimarer Verfassung vorgesehen hatte, lag dem „Gesetz über Volksabstimmung" eine neue Konzeption zugrunde: Die klassische Volksgesetzgebung trug grundsätzlich *oppositionellen* Charakter; ansonsten sollte das Volk als *Schiedsrichter* entscheiden. Jetzt dagegen schufen sich die Nationalsozialisten ein reines *Regierungs*instrument; insbesondere Fragestellung und Zeitpunkt wurden ausschließlich „von oben" festgelegt.

Gegenstand eines Volksentscheids konnte bisher nur der Entwurf eines (allgemeinen) *Gesetzes* sein. Das neue Recht hingegen unterstellte der Abstimmung *Maßnahmen*, also auch die Regelung eines konkreten *Einzelfalles*.

Die schlichte Regel, daß die Mehrheit der abgegebenen gültigen Stimmen entscheide, war bewußt gegen das Beteiligungs*quorum* des Art. 75 WRV gerichtet. Indem man jene Regel auch auf verfassungsändernde Gesetzentwürfe erstreckte, wurde zugleich die für die Weimarer Volksgesetzgebung errichtete *Erschwernisstufung* beseitigt.

So deutlich sich diese Bestimmungen von den bisher in Deutschland gültigen Verfahrensregeln absetzten – man kann sie gleichwohl als solche nicht undemokratisch nennen. Referenden dieses Typs finden sich auch in deutschen Landesverfassungen nach dem Zweiten Weltkrieg, von ausländischen Beispielen – etwa *de Gaulles* Verfassung der V. französischen Republik – ganz zu schweigen. Nicht die Gesetzesregelung als solche stellte das Problem dar, sondern ihre Anwendung unter einem diktatorischen System. Das Motiv der Nationalsozialisten war, die Garantien und Vorbehalte des „Ermächtigungsgesetzes" notfalls plebiszitär zu überspielen; dafür hatte man sich ein Instrument bereitgelegt.

Der Austritt aus dem Völkerbund 1933: ein Triumph

Das formale Arrangement

Im Herbst 1933 kam dann die Gelegenheit, als die Nationalsozialisten mit ihrer militanten Gleichberechtigungspolitik bei der Genfer Abrüstungskonferenz nicht durchdrangen und sich kurzerhand entschlossen, die Konferenz zu verlassen und gleich auch noch aus dem Völkerbund auszutreten. Daraufhin ließ *Hitler* durch Reichspräsident *v. Hindenburg* den Reichstag auflösen und Neuwahlen ausschreiben; gleichzeitig wurde eine Volksabstimmung angesetzt. Letztere sollte über einen langen Aufruf gehen, unter dem auf dem Stimmzettel die suggestive Frage stand:

> „Billigst Du, deutscher Mann, und Du, deutsche Frau, diese Politik Deiner Reichsregierung, und bist Du bereit, sie als den Ausdruck Deiner eigenen Auffassung und Deines eigenen Willens zu erklären und Dich feierlich zu ihr zu bekennen?"

Die Reichstagswahl am 12. November 1933 wurde nach dem absurden System der Einheitslisten-„Wahl" durchgeführt. Auf dem Stimmzettel war nur ein Kreis – neben der Liste der NSDAP – zum Kennzeichnen vorgesehen. Wer seine Stimme nicht für die Nationalsozialisten abgab, wählte ungültig. Die Bürger hatten also, soweit sie sich an dieser „Wahl" beteiligten, *zwei* Verhaltensmöglichkeiten. Anders bei der Volksabstimmung: Am Ende des Stimmzettels befanden sich nämlich zwei Kreise für „Ja" bzw. für „Nein"; einschließlich der Möglichkeit, den Stimmzettel ungültig zu machen, konnten sich die Bürger mithin auf *dreierlei* Weisen verhalten. Innerhalb eines diktatorischen Systems, das gerade die Wahlen fest im Griff hielt, rettete sich in der Volksabstimmung wegen ihrer Ja/Nein-Alternativlogik ein Stückchen Freiheit.

Worüber abgestimmt wurde, war nicht ganz klar; in jedem Falle bestanden Zweifel an der Rechtmäßigkeit. Ging es um den Austritt aus dem Völkerbund, wurde der Wortlaut des „Gesetzes über Volksabstimmung" überschritten, da es sich dabei nicht um eine „beabsichtigte" Maßnahme, vielmehr um eine vollendete Tatsache handelte. Galt die Abstimmung dagegen dem wortreichen Dokument selbst, fehlte der „Maßnahmen"-Charakter. Dieses Dilemma war kein Zufall. Inzwischen war offenkundig geworden, daß sich das Konzept des Volksabstimmungsgesetzes mit dem Wesen eines autoritären Führerstaates nicht vertrug.

Was bleibt von demokratischen Verfahren in einer Diktatur?

Weil die Abstimmung in erster Linie als Demonstration gegenüber dem Ausland gedacht war, das man gerade vor den Kopf gestoßen hatte, bemühte das Regime sich um eine pseudodemokratische Fassade. Dahinter aber war die politische Freiheit der Bürger massiv eingeschränkt:

Die Willens*bildung* war in einem Staat mit politischem Monopol einer Partei und „Gleichschaltung" aller gesellschaftlichen Kräfte schwer beeinträchtigt. Ein Diskurs fand nicht statt. Opposition war illegal, Einwände gegen die Regierungspolitik waren weder zu hören noch zu lesen, Argumentationen für ein „Nein" zur Abstimmungsfrage wurden nicht veröffentlicht. Vielmehr wurde mit großem Aufwand an Propaganda, die zu einem „Bekenntnis" zur Regierung aufforderte und an den Stolz als „Deutscher" appellierte, eine rationale Antwort auf die vorgelegte außenpolitische Frage systematisch hintertrieben. Zwar leistete vor allem die Linke – aus der Illegalität heraus – Widerstand durch Aufklärung, doch konnte sie die (Ab-)Geschlossenheit des politischen Systems nicht aufbrechen.

Die Abstimmungs*beteiligung* wurde mit massiver Nötigung hochgetrieben, was aber oft falsch eingeschätzt wird: Zum demokratischen Kern gehört die Wahl*beteiligungs*freiheit im Gegensatz zur Wahl*entscheidungs*freiheit nicht. Es gibt unzweifelhafte Demokratien, die nicht nur einen faktischen Abstimmungszwang praktizieren, wie die Nationalsozialisten es taten, sondern die ihre Bürger von Rechts wegen – und manchmal strafbewehrt! – zur Teilnahme an Wahlen verpflichten (z. B. Belgien, Griechenland und Italien).

Die Willens*äußerung* war nicht mehr frei: Indem die Nationalsozialisten hergebrachte Schutzrechte, wie insbesondere das Abstimmungsgeheimnis, mißachteten, untergruben sie die sozialpsychologischen Voraussetzungen dafür, daß jemand auch tatsächlich mit „Nein" oder ungültig abstimmen konnte.

Schließlich ist an der Korrektheit der Ergebnis*feststellung* durch die ausschließlich von Nationalsozialisten gestellten Abstimmungsvorstände zu zweifeln. Doch gerade letzteres wird oft überbewertet. Eine generelle Fälschung der Ergebnisse ist quellenmäßig nicht nachzuweisen; die einschlägigen Manipulationen hielten sich in engen Grenzen.

Ergebnisse und Interpretationen

Wenn in einer Diktatur 95,1 % der Stimmen auf „Ja" lauten, kann man dieses Ergebnis natürlich nicht nach den Grundsätzen liberaler Demokratien interpretieren, in denen Ziele knapp über 50 % angepeilt werden. Zunächst ist einfach davon auszugehen, daß damals die spezifische Mischung der Nationalsozialisten aus „Verführung und Gewalt" jenen Wert der Zustimmung hervorgebracht hatte.

Tabelle 1:   *Urnengänge am 12. November 1933*

	Volksabstimmung		Reichstagswahl	
	A	B	C	D
Reich	4,9	89,9	7,9	87,8
Stimmkreise				
Hamburg	13,0	80,1	16,4	78,1
Berlin	10,8	80,2	14,9	77,4
Leipzig	10,0	85,0	13,0	82,7
Potsdam II	7,1	84,0	11,1	79,5
Städte				
Lübeck	22,1	71,2	21,8	70,9
Bremen	10,7	83,2	13,5	92,0
Magdeburg	10,4	86,9	13,4	85,4
Dortmund	10,1	83,8	12,3	82,4
Berliner Bezirke				
Wedding	13,1	79,3	16,4	77,2
Neukölln	12,6	79,8	17,4	77,3
Prenzlauer Berg	11,7	79,8	16,5	76,9
Charlottenburg	6,7	81,7	14,0	76,4

A = Nein in % der abgegebenen gültigen Stimmen,
B = Ja in % der Stimmberechtigten,
C = Ungültig in % der abgegebenen Stimmen,
D = Pro NSDAP in % der Stimmberechtigten.
Quelle: Statistik des Deutschen Reichs Bd. 449, S. 8 f., 37, 49, 59, 105 f. und eigene Berechnung.

Alsdann aber kann man sinnvoll fragen: Wo und warum haben auch unter den Bedingungen einer Diktatur Bürger sich der Abstimmungs-nötigung entzogen, den Stimmzettel ungültig gemacht oder mit „Nein" gestimmt? Zum „Sprechen" läßt sich das Ergebnis dabei vor allem in den unteren Stimmkörpern bringen.

Insgesamt erbrachte die Volksabstimmung 1933 eine überwälti-gende Zustimmung zu der vorgelegten Frage (vgl. oben, Tabelle 1). 95,1 % der abgegebenen gültigen Stimmen lauteten auf „Ja". 4,9 % der Bürger stimmten mit „Nein"; aber in diesen Reichsdurchschnitt gingen Einzelwerte ein von bis zu 13,0 % „Nein" bei den Stimmkrei-sen (Hamburg), bis zu 13,1 % bei den Berliner Bezirken (Wedding) und 22,1 % bei den Städten (Lübeck). Von 45.178.701 Stimm*berech-tigten* hatten 40.633.852 ihre Zustimmung erklärt. Diese „Ja"-Quote betrug reichsweit 89,9 %; doch sie sank im Stimmkreis Hamburg auf 80,1 %, im Berliner Bezirk Wedding auf 79,3 % und betrug in der Stadt Lübeck gerade noch 71,2 %.

Vergleicht man die Abstimmungsdaten mit den Ergebnissen der gleichzeitig durchgeführten Reichstagswahl, ergeben sich zwei viel-leicht überraschende Interpretationen:

Die Volksabstimmung war, was schon der Blick auf die Verhal-tensmöglichkeiten nahelegte, das feinere Instrument geblieben, bzw. die Diktatur hatte es weniger verderbt. Die exzessive Zahl der ungülti-gen Stimmen bei der „Wahl" – offensichtlich ein Verzerrungseffekt, der auf die Alternativlos-Stellung der nationalsozialistischen Einheits-liste zurückging – normalisierte sich bei der Abstimmung, wo jene, die nicht mit „Ja" stimmen wollten, sich in Sachgegner („Nein") und eine echte Restgruppe („Ungültig") scheiden konnten. Mit dieser formellen Eröffnung einer ablehnenden Alternative war das Verfahren der Volksabstimmung aber auch – immer technisch gesehen – vergleichs-weise offen und fair.

Mit diesem feineren Instrument hatten die Nationalsozialisten bes-sere Ergebnisse erzielt als – trotz der Einheitsliste – bei den Reichs-tagswahlen. 39.655.224 Bürger hatten NSDAP gewählt, aber fast eine Million mehr – 40.633.852 – hatten den Austritt aus dem Völkerbund bejaht. Umgekehrt: Von 40 Mio. Bürgern, die bei dieser Sachfrage der Politik der Regierung zustimmten, verstanden sich trotz der Einheitsli-sten-Zwänge nur 39 Mio. dazu, den Nationalsozialisten durch ihre Wahlstimme pauschal das Vertrauen zu bekunden; eine Million Bürger nutzte die Chance, die ihnen die gleichzeitige Praktizierung zweier verschiedener Verfahren bot, um ihre politische Einstellung differenziert auszudrücken.

Gewiß ist diese überwältigende Zustimmung zu einer Politik, die den Völkerbund eben verlassen hatte, von einem übergeordneten Standpunkt internationaler Zusammenarbeit aus zu beklagen. Man wird gleichwohl zu verstehen suchen, daß sich hier „jahrelang gehegte Gefühle der Zurücksetzung, des tiefsitzenden Grolls über die zahllosen Querelen, mit deren Hilfe Deutschland diskriminiert und im Status des Besiegten gehalten worden war" (*Joachim C. Fest*), Bahn brachen. Wichtig ist aber vor allem, daß das praktizierte Abstimmungsverfahren – bei allen Vorbehalten wegen des Drucks und der Manipulation – diese Stimmung der Öffentlichkeit tendenziell zum Ausdruck brachte.

Ein plebiszitärer Führerstaat?

Die Einheits-„Wahl" zum Reichstag war für die Nationalsozialisten ein machttechnischer Erfolg; *dieser* Sieg in vergleichsweiser fairer Abstimmung war ein politischer Triumph, und die Nationalsozialisten reagierten darauf denn auch nahezu euphorisch, während ihre Gegner – wie die Exil-SPD einräumte – „eine tiefe Depressionswelle zu überwinden hatten". Als *Hitler* demnächst die Absicht verkündete, „immer wieder von neuem festzustellen, inwieweit sich der Wille der Nation verkörpert in der sie führenden Regierung", zeichnete sich gar die Vision eines plebiszitären Führerstaates ab. Der Diktator versprach, „in Zukunft wenigstens einmal in jedem Jahre dem Volk die Möglichkeit zu geben, sein Urteil über uns zu fällen". Andererseits stellte *Hitler* ausdrücklich klar, daß er bei seinen Abstimmungsplänen keineswegs ein pluralistisches Verfahren der Entscheidung der Basis zwischen inhaltlichen Alternativen im Sinn hatte. Solange sich die Führung über bestimmte Probleme noch nicht im klaren sei – schärfte er z. B. Anfang Februar 1934 seinen Gauleitern ein –, dürften diese in der Öffentlichkeit nicht einmal diskutiert werden, denn dadurch würde man ja „der Masse des Volkes die Entscheidung zuschieben. Das war der Wahnsinn der Demokratie ...".

Der „Führer" als Staatsoberhaupt 1934: ein Mißerfolg

Die nächste Gelegenheit ergab sich aus der Sicht des Diktators Anfang
August 1934. Nach dem Tod *v. Hindenburgs* beschloß die Regierung
ein Gesetz, demzufolge die bisherigen Befugnisse des Reichspräsidenten auf den „Führer und Reichskanzler" übergehen sollten. Obwohl die
Machthaber diese Neuregelung des Komplexes „Staatsoberhaupt" als
verfassungsrechtlich gültig ansahen, wollte *Hitler* noch einmal das
Volk darüber abstimmen lassen. Damit war der Rahmen des „Gesetzes
über Volksabstimmung" eindeutig gesprengt.

Während des Abstimmungskampfes wurde der Druck auf die Bürger noch stärker; man trieb einen bis dahin nicht gekannten Propagan-
daaufwand; gleichzeitig war der offene Terror, den das Regime anläßlich des vorgeblichen „*Röhm*-Putsches" praktiziert hatte, noch frisch in
Erinnerung. Auch Fälschungen des Ergebnisses kamen häufiger vor als
bei irgend einem anderen Urnengang vorher. Widerstand durch Aufklärung war nun noch schwieriger geworden, wurde aber vor allem
von Kommunisten wie Sozialdemokraten durchaus geleistet.

„Natürlich" erbrachte auch die Volksabstimmung am 19. August 1934 insgesamt eine überwältigende Zustimmung zu der vorgelegten Frage. 89,9 % der abgegebenen gültigen Stimmen lauteten auf
„Ja". Doch in der durchschnittlichen Nein-Quote von 10,1 % wurden
verrechnet: auf Stimmkreisebene 20,4 % Nein in Hamburg, 18,5 in
Berlin und 18,2 in Köln-Aachen; 20,6 % Nein in der Stadt Lübeck und
sogar 28,3 % Nein im Stadtkreis Aachen.

Von 45.552.059 Stimm*berechtigten* hatten 38.394.848, gleich
84,3 %, ihre Zustimmung erklärt. Aber diese absolute Zustimmung lag
in nicht weniger als sechs Stimmkreisen unter 80 % und war in den
bürgerlichen Berliner Bezirken Charlottenburg und Wilmersdorf auf
69,6 bzw. 68,8 % gesackt; im Stadtkreis Aachen gab es sogar nur
65,7 % Zustimmung.

Am bemerkenswertesten aber ist, daß im Vergleich zur Abstimmung vom November 1933 nun praktisch alle Werte schlechter geworden waren. Statt 95,1 % im Vorjahr lauteten 1934 nur noch 89,9 % der
abgegebenen gültigen Stimmen auf „Ja", statt 89,9 % stimmten jetzt
nur noch 84,3 % der Stimmberechtigten der Abstimmungsfrage zu.
Um 12,6 Prozentpunkte stieg der Anteil der sachoppositionellen Nein-

Stimmen im Stimmkreis Köln-Aachen (von 5,6 % auf 18,2 %) und um je 10,2 Prozentpunkte in den Stimmkreisen Westfalen Nord bzw. Koblenz-Trier – um nur einige alte Hochburgen der früheren katholischen Zentrumspartei herauszugreifen.

Die Nationalsozialisten reagierten doppelzüngig. Nach außen hin wurde das Ergebnis im gewohnten triumphalistischen Stil gefeiert. „Die Einheit von Staat und Bewegung", schwärmte *Hitler* anderntags in einer Proklamation an das deutsche Volk, sei „vor der ganzen Welt" dokumentiert worden. Intern aber sprach *Goebbels* unverblümt von einem „Mißerfolg". In der Tat hatte der oberste Propagandachef sechs Tage zuvor erklärt: „Wir brauchten der Wahl vom 12. November gegenüber auch nur e i n e Stimme zu verlieren", und schon würde das Ausland darüber triumphieren.

Angesichts des Ergebnisses zeigte sich die grundsätzliche Unfähigkeit der Machthaber, auch nur mit Resten eigenen Willens bei den Bürgern umzugehen. Daß es Volksgenossen gab, die *noch nicht* überzeugt waren und erst weiterer „Bearbeitung" bedurften, akzeptierte ihr geschlossenes Denken durchaus. In Schwierigkeiten aber geriet ihre Vorstellung kontinuierlichen Fortschritts, wenn schon einmal Gewonnene sich *wieder ab*wandten. Wie waren die weit über zwei Millionen „verlorener" Ja-Stimmen zu erklären? Im Grunde scheiterte das Regime am Verfahren: Die Alternativstellung Ja oder Nein mußte doch geradezu, solange noch irgend ein Stück Freiheit der Entscheidung bestand, bei verschiedenen Anlässen zu unterschiedlichen Ergebnissen führen und widersprach damit prinzipiell dem Ansatz einer formierten Gesellschaft, die Geschlossenheit, Treue und Unbeirrbarkeit auf ihr Panier geschrieben hatte.

Genau umgekehrt reagierte die demokratische Linke. Gewiß hatte sie wieder eine Niederlage einstecken müssen, aber die vergleichsweise geringere Zustimmung wurde durchaus als beachtlicher Erfolg im Kampfe gegen das Regime gebucht. Man hat das Gefühl: „Der Bann ist gebrochen", formulierten kritische Beobachter, und ihre Konsequenz aus der Zunahme offener Ablehnung – dem wachsenden Mut zum „Nein" – spiegelte die Gefühle der Machthaber: Man werde das Experiment einer Volksabstimmung nicht mehr oft wiederholen dürfen. Nach dem Mißerfolg 1934 wurde die Volksabstimmung denn auch faktisch abgeschafft.

Der „Anschluß" Österreichs 1938: ein Sonderfall

Fast vier Jahre später kam dann doch noch einmal eine „Situation" für
das Regime mit dem überraschend gelungenen und in vieler Hinsicht
improvisierten „Anschluß" Österreichs. Ursprünglich plante *Hitler*,
nach dem Muster der Rheinlandbesetzung zwei Jahren zuvor zu handeln, d. h. als – dünnes – legitimatorisches Mäntelchen das Einpartei-
enparlament per Neu-„Wahl" durch das nächste zu ersetzen. Das Konzept einer Volksabstimmung wurde ihm von außen vorgegeben –
Kanzler *v. Schuschniggs* österreichische Volksbefragungsidee. *Hitler*
griff dieses Konzept auf, um sich gegenüber den westlichen Demokratien angesichts seines Bruchs des Völkervertragsrechts abzusichern:
erst durch ein Territorialplebiszit in Österreich, welches das Anschluß-
verbot des Staatsvertrages von Saint Germain mißachtete, dann durch
ein Territorialplebiszit auch im „Altreich", das sich über die entsprechende Verpflichtung aus dem Versailler Vertrag hinwegsetzte. Diese
Abstimmung hatte also nichts mit dem „Gesetz über Volksabstimmung" von 1933 zu tun; sie stand vielmehr in der Tradition der völker-
rechtlichen Territorialplebiszite von Oberschlesien 1920 bis zur Saar
1935. Damit widerlegt das „Anschluß"-Plebiszit auch nicht die These
von der faktischen Abschaffung der Volksabstimmung. Der „Nach-
zügler" von 1938 stellt einen Sonderfall dar.

Praktiziert wurde am 10. April 1938 das Politikgemisch einer
Volksabstimmung und Reichstagswahl *in einem*. Gefragt wurde der
– wie immer – pseudovertraulich „geduzte" Bürger: „Bist Du mit der
am 13. März 1938 vollzogenen Wiedervereinigung Österreichs mit
dem Deutschen Reich einverstanden und stimmst Du für die Liste
unseres Führers Adolf Hitler?" Weil das Abstimmungs-Verfahren do-
minierte, in das die „Wahl" verfahrensmäßig „eingebaut" war, gab es
für die Bürger mit „Ja", „Nein" und „Ungültig" drei Verhaltensmöglichkeiten an den Urnen (vgl. Abbildung 1, folgende Seite).

Davor wirkte die typische „Verführung-und-Gewalt"-Kombination
auf die Bevölkerung ein. Bei dem „Anschluß" handelte es sich nun
einmal – aus nationaler Perspektive – um eine Frage, auf welche die
Aufgerufenen, wie die österreichischen Bischöfe feierlich erklärten,
das „Ja" „ihrem Volke schuldig" waren. Dazu erreichte der Druck seinen endgültigen Höhepunkt.

Abbildung 1

Stimmzettel zur Volksbefragung und zur Reichstagswahl am 10. April 1938

Volksabstimmung und Großdeutscher Reichstag

Stimmzettel

Bist Du mit der am 13. März 1938 vollzogenen

Wiedervereinigung Österreichs mit dem Deutschen Reich

einverstanden und stimmst Du für die Liste unseres Führers

Adolf Hitler?

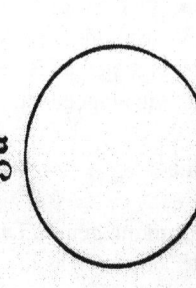

Ja   Nein

nach: Reichsgesetzblatt 1938 Teil I, S. 303

Nötigung zur Beteiligung, Bruch des Abstimmungsgeheimnisses und Abstimmungsfälschung kamen in besonders großem Umfang vor, ohne daß freilich das Ergebnis insgesamt als gefälscht bezeichnet werden könnte.

Von den reichsdeutschen Stimmberechtigten nahmen 99,59 % an der Volksabstimmung teil. Davon machten 0,16 % ihren Stimmzettel ungültig. 99,01 % der gültigen Stimmen lauteten auf „Ja" und 0,99 % auf „Nein". Von den österreichischen Stimmberechtigten nahmen 99,71 % teil, wovon 0,13 % ungültig abstimmten; Ja- und Nein-Stimmen verteilten sich dann auf 99,73 und 0,27 %.

Ein solches Ergebnis wirkte nicht nur als Ganzes „erschlagend". Auch bei einer Aufgliederung der Abstimmungsdaten bis hin zu den unteren Verwaltungsbezirken und Gemeinden mit mehr als 2.000 Einwohnern zeigt sich alles, was etwa 1934 noch an Renitenz faßbar war, als so gut wie eingeebnet.

Resümee

Volksabstimmungen im Dritten Reich waren – wie Wahlen – nur noch Zerrbilder dessen, was in einer pluralistischen Demokratie unter diesen Beteiligungsformen verstanden wird. Die Deformation der Willensbildung durch das Politikmonopol der Staatspartei, die Beeinflussung der Willlensäußerung durch die Verletzung der Schutzrechte und die Fragwürdigkeit der Ergebnisfeststellung lassen das überlieferte Datenmaterial als verderbt erscheinen. Gewisse Aufschlüsse erhält man jedoch, wenn man die Ergebnisse im Detail betrachtet.

Verglichen mit den Reichstags-„Wahlen" nach Einheitsliste blieben die Volksabstimmungen aus der Logik ihrer Ja/Nein-Alternative heraus – es gab kein „Einheitsplebiszit"! – das feinere Instrument; ihr Verfahren war (technisch gesehen) vergleichsweise offen und fair. Die Terrorisierung war also bei jenen „Wahlen" noch schlimmer als bei den Abstimmungen.

Abstimmungen sind – wie Wahlen – *im Laufe der Zeit* zu sehen. 1933 und 1934 ist die Aussagekraft der sorgsam interpretierten Daten noch relativ hoch: Der bessere Ausfall der Volksabstimmung 1933 gegenüber der gleichzeitigen Reichstagswahl bedeutete einen echten Triumph der Nationalsozialisten. Das Sinken der Zustimmungsquote

bei der Volksabstimmung 1934 gegenüber der Abstimmung des Vor-
jahres stellte einen ernsthaften Rückschlag für das Regime dar:
4,3 Mio. Bürger hatten es gewagt, mit „Nein" zu stimmen, und auf diese Weise Widerstand gegen die Diktatur geleistet, was diese denn auch
zur faktischen Abschaffung der Volksabstimmung veranlaßte. Der
Urnengang von 1938 dagegen ist – auch bei den unteren Stimmkörpern – kaum mehr aussagekräftig. Die das Regime kennzeichnende
Mischung aus „Verführung und Gewalt" wirkte nun fast perfekt.

Zurück zur Ausgangsfrage: Die Volksabstimmungen der Nationalsozialisten mögen zeitgeschichtlich Interesse verdienen; doch sie haben in der Tat nichts mit den heutigen politischen Bestrebungen nach
mehr direkter Demokratie zu tun. Nicht einmal der erwähnte historisch-politische „Schatten" ist berechtigt. Auch der parlamentarischen
Demokratie wird ja nicht der Mißbrauch vorgehalten, den die Nationalsozialisten seinerzeit mit den Reichstagswahlen getrieben haben.

Weiterführende Literatur

Jung, Otmar: Plebiszit und Diktatur: die Volksabstimmungen der
  Nationalsozialisten. Die Fälle „Austritt aus dem Völkerbund"
  (1933), „Staatsoberhaupt" (1934) und „Anschluß Österreichs"
  (1938), Tübingen 1995 (Beiträge zur Rechtsgeschichte des 20.
  Jahrhunderts Bd. 13).

Jung, Otmar: Wahlen und Abstimmungen im Dritten Reich 1933-
  1938, in: Wahlen in Deutschland, hrsg. von Eckhard Jesse/Konrad
  Löw, Berlin 1998 (Schriftenreihe der Gesellschaft für Deutschland-
  forschung Bd. 60), S. 69-97.

II.3 Warum enthält das Grundgesetz weder Volksbegehren noch Volksentscheid?

Von ULRICH BACHMANN

„Wir sind das Volk" riefen die Menschen in der DDR im Herbst 1989 und brachten damit zum Ausdruck, daß sie nicht länger gewillt waren, im Namen des Sozialismus auf die Demokratie zu verzichten. Der Applaus aus dem Westen war ihnen sicher. Doch dieselben Politiker im Westen, die diese, wie sie es nannten, „friedliche Revolution" der DDR-Bevölkerung feierten, lehnten nur wenige Jahre später die Aufnahme direktdemokratischer Entscheidungsformen in das Grundgesetz ab. Wird hierzulande das unmittelbare Volksvotum also nur dann gepriesen, wenn es sich gegen Diktaturen richtet?

„Wir sind das Volk, aber gefragt werden wir nicht" riefen fortan diejenigen, die nun endlich, über vierzig Jahre nach Inkrafttreten des Grundgesetzes, direktdemokratische Rechte einforderten – jenes Grundgesetzes, das ja nur ein Provisorium „für eine Übergangszeit" sein sollte, bis die deutsche Einheit wiederhergestellt wäre.

Dabei hatten schon damals, am 1. Juli 1948, die westlichen Alliierten in den Frankfurter Dokumenten aufgetragen, eine demokratische Verfassung zu schaffen, die in jedem beteiligten Bundesland dem Volk zur Abstimmung vorzulegen sei. Schon damals wehrten sich die deutschen Ministerpräsidenten erfolgreich gegen das Erfordernis der Volksabstimmung – wenn auch aus der nachvollziehbaren Befürchtung, daß damit die deutsche Spaltung zementiert würde. Aber die Skepsis saß tief und blieb.

Die Eltern des Grundgesetzes konzipierten eine repräsentative Demokratie. In Artikel 20 Abs. 2 wurde festgelegt: „Alle Staatsgewalt geht vom Volke aus. Sie wird vom Volke in Wahlen und Abstimmungen und durch besondere Organe der Gesetzgebung, der vollziehenden Gewalt und der Rechtsprechung ausgeübt." Daß mit dem Begriff „Abstimmungen" nicht bundesweite Volksbegehren und Volksentscheide über Gesetze gemeint seien, war über Jahrzehnte die fast einhellige Meinung unter den Staatsrechtslehrern, auch wenn es immer wieder Versuche gab, dieses Wort gleichsam als Rettungsanker dafür zu benutzen, daß das Grundgesetz plebiszitäre Formen ja gar nicht verbiete.

Ebensowenig überzeugen konnten allerdings die mühsamen Erklärungsversuche, warum dieses Wort überhaupt, noch dazu an so prominenter Stelle – in der änderungsfesten Fundamentalnorm des Artikels 20 –, im Grundgesetz steht.

Demgegenüber enthielten alle Landesverfassungen, die vor dem Grundgesetz in Kraft getreten waren, durchaus Regelungen über Volksbegehren und Volksentscheid. Aber was für welche!? Sie errichteten schier unüberwindbare Hürden! Die Folge war, daß es in kaum einem Bundesland jemals zu einer Volksabstimmung kam (vgl. den Beitrag von *Jürgens*). Eine rühmliche Ausnahme ist Bayern. Das hat seinen einfachen Grund darin, daß dort die Hürden nicht so unüberwindlich wie in den anderen Ländern waren – ein Beweis dafür, daß die Inanspruchnahme dieses Instruments ganz entscheidend von seiner Ausgestaltung abhängt. Damit zeigt sich bei den Bestimmungen über direkte Demokratie in den deutschen Landesverfassungen nach dem Zweiten Weltkrieg ein Phänomen, das es im Rechtsstaat in dieser Form nicht ein zweites Mal gibt – daß nämlich Rechte nur auf dem Papier gewährt werden.

Warum war das so? Warum bestand und besteht diese Skepsis gegenüber direktdemokratischen Verfahren? Warum enthält das Grundgesetz keinen Volksentscheid?

Jahrzehntelang galten als Grund hierfür die angeblich schlechten „Weimarer Erfahrungen" mit Volksbegehren und Volksentscheid und das Trauma des Nationalsozialismus, der das „gesunde Volksempfinden" zu seinen Zwecken mobilisierte und instrumentalisierte. Dem Berliner Staatsrechtler und Zeithistoriker *Otmar Jung* ist es kürzlich in einer eingehenden Studie gelungen, schlüssig darzulegen, daß es bei der Entscheidung gegen die Aufnahme von Volksbegehren und Volksentscheid ins Grundgesetz „um Weimar gar nicht ging", sondern „daß es die Vorstöße der SED waren, die zur Abschaffung der direkten Demokratie in Deutschland auf Gesamtstaatsebene führten". Man wollte der SED und KPD nicht diese Instrumente an die Hand geben und den neuzugründenden westlichen Teilstaat zumindest in einer Übergangszeit auf diese Weise vor Anfechtungen schützen. Die damalige Abschottung gegenüber Plebisziten war demnach ein rein situativer Reflex auf den Kalten Krieg, keineswegs eine grundlegende verfassungspolitische Position.

Allerdings ist auch nach Ende des Kalten Krieges festzustellen, daß erhebliche Teile der großen *Volks*parteien, wie sie sich ja selbst gern nennen, Volksbegehren und Volksentscheid nach wie vor nicht als selbstverständlichen Teil der Demokratie ansehen. Um die Ausgangsfrage zu beantworten, dürfen wir also nicht in den Jahren 1948/49 stehenbleiben, sondern müssen außerdem nachsehen, warum es nicht bei der großen Verfassungsrevision im Gefolge der deutschen Vereinigung gelang, Plebiszite im Grundgesetz zu verankern.

„Eine Prämie für jeden Demagogen"

Doch lassen wir zunächst diejenigen zu Wort kommen, die seinerzeit darüber zu entscheiden hatten, ob Volksbegehren und Volksentscheid in deutsche Verfassungen aufgenommen werden. Befragen wir, um es überschaubar zu halten, die „Väter und Mütter" des Grundgesetzes und werfen wir einen Blick in die Protokolle des Parlamentarischen Rates, also jenes Gremiums, das von September 1948 bis Mai 1949 in Bonn das Grundgesetz erarbeitet hat.

Die bekannteste Antwort auf unsere Frage hat *Theodor Heuss* gegeben, der für die FDP im Parlamentarischen Rat saß und später der erste Bundespräsident wurde. Er sagte damals wörtlich:

> „Cave canem, ich warne davor, mit dieser Geschichte die künftige Demokratie zu belasten. (...) Das Volksbegehren, die Volksinitiative, in den übersehbaren Dingen mit einer staatsbürgerlichen Tradition wohltätig, ist in der Zeit der Vermassung und Entwurzelung, in der großräumigen Demokratie die Prämie für jeden Demagogen."

Das war am 9. September 1948, in der allgemeinen Aussprache über die dem Parlamentarischen Rat gestellten Aufgaben. Doch die Entscheidung, auf Volksbegehren und Volksentscheid zu verzichten, war letztlich schon gefallen, bevor der Parlamentarische Rat zusammentrat – nämlich im Verfassungskonvent von Herrenchiemsee. Dieses von den Ministerpräsidenten der Länder eingesetzte Expertengremium hatte die Grundzüge der künftigen Verfassung schon sehr weitgehend ausgearbeitet. Dort stand das Thema direkte Demokratie keineswegs im Mittelpunkt; ebensowenig wurde es eingehend beraten. Vielmehr

berichtete etwa *Claus Leusser* lapidar: „Wir haben grundsätzlich die
Volksgesetzgebung abgelehnt", und zwar „aus den Gründen, die Herr
Dr. Süsterhenn überzeugend dargelegt hat". Dieser hatte gewarnt, daß
man sich damit der Gefahr unabsehbarer Erschütterungen aussetze:
„Ein agitatorisch geschickt ausgenützter Volksentscheid, daß das verfassungsmäßig gesicherte Berufsbeamtentum abgeschafft werden soll,
hätte bei der weit verbreiteten Wut gegen die Bürokratie und das Be-
amtentum im jetzigen Zeitpunkt durchaus die Chance durchzukom-
men."

Auffallend ist zweifellos, daß Volksbegehren und Volksentscheid
dann auch im Parlamentarischen Rat lediglich an ganz wenigen Stellen
überhaupt Gegenstand irgendwelcher Überlegungen gewesen sind.
Dies ist nur damit zu erklären, daß offenkundig weitgehender Konsens
darüber bestand, auf diese Instrumente zu verzichten. Nachdem diese
Materie an jenem 9. September 1948 in der Grundsatzdebatte über die
Aufgaben des Parlamentarischen Rates nur kurz angesprochen worden
war, wurde sie im Hauptausschuß am 8. Dezember 1948 in der Ersten
Lesung und dann erst wieder kurz vor der Verabschiedung des Grund-
gesetzes in der Vierten Lesung behandelt, und zwar ausgelöst durch
Anträge der zweiköpfigen eher konservativen Zentrumsfraktion (Abg.
Johannes Brockmann und Abg. *Helene Wessel*). Deren Antrag vom
6. Dezember 1948 hatte folgenden Wortlaut:

> „Ein Volksentscheid ist herbeizuführen, wenn ein Zehntel der
> Stimmberechtigten denselben verlangt. Der Volksentscheid ist
> für Regierung und Volksvertretung bindend."

In der Aussprache fügte Frau *Wessel* den Satz „Das Weitere regelt ein
Gesetz." hinzu und trug zur Begründung vor: „Ich glaube, dieser Antrag bedarf keiner langen Begründung; denn es ist ein selbstverständli-
ches Recht, daß man dem Volk den Volksentscheid zubilligen soll. Es
ist wohl nur ein Versehen, daß man dieses Recht bisher in den Entwurf
unseres Grundgesetzes nicht aufgenommen hat."

Frau *Wessel* irrte. Es war keineswegs ein Versehen – man wollte
einfach nicht. Der SPD-Abgeordnete *Rudolf Katz* verwies auf eine
„eingehende Unterhaltung" im Organisationsausschuß, wo man mit
überwiegender Mehrheit zu einem ablehnenden Beschluß gekommen
sei. Ein Volksentscheid über ein bereits beschlossenes Gesetz – also

ein Gesetzesreferendum – sei in der Weimarer Zeit niemals durchgeführt worden. Im übrigen seien die Erfahrungen mit dem Funktionieren von Volksbegehren und -entscheid in der Periode zwischen 1919 und 1933 „nicht sehr erbaulich" gewesen: „Ich denke dabei weniger an die Fürstenabfindung als an das Volksbegehren zum Sturz der preußischen Regierung, wo auch die Extreme so wunderbar sich zusammengefunden haben, an die Dinge, die sich wiederholen könnten..." Außerdem sei es „unpraktisch, in den jetzigen aufgeregten Zeiten derartige Zweifelsfragen zum Gegenstand großer Debatten zu machen". *Heuss* (FDP) wies die zitierte Annahme von Frau *Wessel*, es sei ein Versehen, den Volksentscheid nicht aufzunehmen, brüsk zurück („Die gute Frau *Wessel* hat hier sämtlichen Mitgliedern ein sehr häßliches Zeugnis ausgestellt.") und betonte, dies sei „kein Problem der Demokratie, sondern ein Problem der soziologischen Situation, in der ein Volk sich befindet". *Heuss* wiederholte seine schon im Plenum geäußerte Meinung, Volksabstimmungen seien eine Prämie auf Demagogie.

Allein der KPD-Abgeordnete *Heinz Renner* äußerte sich zustimmend zu dem Zentrums-Antrag. An *Katz* (SPD) gewandt sagte er: „Sie haben den Beweis dafür geliefert, daß Sie kein Vertrauen zum demokratischen Gedanken, zur Kraft der Demokratie und daß Sie ferner eine hysterische Angst haben vor der direkten Form des Eingreifens des Volkes." *Renner* stellte, nachdem der Zentrums-Antrag mit 18 gegen 3 Stimmen abgelehnt worden war, folgenden eigenen Antrag:

„Ein Volksentscheid findet statt:
a) wenn ein Zehntel der stimmberechtigten Staatsbürger ein Begehren nach Vorlegung eines Gesetzentwurfes stellt. (...)
b) wenn mindestens ein Zehntel der stimmberechtigten Staatsbürger die Auflösung des Bundestages beantragt;
c) wenn Bundestag und Senat [= Bundesrat] mit Zweidrittel-Mehrheit der gesetzlichen Mitgliederzahl ein verfassungsänderndes Gesetz beschlossen haben.
Die Volksabstimmung kann nur bejahend oder verneinend sein. Es entscheidet die Mehrheit der abgegebenen Stimmen.
Ein durch Volksentscheid angenommenes Gesetz tritt an dem auf die Abstimmung folgenden Tag in Kraft."

Renner beantragte nur die Verweisung dieses Antrages in den Ausschuß. Selbst dies wurde mit deutlicher Mehrheit abgelehnt.

Die Zentrumsfraktion stellte dann erst wieder in der letzten Phase der Beratungen des Parlamentarischen Rates, am 5. Mai 1949, einen Antrag zur Aufnahme von Volksbegehren und Volksentscheid in das Grundgesetz, und zwar auf Einfügung folgenden Artikels 111 a (siehe Abbildung 1 auf der folgenden Seite).

Der Antrag wurde im Hauptausschuß ohne Diskussion (!) abgelehnt. Im Plenum wurde er am 6. Mai 1949 erneut gestellt und vom Zentrumsabgeordneten *Brockmann* mit dem Hinweis auf den vorgesehenen und später auch verabschiedeten Artikel 20 Absatz 2 begründet, wonach die Staatsgewalt vom Volke „in Wahlen und Abstimmungen" ausgeübt werde: Wenn dieser Absatz „nicht etwas versprechen will, was nicht gehalten wird oder gehalten werden soll, dann muß der Antrag nunmehr in diesem Hohen Hause eine Mehrheit finden." Fand er aber nicht: Der Antrag wurde abgelehnt. *Brockmann* versuchte es zwei Tage darauf, am 8. Mai 1949, kurz vor der Schlußabstimmung über das Grundgesetz, ein letztes Mal, aber erneut ohne Erfolg.

So wurde an diesem historischen Tage ein „Grundgesetz für die Bundesrepublik Deutschland" verabschiedet, das Regelungen über bundesweite Volksbegehren und Volksentscheid nicht enthielt.

Plötzlicher Sinneswandel oder was? – Volksentscheid beim Elternrecht gefordert

Interessanterweise waren es aber just jene gewesen, welche die direkte Demokratie am vehementesten abgelehnt hatten, die in einer für sie bedeutsamen Einzelfrage das Instrument der Volksabstimmung plötzlich bemühen wollten.

Die CDU/CSU-Fraktion hatte nämlich unbedingt eine Bestimmung über das sogenannte Elternrecht aufnehmen wollen, biß damit jedoch bei der SPD auf Granit. Wenn man sich schon nicht im Parlamentarischen Rat damit durchsetzen konnte, so dachte man sich wohl, muß halt die Bevölkerung her!

Abbildung 1:   Antrag der Zentrumsfraktion vom 5. Mai 1949

```
Parlamentarischer Rat
Drucksache Nr. 818            Bonn, den 5. Mai 1949



                    Antrag der Zentrumsfraktion
                    ───────────────────────────

     Der Parlamentarische Rat wolle beschließen:


         In "VIII. Gesetzgebung des Bundes" wird folgender Artikel
     111a / a neu aufgenommen:

             " Ein Volksentscheid ist herbeizuführen, wenn ein
         Zehntel der Stimmberechtigten das Begehren nach Vor-
         legung eines Gesetzentwurfes stellt.

             Dem Volksbegehren muß ein ausgearbeiteter Gesetz-
         entwurf zugrunde liegen. Er ist von der Bundesregie-
         rung unter Darstellung ihrer Stellungnahme dem Volks-
         tag zu unterbreiten. Der Volksentscheid findet nicht
         statt, wenn der begehrte Gesetzentwurf im Volkstag
         unverändert angenommen worden ist.

             Ueber den Haushaltsplan, über Abgabengesetze und
         Besoldungsordnungen findet ein Volksentscheid nicht
         statt.

             Das Begehren eines Volksentscheids wird von einer
         oder gemeinsam von mehreren Parteien, der Volksent-
         scheid durch den Bundesminister des Innern durchge-
         führt. Alle Inhaber des aktiven Wahlrechte sind zur
         Teilnahme berechtigt.

             Der Gesetzentwurf, der dem Volksentscheid zugrunde
         liegt, ist angenommen, wenn mehr als die Hälfte der
         Stimmberechtigten durch die Abstimmung mit Ja die Zu-
         stimmung erklärt hat.

             Der angenommene Gesetzentwurf ist spätestens einen
         Monat nach der Abstimmung von Bundespräsident und
         Bundeskanzler zu unterzeichnen und durch das Bundes-
         gesetzblatt oder den Bundesanzeiger mit Gesetzeskraft
         zu verkünden.

             Alles Nähere regelt ein Bundesgesetz."


                                    gez: Brockmann
                                    gez: Helene Wessel



                                        5.49 - 818
```

So kam es zum Vorschlag der CDU/CSU-Fraktion (siehe Abbildung 2 auf der folgenden Seite), der jedoch keine Mehrheit fand. Aber er ist ein trefflicher Beleg dafür, daß – wenn es nötig erscheint zur Durchsetzung einer politischen Forderung – die Volksabstimmung urplötzlich zu einem probaten Mittel mutiert.

An dieser Stelle sind Aha-Effekte aus der Gegenwart nicht zu vermeiden: Die CDU/CSU hat bekanntlich jüngst – in ihrer neuen Oppositionsrolle noch ungeübt – gegen das Vorhaben der rot-grünen Bundesregierung, die doppelte Staatsbürgerschaft zu erleichtern, das Volk bemüht: Sie sammelte bundesweit Unterschriften und spitzte z. B. die hessische Landtagswahl vom 7. Februar 1999 zu einer Art Volksabstimmung zu. Man sieht: Wenn es darum geht, das Volk für eigene Zwecke einzuspannen, sind die selbsternannten Hüter der repräsentativen Demokratie nicht eben zimperlich.

Jener Vorschlag zum Elternrecht ist übrigens auch ein Beleg dafür, daß man damals sehr wohl wußte, daß Erfolg oder Mißerfolg entscheidend von der Ausgestaltung dieses Instruments abhängen. Während CDU/CSU seinerzeit noch die „Mehrheit der abgegebenen Stimmen" für ausreichend hielten – so wie es bei Wahlen üblich ist –, wurde und wird von konservativer Seite stets betont, daß damit zu viel Mißbrauch getrieben werden könne, weshalb eine „Mehrheit der Stimmberechtigten" gefordert werden müsse. Daß aber damit das Instrument des Volksentscheids praktisch ad absurdum geführt wird, hat die Geschichte der direkten Demokratie wiederholt gelehrt.

Auch die Enquete-Kommission Verfassungsreform 1976 ist gegen Volksentscheide

Erfolgversprechende Versuche, Volksbegehren und -entscheid im Grundgesetz zu verankern, gab es in den folgenden Jahrzehnten nicht. Die im Februar 1973 vom Deutschen Bundestag eingesetzte Enquete-Kommission Verfassungsreform hat diese Frage behandelt und ist in ihrem Schlußbericht vom 2. Dezember 1976 zu dem Ergebnis gekommen, daß die Einführung von Volksbegehren, Volksentscheid und anderer Formen der Volksinitiative nicht empfohlen wird.

Abbildung 2   Antrag der CDU/CSU-Fraktion vom 2. Mai 1949

Parlamentarischer Rat   Bonn, den 2. Mai 1949
Drucksache Nr. 755

                              A n t r a g

                      der CDU/CSU - Fraktion

Der Parlamentarische Rat wolle beschließen:

1. dem Art. 7 b folgenden Abs. 1 voranzustellen:

   "(1) Bei der religiös-weltanschaulichen Gestaltung des
        Schulwesens ist dem Willen der Erziehungsberech-
        tigten Rechnung zu tragen."

2. Für den Fall, dass der Antrag zu 1. nicht angenommen
   werden sollte, wird in Übereinstimmung mit der Charta
   der Menschenrechte der UN der Eventualantrag: gestellt, dem Art. 7 b folgenden Abs. 1 voranzustellen:

   "(1) Die Eltern haben das erste Recht, die Art der Schul-
        erziehung zu bestimmen, die ihren Kindern zu ge-
        währen ist."

3. Sollte auch der vorstehende Eventualantrag keine Annahme finden, so wird hiermit folgender zweiter Eventualantrag gestellt:

   In die Übergangsbestimmungen wird ein Artikel folgenden
   Inhalts aufgenommen:

   "Über die grundgesetzliche Anerkennung des Rechts der
    Eltern, den religiösen oder weltanschaulichen
    Charakter der Volksschule zu bestimmen, entscheidet
    eine Volksabstimmung, die von der Bundesregierung
    innerhalb eines Jahres nach Inkrafttreten des Grund-
    gesetzes zu veranstalten ist. Die Mehrheit der abge-
    gebenen Stimmen innerhalb des Bundesgebietes ist
    maßgebend."

              gez.: Dr.Pfeiffer, Dr.Süsterhenn, Dr.Lehr,
                    Frau Dr.Weber, Lensing, Schrage, Blomeyer.

                              5.49 -- 755

Angesichts der „nicht aufhebbaren Spannung zwischen repräsentativ-demokratischen und plebiszitär-demokratischen Organisationsformen und Legitimationsverfahren" erscheine die Erweiterung solcher plebis-zitärer Möglichkeiten kein geeigneter Weg, das demokratisch-re-präsentative System auf der Ebene des Bundes zu festigen und in sei-ner Legitimationskraft zu stärken. Es bestehe vielmehr die Gefahr, daß sie die Bedeutung des Parlaments verringern und die Funktions- und Integrationsfähigkeit der freiheitlichen demokratischen Grundordnung der Bundesrepublik insgesamt beeinträchtigen.

50 Jahre später – und immer noch keine Volksentscheide im Grundgesetz!

Erst die deutsche Vereinigung, fraglos ein Ergebnis unmittelbarer Betätigung der Bevölkerung, gab genug Anlaß, die Einführung von Volksbegehren und -entscheid als eine zentrale Frage der Demokratie anzusehen: Daß auf manche Fragen das Volk selbst und nicht seine Repräsentanten in den Parlamenten Antwort geben kann, hatte die DDR-Bevölkerung eindrucksvoll bewiesen. Dies hatte jedenfalls die insoweit bislang zurückhaltende, gegenüber der politischen Mündig-keit des Volkes eher skeptische SPD begriffen – im Gegensatz zu den Unionsparteien, die den Herbst 1989 als eine „Ausnahmesituation" definierten, die auf den politischen „Normalfall" nicht übertragbar sei.

In der Gemeinsamen Verfassungskommission von Bundestag und Bundesrat wurde die Frage ausführlich und mit letztlich unversöhnli-chen Standpunkten diskutiert. Die Heftigkeit der Debatte, so hieß es einmal zutreffend über diese Unversöhnlichkeit, erkläre sich aus der Signalwirkung einer direktdemokratischen Verfassungsergänzung für die Zukunft der politischen Kultur in Deutschland. Denn zweifellos wären Volksbegehren und Volksentscheid politische Korrektive ge-genüber dem parteienstaatlichen Routinebetrieb.

Daß sich damit gerade große Parteien schwertun, ist ja durchaus nachvollziehbar. Daß es wenigstens der SPD, wenn auch nach inner-parteilichen Differenzen, einigermaßen gelungen war, über ihren Schatten zu springen, ist – man wird bescheiden – immerhin als Erfolg anzusehen. In ihrem Grundsatzprogramm vom Dezember 1989 heißt es nach dem (selbstverständlichen) Bekenntnis zur parlamentarischen

Demokratie, „in gesetzlich festzulegenden Grenzen" sollten „Volksbegehren und Volksentscheid in Gemeinden, Ländern und Bund parlamentarische Entscheidungen ergänzen. Die verfassungsrechtlichen Beschränkungen der Mehrheitsmacht gelten auch für die direkte Bürgerbeteiligung." Wie sehr die SPD direkten Entscheidungsformen allerdings nach wie vor mißtraut, zeigte sich 1993 bei der Mitgliederbefragung über ihren neuen Parteivorsitzenden, bei der sie – nicht an die Kraft solcher Entscheidungsformen glaubend – trotz dreier Kandidat(inn)en auf einen an sich notwendigen zweiten Abstimmungsgang, die „Stichwahl", verzichtete, ein Grundfehler direktdemokratischen Verfahrens, der sich über mehrere Jahre rächte. Verblüfft war die Politikerriege damals über die hohe Beteiligung (56 % der Mitglieder) bei dieser Befragung – eine Verblüffung, die nur zu erklären ist vor dem Hintergrund des Mangels an direktdemokratischer Tradition und Erfahrung in Deutschland.

Auch die Gemeinsame Verfassungskommission zeigte sich in ihrem Schlußbericht eher erstaunt, daß sie auf „ein außerordentliches öffentliches Interesse" an diesem Thema stieß, „wie mehr als 266.000 Eingaben belegen". Kein anderes Thema, so heißt es dort, „hatte eine solche Resonanz".

Allein: Sie blieb folgenlos – durch die „mauernde" Haltung der Unionsvertreter/innen wurde die erforderliche Zweidrittel-Mehrheit deutlich verfehlt. Sie waren nicht von der Auffassung abzubringen, daß Volksentscheide „der modernen pluralistischen Gesellschaft und Demokratie nicht gemäß" seien, das System der parlamentarisch-repräsentativen Demokratie schwächen könnten, Partikularinteressen stärken, föderale Strukturen schwächen und den Minderheitenschutz gefährden würden.

Weil Verfassungsänderungen eine Zweidrittel-Mehrheit brauchen, kam es also auch in einer historisch so denkwürdigen Situation wie nach der deutschen Vereinigung und im Prozeß der europäischen Integration nicht dazu, daß Volksbegehren und -entscheid als selbstverständliche Instrumente demokratischen Handelns Eingang in die deutsche Verfassung fanden. Immerhin war erstmals in der „Bonner Republik" überhaupt eine Stimmung entstanden, die diese Frage nicht als exotisches Randthema erscheinen ließ. In den Bundesländern und auf kommunaler Ebene hat die direkte Demokratie zudem große Fortschritte gemacht und ist nahezu flächendeckend eingeführt (vgl. die Beiträge von *Jürgens* und *Geitmann*).

So bleibt die Hoffnung, daß mit der Zeit Volksbegehren und Volksentscheid auch auf Bundesebene als normale politische Vorgänge und ihre Verankerung in der Bundesverfassung als sinnvolle Ergänzung und nicht als Akt der Zerstörung der repräsentativen Demokratie, angesehen werden. Dann erst wäre der Ruf „Wir sind das Volk" wirklich zu seinem demokratischen Kern vorgedrungen.

Weiterführende Literatur

Jung, Otmar: Grundgesetz und Volksentscheid. Gründe und Reichweite der Entscheidungen des Parlamentarischen Rates gegen Formen direkter Demokratie, Opladen 1994.

Klages, Andreas/Paulus, Petra: Direkte Demokratie in Deutschland. Impulse aus der deutschen Einheit, Marburg 1996.

III.   Wie machen es die anderen?

III.1   Die schweizerische Direkte Demokratie

Erfahrungen und Erkenntnisse aus der Schweiz als Ermutigung zur Zukunft der Direkten Demokratie

VON ANDREAS GROSS

Einleitung

Den Begriff *Direkte Demokratie* möchte ich als feststehenden Ausdruck verwenden und daher das Adjektiv großschreiben. Er soll das Ensemble von Volksentscheiden, Volksbegehren, Volksinitiativen und Volksabstimmungen bezeichnen, mit denen Bürgerinnen und Bürger meist aus eigenem Antrieb und nach dem in der Verfassung verankerten Recht auch zwischen den Wahlen ihrer politischen Souveränität Ausdruck verleihen und so das repräsentativdemokratische System ergänzen. Indem ich die so verstandene Direkte Demokratie auch entsprechend schreibe, plädiere ich bewußt und entschieden gegen deren in Deutschland leider nur allzu verbreitete Gleichsetzung mit „Plebisziten" oder gar, als ob es dies überhaupt geben könnte, mit „plebiszitärer Demokratie". Darunter werden außerhalb Deutschlands autokratisch von Präsidenten und/oder Regierungen angeordnete Volksbefragungen mit oft suggestiver Fragestellung verstanden. Sie sind freilich keineswegs ein Beitrag zur Demokratisierung der Demokratie, wie sie die Direkte Demokratie anstrebt. Vielmehr sollen sie ein in der Regel autoritäres politisches Regime mit besonderer, außerordentlicher Legitimation versehen. Wenn in der Sprache aber für das Richtige der historisch belastete, sachlich falsche und zu vielen Mißverständnissen anlaßgebende Ausdruck verwendet wird, so hat es das Richtige noch schwerer als ohnehin, als das Richtige erkannt zu werden und sich politisch auch durchzusetzen. In solchen Fällen lohnt es sich deswegen auch auf sprachlicher Ebene, für den korrekten Begriff zu kämpfen.

Die Schweiz wird immer wieder als „Mutterland der Direkten Demokratie" bezeichnet. In vielerlei, auch irrtümlichem Sinn und mit mancherlei, ab und an auch falschen Schlußfolgerungen zur politischen Wünschbarkeit der Direkten Demokratie. Die einen meinen, die Direkte Demokratie sei historisch eine schweizerische Errungenschaft; einige führen sie gar auf eine alteidgenössische Begebenheit zurück. Andere verbinden mit der Direkten Demokratie in der Schweiz das sich auf dem Hauptplatz eines Bergdorfes versammelnde und mit Säbeln bewaffnete Mannsvolk – und rümpfen ihre Nase. Zu Recht, angesichts des nicht-vorhandenen Abstimmungsgeheimnisses, zu Unrecht, was die Verbreitung der Versammlungsdemokratie betrifft. Denn in der Schweiz existiert diese Form von Versammlungsdemokratie (die sogenannte „Landsgemeinde") auf kantonaler Ebene nur noch in den voralpinen Kantonen Glarus und Appenzell-Innerrhoden. In den beiden Urkantonen Nid- und Obwalden wurden die Landsgemeinden 1998 und 1999 abgeschafft und durch Volksentscheide an den Urnen ersetzt.

Ein klärendes Wort zur Schweiz ist in einem deutschen Sammelband zur Direkten Demokratie folglich mehr als angebracht. Des begrenzten Umfanges wegen muß sich dieses Wort auf das Wesentliche beschränken. Schließlich wird die Direkte Demokratie in der Schweiz seit fast 130 Jahren auf allen drei Ebenen des bis heute außerordentlich föderalistisch organisierten Staates[1] praktiziert. Dies ergibt im Bund, in den 20 Voll- und sechs Halbkantonen sowie in einigen Dutzend der größten Gemeinden mit ausgebauten Initiativ- und Referendumssyste-

---

[1] Die drei Ebenen des Staates – Gemeinden, Kantone und Bund – geben etwa gleich viel aller in der Schweiz eingenommenen Steuergelder – ungefähr je ein Drittel – aus, was weltweit einzigartig ist. Zwischen der föderalistischen Staatsstruktur und ihrer Direkten Demokratie sowie der Vielfalt der sich in ihr je nach Zeitumständen manchmal einfacher, manchmal prekär zusammenfindenden kulturellen, religiösen und sprachlichen Gruppen besteht denn auch historisch und aktuell ein enger Zusammenhang, der nicht unterschätzt werden darf.

men zusammengenommen jährlich über 200 eidgenössische, kantonale und kommunale Volksabstimmungen. An ihnen nehmen die etwas über vier Millionen stimm- und wahlberechtigten Schweizerinnen und Schweizer freilich unterschiedlich intensiv – je nach politischer Kultur in den verschiedenen Landesteilen – teil.

Angesichts dieser Weite des Feldes kann ich hier nur Schwerpunkte setzen, und selbst da heißt es auswählen. So wird die rege, transatlantische Dreiecksbeziehung zwischen den USA, Frankreich und der Schweiz von 1650 bis 1914, die den Begriff der Direkten Demokratie hervorbrachte, den die meisten heute zugrunde legen, nur kurz umrissen. Auch auf das eher elitäre Selbstverständnis des ebenso revolutionären wie in Europa einzigartig erfolgreichen liberalen Bürgertums der Schweiz von 1830 bis 1850, gegen das die Demokratische Bewegung der 1860er und 1870er die Direkte Demokratie erkämpfen mußte und schließlich bis zum Ende des 19. Jahrhunderts bundesweit durchzusetzen verstand sowie auf die Reformdebatte der letzten Jahre kann ich leider nicht näher eingehen.

Zur Geschichte der Direkten Demokratie

Zwei der drei wichtigsten Elemente der Direkten Demokratie sind nicht schweizerischen Ursprungs. Das *Verfassungsreferendum* ist ein Kind der Neuenglandstaaten im 17. und 18. Jahrhundert: Die erste moderne Verfassung, welche direkt vom Volk gutgeheissen wurde, war 1639 die „Fundamental Orders of Connecticut". Es folgten in der 2. Hälfte des 18. Jahrhunderts Massachussetts und New Hampshire sowie im revolutionären Frankreich die montagnard-Verfassung vom 24. Juni 1793, die auch zum ersten Mal das *fakultative Referendum* vorsah (zu den Begrifflichkeiten vgl. die Übersicht auf der übernächsten Seite). Die Schweiz, genauer gesagt: die Helvetische Republik, folgte mit dem ersten nationalen Verfassungsreferendum ihrer Geschichte im Juni 1802, wobei die Helvetische Verfassung nur deshalb angenommen worden war, weil man die 167.172 Nichtstimmenden den 72.453 Ja-Stimmen hinzuzählte, so daß sie die 92.423 Nein-Stimmen zahlenmässig übertrafen.

Die Verfassungen der genannten ältesten US-Bundesstaaten sahen auch deren Revision auf dem Referendums weg vor, ebenso wie die revolutionäre französische Verfassung vom Februar 1793, welche maßgeblich vom Mathematiker, Pädagogen und demokratischen Revolutionär *Condorcet* beeinflußt worden war. *Condorcet* gebührt auch die Ehre, als erster in „seiner" Verfassung von 1793 die *Verfassungs-* und die *Gesetzesinitiative* verankert zu haben.

Die Demokratische Bewegung

Sowohl in der Schweiz (ab 1860) als auch in den USA (vgl. den Beitrag von *Heußner*) mußten die direktdemokratischen Rechte von Volksbewegungen erkämpft werden, die sich in den Parlamenten viel zu wenig vertreten fühlten. Die Direkte Demokratie war somit eine Folge der Krise der repräsentativen Demokratie. Der Kampf richtete sich gegen das elitäre Demokratieverständnis führender liberaler Wirtschaftspolitiker des 19. Jahrhunderts wie etwa den Bankier, Präsidenten einer Eisenbahngesellschaft und Parlamentarier *Alfred Escher*. Träger der oppositionellen Volksbewegungen in den Kantonen waren in der Schweiz vor allem Handwerker, Bauern, Arbeiter und Intellektuelle, deren Interessen im Parlament vernachlässigt wurden.

Im Jahre 1848 wurden in der ersten, von den Liberalen geprägten Verfassung der Schweiz das *obligatorische Verfassungsreferendum* (siehe Übersicht, folgende Seite) sowie die Möglichkeit einer Totalrevision der Bundesverfassung verankert. Die Unterschriften von 20 % der Stimmberechtigten waren für eine solche Totalrevision nötig.

Wie im Bund herrschte auch im Kanton Zürich in den ersten Jahrzehnten nach 1848 vor allem die Liberale Partei. Sie bildete ein „System", wie es genannt wurde, das sich durch starke Verfilzung und Machtkonzentration bei den Privilegierten auszeichnete. Dagegen formierte sich von 1867-1869 die „Demokratische Bewegung", eine breite oppositionelle Volksbewegung, die eine Verfassungsrevision und die Einführung von mehr Volksrechten und zahlreiche soziale Reformen forderte. *Friedrich Albert Lange* (1828-1875), im Rheinland als Demokrat gescheitert, beim Winterthurer „Landboten" als Redakteur aber einer der Chefideologen der Demokratischen Bewegung und wohl auch einer der ersten Theoretiker der Direkten Demokratie, später als Neukantianer auch für kurze Zeit Professor in Marburg, kommentierte am 20. April 1869 im Landboten die neue Zürcher kantonale Verfassung. Diese war – ausgelöst durch eine Cholera-Epidemie in Zürich – 1869 als erste im direktdemokratischen Sinne reformiert worden.

Die Regelungen in der Schweiz im Überblick

Es gibt drei bis vier Abstimmungstage im Jahr, an denen über Abstimmungsvorlagen aller drei politischer Ebenen (kommunal, kantonal, Bund) entschieden wird. Für die Bundesebene unterscheidet man:

Obligatorisches Verfassungsreferendum (seit 1848):
Jede Verfassungsänderung muß vom Volk bestätigt werden. Dies gilt auch für bestimmte völkerrechtliche Verträge (seit 1921 bzw. 1977).

Fakultatives Gesetzesreferendum (seit 1874):
50.000 Bürger (etwa 1,1 % der Stimmberechtigten) können einen Volksentscheid über ein vom Parlament beschlossenes Gesetz beantragen; die Sammelzeit für die Unterschriften beträgt 100 Tage.

Volksinitiative (seit 1891):
100.000 Bürger (etwa 2,2 % der Stimmberechtigten) können eine Änderung oder Aufhebung bestimmter Artikel der Bundesverfassung beantragen (daher auch „Verfassungsinitiative" genannt). Die Sammelzeit beträgt 18 Monate, Konkurrenzentwurf durch Parlament möglich.

Für eine erfolgreiche Volksabstimmung sind die Mehrheit der Abstimmenden und zusätzlich bei Verfassungsrevisionen die Mehrheit der Kantone (das sogenannte „*Ständemehr*") erforderlich. Es gelten keinerlei Beteiligungs- oder Zustimmungsquoren.
Vor einer Abstimmung werden in einem Abstimmungsbüchlein die Vorlagen und die jeweiligen Pro- und Contra-Argumente aufgelistet und an alle Haushalte verteilt.
Auf kantonaler und kommunaler Ebene sind die Volksrechte noch stärker ausgebaut. Z. B. sind Abstimmungen über Ausgaben, die einen bestimmten Betrag übersteigen, in mehr als der Hälfte aller Kantone obligatorisch („*allgemeines Finanzreferendum*"). Ebenso gibt es fast überall *Gesetzesinitiativen*.

Lange schrieb am 20. April 1869 über die Bedeutung und das Zustandekommen der Zürcher Kantonalverfassung im *Landboten*:

> Sie muß „zu den bedeutungsvollsten Einrichtungen auf dem Gebiete der neueren Staatseinrichtungen gezählt werden. Sie ist mit einem Wort der erste konsequente Versuch, die Idee der reinen Volksherrschaft in einer den modernen Kulturverhältnissen entsprechenden Form durchzuführen und die ehrwürdige aber schwerfällige (...) Landsgemeinde durch eine Einrichtung zu ersetzen, deren Eckstein die Abstimmung durch die Urne in den Gemeinden ist."
>
> (...) Eine ungewöhnlich tiefe Verstimmung über die schroff hervortretenden Mängel des Repräsentativsystems, ein hoher Grad von politischem Selbstbewußtsein im Volke, die Grundlage einer trefflichen Volksschule, Anfänge und viel verheißende Bruchstücke der neuen Einrichtung [...] – all das mußte zusammentreffen."

„Zürich" bedeutete sowohl Krönung als auch Anstoß weiterer Verfassungsrevisionen in anderen Kantonen, die schließlich auch zur Einfügung des *fakultativen Referendums* in die total revidierte Bundesverfassung im Jahre 1874 führte.

Die zweite direktdemokratische Forderung der Demokratischen Bewegung, mittels einer *Volksinitiative* neue Themen selbst einbringen zu können, statt nur zu *reagieren*, wurde zunächst auf Bundesebene wegen föderalistischer Vorbehalte nicht berücksichtigt. 1891 fand das Initiativrecht aber dann doch Aufnahme in das schweizerische Grundgesetz, blieb jedoch bis heute auf Verfassungsänderungen beschränkt.

Die Direkte Demokratie in der Schweiz – Daten und Erfahrungen

Die Praxis der Direkte Demokratie war und ist sehr vielfältig. Sie hat auch das schweizerische Regierungssystem maßgeblich und nachhaltig verändert, worauf hier nicht eingegangen werden kann. In den 80er Jahren fanden pro Jahr durchschnittlich zwei bis drei obligatorische Verfassungsreferenden statt; davon wurden etwa 72 % angenommen. Dazu kam etwa ein fakultatives Referendum; hier betrug die absolute Erfolgsquote 50 %. Mit dem fakultativen Referendum drohen nicht selten Verbände, um ihre Verhandlungsmacht im Gesetzgebungsprozeß zu erhöhen; sie erreichen dadurch eine frühzeitige Integration in den politischen Prozeß. In den 90er Jahren ist das Referendum auch von kleineren und auch progressiven Gruppen vermehrt benutzt worden.

Seit 1891 bis heute (Stand: 1. Juni 1999) sind in der Schweiz 245 Volksinitiativen lanciert und eingereicht worden. Von ihnen sind 128 (= 52 %) zur Volksabstimmung gekommen – etwa ein Drittel wurde im Zuge der parlamentarischen Diskussionen zurückgezogen, 22 sind noch anhängig. Nur zwölf Initiativen waren in der Volksabstimmung erfolgreich, d. h. sie fanden eine Mehrheit von Volk und Ständen. Damit beträgt die *absolute* Erfolgsquote ungefähr 10 %.

Der *relative* Erfolg einer Volksinitiative läßt sich jedoch nicht allein an ihrem Abstimmungsergebnis messen. Die indirekten Folgen einer Volksinitiative sind damit noch nicht berücksichtigt. Wer Initianten fragt, Quellen erforscht und das politische Umfeld analysiert, dem zeigt sich, daß etwa die Hälfte aller Urheber von Volksinitiativen der Meinung sind, sie hätten mit ihrem direktdemokratischen Engagement etwas bewirkt, was dem Aufwand in etwa entspreche und ohne Gebrauch der Volksrechte nicht hätte erreicht werden können.

Eine Auswertung der Daten aller 200 Volksinitiativen bis 1994 zeigt hinsichtlich der zeitlichen Verteilung, daß die Direkte Demokratie seit 1970 einen enormen Aufschwung erfahren hat und in den letzten Jahren häufiger denn je genutzt wurde (vgl. Abbildung 1 auf der folgenden Seite). Von 1978 bis 1998 sind dreimal mehr Volksinitiativen gesammelt und eingereicht worden als in den ganzen 80 Jahren zuvor!

Die Volksinitiativen sind mit einem Seismographen vergleichbar, der zeigt, wo der politische Schuh drückt: In den 20er und 30er Jahren prägten im Zuge der sozialen und ökonomischen Krisen Vorschläge für sozial- und wirtschaftspolitische Reformen die Initiativdebatten. Nach 1945 illustrierten die Themen der Volksinitiativen den sozialpolitischen Nachholbedarf. Anfang der 70er Jahre zeigten sich wie in einem Spiegel die aufkommenden fremdenfeindlichen Tendenzen der Gesellschaft, etwas später die zunehmende ökologische Sensibilisierung der schweizerischen Bevölkerung. Manche Themen sind dank einer Volksinitiative früher, breiter und tiefgehender diskutiert worden, als es in rein parlamentarischen Systemen möglich gewesen wäre.

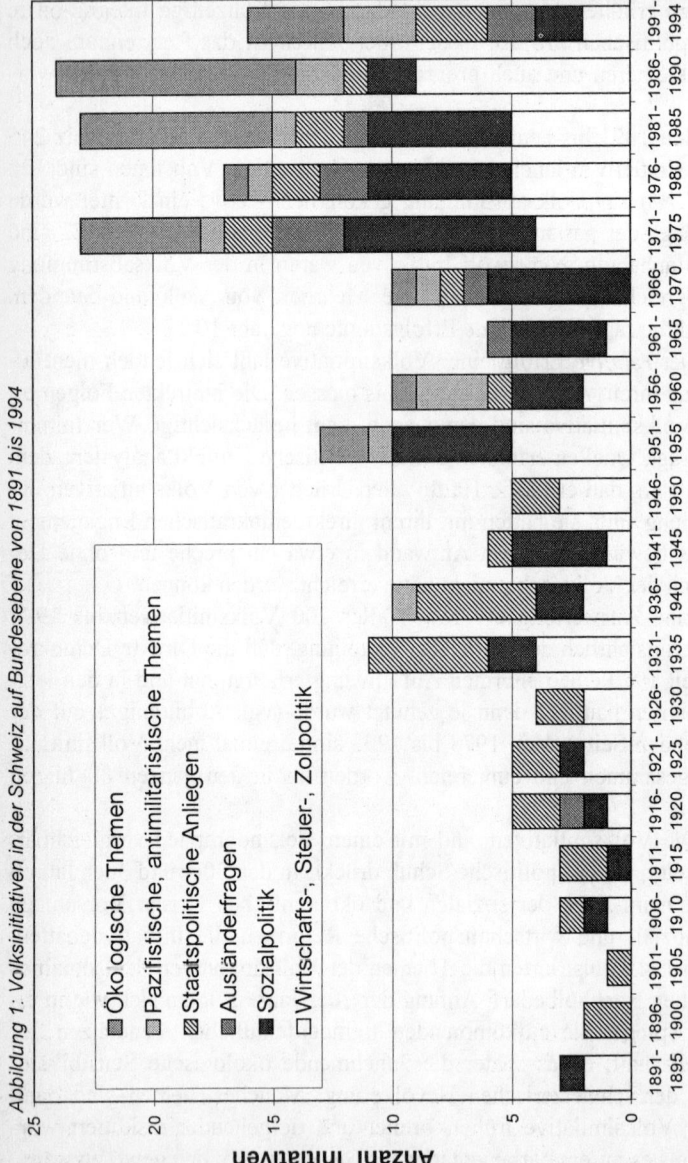

Abbildung 1: Volksinitiativen in der Schweiz auf Bundesebene von 1891 bis 1994

Legend:
- Ökologische Themen
- Pazifistische, antimilitaristische Themen
- Staatspolitische Anliegen
- Ausländerfragen
- Sozialpolitik
- Wirtschafts-, Steuer-, Zollpolitik

y-axis: Anzahl Initiativen (0, 5, 10, 15, 20, 25)

x-axis: 1891–1895, 1896–1900, 1901–1905, 1906–1910, 1911–1915, 1916–1920, 1921–1925, 1926–1930, 1931–1935, 1936–1940, 1941–1945, 1946–1950, 1951–1955, 1956–1960, 1961–1965, 1966–1970, 1971–1975, 1976–1980, 1981–1985, 1986–1990, 1991–1994

Heute verdankt die Schweiz ihre ökologischen, verkehrspolitischen, landwirtschaftlichen und drogenpolitischen Pionierleistungen eindeutig den Volksrechten.

Nicht nur qualitativ und quantitativ spiegeln die Volksinitiativen Themen und Spannungen der Zeit. Auch die Trägerschaften wandelten sich: Wurden die ersten 100 Volksinitiativen vor allem von Parteien und Initiativkomitees lanciert, übernahmen nach 1970 mehr und mehr Verbände, größere und kleinere Organisationen sowie eigentliche Volksbewegungen diese Rolle. Und waren die ersten 40 Jahre der Geschichte der schweizerischen Volksinitiativen von progressiven und bürgerlichen Kräften gleichermaßen geprägt, so dominierten nach dem Krieg und vor allem seit 1968 eindeutig linke und grüne Reformer die Szene. Sie wollen nicht nur Dinge verändern, sondern die Volksinitiative entspricht auch oft ihrem Menschenbild und den Reformmethoden, die daraus folgen: Menschen müssen die Reformen mittragen, wenn sie verwirklicht werden sollen, und da lohnt es sich, möglichst früh und rechtzeitig Überzeugungsarbeit zu leisten. Ein fruchtbareres Mittel als die Volksinitiative wird sich ihnen auch in den kommenden Jahren kaum anbieten. Seit jeher haben aber auch nationale und nationalkonservative Gruppen, Parteien und Bewegungen von den Volksrechten – derzeit wieder von Referenden und Initiativen gleichermaßen – Gebrauch gemacht.

1998 und in der ersten Hälfte 1999 kamen in der Schweiz sechs Initiativen zur Abstimmung. Sie stehen beispielhaft für die große Themenvielfalt der Direkten Demokratie. Alle Initiativen wurden abgelehnt. Die Stimmbeteiligung lag zwischen 37 und 51,2 % (vgl. Tabelle 1, folgende Seite).

Abstimmungsbeteiligung

Die durchschnittliche Abstimmungsbeteiligung bei Volksentscheiden liegt bei knapp über 50 %, wobei diese stark vom Thema abhängt, die durchschnittliche *Wahl*beteiligung aber seit etwa 20 Jahren übertrifft. Der Spitzenwerte der letzten Jahre betrugen 80 %, als 1992 über den Beitritt der Schweiz zum Europäischen Wirtschaftsraum EWR abgestimmt wurde und beinahe 80 %, als 1989 über die Abschaffung der Armee abgestimmt wurde. Im übrigen kann eine niedrige Abstimmungsbeteiligung nicht nur ein Zeichen von Entfremdung, sondern auch einen Ausdruck der politischer Weisheit darstellen. So gehen viele Schweizerinnen und Schweizer nur dann zur Abstimmung, wenn sie sich gut informiert glauben und überzeugt sind, sich eine verläßliche eigene Meinung gebildet zu haben.

Tabelle 1: Initiativen 1998/1. Hälfte 1999, über die abgestimmt wurde

Abstim-mungstag	Thema der Volksinitiative	Nein-Stim-men in %
7. Juni 98	„Für den Schutz von Leben und Umwelt vor Genmanipulation" (Gen-Schutz-Initiative)	66,6 %
7. Juni 98	„S. o. S. – Schweiz ohne Schnüffelpolizei" (Bürgerrechtsinitiative)	75,1 %
27. September 98	„Für preisgünstige Nahrungsmittel und ökologische Bauernhöfe" (Kleinbauerninitiative)	77,0 %
27. September 98	„Für die 10. AHV-Revision ohne Erhöhung des Rentenalters" (Auffang-Initiative der Gewerkschaften)	58,5 %
29. November 98	„Für eine vernünftige Drogenpolitik" (DroLeg-Initiative, Legalisierung des Konsums aller Betäubungsmittel)	73,9 %
7. Februar 99	„Wohneigentum für alle" (Hauseigentümerverband und bürgerliche Politiker)	58,7 %

Folgen für das schweizerische Regierungssystem

Direkte Demokratie bedeutet für das Regierungssystem vor allem, daß

- die Souveränität in der Schweiz weniger delegiert, sondern mehr von den Bürgerinnen und Bürgern selbst ausgeübt wird.
- die Politik daher kein Monopol der Politiker und der Parteien ist, die Gesellschaft sich deutlicher einen politischen Ausdruck verschaffen und bei Bedarf „das letzte Wort" haben kann. Dadurch ist die Distanz zwischen Regierenden und Regierten kleiner.
- es für die handelnden Menschen in der Schweiz mehr Handlungsfelder gab und gibt, das politische System offener und aktiven

Bürgerinnen und Bürgern zugänglicher ist. Die zivile Gesellschaft wird gegenüber dem Staat und den Behörden gestärkt. Damit haben kleine Gruppierungen wie z. B. der ökologische Bauernverband die Chance, sich Gehör zu verschaffen.

- Interessengruppen und Verbände in den Gesetzgebungsprozeß frühzeitig eingebunden werden, um eine Vorlage „referendumsfest" zu machen. Damit erweist sich Direkte Demokratie als besonders geeignetes Instrument, um Kompromisse herbeizuführen.
- Struktur, Funktion und Profil der Regierung wie auch der Parteien sich verändert haben.

Einwände gegen die Direkte Demokratie

Viele glauben, in der Schweiz die – wie sie meinen – *„konservativen Effekte"* der Direkten Demokratie im allgemeinen und die politische *Benachteiligung der Frauen* im besonderen studieren und mit solchen Hinweisen die Direkte Demokratie als im doppelten Wortsinn erledigt auf dem Müllhaufen der Geschichte entsorgen zu können. Sie sitzen dabei zwei fundamentalen politischen Irrtümern auf: Denn die Direkte Demokratie ist insgesamt und über einen längeren Zeitraum beurteilt ein politischer Wert *an sich* und muß meines Erachtens auch dann befürwortet werden, wenn sie unmittelbar und kurzfristig nicht immer jene konkreten Ergebnisse hervorbringt, die den eigenen politischen Überzeugungen entsprechen. Zudem dient die Direkte Demokratie einer Gesellschaft wie ein *Spiegel*. Die Direkte Demokratie ist nicht die Ursache für die Eigenheiten der Gesellschaft. Mit und dank ihr lassen sich diese vielmehr besser erkennen (und verändern) als ohne sie. Und so wie der Spiegel nicht für das Gesicht verantwortlich gemacht werden kann, das sich in ihm erkennen läßt, hat sich die schweizerische Gesellschaft im 20. Jahrhundert nicht *wegen*, sondern *trotz* der Direkten Demokratie so und nicht anders entwickelt.

Die häufig beklagte *Verlangsamung von Entscheidungen* durch die Direkte Demokratie hat auch Vorteile. Wenn man berücksichtigt, daß heute viele politische Fortschritte nur noch möglich sind, wenn Menschen lernen, umzudenken und sich kollektiv und individuell anders zu verhalten, entspricht die Direkte Demokratie strukturell diesen Ansprüchen und ist trotz größeren Zeitbedarfs letztlich sogar effizienter:

Denn eine schnelle Entscheidung, die kaum vollzogen wird, ist weniger effizient als eine, die länger dauert, an der aber viel mehr Menschen teilhaben, und die deshalb auch bereit und fähig sind, diese Entscheidung umzusetzen. Langsamkeit ist kein Einwand gegen, sondern eine Voraussetzung *für* die Demokratie ganz allgemein und muß der schnelleren Ökonomie abgetrotzt werden. „Die Entdeckung der Langsamkeit" (*O. Jung*) wird bei mehr direktdemokratischer Praxis auch in Deutschland stattfinden.

Leistungen der Direkten Demokratie

Folgende Leistungen der Direkten Demokratie sind in der Schweiz beobachtbar. Sie werden in Deutschland häufig verkannt:

(1.) Die staatliche, herrschende Macht kann in der Schweiz von aktiven Bürgerinnen und Bürgern herausgefordert werden zur öffentlichen Rechtfertigung ihrer Politik und Auseinandersetzung mit Alternativen. Die Legitimationsbeschaffung bedeutet dabei eine kommunikative Anstrengung in der Öffentlichkeit für Herausforderer und Herausgeforderte, die allen und der Sache gut tut.

(2.) Diese Legitimationsprobe kann zeitlich und thematisch jederzeit von aktiven Bürgergruppen eingefordert werden. Dies geschieht durch eine Frage weniger an alle und durch den von einer bestimmten Anzahl von Menschen untermauerten Anspruch, die Entscheidung selber treffen zu wollen. Die Geschichte der Direkten Demokratie in der Schweiz läßt sich folglich lesen als hundertfache Einladung zur Überzeugungsarbeit und zur Auseinandersetzung über die Legitimierung einer neuen bzw. Delegitimierung einer alten Politik in einem bestimmten Bereich. Es gehört zu den Besonderheiten und Leistungen der Direkten Demokratie, daß sich in der Schweiz dieser Herausforderung niemand entziehen kann. Macht gibt in diesem Sinne in einer Direkten Demokratie niemandem das zwiespältige Privileg, nicht zuhören oder nicht lernen zu müssen!

(3.) Direktdemokratische Auseinandersetzungen fördern das gesellschaftliche, kollektive Lernen und die individuellen sowie kollektiven sozialen Artikulations- und Handlungsfähigkeiten.

(4.) Diese Auseinandersetzungen konfrontieren die Beteiligten häufig mit sozialen Problemen außerhalb ihrer jeweils eigenen Lebenswelt und erweitern so Erfahrungshorizonte und Sichtweisen.

(5.) Die Direkte Demokratie lebt vom individuellen und kollektiven Ausdrucksvermögen. Sie fördert es gleichzeitig in dem Maße, wie die individuelle und kollektive Sprachlosigkeit überwunden wird. Je offener und zugänglicher die Öffentlichkeit organisiert ist, desto größer werden die demokratischen Potentiale.

(6.) Eine Leistung der Direkten Demokratie besteht darin, daß dadurch alle Menschen besser informiert werden (müssen). Machtträger müssen sich um die Bürgerinnen und Bürger bemühen und können sie weniger ignorieren.

(7.) Die Direkte Demokratie ist moderner als die indirekte Demokratie, denn sie ist differenzierter und partizipativer. Sie anerkennt den Menschen mehr als Subjekt und weniger als Objekt der Demokratie und ermöglicht so mehr Freiheit.

(8.) Die Direkte Demokratie ist einer der wesentlichen Integrations- und Identifikationsfaktoren der verschiedenen Kulturen und Regionen der Schweiz.

(9.) Die Direkte Demokratie trägt dazu bei, Krisen und Konfliktgefahren abzubauen. Dazu gehört die Krise der Entfremdung von Parteien und Politikern (in Deutschland unter dem Namen „Politiker-/Parteienverdrossenheit" bekannt), aber auch der Abbau von Gewaltbereitschaft und Gewaltpotentialen.

Fazit und Ausblick

Die direktdemokratischen Rechte sind in der Schweiz sehr populär. Sie begründen eine politische Kultur mit einem anspruchsvollen Demokratie- und Politikverständnis, das nicht nur zur Interpretation der Schweiz beiträgt, sondern auch den Schweizerinnen und Schweizern eine unverkennbare politische Identität verleiht. Wie modern, zukunftsgerichtet und attraktiv die Direkte Demokratie für viele Europäerinnen und Europäer, für die Integration Europas und die Demokratisierung der EU ist, werden viele Schweizerinnen und Schweizer in den kommenden Jahren merken.

    Die positiven Zukunftspotentiale der Direkten Demokratie auch im Hinblick auf die europäische Dimension werden sogar in der Schweiz bis heute teilweise verkannt. Dies liegt möglicherweise daran, daß die Direkte Demokratie eine oppositionelle Geschichte und Fundierung hat, lange Zeit durch den dominierenden Wissenschaftsbetrieb skeptisch aufgenommen und beurteilt wurde und eine Theorie der Direkten Demokratie eigentlich fehlt. Das Engagement und der Erfolg vieler Demokratinnen und Demokraten in Europa und auch in Deutschland für die Direkte Demokratie werden aber dazu beitragen, den Schweizerinnen und Schweizern die Augen zu öffnen, ihnen bei der Beurteilung ihrer Errungenschaften zu helfen und sie ermutigen, innerhalb der Schweiz und Europas die Direkte Demokratie weiter zu entwickeln und zu vertiefen. Zur Stärkung der Demokratie und in Sorge darum, daß Freiheit im 21. Jahrhundert nicht zur Freiheit der Privilegierten verkommt.

Weiterführende Literatur

Aubert, Jean-Francois: Die Schweizerische Bundesversammlung von 1848 bis 1998, Basel/Frankfurt a. M. 1998.

Auer, Andreas: Le référendum constitutionel, in: ders. (Hrsg.): Die Ursprünge der schweizerischen Direkten Demokratie, Basel/Frankfurt a. M. 1996, S. 78-101.

Gross, Andreas: Die Direkte Demokratie als Chance und Prozeß. Die verkannten Seiten einer radikalen Errungenschaft, Zürich, i. E.

Klöti, Ulrich/Knöpfel, Peter u. a. (Hrsg.): Handbuch der Schweizer Politik, Zürich 1999.

Kölz, Alfred: Neuere schweizerische Verfassungsgeschichte, Bern 1992.

Kriesi, Hanspeter: Direkte Demokratie in der Schweiz, in: Aus Politik und Zeitgeschichte B 23/91, S. 44-54.

Linder, Wolf: Schweizerische Demokratie. Institutionen – Prozesse – Perspektiven, Bern u. a. 1999.

Möckli, Silvano: Direkte Demokratie. Ein Vergleich der Einrichtungen und Verfahren in der Schweiz und Kalifornien, unter Berücksichtigung von Frankreich, Italien, Dänemark, Irland, Österreich, Liechtenstein und Australien, Bern u. a. 1994 (St. Galler Studien zur Politikwissenschaft Bd. 16).

Papadopoulos, Yannis: Démocratie directe, Paris 1998.

III.2 Ein Jahrhundert Volksgesetzgebung in den USA

Von HERMANN K. HEUßNER

Die Amerikaner als Gesetzgeber

Viele Deutsche wissen nicht, daß die USA – abgesehen von der Schweiz – das Land mit den meisten direktdemokratischen Rechten sind. 21 US-Gliedstaaten und die Hauptstadt Washington, District of Columbia (D. C.), ermöglichen dem Volk, Gesetze zu erlassen, in 18 Staaten können die Bürger von sich aus auch die Verfassung ändern (Gesetzes- bzw. Verfassungsinitiative, vgl. Tabelle 1, folgende Seite). Neben diesen Hauptformen der Volksgesetzgebung findet sich in 25 Staaten noch das fakultative Gesetzesreferendum. Es bietet dem Volk die Möglichkeit, über Parlamentsgesetze abzustimmen. Davon wird jedoch nur relativ wenig Gebrauch gemacht.

Sehr populär ist hingegen die Initiative (Volksbegehren). In den verschiedenen Bundesstaaten kamen allein bis 1996 insgesamt 1.817 solcher Vorschläge zur Abstimmung. 39,6 % hatten Erfolg (Tabelle 1). Die Gestaltungschancen, die sich hier bieten, sind wesentlich größer als in Wahlen, bei denen häufig 90 % der Abgeordneten wiedergewählt werden. Volksgesetzgebung aktiviert deshalb viele Amerikaner in den unterschiedlichsten Gruppen, die anderenfalls passiv geblieben wären. Die politischen Parteien spielen jedoch kaum eine Rolle. „Linke" und „rechte" Erfolge halten sich die Waage (1977-1988: 55 linke und 52 rechte). Im Unterschied zu den deutschen Bundesländern sind die US-Gliedstaaten in weitem Umfang für die Gesetzgebung zuständig. Das Volk hat somit enormen Einfluß auf die Gesetze.

Direktdemokratische Entscheidungen haben für die Amerikaner hohe Legitimität. Die demokratische Ordnung wird deshalb stabilisiert. Eine besondere „Verantwortungsflucht" der Parlamente ist nicht feststellbar. Allerdings könnten die spezifischen Stärken der Parlamente im Volksgesetzgebungsverfahren besser genutzt werden (vgl. unten).

Hermann K. Heußner

Tabelle 1: *Verfassungs- (VI) und Gesetzesinitiativen (GI) in den US-Gliedstaaten 1898-1996*

Staat	Qualifikationsquorum[1] in %		Direkt/Indirekt[2]	Zustimmungsquorum[3]	Abgestimmt[4] / Erfolg in %
	GI	VI			
Alaska	10	-	I	-	22 / 64
Arizona	10	15	D	-	141 / 40
Arkansas	8	10	D	-	80 /56
Kalifornien	5	8	D	-	257 / 33
Colorado	5	5	D	-	153 / 39
D. of Columbia	5	-	D	-	15 / 67
Florida	-	8	D	-	15 / 67
Idaho	10	-	D	-	24 / 50
Illinois[5]	-	8	D	50[6]	1 / 100
Maine	10	-	I	-	35 / 49
Massachusetts	3,5	3	I	30	53 / 47
Michigan	8	10	I/D	-	56 / 34
Mississippi	-	12	I	40	1[7] / 0
Missouri	5	8	D	-	62 / 35
Montana	5	10	D	-	55 / 55
Nebraska	7	10	D	35	37 / 32
Nevada	10	10	I/D	-[8]	26 / 58
North Dakota	2	4	D	-	170 / 45
Ohio	6	10	I/D	-	62 / 26
Oklahoma	8	15	D	-	80 / 29
Oregon	6	8	D	-	292 / 34
South Dakota	5	10	D	-	43 / 26
Utah	10	-	I/D	-	15 / 13
Washington	8	-	I/D	33	118 / 47
Wyoming	15	-	I	50	4 / 75
Insgesamt	**22 Staaten**	**18 Staaten**		**6 Staaten**	**1.817/39,6**

Quelle: Dubois/Feeney: Lawmaking by Initiative, New York 1998, S. 32, 34; eigene Recherchen.

Erläuterungen zur Tabelle 1:

[1] Anzahl der notwendigen Unterschriften, um eine Gesetzes- bzw. Verfassungsinitiative zum Volksentscheid stellen zu können; in den meisten Staaten bezogen auf die Gesamtzahl der Wähler bei der letzten Gouverneurswahl.

[2] Im Rahmen der indirekten Initiative ist das Parlament in das Volksgesetzgebungsverfahren eingeschaltet, bei der direkten Initiative hingegen nicht. Utah und Washington stellen den Bürgern beide Verfahren wahlweise zur Verfügung. In Michigan, Nevada und Ohio ist nur die Gesetzesinitiative indirekt.

[3] Notwendige Mindestzustimmung (in %) bezogen auf die gesamte Stimm- bzw. Wahlbeteiligung an dem jeweiligen Urnengang.

[4] Gesamtzahl aller im Volksentscheid abgestimmten Verfassungs- und Gesetzesinitiativen.

[5] In Illinois stehen nur wenige Materien der Verfassung dem Volk offen.

[6] Ersatzweise 3/5 der bei der jeweiligen Frage Abstimmenden.

[7] Die Verfassungsinitiative wurde in Mississippi erst 1992 eingeführt.

[8] Nevada verlangt für eine erfolgreiche Verfassungsinitiative die Mehrheit in zwei aufeinander folgenden Wahlterminen.

Volksbewegung für direkte Demokratie

Volksgesetzgebung fiel in den USA nicht vom Himmel. Sie war die vom Volk hart erkämpfte Antwort auf mangelnde Reformfähigkeit der Parlamente und verbreitete Armut.

Vor ungefähr einhundert Jahren entwickelten sich die USA im Laufe weniger Jahrzehnte zu einer großen Industrienation. Ein Teil der Bevölkerung profitierte. Viele Farmer und Arbeiter gerieten jedoch ins Elend. Dagegen formierte sich eine breite Volksbewegung: Das *Populist* (ca. 1890-1900) und später *Progressive Movement* (ca. 1900-1920). Gemeinsam setzte man sich für demokratische Reformen und eine fortschrittliche Wirtschafts- und Sozialpolitik ein.

Die Parlamente kamen diesen Anliegen aber kaum entgegen. Denn die Abgeordneten standen unter dem Einfluß korrupter Parteiapparate. Deren Führer waren eng mit der *Lobby* der großen Konzerne verfilzt. Die *Southern Pacific Railroad* stach besonders hervor. Diese Eisenbahngesellschaft hielt den gesamten kalifornischen Staat in ihrem Griff. Über ihre Mittelsmänner bestimmte sie nicht nur die Kandidaten für die verschiedenen Staatsämter, sondern diktierte auch Parteiprogramme.

Um diese Blockaden zu durchbrechen, forderte zuerst die *Socialist Labor Party* (1883/85) unter dem Einfluß der deutschen Sozialdemokratie direkte Gesetzgebung. 1891 und 1892 folgten, inspiriert vom Vorbild der Schweiz, die großen Gewerkschaftsorganisationen *Knights of Labor* und *American Federation of Labor*. Überragender Wegbereiter war der Drucker und Gewerkschafter *James W. Sullivan*. Er hatte 1883 und 1888 die Schweiz besucht und kam als begeisterter Anhänger der direkten Demokratie zurück (vgl. Abbildung 1, folgende Seite).

Volksgesetzgebung wurde zu einer Hauptforderung des *Progessive* und des *Populist Movement*. Man sah die Chance, die Macht der Großkonzerne zurückzudrängen, die Ideale der amerikanischen Demokratie wieder mit Leben zu erfüllen und den einzelnen Bürger für politisches Engagement neu zu gewinnen. Man konnte an direktdemokratische Traditionen anknüpfen, die noch heute bestehen. So regieren sich viele Gemeinden Neuenglands bereits seit der Kolonialzeit durch Volksversammlungen, müssen in manchen US-Gliedstaaten u. a. Staatsanleihen vom Volk gebilligt werden und benötigen Verfassungsänderungen aller Staaten mit Ausnahme von Delaware die Zustimmung der Bürger. Das erste Verfassungsreferendum dieser Art fand 1778 in Massachusetts statt. Die Bürger lehnten die Verfassung auch prompt ab. Der zweite Entwurf fand jedoch 1780 Zustimmung und ist in den Grundzügen noch heute gültig.

Der Durchbruch der Volksgesetzgebung gelang 1898, vor fast genau 100 Jahren, in South Dakota. Das *Populist Movement* war hier besonders stark. Die Volksgesetzgebung trat nun einen wahren Siegeszug an. Allein bis 1918 folgten weitere 21, vor allem im Westen gelegene US-Staaten. Unter Führung des Arztes *John R. Haynes* und des späteren Gouverneurs *Hiram Johnson* schloß sich 1911 auch Kalifornien an, heute mit ca. 30 Mio. Einwohnern der bei weitem größte und wirtschaftsstärkste US-Gliedstaat. Ab 1959 sind nochmals sechs Staaten hinzugekommen, zuletzt Mississippi 1992 (siehe Abbildung 3, Anhang). Auf Bundesebene blieben die Türen für Volksgesetzgebung in den USA bis heute verschlossen. Den bisher chancenreichsten Vorstoß

unternahmen 1977 der republikanische US-Senator *Hatfield* und sein
demokratischer Kollege *Abourezk*. Sie stammen aus den direktdemokratischen Traditionsstaaten Oregon und South Dakota. Aber auch ihre
Vorschläge kamen über Kongreßhearings nicht hinaus.

Abbildung 1:   *Darstellung von 1893: Die Swiss Miss bietet der Miss
America (mit dem Adler) das Referendum an*

Quelle: Dan Beard (1893), abgedruckt in: *Silvano Möckli:* Direkte
Demokratie in den USA, Jahrbuch des öffentlichen Rechts der Gegenwart 1996, S. 569.

Volksgesetzgebungserfolge – ein Spiegel der Zeit

Volksgesetzgebung hat das ursprünglich wichtigste Ziel weitgehend erreicht, Korruption aus Parlamenten und Parteien zu vertreiben. Dazu trug auch das Vorwahlsystem bei. Es setzte sich mit Hilfe direkter Gesetzgebung bereits 1904 in Oregon durch, später in Maine, South Dakota und Montana. Auf diesem Wege schlug das Volk auch erstmals in den gesamten USA eine Bresche für die Volkswahl der US-Senatoren (Oregon 1908) und für die Vorwahlen für das Amt des US-Präsidenten (Oregon 1910).

Nun war es wesentlich leichter, die Parlamente zur lang ersehnten Sozialgesetzgebung zu bewegen. Das Volk erledigte die Aufgaben zum Teil aber auch selbst. Es begründete Unfallschutz am Arbeitsplatz (Oregon 1910), verbot Kinderarbeit (Arkansas 1914), führte eine Alters- und Armenrente ein (Arizona 1914), verankerte teilweise den Achtstundentag (Colorado 1912, Oregon 1913) und etablierte Krankheitsfürsorge (Colorado 1916/1918). Zum Programm des *Progressive Movement* zählten auch Reformen des Wahlrechts: Volksbegehren und Volksentscheid schafften Wahlsteuern ab (Oregon 1910, Kalifornien 1914, Washington 1922), führten bereits 1912 in Nebraska Begrenzungen für Wahlkampfausgaben ein und erkämpften vor allem das Frauenwahlrecht (Arizona und Oregon 1912). In Oregon waren entsprechende Initiativen zweimal am Widerstand der Alkoholindustrie gescheitert. Sie fürchtete die Frauen als strikte Alkoholgegnerinnen. Mit dieser Einschätzung lag sie durchaus richtig. Denn bereits 1914, dem ersten Jahr, in dem Frauen abstimmen durften, wurde ein Volksbegehren zum Verbot des Alkohols (Prohibition) angenommen. Dasselbe passierte in Arizona. Prohibition war ein Thema, das in der Luft lag. Bis 1918 entschied sich das Volk in fünf weiteren Staaten dafür.

Auch in den folgenden Jahrzehnten erfüllte die Volksgesetzgebung ihre Funktion. Die Menschen setzten die brennenden Probleme der Zeit auf die politische Tagesordnung und warteten nicht auf zögerliche Parlamente. Zum Beispiel brachten die 30er und 40er Jahre in acht Staaten in Folge der Weltwirtschaftskrise siegreiche Volksbegehren für Altersrente und Sozialhilfe (Missouri, Ohio, Oklahoma, Colorado, North Dakota, Oregon, Idaho, Nevada). Das Volk stattete öffentliche Schulen jetzt verstärkt mit besseren Finanzen aus (z. B. Kalifornien,

North Dakota, Arizona, Oklahoma, Oregon). In Kalifornien machten sich die Wähler für das Leistungsprinzip im öffentlichen Dienst stark. Außerdem reformierten sie unter Führung des späteren Chefrichters am Obersten Bundesgericht *Earl Warren* das Justizsystem grundlegend. Und nun begann sich auch die Abkehr von der Prohibition in sechs Staaten direktdemokratisch niederzuschlagen.

Volksgesetzgebung hat sich von Anfang an fest in der politischen Kultur der USA etabliert. Seit 1910 kamen alle zehn Jahre zwischen zwei- bis dreihundert Initiativen auf den Stimmzettel. Ab 1940 ging die Nutzung dann zurück und fand in den 60er Jahren mit weniger als 100 abgestimmten Initiativen ihren bisher niedrigsten Stand. Zunächst absorbierte der 2. Weltkrieg die Aufmerksamkeit der Amerikaner, dann dämpften wachsender Wohlstand und der Kalte Krieg das Bedürfnis und die Bereitschaft für innenpolitischen Wandel. Dennoch bekämpften die Wähler z. B. zwischen 1948 und 1960 Patronage im öffentlichen Dienst (Arizona, Montana, Washington, Utah) und setzten in den 50er und 60er Jahren die Verbesserung des Erziehungswesens fort (Arkansas, Arizona, Kalifornien, North Dakota). Den *Closed Shop*, die zwangsweise Gewerkschaftsmitgliedschaft in Betrieben, schafften die Bürger zwischen 1944 und 1952 in drei Staaten ab (Arkansas, Arizona, Nebraska). In den 60er Jahren machten die Bürger auf Initiative von Eisenbahngesellschaften in drei Staaten auch Schluß mit so grotesken gesetzlichen Vorschriften, wonach ehemalige Heizer auch auf Elektroloks mitzufahren hatten.

Volksgesetzgebung wird immer beliebter

Seit den 70er Jahren erleben die USA einen starken direktdemokratischen Aufschwung. Dies zeigt sich besonders deutlich in Kalifornien, neben Oregon (bis 1996 insgesamt 292 Volksbegehren) der volksgesetzgebungsfreudigste Staat. Waren es in den 60er Jahren ganze neun Initiativen, gelangten nun 22 auf den Stimmzettel, in den 80er Jahren 44 und in den 90er Jahren allein bis 1996 schon 49.

Der Umweltschutz wird jetzt als drängendes Problem erkannt. Das kalifornische Volk gab den „Startschuß". Es beschloß 1972 eine Initiative zum Schutz der Küste vor zunehmender Zerstörung. In vielen Staaten forderten Volksbegehren ein obligatorisches Pfand auf Getränkeverpackungen, um der wachsenden Müllberge Herr zu werden. In Michigan und Maine fanden sie 1976 eine Mehrheit. Die größte direktdemokratische Kampagne im ökologischen Bereich entstand im Kampf gegen den forcierten Ausbau der Atomenergie: In fast 30 Abstimmungen konnten sich bis Ende der 80er Jahre zwölf Volksbegehren durchsetzen. 1986 beschloß das Volk in Kalifornien und Massachusetts, die Gesetze zum Schutz vor Giftmüll zu verschärfen.

Auf dem Feld des *Political Process* sind Volksbegehren besonders erfolgreich. Vom Watergate-Skandal bestärkt, wurde der Ruf nach einer Regulierung der Wahlkämpfe immer lauter. Allein bis 1988 kam es in 12 Staaten zu 15 Volksentscheiden über entsprechende Vorschriften. Alle Volksbegehren siegten. Dieser Trend hält bis heute an: Erst 1998 beschlossen die Bürger von Arizona und Massachusetts, daß Kandidaten für ihren Wahlkampf nur dann öffentliche Gelder bekommen, wenn sie private Spenden lediglich in begrenzter Höhe annehmen. Um frischen Wind in die Parlamente zu bringen, sind auch *Term Limit*-Initiativen sehr beliebt, welche die Wiederwahl von Abgeordneten begrenzen. Von 1990 bis 1994 standen in 24 Staaten insgesamt 27 Initiativen auf dem Stimmzettel, die, bis auf zwei, alle Zustimmung fanden. Auch 1996 wurde wieder über *Term Limits* abgestimmt. 1998 haben die Bürger Oregons die Wahlen revolutioniert. Sie sprachen sich dafür aus – erstmals in den USA –, den Urnengang bei Wahlen abzuschaffen und in Zukunft nur noch per Briefwahl abzustimmen. Die Wahlbeteiligung soll dadurch steigen. Es bleibt abzuwarten, ob solche Wahlen auch geheim sind.

Das wohl brennendste Problem der beginnenden 80er Jahre war der eskalierende atomare Rüstungswettlauf der Supermächte. Die Friedensbewegung forderte deshalb von den Supermächten ein beiderseitiges Einfrieren der Atomwaffen. Entsprechende *Freeze*-Vorlagen machte sich die Mehrheit in sieben Staaten zu eigen. Diese Beschlüsse hatten allerdings nur empfehlenden Charakter, weil die Rüstungspolitik in die Zuständigkeit des Bundes fällt (vgl. Abbildung 2, folgende Seite).

Heiß umstrittene Themen der Moral und des Strafrechts spielen ebenfalls eine direktdemokratische Rolle. So wurde zwischen 1972 und 1992 in 14 Abstimmungen über Restriktionen bzw. Liberalisierungen des Abtreibungsrechts entschieden. Gegner und Befürworter von *Pro Choice* konnten jeweils zwei Siege verbuchen.

Abbildung 2:   Pro-Freeze-Kampagnen (1982)

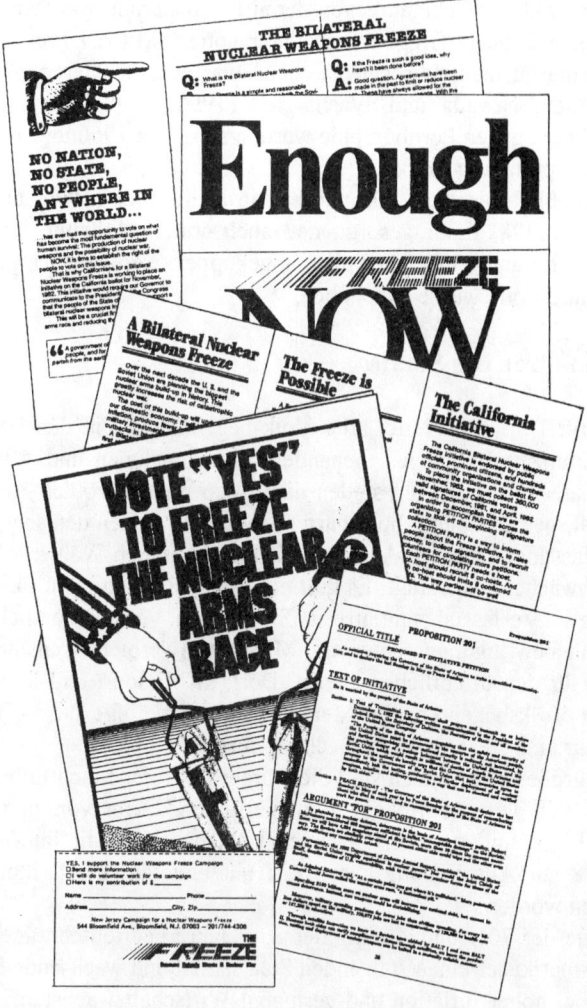

Pro-freeze Campaign Literature from various states, 1982

Quelle: Patrick B. McGuigan: The Politics of Direct Democracy in
the 1980s, Washington D. C. 1985, S. 69.
(Abdruck mit freundlicher Genehmigung von „The Institute for Government and
Politics of the Free Congress Research and Education Foundation", Washington D. C.).

Auch Sterbehilfe beurteilte man unterschiedlich. Während sich die Wähler 1998 in Michigan gegen deren Legalisierung wandten, hatten die Bürger 1994 in Oregon noch dafür votiert. Mit der Freigabe von Marihuana zu medizinischen Zwecken war man in Alaska, Arizona, Kalifornien, Nevada und Washington (1996, 1998) einverstanden. Maßnahmen gegen Pornographie wurden zwischen 1966 und 1986 nur in Washington gutgeheißen.

Schließlich hat die Volksmehrheit in Kalifornien (1996) und Washington (1998) dafür gesorgt, daß auch ärmere Arbeitnehmer vom Wirtschaftswachstum nicht völlig abgekoppelt werden: Der gesetzliche Mindestlohn wurde angehoben.

Die Finanzen des Staates

Ein Fünftel bis ein Viertel aller Volksbegehren, die in den USA auf den Stimmzettel gelangen, behandeln die Einnahmen und Ausgaben des Staates. Finanzfragen stellen damit den relativ größten Anteil an der Volksgesetzgebung. Im scharfen Gegensatz zu den deutschen Landesverfassungen ist die „Angst vor dem egoistischen Wähler" wesentlich schwächer ausgeprägt. Es gibt nur wenig Restriktionen für Gesetzes- bzw. Verfassungsinitiativen. So werden verschiedentlich etwa Haushaltsbewilligungen untersagt. Mississippi verbietet Pensionsregelungen für den öffentlichen Dienst. Dort, in Missouri und in Nevada müssen Volksbegehren, die Mehrausgaben zur Folge haben, gleichzeitig für eine entsprechende Deckung sorgen.

Im großen und ganzen sind die Bürger mit ihrer Machtfülle im Finanzbereich verantwortungsvoll umgegangen. Denn von den etwas mehr als einhundert steuerrelevanten Volksbegehren, die im Zeitraum 1969-88 zur Abstimmung kamen, ist nur ungefähr ein Drittel angenommen worden.

Mitte der 70er und Anfang der 80er Jahre beurteilten zunehmend mehr Amerikaner einen steigenden Staatsanteil und wachsende Steuerlasten bei hoher Inflation und geringem Wirtschaftswachstum als unerträglich. Insbesondere die an den Wert der Grundstücke gekoppelte, einkommensunabhängige und deshalb besonders hart empfundene *Property Tax*, die einen großen Teil der Gemeindeeinnahmen ausmachte, wurde zum Stein des Anstoßes. Eine regelrechte *Tax Revolt* brach aus. 38 Initiativen zur Milderung dieser Steuer konnten sich von 1968 bis 1988 für den Volksentscheid qualifizieren. Die Bürger billigten jedoch nur elf Vorlagen. Vor allem drastische Kürzungen blieben die Ausnahme. Zu ihnen entschloß sich das Volk in Staaten, in denen die *Property Tax* rapide gestiegen war. So hatte sich diese Steuer in Kalifornien innerhalb von fünf Jahren verdoppelt und zum Teil sogar verdreifacht, in Massachusetts war sie zur zweithöchsten in den ganzen USA geworden, und in Idaho hatte sich die Steuerlast innerhalb von zehn Jahren verdoppelt. In Kalifornien zogen die Wähler deshalb 1978 mit der erfolgreichen Initiative *Proposition 13* die Notbremse, reduzierten die *Property Tax* um ca. 50 %, und verlangten für zukünftige Staatssteuern eine parlamentarische Zweidrittel-Mehrheit. Seit 64 Jahren (Abschaffung der Wahlsteuer 1914) war dies die erste erfolgreiche Steuersenkungsinitiative in diesem Staat. Sie erregte nationales und internationales Aufsehen und veranlaßte auch viele Parlamente, die Steuern zu begrenzen. Drastische Kürzungen der *Property Tax* wurden vom Volk lediglich noch in Idaho (1978) und Massachusetts (1980) beschlossen. 1990 folgte Oregon, nachdem entsprechende Volksbegehren zuvor neunmal „durchgefallen" waren.

Initiativen zur allgemeinen Senkung von Steuern lehnt die Bevölkerung regelmäßig ab: Zwischen 1983 und 1990 in Ohio, Kalifornien, Utah, Colorado, Massachusetts und Montana. Dasselbe gilt für frontale Angriffe auf das Sozialsystem, welche die Sozialausgaben mit dem „Rasenmäher" kürzen wollen (z. B. Kalifornien 1984). Beliebt sind jedoch Maßnahmen, die das zukünftige Wachstum der Steuern und Staatsausgaben begrenzen, namentlich an besondere parlamentarische Mehrheiten oder an die Zustimmung des Volkes in Referenden binden. Zwischen 1978 und 1993 wurden solche Volksvorschläge in sieben Staaten gebilligt (Kalifornien, Colorado, Massachusetts, Michigan, Missouri, Oklahoma, Washington).

Proposition 13 und ähnliche Initiativen haben die Steuern und die Staatsausgaben dauerhaft begrenzt. Sie leisteten damit einen wichtigen Beitrag für die wirtschaftliche Erholung Amerikas in den 80er Jahren. Die Parlamente allein waren dazu lange nicht in der Lage. Volksgesetzgebung hat sich als wirksames Mittel erwiesen, das *Jedermannsinteresse* an einem schlanken Staat, der nicht immer größere Teile des Bruttosozialprodukts verschlingt, durchzusetzen.

Allerdings wurde in Kalifornien jetzt das Geld für öffentliche Investitionen, insbesondere Schulen, knapp. Die Ausgaben pro Schüler entsprachen zwar dem nationalen Durchschnitt. Die Lehrer-Schüler-Relation war Ende der 80er Jahre jedoch die schlechteste in den ganzen USA. Dies lag daran, daß die kalifornischen Lehrer die fünfthöchsten Gehälter in den USA bekamen und die Schülerzahlen durch massive Einwanderung stark anstiegen. Die Bürger bewiesen in dieser Situation Verantwortung. Sie verabschiedeten 1988 *Proposition 98*. Diese Volksinitiative garantiert eine finanzielle Mindestausstattung der Schulen. Zusätzlich kommt ein Teil der staatlichen Haushaltsüberschüsse den Schulen zugute und fließt nicht, wie sonst üblich, an die Steuerzahler zurück.

Auch das kalifornische Gesundheitswesen bekam 1988 zusätzliches Geld. Die Tabaksteuer war seit 21 Jahren nicht erhöht worden. Sie zählte zu den niedrigsten in den ganzen USA. Damit machte das Volk Schluß. Zugunsten verschiedener Gesundheitsprogramme wurden 25 Cents pro Zigarettenpäckchen aufgeschlagen. 1998 kam derselbe Betrag noch einmal dazu. 1996 hatten auch in Arizona die Bürger die Zigarettensteuer angehoben.

Das Volk und die Minderheiten

Gegner der direkten Demokratie befürchten, daß Volksgesetzgebung zur „Tyrannei der Mehrheit" gegenüber durchsetzungsschwachen Minderheiten führt. In der Tat kommt es in den USA gar nicht so selten vor, daß Volksbegehren gestartet werden, die für Minderheiten gefährlich sind. So gelangten zwischen 1978 und 1995 immerhin 15 Volksvorlagen auf die Stimmzettel von acht Staaten (Arizona, Kalifornien, Colorado, Idaho, Maine, Nevada, Oregon und Washington), die gegen Homosexuelle bzw. AIDS-Infizierte gerichtet waren. Nur drei fanden jedoch die Zustimmung der Mehrheit. Davon wurden zwei von den Gerichten für verfassungswidrig erklärt (Oregon, Colorado). In Kraft blieb nur der kalifornische Volksentscheid von 1988. Dort müssen sich Sexualstraftäter zwangsweise auf AIDS testen lassen. Wegen der Ansteckungsgefahren für die Opfer und Justizvollzugsbeamten erscheint dies gerechtfertigt.

In den 70er Jahren versuchte man in den USA, die Rassenintegration durch obligatorischen gemeinsamen Schulbesuch und entsprechende Schulbusprogramme voranzutreiben (*Busing*). Dagegen formierten sich Volksbegehren, die in Kalifornien (1972), Colorado (1974) und Washington (1978) erfolgreich waren. Wiederum haben die Gerichte zwei Entscheide kassiert (Kalifornien, Washington). Ob die Mehrheit mit diesen Begehren tatsächlich rassendiskriminierende Zwecke verfolgte, ist im übrigen sehr fraglich. Denn auch Schwarze und spanischsprachige Einwanderer sind mehrheitlich gegen *Busing*.

Um die Gleichberechtigung ethnischer Minderheiten auch praktisch durchzusetzen, erkämpfte die amerikanische Bürgerrechtsbewegung in den 60er Jahren *Affirmative Action*-Programme. Seitdem regelten feste Minderheitenquoten den Zugang zu staatlichen Schulen und Hochschulen, die Einstellung und Beförderung im öffentlichen Dienst und die Vergabe öffentlicher Aufträge. Diese Vorzugsbehandlungen hat das Oberste Bundesgericht in den 90er Jahren stark zurückgestutzt. Der ehemalige republikanische Gouverneur Kaliforniens, *Pete Wilson*, beendete Dutzende *Affirmative Action*-Programme. Diesem Trend folgten 1996 auch die kalifornischen Wähler. Sie verabschiedeten mit 54,6 % Ja-Stimmen die Verfassungsinitiative *Proposition 209,* die jede Art öffentlicher Vorzugsbehandlung aufgrund von Rassenzugehörigkeit zukünftig verbietet. 1998 schloß sich die Bevölkerung in Washington mit 59 % Ja-Stimmen den Kaliforniern an. In diesen Volksentscheiden liegt sicher ein großer Nachteil für Schwarze. und spanischsprachige Einwanderer, die zum Teil auch heute noch benachteiligt sind. Allerdings ist anzuerkennen, daß das Volk *Affirmative Action* Jahrzehnte nicht angetastet hat und daß eine leistungsunabhängige Vorzugsbehandlung nicht unbegrenzt fortgesetzt werden kann, ohne die Rechte der Mehrheit zu verletzen.

Gegen Rassendiskriminierung hatte das kalifornische Parlament zwischen 1959 und 1963 *Fair Housing Laws* erlassen. Sie verboten Privatpersonen, bei Hausverkäufen oder Vermietungen nach Rassenzugehörigkeit vorzugehen. Dies stieß sofort auf großen Widerstand. 65,4 % der Wähler favorisierten deshalb 1964 die Verfassungsinitiative *Proposition 14*. Nun verbot die kalifornische Verfassung dem Staat, in die Vertragsfreiheit der Bürger einzugreifen. Mit diesem Volksentscheid, der zu den meistdiskutierten in der US-Geschichte zählt, verfolgten viele Weiße den Zweck, weiterhin private Rassendiskriminirung betreiben zu können. Deshalb hob das Oberste Bundesgericht *Proposition 14* wegen Verstoßes gegen den Gleichheitssatz der Bundesverfassung 1967 auf.

Bereits 1950 hatte in Kalifornien eine Verfassungsinitiative eine knappe Mehrheit erreicht (50,8 % Ja-Stimmen), wonach öffentlich geförderter Wohnungsbau der Zustimmung der jeweiligen Ortsbevölkerung bedurfte. In verschiedenen Gemeinden – auch außerhalb Kaliforniens – wurden Sozialwohnungen, auf die wirtschaftlich Schwache, darunter viele Schwarze und spanischsprachige Einwanderer besonders angewiesen sind, abgelehnt. In der Realität lag also ein rassendiskriminierender Effekt vor. Der Ghettoisierung wurde Vorschub geleistet. Die Mehrheit der Richter des Obersten Bundesgerichts verschloß jedoch die Augen vor der Wirklichkeit und ließ das Volksbegehren unangetastet. Es sei nicht zu erkennen, daß das Volksbegehren auf die Benachteiligung von rassischen Minderheiten gezielt sei.

Häufig werden auch sogenannte *English Only*-Initiativen als diskriminierend betrachtet. Sie setzen Englisch als einzige Amtssprache fest. Sie sind in Staaten mit vielen Einwanderern aus Mexiko, die häufig nur Spanisch sprechen, sehr beliebt. Alle Volksbegehren zwischen 1984 und 1988 wurden angenommen (Arizona, Kalifornien, Colorado, Florida). Auch Staaten ohne Volksgesetzgebung haben ähnliche Gesetze beschlossen. 1998 kam in Kalifornien eine erfolgreiche Initiative hinzu (61 % Ja-Stimmen), die den seit 20 Jahren praktizierten zweisprachigen Unterricht in den Schulen beendet. Statt dessen gibt es nun ein Jahr Nachhilfeunterricht in Englisch. Die vorwiegend konservativen Befürworter argumentieren, daß nur so auch Einwandererkinder auf dem Arbeitsmarkt mithalten können. Für einen guten Job sei es unabdingbar, fließend Englisch sprechen und schreiben zu können. Dieses Argument überzeugte. Denn auch die Mehrheit der spanischsprachigen Einwanderer möchte Spanisch aus den Klassenräumen verbannen.

Vorbehalte gegen Fremde könnten sich 1994 in Kaliforniens *Proposition 187* niedergeschlagen haben. Die mit 59 % Ja-Stimmen angenommene Gesetzesinitiative schließt die ca. 1,6 Mio. illegalen Einwanderer – immerhin ungefähr fünf Prozent der kalifornischen Bevölkerung und etwa die Hälfte aller „Illegalen" in den USA – vom Besuch öffentlicher Schulen, von öffentlicher Gesundheitsversorgung (abgesehen von Notfällen) und den meisten Sozialleistungen aus. Die radikale

Initiative sollte nach Aussagen der Befürworter ein Signal an die Bundesregierung senden, daß Kalifornien die finanziellen Lasten illegaler Einwanderung nicht alleine tragen könne. Die Vorlage hat ein weltweites Medienecho ausgelöst und wird vor den Gerichten bekämpft.

Auch die Todesstrafe, die in den USA hoch im Kurs steht, gilt vielen als minderheitendiskriminierend. Denn gesellschaftlich benachteiligte Gruppen sind häufig einem größeren Straffälligkeitsrisiko und damit auch der Todesstrafe ausgesetzt. Acht von neun Volksbegehren zur Wiedereinführung bzw. Verschärfung der Todesstrafe, die bis 1992 zur Abstimmung gestellt wurden, erhielten eine Mehrheit im Volk (Arizona 1918, Kalifornien, Colorado, Oregon und Washington). Lediglich das *Progressive Movement* hatte es Anfang des Jahrhunderts fertig gebracht, daß 1914 in Oregon und 1916 in Arizona die Mehrheit Volksbegehren zustimmte, die die Todesstrafe (zeitweilig) abschafften. Aus diesen Ergebnissen zur Todesstrafe in den USA dürfen für Deutschland jedoch keine voreiligen Schlüsse gezogen werden. Denn in keinem der US-Bundesstaaten, die bei Einführung von Volksgesetzgebung die Todesstrafe bereits abgeschafft hatten, ist diese durch Volksgesetzgebung wieder eingeführt worden (Alaska, Maine, Michigan, Washington/D. C.). Das spricht gegen das Risiko, daß sich die Todesstrafe in Deutschland neu etablieren könnte, wenn das Grundgesetz Volksgesetzgebung zuließe. Denn die Todesstrafe ist hier schon seit einem halben Jahrhundert verboten.

Für Straffällige nachteilig sind auch sogenannte *Three Strikes and You`re Out*-Gesetze. Sie ordnen beim dritten Rückfall besonders schwere Strafen an. Ein solches Gesetz verabschiedeten die Kalifornier 1994. Eine ähnliche Regelung hatte zuvor schon das Parlament angenommen. Auch viele Staaten, die Volksgesetzgebung nicht kennen, haben solche Gesetze beschlossen.

Minderheiten können geschützt werden

Die geschilderten amerikanischen Erfahrungen müssen aufhorchen lassen. Sie stellen Volksgesetzgebung aber nicht grundsätzlich in Frage. Denn wenn sogar die betroffenen Minderheiten mehrheitlich zustimmen, läßt sich der diskriminierende Charakter mancher Volksbegehren durchaus bestreiten. Andere Fälle beweisen, daß bereits das

Volk selbst oder aber die Gerichte ungerechtfertigte Diskriminierungen verhindern. Der gerichtliche Grundrechts- und Minderheitenschutz wäre allerdings noch wirkungsvoller, wenn die Vorlagen bereits *vor* dem Volksentscheid rechtlich überprüft würden. Dann ist der Druck, der auf den Gerichten lastet, geringer. Eine solche vorbeugende Überprüfung ist in Deutschland üblich.

Sodann hätten sich einige Fälle vermeiden lassen (Diskriminierungen beim Sozialwohnungsbau, Verbot von *Affirmative Action* in Kalifornien), wenn bei Verfassungsänderungen eine Zweidrittel-Mehrheit der Abstimmenden erforderlich gewesen wäre. Für den Erfolg von Verfassungsinitiativen ist in den US-Gliedstaaten nämlich keine besondere Mehrheit notwendig (vgl. Tabelle 1). Schließlich haben die meisten amerikanischen Verfahrensregeln zur Volksgesetzgebung die Schwäche, daß die Parlamente „außen vor" bleiben. Nur in zehn US-Staaten ist das Parlament in Form der indirekten Initiative (teilweise) eingeschaltet (vgl. Tabelle 1). Und in lediglich sechs Staaten kann das Parlament auch einen eigenen Vorschlag mit zur Volksabstimmung stellen (Maine, Massachusetts, Michigan, Mississippi, Nevada, Washington). Gerade in einer solchen Alternativvorlage können sich aber parlamentarisch artikulierte Minderheitsvorstellungen im Rahmen eines Kompromisses direktdemokratisch einbringen.

Der Einfluß des Geldes

James W. Sullivan, Hiram Johnson und die anderen Reformer haben Volksgesetzgebung erkämpft, um die politische Macht des „großen Geldes" zu brechen. Grundsätzlich ist dies auch gelungen. Es gibt aber Entwicklungen, die diesen Erfolg teilweise in Frage stellen. Denn es ist eine regelrechte *Initiative Industry* entstanden. In Kalifornien tragen in sehr vielen Fällen bezahlte Sammler zumindest einen Teil der Unterschriften zusammen, die notwendig sind, um ein Volksbegehren auf den Stimmzettel zu setzen (Qualifikation). Wer genug Geld hat, kann jede beliebige Vorlage qualifizieren. In den meisten anderen Bundesstaaten steht allerdings noch immer die Unterschriftensammlung durch ehrenamtliche Helfer im Vordergrund. Und solche Initiativen sind – auch in Kalifornien – im Volksentscheid wesentlich erfolgreicher (1982: 48 gegenüber 24 %).

Die Abstimmungskämpfe werden in den US-Staaten ebenfalls zunehmend professioneller und teurer. Manchmal geben die Akteure mehr Geld als in Wahlkämpfen aus. In Kalifornien sind 70 bis 80 % des Geldes Großspenden der Wirtschaft. 1990 investierte allein die Brauerei *Anheuser-Busch* mit 8,3 Mio. Dollar mehr als alle 18.000 Spender zusammen, die weniger als 1.000 Dollar gaben. *Big Business* versucht mit seiner massiven Finanzüberlegenheit in erster Linie Initiativen zu bekämpfen, die den eigenen Interessen zuwiderlaufen (z. B. Vorlagen gegen Atomkraft, für Pfand auf Getränkeverpackungen, zur Erhöhung der Alkohol-, Tabak- oder Mineralölsteuer). So wandte die Versicherungswirtschaft 1988 in Kalifornien über 70 Mio. Dollar gegen ein Volksbegehren des „Verbraucheranwalts" *Ralph Nader* auf, das die Prämien von Autohaftpflichtversicherungen senken wollte.

Der Löwenanteil solcher Kampagnengelder (ca. 75 %) fließt in Radio- und vor allem Fernsehwerbung. Die auf Sekundenspots zugeschnittenen Werbefeldzüge simplifizieren extrem und geben die Vorlagen häufig falsch oder irreführend wieder. Ihr Einfluß wird relevant, wenn die Gegner eines Volksbegehrens ein großes Finanzübergewicht haben. Verschiedene Studien zeigen, daß die Erfolgsquote der Gegner in solchen Fällen bei 75 bis 90 % liegt. Bei relativ ausgeglichener Finanzkraft verlieren jedoch nur 50 bis 70 % der Vorlagen.

Die Macht des Geldes ist allerdings nicht grenzenlos. Es gibt noch weitere wichtige Einflußfaktoren. Geld kann den Sieg oder die Niederlage einer Initiative deshalb nicht garantieren. Gegen massives finanzielles „Sperrfeuer" können sich nämlich immerhin 10 bis 25 % der Volksbegehren behaupten. Dazu zählt auch das erwähnte Volksbegehren zur Senkung von Versicherungsprämien, für das lediglich fünf Millionen Dollar eingesetzt wurden. Und zur Unterstützung einer Initiative taugt das große Geld kaum, denn ein erdrückendes Finanzübergewicht der befürwortenden Seite steigert die Annahmechancen allenfalls um wenige Prozentpunkte. Wirtschaftsverbände bevorzugen deshalb meistens Lobbyarbeit in den Parlamenten. Legt man die Erfolgsquote finanziell ausgeglichener Kampagnen zugrunde, so ergibt sich, daß einseitige Finanzüberlegenheit letztlich 10 bis 16 % aller Abstimmungskämpfe entscheidet.

Um den Einfluß des Geldes einzudämmen, haben verschiedene US-Gliedstaaten versucht, bezahlte Unterschriftensammler zu verbieten und Obergrenzen für Spenden bzw. Ausgaben im Abstimmungs-

kampf festzusetzen. *Spending and Contribution Limits* erhöhen die relative Bedeutung ehrenamtlichen Engagements und nähern Volksgesetzgebung wieder den ursprünglichen direktdemokratischen Idealen
an. Das Oberste Bundesgericht erklärte jedoch alle Verbote und Begrenzungen in den 70er und 80er Jahren wiederholt für bundesverfas-
sungswidrig. Die Redefreiheit werde ohne zwingendes staatliches Interesse eingeschränkt. Eine größere Basisnähe sicherstellen zu wollen,
reiche nicht. Der nachgewiesene Einfluß des Geldes auf Volksentscheide sei nicht groß genug.

Um den Einfluß des Geldes dennoch zu verringern, müssen Ausgaben und Spenden in den US-Gliedstaaten offengelegt und in Kaliforni-
en die Geber großer Summen mit ihrer wahren Identität in Werbesen-
dungen genannt werden. Sehr hilfreich für die Information vieler Bürger sind auch offizielle Informationsbroschüren, die acht Bundesstaaten an alle Bürger versenden. Darin sind der komplette Vorschlagstext,
eine Zusammenfassung und neutrale Kurzanalyse, ein Kurztitel und
von Befürwortern und Gegnern verfaßte Argumente nachzulesen.

In Deutschland können die beschriebenen amerikanischen Aus-
wüchse verhindert werden. Dem dient eine öffentliche Abstimmungs-
kampffinanzierung, so wie sie ganz selbstverständlich bei Wahlen üblich ist, und in einigen Bundesländern bereits existiert. Vor allem aber
ist es in Deutschland verboten, in Radio oder Fernsehen Sendezeit für
politische Werbung zu kaufen. Dies ergibt sich aus der Rechtsprechung des Bundesverfassungsgerichts zur Rundfunkfreiheit und ist
auch im Vertrag der Bundesländer über den Rundfunk so niedergelegt.
Bezahlte Unterschriftensammler können bei uns im übrigen kaum eingesetzt werden, wenn amtlichen Eintragungsverfahren, die in den
meisten Bundesländern noch üblich sind, beibehalten werden. Dann
muß sich nämlich jeder, der ein Volksbegehren unterstützen will,
selbst um die Eintragung seiner Unterschrift kümmern. Selbstverständlich empfehlen sich auch bei uns strenge Offenlegungsvorschriften für
Spenden und Spender.

Die Kompetenz der Bürger

Kritikern direkter Demokratie erscheint es geradezu aberwitzig, „Hinz
und Kunz" über komplizierte Gesetzesmaterien abstimmen zu lassen.

Betrachtet man jedoch die Volksgesetze, die in den USA über die Jahrzehnte verabschiedet worden sind, so hat das Volk im allgemeinen – abgesehen von einigen Ausnahmen – vernünftige Regelungen beschlossen. Dies hat drei Hauptgründe: einmal eine weitverbreitete Neigung, im Zweifel mit Nein zu stimmen bzw. das Volksbegehren für den Volksentscheid gar nicht erst zu qualifizieren. Nur ca. 10 % der Volksbegehren, die gestartet werden, finden den Weg in die Gesetzblätter. Sodann beteiligen sich gut informierte bzw. gebildete Bürger in weit größerem Ausmaß an Volksentscheiden als Sachunkundige. Und schließlich orientieren sich Bürger mit geringerer eigener Sachkunde, die sich an Abstimmungen beteiligen, ganz beträchtlich an bekannten Persönlichkeiten und Experten. Gegner und Befürworter einer Vorlage versuchen deshalb, bekannte Persönlichkeiten und Gruppen für ihre Meinung zu gewinnen. Solche Hinweise helfen, komplizierte Sachfragen in relativ leichte Alternativen zu übersetzen.

Damit werden Volksabstimmungen tendenziell mit Wahlen vergleichbar. Denn viele Wähler verstehen die Fülle der relevanten Wahlkampfthemen ebenfalls nicht. Sie treffen ihre Entscheidung erst mit Hilfe von Parteihinweisen und -zugehörigkeiten auf dem Hintergrund der eigenen Wertvorstellungen.

Die Abstimmungsbeteiligung

In den USA finden Volksabstimmungen meistens zusammen mit Wahlen an einem Termin statt. Die Abstimmungsbeteiligung ist deshalb durchschnittlich genauso groß (35 bis 55 %) wie bei den Wahlen zu den Parlamenten der Bundesstaaten. Allerdings ist die Beteiligung schwach, wenn an Extra-Terminen abgestimmt wird.

Ein besonderes Problem besteht darin, daß sich Unterschichtsangehörige an manchen Abstimmungen nur unterproportional beteiligen. Dies kann so weit gehen, daß bei einzelnen Vorlagen ein Drittel der Unterschichtswähler keine Stimme abgibt. Hinter dieser Stimmenthaltung steckt häufig nicht schieres Desinteresse, sondern die Unfähigkeit, die Vorlagen zu verstehen und sich ein sachgerechtes Urteil zu bilden. Um Unterschichtsangehörige vor Benachteiligung im Volksgesetzgebungsverfahren zu bewahren, sollte deshalb bei der Formulierung der Abstimmungsfragen auf Verständlichkeit für Bürger mit einfacher Bildung geachtet werden. Durch hinreichend hohe Qualifikationshürden ist auch die Anzahl der Vorlagen überschaubar zu halten.

Beispielsweise ist in Kalifornien die Anzahl der Unterschriften, die gesammelt werden muß, um eine Initiative auf den Stimmzettel zu setzen (Qualifikationsquorum), wahrscheinlich zu gering. Zwar erscheinen die Qualifikationsquoren von fünf bzw. acht Prozent (vgl. oben, Tabelle 1) gar nicht so niedrig. Die entscheidende Bezugsgröße ist dort jedoch die Wahlbeteiligung bei Gouverneurswahlen. Diese liegt (durchschnittlich) bei nur 45 % der Stimmberechtigten. Im Endeffekt machen deshalb auch die Qualifikationsquoren nur 2,25 bzw. 3,6 % der Stimmberechtigten aus. Das führt in diesem Staat zu durchschnittlich sieben Volksvorlagen pro Jahr (1988-96), allein 1996 waren es 17.

Schließlich ist auch daran zu denken, für den Erfolg einer Initiative zu verlangen, daß eine Mindestzahl der Bürger zugestimmt hat. Ein solches Zustimmungsquorum könnte ein allzu starkes Abweichen von Disparitäten, die auch bei Wahlen zu tolerieren sind, verhindern. Zustimmungsquoren müssen allerdings fair bemessen sein. Sie haben sich deshalb an der Beteiligung bei den Wahlen zu den jeweiligen Parlamenten und nicht an der Gesamtheit der Stimmberechtigten zu orientieren. Sie müssen auch berücksichtigen, daß nicht alle Fragen jeden Bürger interessieren. Sechs US-Staaten mit Gesetzes- bzw. Verfassungsinitiative kennen solche Zustimmungsquoren, die sich an der Wahlbeteiligung orientieren (vgl. oben, Tabelle 1). Das 50%-Quorum in Wyoming dürfte aber für einfache Gesetze dennoch zu hoch sein.

Fazit

Einhundert Jahre direktdemokratische Praxis in den USA haben bewiesen: Volksgesetzgebung kann das repräsentativ-demokratische System wirkungsvoll ergänzen. Protest läßt sich artikulieren, Innovationen setzen sich durch, parlamentarisches Versagen wird überwunden (Korruption, politische Kartelle, Durchsetzungsschwäche von „Jedermannsinteressen"). Dadurch besteht für die Bürger ein größerer Anreiz, sich politisch zu engagieren. Die amerikanischen Erfahrungen zeigen auch Mängel direkter Gesetzgebung (Gefährdung von Minderheiten, Chancenungleichheit im Abstimmungskampf, mangelnde Abstimmungsbeteiligung der Unterschichten). Diese lassen sich durch eine intelligente Ausgestaltung des Volksgesetzgebungsverfahrens jedoch beheben.

Weiterführende Literatur

Billerbeck, Rudolf: Plebiszitäre Demokratie in der Praxis, zum Beispiel Kalifornien, Berlin 1989.

Cronin, Thomas E.: Direct Democracy, Cambridge/Massachusetts, London 1989.

Dubois, Philip L./Feeney, Floyd: Lawmaking by Initiative, New York 1998.

Glaser, Ulrich: Direkte Demokratie als politisches Routineverfahren. Volksabstimmungen in den USA und in Kalifornien, Erlangen/Jena 1997 (Erlanger Studien Bd. 112).

Heußner, Hermann K.: Volksgesetzgebung in den USA und in Deutschland. Ein Vergleich der Normen, Funktionen, Probleme und Erfahrungen, Köln u. a. 1994 (Erlanger Juristische Abhandlungen Bd. 43).

Magleby, David B.: Direct Legislation. Voting on Ballot Propositions in the United States, Baltimore/London 1984.

Magleby, David B.: Direct Legislation in the American States, in: Butler, David/Ranney, Austin (Hrsg.): Referendums around the World, Washington 1994, S. 218-257.

Möckli, Silvano: Direkte Demokratie. Ein Vergleich der Einrichtungen und Verfahren in der Schweiz und Kalifornien, unter Berücksichtigung von Frankreich, Italien, Dänemark, Irland, Österreich, Liechtenstein und Australien, Bern u. a. 1994 (St. Galler Studien zur Politikwissenschaft Bd. 16).

Schmidt, David D.: Citizen Lawmakers. The Ballot Initiative Revolution, Philadelphia 1989.

Stelzenmüller, Constanze: Direkte Demokratie in den Vereinigten Staaten von Amerika, Baden-Baden 1994 (Beiträge zum ausländischen und vergleichenden öffentlichen Recht Bd. 5).

Auf der folgenden Seite: *Abbildung 3: Einführung der Initiative in den US-Bundesstaaten, Quelle: Daniel A. Smith:* Tax Crusaders and the Politics of Direct Democracy, New York: Routledge 1998, S. 5.

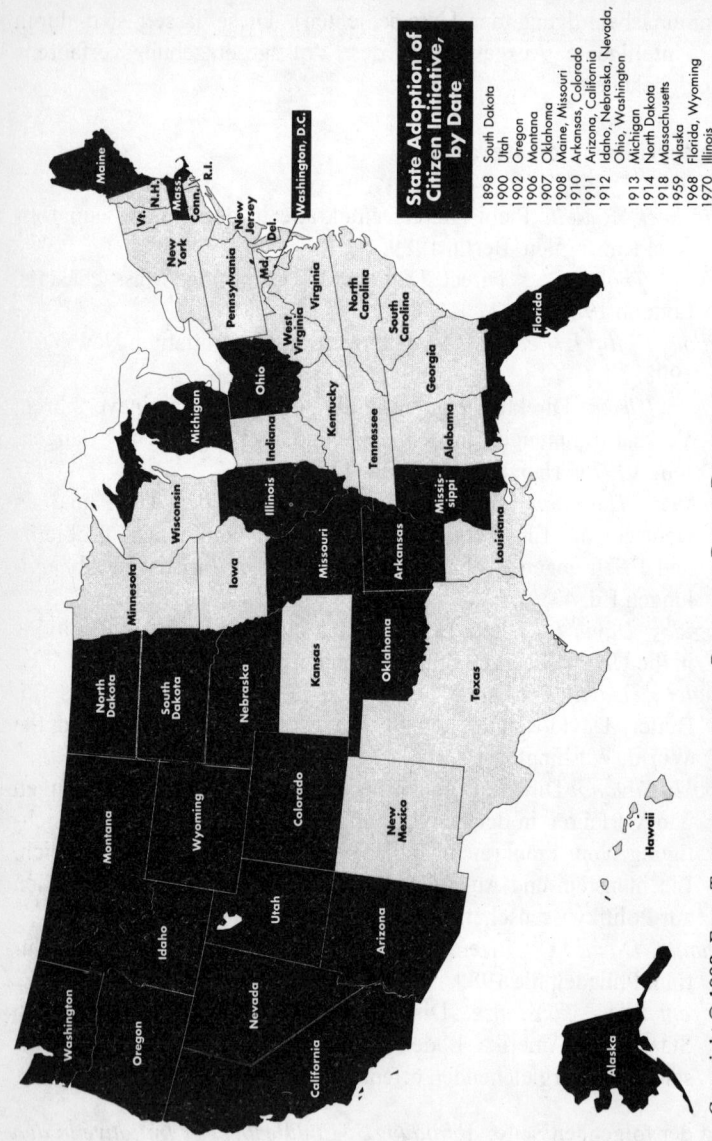

State Adoption of Citizen Initiative, by Date

1898	South Dakota
1900	Utah
1902	Oregon
1906	Montana
1907	Oklahoma
1908	Maine, Missouri
1910	Arkansas, Colorado
1911	Arizona, California
1912	Idaho, Nebraska, Nevada, Ohio, Washington
1913	Michigan
1914	North Dakota
1918	Massachusetts
1959	Alaska
1968	Florida, Wyoming
1970	Illinois
1977	District of Columbia
1992	Mississippi

III.3   Direkte Demokratie in Italien

Von ANNA CAPRETTI

Die blockierte Demokratie

Italien gilt in der ausländischen Literatur – gerade auch in Deutschland – weithin als Paradebeispiel für Unregierbarkeit angesichts einer zersplitterten Parteienlandschaft, in der (angeblich) eine parlamentarische Demokratie kaum lebensfähig ist.

Um Charakter und Reichweite der Dauerkrise des politischen Systems sowie die sich mehrenden Phänomene der administrativen Ineffizienz und der Korruption in Italien zu bewerten, muß eine der wichtigsten Ursachen hierfür erwähnt werden, nämlich die Tatsache, daß Italien als einziges Land unter den westlichen Demokratien nie einen politischen Wechsel zwischen einem Block konservativ-gemäßigter Parteien und einem progressiven Parteienblock erlebt hat. Das Ausbleiben des normalen demokratischen Wechselspiels zwischen Regierung und Opposition ermöglichte die fast fünfzigjährige Dauerherrschaft der *Democrazia Cristiana* (DC) und führte schließlich zum Ausverkauf des Staates an die Parteien (*partitocrazia*) und zu einer Blockierung der Demokratie in Italien. Demokratie wurde in einem solchen System zur Fassade. Im besten Fall wurden die Kulissen gewechselt, die Akteure jedoch blieben. Das erklärt auch zum großen Teil, warum bedeutsame Reform- und Rationalisierungsmaßnahmen selbst in letzter Zeit ihre erhoffte und vorgesehene Wirkung verfehlt haben.

Jene politische Blockierung durch die *partitocrazia* konnte erst durch das Instrument des Referendums überwunden werden, das die Wähler ganz gezielt benutzten, um die Parteien für ihr Versagen in die Schranken zu weisen. Und selbst nach dem Zusammenbruch der *partitocrazia* – als Auftakt gelten die Wahlen vom 5. April 1992 – blieb das Gleichgewicht gestört. Unter dem Decknamen des Neuen setzte sich die Dauerherrschaft der DC fort.

Das Wissen um all diese Faktoren, welche die politische Realität Italiens ausmachen und die Gesetzgebungsarbeit prägen, ist also eine unerläßliche Voraussetzung, um die Rechtsetzungsproblematik und die

daraus resultierende Hypertrophie der direktdemokratischen Kompo-
nente zu verstehen. Das italienische Referendum bedarf der Berücksichtigung des politischen Kontextes, in dem es sich abspielt; es kann
nicht isoliert, d. h. nur anhand seiner normativen Seite, betrachtet
werden.

Im Folgenden wird deshalb der Charakter des Landes, das als repräsentative Demokratie mit einigen direktdemokratischen Verfahren
angereichert ist, bestimmt, und es wird untersucht, wie Italien und
seine Verfassung die Prinzipien der Demokratie und der Volkssouveränität gestaltet haben. Folgende Fragen stellen sich dabei vor allem:

-   Welche Funktion kommt dem Referendum nach seiner Grundidee
    in der italienischen staatlich-politischen Ordnung zu?
-   Steht die Referendumsdemokratie in einem Gegensatz zur reprä-
    sentativen Demokratie?
-   Ist und bleibt das „Modell Italien" ein Einzelfall, oder wird der
    „Fall Italien" zum Modell?

Monarchie oder Republik? – Die direktdemokratische Verfassungstradition

Prinzipiell ist Italien eine repräsentative Demokratie. Allerdings weist
ihre Verfassungsstruktur einen nicht gering zu schätzenden direktdemokratischen Strang auf. Daher kann man das politische System Italiens als gemischt bezeichnen. Diese Entwicklung zeichnete sich bereits
ab, als nach der Niederlage des Faschismus und der endgültigen Be-
freiung Italiens ein Prozeß tiefgreifender institutioneller Erneuerung
der Halbinsel begann.

Am 2. Juni 1946 wurde dem italienischen Staatsvolk in einer
Volksabstimmung die Entscheidung über die zukünftige Staatsform
überlassen: Die leidenschaftlich diskutierte Frage „Monarchie oder
Republik?" wurde bei einer Stimmbeteiligung von 89,1 % mit der be-
scheidenen Mehrheit von 54,3 % zugunsten der republikanischen
Staatsform entschieden.

Am selben Tag wurde eine aus 556 Abgeordneten bestehende Ver-
fassunggebende Versammlung (*Costituente*) gewählt, der die Aufgabe
übertragen wurde, eine verfassungsrechtliche Ordnung für den neu zu
schaffenden Staat zu erarbeiten. Die *Costituente* bestellte ihrerseits aus

ihrer Mitte einen aus bekannten Politikern und Juristen zusammengesetzten Ausschuß von 75 (!) Mitgliedern, die sogenannte „*Commissione dei 75*".

Die *Costituente* diskutierte bei der Beratung der neuen Verfassung eingehend die Einführung direktdemokratischer Elemente. Einig waren sich die Verfassungsväter darüber, daß man die Grenzen eines repräsentativen Systems überschreiten und den Bürgern mehr Mitsprache- bzw. Beteiligungsmöglichkeiten zugestehen solle. Angestrebt wurde demnach eine halbdirekte Demokratie, bei der die Staatsbürger auch während der Legislaturperiode über politisch relevante Fragen unmittelbar entscheiden und sich somit in das Staatsleben einbringen könnten.

Doch es wurden auch ernste verfassungspolitische Bedenken gegen die Einführung von Formen direkter Demokratie geltend gemacht. Ein Gutteil der antidirektdemokratischen Argumente erwies sich freilich schlicht als Vorurteile, die nichts mit der Verfassungsfrage, sondern mit der Interessenwahrnehmung der führenden Parteien zu tun hatten. Kritikern zufolge könnten sich unmittelbare Volksinterventionen auf das Staatsleben störend und nachteilig auswirken. Sie befürchteten, daß direktdemokratische Elemente die Grundlagen der repräsentativen Demokratie rechtlich und politisch erschüttern bzw. verändern möchten, weil die Stimmbürger nicht in der Lage seien, die genauen Konsequenzen der ihnen unterbreiteten Fragen einzuschätzen. Des weiteren bestand die Besorgnis bei den Abgeordneten der Linken, daß Volksentscheide leicht „von oben" durch das konservative Lager als Plebiszite für die Legitimitätsbeschaffung zu instrumentalisieren und für Obstruktionszwecke zu manipulieren seien. Konservative Machtgruppen hätten zweifelsohne größere Chancen, sich durchzusetzen und Mehrheiten hinter sich zu scharen, als fortschrittlichere Gruppen. Mit anderen Worten: Der Kampf um Mehrheiten lasse sich nicht von demagogischer Stimmenfängerei freihalten. Die größten Zweifel bezogen sich jedoch darauf, daß die Referendumsdemokratie im Kern in einem Gegensatz zur repräsentativen Demokratie stehe und in keiner Weise der Verwirklichung des Postulats diene, daß die soziale Ordnung von denen geschaffen werden solle, die ihr nachher auch unterworfen seien. All diese Bedenken liefen letztendlich darauf hinaus, daß Volksentscheide nicht mehr, sondern weniger Demokratie produzieren würden.

Aufgrund der damaligen politischen Situation wurde der von der *Commissione dei 75* ausgearbeitete Entwurf von der Verfassunggebenden Versammlung stark gekürzt: Nach den totalitären Erfahrungen des Faschismus sollte das neue Regierungssystem eine Parteiendemokratie (*democrazia dei partiti*) sein. Die politischen Einflußmöglichkeiten sollten keineswegs breiter verteilt werden: Ein solcher demokratischer Zustand hätte die Macht der Parteien stark eingeschränkt. Die staatliche Macht wurde sodann der Regierung entzogen und ins Parlament verlegt, damit die politischen Parteien begünstigt werden konnten, deren Position immer erfolgreicher gegenüber den Staatsorganen ausgebaut wurde.

Die *Commissione dei 75* hatte unter den vielen im Verfassungsentwurf vorgesehenen Referenden auch eines mit aufschiebender Wirkung (*referendum sospensivo*) und eines mit Schiedsrichterfunktion (*referendum arbitrale o risolutivo*) ausgearbeitet. In der ersten Variante sollte das Referendum – ähnlich wie das schweizerische Instrument auf Bundesebene – bei Erlassen, die schon von den beiden Kammern angenommen worden waren, fakultativ mit aufschiebender Wirkung angewandt werden. In der zweiten Variante hingegen hätte der Staatspräsident bei Uneinigkeit bzw. Streitigkeiten zwischen der Abgeordnetenkammer (*Camera dei deputati*) und dem Senat (*Senato*) über einen Gesetzesentwurf (*disegno di legge*) ein Referendum nach seinem eigenen Ermessen anberaumen können. Zum Schutz des politischen Gleichgewichts zwischen den Verfassungsorganen wurde geschickt vermieden, an einen positiven Referendumsausgang weitere Folgen für die Unterlegenen (also entweder Parlamentsauflösung oder Regierungsrücktritt) zu knüpfen.

Die direktdemokratischen Verfahren nach der Verfassung von 1947

Trotz aller Vorbehalte hat Italien – nach der Schweiz – von allen europäischen Demokratien die weitestgehenden direktdemokratischen Regelungen getroffen. Auf der Ebene des Gesamtstaates sieht die Verfassung von 1947 folgende direktdemokratische Beteiligungsformen vor:

- die imperfekte Gesetzesinitiative (*iniziativa delle leggi*) nach Art. 71,
- das fakultative (abrogative) Gesetzesreferendum (*referendum abrogativo*) nach Art. 75,
- das fakultative Verfassungsreferendum (*referendum sospensivo*) nach Art. 138.

Ferner kennt die Verfassung unterhalb des Gesamtstaates

- die Gesetzesinitiative und den Volksentscheid über Gesetze und Verwaltungsanordnungen auf regionaler Ebene (*referendum regionale*) nach Art. 123 und
- das obligatorische Territorialplebiszit (*referendum territoriale*) nach Art. 132.

Schließlich wurde durch das Gesetz Nr. 142 vom 8. Juni 1990 die kommunale Volksbefragung (*referendum consultativo*) eingeführt.

Die folgende Darstellung konzentriert sich auf die direktdemokratischen Beteiligungsmöglichkeiten auf der Ebene des Gesamtstaates. Die Instrumente im einzelnen:

Die imperfekte Gesetzesinitiative

Das Volk kann die Gesetzesinitiative ausüben, indem mindestens 50.000 Wahlberechtigte einen in Artikel gegliederten (d. h. ausgearbeiteten) Gesetzesvorschlag vorlegen (Art. 71 Abs. 2). Diese Initiative kann alle Rechtsmaterien betreffen; es gibt keine ausgeschlossenen Gegenstände. Der Vorschlag wird dann von beiden Kammern (*Camera dei deputati* und *Senato*) geprüft und entweder angenommen oder abgelehnt (Art. 72 Abs. 1). Damit ist das Verfahren zu Ende. Es führt also – auch bei Ablehnung durch das Parlament – zu keiner Volksabstimmung. Im Grunde handelt es sich um eine Volksanregung im Sinne einer Massenpetition. Das Volk hat insoweit ausdrücklich das gleiche Recht wie jedes Parlamentsmitglied (Art. 71 Abs. 1) – nicht weniger, aber auch nicht mehr.

Das fakultative Referendum zur Aufhebung eines Gesetzes

500.000 Wahlberechtigte oder fünf Regionalräte können verlangen, daß über die gänzliche oder teilweise Aufhebung eines Gesetzes ein Referendum veranstaltet wird (Art. 75 Abs.). Dafür gelten mehrere wichtige Einschränkungen:

- Das Referendum findet nur über ein bereits in Kraft befindliches Gesetz statt. Eine direktdemokratische Einflußnahme auf den parlamentarischen Gesetz*gebungs*prozeß ist nicht möglich.
- Verlangt werden kann nur die *Aufhebung* des entsprechenden Gesetzes (*referendum abrogativo*). Die Bürger können also nicht positiv-gestalterisch auf die Rechtsentwicklung Einfluß nehmen. Vielmehr ist das italienische Gesetzesreferendum eine Art Korrekturbegehren mit negativem Charakter. Hat das Referendum Erfolg, ist das entsprechende Gesetz mit sofortiger Wirkung („ex-nunc") aufzuheben.
- Wichtige Bereiche sind dem Gesetzesreferendum verschlossen: Steuer- und Haushaltsgesetze, Amnestien und Strafnachlässe sowie die Ermächtigung zur Ratifizierung internationaler Verträge (Art. 75 Abs. 2). Ebensowenig können höherrangige Normen (Verfassungsgesetze) und Vorschriften im Rang unterhalb des Gesetzes (z. B. Verordnungen) den Gegenstand eines Referendums nach Art. 75 bilden. Für Gesetzesvorlagen im Bereich der Finanzen und der Außenpolitik gilt der Parlamentsvorbehalt (*riserva d'assemblea*); sie sind von gelegentlichen Volksinterventionen ausgenommen, weil sie fundamentale Interessen des Staates betreffen und weil zu ihrer Beurteilung spezifische Kenntnisse notwendig sind, die nur in Zusammenarbeit mit der staatlichen Verwaltung eingeholt werden können.
- Schließlich gilt ein erhebliches Quorum. Das Referendum ist nur wirksam, wenn sich die Mehrheit der Stimmberechtigten an der Abstimmung beteiligt und wenn sich die Mehrheit der abgegebenen gültigen Stimmen für die Aufhebung des umstrittenen Gesetzes ausspricht (Art. 75 Abs. 4). „Das Teilnahmequorum ist sehr hoch angesetzt worden, und zwar aus zwei Gründen. Einerseits soll ein vielleicht schon sehr lange geltender Erlaß nicht von einer Mehrheit, die auf der Basis einer geringen Stimmbeteiligung er-

rechnet worden ist, abgeschafft werden können, und andererseits
möchte man verhindern, daß die Parteien die Volksbefragung
– mit den damit verbundenen Umtrieben – verlangen, wenn sie
nicht ein genügendes Interesse in der Bevölkerung voraussetzen
können und berechtigte Hoffnung auf Erfolg ihres Begehrens haben" (*K. Fontana*). Fälle von Boykott des Urnengangs – das pro-
bateste Mittel, um einen Volksentscheid zum Scheitern zu bringen – sind in der Geschichte der direkten Demokratie in Italien
häufig vorgekommen: Als Waffe von Minderheiten können Referenden nur wirken, wenn sie auf ein sehr großes öffentliches Interesse und einen hohen Grad an Zustimmung stoßen.

Insgesamt gesehen, räumt das italienische Verfassungssystem dem Gesetzesreferendum bloß einen sekundären Platz ein und betrachtet es als
ein Instrument mit Ausnahmecharakter, das in außergewöhnlichen Si-
tuationen angewandt werden kann.

Das fakultative Verfassungsreferendum

Verfassungsänderungen werden im Regelfall rein parlamentarisch
durchgeführt. Verfassungsändernde Gesetze müssen von jeder Kammer in zwei aufeinanderfolgenden und mindestens drei Monate aus-
einanderliegenden Beratungen gebilligt werden, wobei sich bei der
zweiten Abstimmung die absolute Mehrheit der Mitglieder beider
Kammern für die Annahme aussprechen muß (Art. 138 Abs. 1). Ausnahmsweise wird die Verfassungsänderung einem Referendum unterworfen, wenn innerhalb von drei Monaten nach ihrer Veröffentlichung
ein Fünftel der Mitglieder einer Kammer oder 500.000 Wahlberechtigte oder fünf Regionalräte es verlangen (Art. 138 Abs. 2 Satz 1). Die
dem Referendum unterworfene Verfassungsänderung ist angenommen,
wenn sich die Mehrheit der abgegebenen gültigen Stimmen für sie
ausspricht (Art. 138 Abs. 2 Satz 2). Ein Beteiligungsquorum besteht
dabei nicht.

Ein solches Referendum ist jedoch nicht zulässig, wenn die Verfassungsänderung bei der zweiten Abstimmung von jeder Kammer mit
Zweidrittel-Mehrheit angenommen wurde, wenn sie also eine besonders hohe Legitimation erreicht hat (Art. 138 Abs. 3).

Späte Vitalisierung: das Ausführungsgesetz von 1970

Die direktdemokratischen Beteiligungsformen blieben über zwei Jahrzehnte lang toter Buchstabe der Verfassung, da die Christdemokraten den Erlaß eines Ausführungsgesetzes verschleppten. Erst das Gesetz Nr. 352 vom 25. Mai 1970 regelte die Modalitäten des Verfahrens; dabei schränkte es den Anwendungsbereich des Referendums ein, ganz im Sinne des im Parlament herrschenden Mißtrauens gegenüber diesem Instrument.

Das Zustandekommen dieses Gesetzes war bestimmten politischen Umständen zu verdanken: Als sich Ende 1969 eine parlamentarische Mehrheit für die umstrittene Liberalisierung der Scheidung zu formieren schien, bereuten große Teile der DC, daß der Erlaß des Ausführungsgesetzes für das Referendum versäumt worden war. Man drohte mit einem Volksentscheid, da sich aus Umfragen ergab, daß die Mehrheit der Italiener – vor allem unter den Frauen – gegen die Möglichkeit der Ehescheidung war. Diese Drohung wäre jedoch ohne ein Ausführungsgesetz wirkungslos geblieben. Obwohl die DC die Einführung eines Gesetzes zur Ehescheidung 1970 ablehnte, stellte sie sich nicht gegen die Annahme des Gesetzes und beschwor so keine Regierungskrise herauf. Im Gegenzug verlangte sie jedoch von der Opposition bzw. der laizistischen Mehrheit das Ausführungsgesetz zum Referendum.

Das Gesetzesreferendum in der Praxis

Das Verfahren, in dem es zu einem abrogativen Gesetzesreferendum kommt, besteht aus vier Abschnitten und läuft nach einem kalendarisch bestimmten Zeitplan ab:

a) In der ersten, vorbereitenden Phase muß das Referendumsbegehren, das – wie oben erwähnt – 500.000 Wahlberechtigte oder fünf Regionalräte stellen können, zwischen dem 1. Januar und dem 30. September eines jeden Jahres bei der Kanzlei des Kassationshofes (*Corte di Cassazione*) offiziell angemeldet werden. Es muß von einer Gruppe von mindestens zehn Vertrauenspersonen (*promotori*) repräsentiert werden. Innerhalb von drei Monaten sind zudem bei derselben Stelle die erforderlichen Unterschriften einzureichen.

b) Das beim Kassationshof eingerichtete Zentralbüro prüft – nach Ablauf der festgesetzten Frist –, ob das Begehren mit den Vorschriften des Ausführungsgesetzes übereinstimmt. Die Entscheidung des Zentralbüros muß bis zum 15. Dezember ergehen, woraufhin das für formell rechtmäßig befundene Begehren einer weiteren Prüfung beim Verfassungsgerichtshof unterstellt wird.

c) In der dritten, konstituierenden Phase entscheidet der Verfassungsgerichtshof über die materielle Rechtmäßigkeit des Referendumsbegehrens. Ausgeschlossen vom Referendum sind Begehren,

- welche die Verfassung zum Gegenstand haben (vgl. Art. 138),
- die mehrere Fragen enthalten, die nicht den gleichen Regelungsbestand betreffen, oder
- zu solchen einfachen Gesetzen, deren Aufhebung juristisch nur bei Erlaß neuer Bestimmungen möglich ist.

Im übrigen entscheidet das Gericht nach politischer Opportunität, d. h. nach eigenem Ermessen.

d) Wird das Referendumsbegehren vom Verfassungsgerichtshof bis zum 10. Februar des folgenden Jahres zugelassen, obliegt es dem Staatspräsidenten, das Referendum anzuberaumen und ein Datum für die Abstimmung an einem Sonntag zwischen dem 15. April und dem 15. Juni festzulegen.

Dieser feste Zeitplan kann durch das Ende einer Legislaturperiode oder durch eine vorzeitige Parlamentsauflösung durcheinandergebracht, d. h. das Referendum verzögert werden. Die Volksabstimmung über das Scheidungsgesetz konnte z. B. erst drei Jahre nach dem entsprechenden Begehren stattfinden.

Bei einem negativen Ausgang des Referendums (wird also die Aufhebung nicht beschlossen) kann in den darauffolgenden fünf Jahren kein Referendumsbegehren gegen dasselbe Gesetz gestellt werden. Bei einem positiven Ausgang hingegen wird das Aufhebungsdekret vollständig im Staatsanzeiger (*Gazzetta Ufficiale della Repubblica Italiana*) und in der Amtlichen Gesetzsammlung (*Raccolta Ufficiale degli atti normativi della Repubblica Italiana*) veröffentlicht, womit es Wirksamkeit erlangt. Der Staatspräsident kann jedoch ein aufschiebendes Veto (*potere di rinvìo*) einlegen und so das Inkrafttreten der Aufhebung um 120 Tage hinauszögern.

Das Parlament kann – rein theoretisch – sowohl ein Gesetz (von sich aus) aufheben, das erfolglos dem Referendum unterstellt worden ist, als auch ein Gesetz wiedereinführen, das im vorangegangen Volksentscheid aufgehoben wurde. Ein derartiges Handeln des Parlaments würde allerdings ein grobes Fehlverhalten (*gravissima scorrettezza*) darstellen und käme einer Aufforderung an den Staatspräsidenten gleich, entweder das Gesetz an die Kammern zu erneuter Beratung zurückzuweisen (Art. 74) oder gar zur Auflösung des Parlaments zu schreiten.

Die Referenden seit 1974

Während von der Gesetzesinitiative noch nie Gebrauch gemacht wurde und ebensowenig von dem Verfassungsreferendum, hat das abrogative Gesetzesreferendum geradezu eine Schlüsselrolle bei der Überwindung der politischen Stagnation in Italien gespielt. Wie ist das zu erklären?

Ende der 70er Jahre erwiesen sich angesichts der unübersehbaren Defizite des politischen Systems institutionelle Reformen (wie z. B. eine Wahlrechtsreform) als notwendig. Zahlreiche Versuche, diesem erkannten Reformbedarf Taten folgen zu lassen, scheiterten spätestens an der Nonchalance der politischen Eliten, die drängende Fragen nur deshalb auf die lange Bank schoben, um die in langjähriger Machtausübung erworbenen Interessen und Privilegien unangetastet zu lassen. So suchte man nach einem alternativen Weg und fand ihn im abrogativen Referendum. Der nahezu bahnbrechende Erfolg dieser direktdemokratischen Beteiligungsform läßt sich dadurch erklären, daß sie sich als starkes Gegengewicht gegen die Parteienherrschaft und als einziges wirksames Reforminstrument außerhalb der absoluten Kontrolle der etablierten Parteien erwiesen und bestätigt hatte. Auf diese Weise wurde das als Ausnahme konzipierte Instrument des Gesetzesreferendums seit Mitte der 70er Jahre zum Normalfall und entwickelte darüber hinaus eine ungeahnte Dynamik: Der Griff zur „Referendumswaffe" hat in der Tat im Laufe der Jahre beachtlich zugenommen, vor allem auf Betreiben der kleinen, aber lautstarken Radikalen Partei (*Partito Radicale*) und ihres Gründers *Marco Pannella*. Abgesehen von einem konsultativen Referendum 1989 zum Europäischen Parlament zählte man von 1974 bis 1999 elf Urnengänge mit insgesamt 46 abrogativen Referenden (siehe Tabelle 1 auf den folgenden Seiten).

Die Spannbreite der Gesetze, über deren Abschaffung oder Beibehaltung entschieden werden sollte, reichte von Problemen des politischen Systems über Umwelt, Kernkraft und Medien bis zu gesellschaftlich-moralischen Fragen. Dagegen wurde nie über Normen in den Bereichen Erziehung und Kultur abgestimmt. Was den wirtschaftlichen Bereich anbelangt, wurde ein einziges Mal 1985 ein Referendum über den Teuerungsausgleich (*scala mobile*) durchgeführt. Auch die Zielsetzungen der eingereichten Referenden waren durchaus unterschiedlich: Das Referendum muß nicht zwangsläufig negativ sein. Es *kann* negativer Natur sein und einem Gesetz gegenüber eine Vetofunktion erfüllen. Aber es kann auch einen positiven Charakter aufweisen, d. h. es soll eine Reformgesetzgebung angestoßen werden. Tatsächlich hat das *referendum di stimolo* in einigen Fällen das Parlament zur Annahme neuer Gesetze bewogen.

Jedes Referendum markiert einen besonderen Entwicklungsabschnitt in der Geschichte des politischen Systems Italiens.

- Nach der Volksabstimmung über die Staatsform (1946) fand das erste Referendum 1974 zum Thema Ehescheidung statt. 37,5 Mio. Wähler sollten entscheiden, ob das 1971 vom Parlament beschlossene „*Fortuna-Baslini*"-Gesetz, das die Ehescheidung legalisierte, in Kraft bleiben sollte oder nicht. Italien war in zwei Hälften gespalten: Auf der einen Seite stand das christdemokratische Interessenkartell, welches das Gesetz verwarf, und auf der anderen Seite der Befürworter des Gesetzes standen die Republikaner, die Sozialisten und die Sozialdemokraten. Vor dem Hintergrund einer öffentlichen Unzufriedenheit und einer maroden Wirtschaftslage war das Referendum eine Auseinandersetzung, die mehr die Eigenschaften eines Kreuzzugs als die eines direktdemokratischen Wettbewerbs besaß: Es war ein Ringen zwischen dem christdemokratischen Parteisekretär *Amintore Fanfani* und dem kommunistischen Leader *Enrico Berlinguer*. Das Ergebnis des Referendums, das gegen den erklärten Willen aller Parteien zustande gekommen war, übertraf alle Vorhersagen: Die Nein-Stimmen, d. h. diejenigen gegen die Abschaffung des Gesetzes und somit für die zivile Ehescheidung, machten 59,3 % der abgegebenen Stimmen aus.

Tabelle 1: Volksentscheide in Italien seit Inkrafttreten der Verfassung

Datum	Thema (Aufhebung des Gesetzes über...)	Abstimmungsbeteiligung in %	Ja in % der gültigen Stimmen
12.05.74	Ehescheidung	87,7	40,7
11.06.78	1. Anti-Terrorismus	81,2	23,5
	2. Staatliche Parteienfinanzierung		43,6
17.05.81	1. Öffentliche Ordnung	79,4	14,9
	2. Lebenslange Haft		22,6
	3. Tragen von Waffen		14,1
	4. Schwangerschaftsabbruch (Initiative der Radikalen)		11,6
	5. Schwangerschaftsabbruch (Initiative der Bewegung für das Leben)		32,0
9.06.85	Teuerungsausgleich (scala mobile)	77,9	45,7
8.11.87	1. Zivile Haftung der Richter	65,1	80,2
	2. Parlamentarisches Sondergericht für Minister		85,0
	3. Standort von Kernkraftwerken		80,6
	4. Subventionen für Gemeinden mit Kernkraftwerken		79,7
	5. Beteiligung der ENEL an Kernkraftwerken im Ausland		71,9
19.06.89	Erweiterung der Kompetenz des Europäischen Parlaments (konsultatives Referendum)	81,5	88,0
3.06.90	1. Jagddisziplin	43,0	92,2
	2. Jagd (Zugang zu privat genutzten Flächen)	42,9	92,3
	3. Verwendung von Pestiziden	41,1	93,5

Datum	Thema (Aufhebung des Gesetzes über...)	Abstimmungsbeteiligung in %	Ja in % der gültigen Stimmen
09.06.91	Wahlen (teilweise Aufhebung; Reduzierung der Präferenzstimmen)	62,4	95,6
18.04.93	1. Umweltkompetenz der lokalen Gesundheitsbehörden	76,9	82,6
	2. Strafen für Drogenabhängige (teilweise Aufhebung)		55,4
	3. Staatliche Parteienfinanzierung		90,3
	4. Kompetenz des Finanzministers, Sparkassendirektoren zu ernennen		89,8
	5. Ministerium für Staatsbeteiligung (Abschaffung)		90,1
	6. Wahlgesetz für Senatoren (Einführung eines Mehrheitswahlsystems)	77,0	82,7
	7. Landwirtschafts- und Forstministerium (Abschaffung)		70,2
	8. Tourismusministerium (Abschaffung)		82,3
11.06.95	1. „Repräsentative" Gewerkschaften	56,9	49,97
	2. „Repräsentative" Gewerkschaften (erleichterte Zulassung)	56,9	62,1
	3. „Repräsentative" Gewerkschaften (öffentlicher Dienst)	56,9	64,7
	4. Sicherheitsverwahrung von angeklagten Mafia-Anhängern	57,0	63,7
	5. RAI-Status (Teilprivatisierung des staatlichen Fernsehens möglich)	57,2	54,9
	6. Kompetenz der Gemeinden, Geschäftslizenzen zu vergeben	57,0	35,6
	7. Einbehalt des Gewerkschaftsbeitrags	57,1	56,2
	8. Gemeindewahlen	57,1	49,4
	9. Ladenöffnungszeiten	57,1	37,5
	10. Lizenzvergabe einer unbegrenzten Zahl von Fernsehkanälen	57,9	43,0

Datum	Thema (Aufhebung des Gesetzes über...)	Abstimmungsbeteiligung in %	Ja in % der gültigen Stimmen
11.06.95	11. Fernsehwerbung (Unterbrechung von Spielfilmen u. ä. bleibt erlaubt)	57,9	44,3
	12. Fernsehwerbung (eine Werbeagentur darf für mehr als zwei Sender tätig sein)	57,8	43,6
17.06.97	1. Kontrollbefugnisse des Staates bei privatisierten Unternehmen (Abschaffung)	30,2	74,1
	2. Gewissensprüfung bei Kriegsdienstverweigerung (Abschaffung)	30,3	71,7
	3. Freie Jagdausübung auf fremdem Grund (Abschaffung)	30,2	80,9
	4. Karriere-Automatismus bei Justizangehörigen (Abschaffung)	30,2	83,6
	5. Journalistenkammer (Abschaffung)	30,0	65,5
	6. Möglichkeit für Justizangehörige, nebenamtlich Gutachtertätigkeiten auszuüben (Abschaffung)	30,2	85,6
	7. Landwirtschaftsministerium (Abschaffung)	30,1	66,9
18.04.99	Verhältniswahlrecht (völlige Abschaffung)	49,6	91,5

Dunkel schattiert: Referendum ungültig mangels Beteiligung.

Hell schattiert: Referendum gültig, Abschaffung des umstrittenen Gesetzes abgelehnt.

Ohne Schattierung: Referendum gültig, Abschaffung des umstrittenen Gesetzes beschlossen.

Quelle: Forschungs- und Dokumentationszentrum Direkte Demokratie („c2d") an der Universität Genf: http://www.c2d.unige.ch/c2d/international/countries/italien.html (19. März 1999 bzw. 19. April 1999); vorläufige Ergebnisse.

- Mit der (indirekten) Bestätigung des Gesetzes über die staatliche Finanzierung der Parteien wurde 1978 die Rolle der politischen Parteien akzeptiert. Dabei sollte die Aufhebung dieses Gesetzes zu größerer „Sauberkeit" im politischen Leben Italiens führen und gleichzeitig die „italienischen Politiker nicht länger dazu zwingen, sich aus undurchsichtigen Quellen die Mittel zu ihrer Arbeit zu verschaffen". Die Erfolgschancen dieses Anliegens der Radikalen Partei und weiterer Gruppierungen der extremen Linken und Rechten waren sehr gering, in Anbetracht dessen, daß die führenden politischen Parteien – allen voran die Kommunisten – sich von Anfang an für die Beibehaltung des Gesetzes aussprachen.

- Durch die (mittelbare) Bestätigung des Anti-Terrorismus-Gesetzes *(legge Cossiga)*, der lebenslangen Haftstrafe (*ergastolo*) und des Waffenverbots für Privatpersonen, konnte der italienische Staat sich 1981 als Ordnungsmacht behaupten, zumal ihm im Zuge der „terroristischen Welle" Untätigkeit und Unbeweglichkeit vorgeworfen wurden. Die (indirekte) Bestätigung des legalisierten Schwangerschaftsabbruches hingegen manifestierte den Säkularisierungsprozeß im katholischen Italien, das sich nicht mehr nach den Mahnungen des Papstes und den Aufrufen der Bischöfe richtete.

- 1985 wurde *Bettino Craxis* Dekret zur Kürzung des Inflationsausgleichs nach der automatischen Lohngleitklausel (*scala mobile*) bestätigt. Der Mechanismus der *scala mobile* (eigentlich: Rolltreppe), der automatisch die Löhne den gestiegenen Preisen anpaßte, wurde von den Gewerkschaftsverbänden stets als unantastbare Errungenschaft verstanden und verteidigt. Sie hatten sich dieses System hart erkämpft, um ihre Mitglieder gegen die hohen Inflationsraten zu schützen. *Craxi* hatte im Zuge einer neuen Wirtschaftspolitik die Lohnanpassung zur Inflationsbekämpfung um 4 % gekürzt, was für 20 Mio. Arbeiter Einbußen von (umgerechnet) rund 40 DM im Monat bedeutete. Diese Sachfrage führte zu einer scharfen Debatte über die Inhalte und die Richtung der Fünfparteienkoalition (*pentapartito*) sowie zu einer harten innergewerkschaftlichen Zerreißprobe. *Craxis* Maßnahme, von den einen als längst überfälliges wirtschaftspolitisches Signal begrüßt, von den anderen als Einmischung in die Tarifhoheit der Sozialpartner

getadelt, wurde kurz vor dem Referendum von einer schwerwie-
genden politischen Hypothek überlagert: der Rücktrittsdrohung
des Ministerpräsidenten. Der Referendumsausgang kann deshalb
eher als indirekte Zustimmung des Volkes zu *Craxis* Regierungs-
stil interpretiert werden.

- Obwohl die Stimmenthaltung 1987 ein in der italienischen Refe-
rendumtradition bis dahin unbekanntes Maximum erreicht hatte,
gewannen die Ja-Parolen zum ersten Mal auf der ganzen Linie.
Die italienischen Wähler bremsten somit das Programm für Nu-
klearenergie und stimmten für eine schärfere Kontrolle über die
Richterschaft. Freilich brachten es der Mechanismus des abrogativen Referendums als solcher, die zu komplizierten Fragen und die
konfuse Referendumskampagne mit sich, daß klare Antworten zu
den genannten Problemen ausblieben.

- Die Referenden zur Jagddisziplin, zum Schutz der Fauna und zum
Gebrauch von Pestiziden, zu denen die wahlberechtigten Italiener
1990 aufgerufen waren, scheiterten allesamt am Teilnahmequorum. Zum ersten Mal in der italienischen Geschichte lag die Abstimmungsbeteiligung unter 50 %!

- 1991 stimmte eine überwältigende Mehrheit von 95 % (bei fast
63 % Beteiligung) für die Einführung des Mehrheitswahlrechts,
die zum Aufbruch zur Zweiten Republik werden sollte, und erteil-
te somit einem pervertierte System eine klare Absage, für das Namen wie die der korrupten Politiker *Giulio Andreotti* und *Craxi*
standen.

- 1993 sprach man von einem „Sieg des italienischen Volkes", das
den „Grundstein für eine moderne Demokratie" gelegt habe.
Achtmal hatte das Volk Ja gesagt: Ja zur Änderung des Senats-
wahlgesetzes, zur Aufhebung der staatlichen Parteienfinanzierung,
zur Abschaffung der Ministerien für Staatsbeteiligungen, Land-
wirtschaft und Tourismus, zur Streichung der wichtigsten Artikel
des Antidrogengesetzes, zur Umstrukturierung im Umweltschutz
und im Bankwesen.

- Gegenstand der Referenden von 1995 war weitgehend die Zukunft
der italienischen Medienlandschaft. 57 % der Abstimmenden hielten es erstaunlicherweise nicht für nötig, die Medienmacht *Silvio
Berlusconis* zu beschneiden und somit Mißstände im Informati-
onssektor zu abzustellen. Des weiteren stimmten unter anderem

55 % für eine Teilprivatisierung des öffentlich-rechtlichen Senders RAI und fast 56 % gegen die Forderung, bei der Ausstrahlung von Fernsehspielfilmen die häufigen Werbeunterbrechungen auf ein Mindestmaß zu reduzieren.

- 1997 scheiterten sieben Referenden an mangelnder Teilnahme. Mit der niedrigsten Beteiligung in der italienischen Nachkriegsgeschichte (knapp über 30 %) wurde das Quorum weit verfehlt. Die rund 49 Mio. Bürger sollten unter anderem über die Abschaffung der Gewissensprüfung bei Kriegsdienstverweigerern abstimmen sowie über die Einschränkung des Jagdrechtes.

- Das gleiche geschah 1999, als die Reformer das – noch für ein Viertel der Parlamentsmandate geltende – Verhältniswahlrecht völlig abschaffen wollten. Das Quorum von 50 % wurde freilich nur ganz knapp verfehlt.

Direktdemokratische Verfahren in der repräsentativen Demokratie – der Fall Italien

Will man abschließend eine Gesamtwertung des italienischen Referendums vornehmen und nach den Gründen der aufgezeigten Schwächen suchen, so kann man dies – wie in der Einleitung schon erwähnt – nur unter Berücksichtigung des bestehenden Regierungssystems und der politischen Situation des Landes.

Gerade in einem Land, in dem Termini wie *cinismocrazia* und *partitocrazia* nicht mehr als Schmähungen, sondern eher als passende Bezeichnung für die Realität empfunden werden, haben direktdemokratische Elemente legitimitätsstiftende Komplementärfunktionen übernommen, ohne jedoch das parlamentarische Repräsentativsystem rechtlich und politisch zu erschüttern. Entgegen der These, derzufolge Referendum und parlamentarisches Regierungssystem zwei miteinander unvereinbare Institutionen seien, kann diese Verbindung durchaus vorteilhaft funktionieren und sich positiv auf die Gesetzgebung auswirken.

Die vorausgegangene Darstellung hat gezeigt, daß – vom demokratischen Standpunkt aus betrachtet – direktdemokratische Elemente durchaus Eingang in das parlamentarischen Regierungssystem finden sollten, weil das Volk als Träger der Souveränität und Ursprung der

Staatsgewalt auch während der Legislaturperiode die Chance haben sollte, unabhängig von Parteiendirektiven seine Meinung kundzutun und das Parlament an den Volkswillen binden. Die repräsentative Demokratie entbehrt ihrer Legitimierung als entscheidender Funktionsmodus der Demokratie, wenn sie die politische Willensbildung monopolisiert. Die Möglichkeit seitens des Volkes, sich in den politischen Entscheidungsprozeß einzubringen, stellt keineswegs das Prinzip der repräsentativen Demokratie in Frage: Sie bestätigt vielmehr als Ausnahme die Regel. Voraussetzung für die Erfüllung jenes Zweckes ist, daß das Referendum als ein vorsichtig anzuwendendes Instrument ausgestaltet ist, das keinesfalls mit einem Mißtrauensvotum gegenüber dem Parlament gleichbedeutend sein sollte. Ferner muß es als ein von den Parteiapparaten unabhängiges Instrument konzipiert werden, das ein Korrektiv zum herrschenden Parteiensystem darstellt und gleichzeitig auf institutioneller Ebene Freiräume schafft.

Italien bietet sicherlich für all dies Anschauungsunterricht, da der Einsatz des Referendums als politisches Kampfmittel frischen Wind in die Politik bringen und verkrustete Strukturen aufbrechen konnte. Institutionell als sekundäres Instrument ausgestaltet und von umfangreichen Verfassungsklauseln umgeben, tritt es gegenüber den repräsentativen Institutionen deutlich zurück: An einen positiven Ausgang des Referendums sind keine zwingenden Folgen für die Verfassungsorgane bzw. Amtsträger geknüpft, d. h. die Verfassung überläßt der Praxis zu entscheiden, ob eine bestimmte Konsequenz (z. B. Parlamentsauflösung oder Regierungsrücktritt) unumgänglich ist.

Das „Modell Italien" bleibt dennoch ein Einzelfall: Man muß sich stets vor Augen führen, daß das parlamentarische Regierungssystem dort oftmals nach eigenen (italienischen) Regeln funktioniert und daß seine Institutionen in einem anderen Land, das eine andere politische Situation und eine andere Regierungsform aufweist, eine grundsätzlich unterschiedliche Wirkung haben könnten.

Eine kurze Betrachtung verdienen die seit geraumer Zeit angekündigten Pläne zur Neuregelung des Referendums. In erster Linie soll die Zahl der Wähler, die das Referendum verlangen können, von 500.000 – das sind nur rund 1 % der Wahlberechtigten – auf 800.000 angehoben werden, was bereits durch die seit 1948 angestiegene Zahl der Wahlberechtigten gerechtfertigt erscheint. Ferner sollte das Volk nicht nur die Möglichkeit haben, für oder gegen eine *Abschaffung* zu stimmen. Schließlich hat der Verfassungsgerichtshof angeregt, die präventive Kontrolle der formellen und materiellen Rechtmäßigkeit schon vor der Unterschriftensammlung anzusetzen.

Beim derzeitigen Stand der Dinge ist noch nicht abzusehen, welche der Reformvorschläge, die eine Verbesserung dieses Instruments anstreben, sich durchsetzen werden. Sicher ist, daß der Druck der Bürger zu einem starken Bewußtsein für die Notwendigkeit einer Neuregelung beitragen kann, deren Inhalt es sein muß, den Standard von Verwaltung und Dienstleistung zu heben.

Grundsätzlich ist nicht die Forderung nach direktdemokratischen Elementen falsch, sondern allenfalls die „Heilserwartungen", die man damit verbindet. Die Erwartung, man könne mit einem Referendum mehr bzw. etwas schneller durchsetzen, ist ein Trugschluß, der die Leitplanken realer gesellschaftlicher Macht übersieht. Es gibt eine große Vielfalt von Möglichkeiten, politisch aktiv zu werden. Die direkte Demokratie ist eine sehr gute Form, solche Qualitäten zur Geltung zu bringen. Bei einem Beteiligungsquorum von 50 % und dem damit verbundenen Anreiz, die Diskussion zu meiden und damit die Beteiligung zu senken, ergibt sich dieser Effekt manchmal jedoch nur in der Phase der Unterschriftensammlung.

Weiterführende Literatur

Brütting, Richard (Hrsg.): Italien-Lexikon. Schlüsselbegriffe zu Geschichte, Gesellschaft, Wirtschaft, Politik, Justiz, Gesundheitswesen, Verkehr, Presse, Rundfunk, Kultur und Bildungseinrichtungen, Berlin 1997 (Grundlagen der Romanistik Bd. 20).

Fontana, Katharina: Die Gesetzgebung in Italien, Basel 1993 (Basler Studien zur Rechtswissenschaft. Reihe B, Bd. 39).

Luthardt, Wolfgang: Direkte Demokratie. Ein Vergleich in Westeuropa, Baden-Baden 1994.

Trautmann, Günter: Das politische System Italiens, in: Wolfgang Ismayr (Hrsg.): Die politischen Systeme Westeuropas, 2. Auflage, Opladen 1999, S. 519-562.

IV.   Wege zur Demokratisierung der Europäischen Union

Von ROLAND ERNE

Die Demokratie in einer doppelten Krise

Die gegenwärtige Krise der Demokratie in Europa hat zwei Ursachen. Einerseits wird die politische Praxis innerhalb der europäischen Staaten fast ausschließlich von professionellen Experten und Technokraten, Parteispitzen und der Regierung geprägt. Dies hat zur Folge, daß sich die BürgerInnen immer mehr in die Rolle von machtlosen „Zuschauerdemokraten" gedrängt fühlen, was den Ruf nach direktdemokratischer Beteiligung in den letzten Jahren laut werden ließ. Andererseits droht die nationalstaatlich verfaßte Demokratie nach und nach untergraben zu werden, da die Staaten zu klein geworden sind, um die globalen politischen Herausforderungen zu bewältigen. Sie sind zur Zusammenarbeit gezwungen, weil sie beispielsweise die Wirtschaft nicht mehr im Alleingang regulieren können. Auch die Erhaltung des Friedens und der Schutz der Umwelt bedürfen überstaatlicher Regelungen. Deshalb haben viele Staaten auf zahlreichen Politikfeldern Souveränitätsrechte an überstaatliche Organisationen abgegeben, z. B. an die Europäische Union (EU). Dies kann zu einem Verlust politischer Rechte der StaatsbürgerInnen führen, da diese Rechte meistens nur auf der nationalen Ebene verfassungsrechtlich verankert sind.

Aus dieser doppelten Krise der Demokratie folgt, daß es nicht genügt, „mehr Demokratie" auf der kommunalen, der Landes- und Bundesebene zu „wagen". Wenn der zentrale normative Anspruch des Demokratiepostulats aufrecht erhalten werden soll, nämlich „keinen äußeren Gesetzen zu gehorchen, als denen ich meine Beistimmung habe geben können" (*Immanuel Kant*), dann muß auch die überstaatliche Ebene, z. B. die EU, demokratisiert werden. Gelingt dies nicht, dann stehen wir laut dem französischen Politikwissenschaftler *Jean-Marie Guehénno* (1994) am „Ende der Demokratie". Die Demokratie würde ersetzt durch ein „Imperium", in dem individuelle Freiheitsrechte, wie z. B. die Meinungs-, Glaubens- und Gewerbefreiheit, zwar weiterbestünden, politische und soziale Bürgerrechte angesichts der

Sachzwänge des globalen Marktes jedoch kontinuierlich ausgehöhlt
würden.

Diese Entwicklung bedeutet eine große Herausforderung für politisch handelnde DemokratInnen wie auch für die Demokratietheorie.
Die Demokratie steht jedoch nicht das erste Mal vor einer solchen
grundlegenden Aufgabe: Vor zweihundert Jahren konnte sich kaum jemand Demokratie auf nationaler Ebene vorstellen. Sie wurde als eine
Regierungsform betrachtet, die nur in Gemeinden und Stadtstaaten
realisierbar sei. Trotzdem konnte sie sich im 19. Jahrhundert von einem kommunalen Modell zu einem nationalstaatlichen weiterentwik-
keln. Einerseits ermöglichte die Erfindung neuer Formen der Demokratie diese Entwicklung. Sie erlaubten eine demokratische Praxis, die
nicht mehr auf die persönliche Anwesenheit der Bürger in einer Volks-
versammlung angewiesen war. Dabei handelt es sich insbesondere um
das Prinzip der Wahl von Volksvertretern, aber auch um das Prinzip
von Volksabstimmungen an der Urne. Andererseits waren gesellschaftliche Gruppen vorhanden, die sich von dieser Weiterentwicklung der
Demokratie Vorteile versprachen und sich dafür mit Vehemenz ein-
setzten. Am Beispiel der Geschichte der schweizerischen Demokratie
zeigt etwa der Historiker *Martin Schaffner* (1998), daß die Einführung
direktdemokratischer Rechte im 19. Jahrhundert nur dank einer breiten
Bürgerbewegung, der *Demokratischen Bewegung,* möglich wurde.

Im Zentrum meines Aufsatzes stehen zwei Fragen: Welche europäische *Demokratisierungsperspektive* könnte eine hinreichende Antwort auf die *doppelte Krise der Demokratie* geben? Sind Akteure vorhanden, die sich für die Realisierung einer entsprechenden Demokratisierungsperspektive einsetzen? Dabei beschränke ich mich auf das
Beispiel der EU, da bislang keine andere zwischen- bzw. überstaatliche Organisation einen so starken Einfluß auf die Innenpolitik der entsprechenden Mitgliedsstaaten ausübt wie diese.

Wie kann die Europäische Union demokratisiert werden?

In diesem Kapitel setze ich mich mit zwei typischen Standpunkten in
der Debatte um das Demokratiedefizit der EU auseinander. Dabei beziehe ich mich zum einen auf die EU-skeptische Perspektive von
M. Rainer Lepsius, die sich für eine „Renationalisierung" der europäi-

schen Politik stark macht, und zum anderen auf die integrations-
freundliche Sicht von *Jürgen Habermas*, die besonders auf eine Parla-
mentarisierung der EU-Politik abzielt. Die Beschäftigung mit diesen
beiden Positionen führt mich anschließend zu einer neuen Demokratisierungsperspektive, die für eine Stärkung der direkten Beteiligungsrechte der EU-BürgerInnen an der europäischen Politik plädiert.

Ein Europa der Nationen

Die EU wurde durch Verträge der Regierungen gegründet und nicht
durch einen konstituierenden Akt des Volkes. Dabei läßt sich beobachten, daß die Kompetenzanhäufung auf EU-Ebene der demokratischen
Verfassungsentwicklung vorauseilt. Zudem zeichnet sich die EU, wie
das Deutsche Reich von 1871, durch ein von bürokratischen Eliten ge-
staltetes politisches Regime aus: In den beiden zentralen EU-Insti-
tutionen, Kommission und Ministerrat, spielen europäische (auf der
Seite der Kommission) und nationale Beamtenkader (auf der Seite des
Ministerrats) eine zentrale Rolle. In beiden Fällen kann bzw. konnte
das Europäische Parlament mit seinen beschränkten Kompetenzen die
Vorherrschaft dieser bürokratischen Eliten kaum brechen.

Ein grundlegendes Problem der EU ist – laut *Lepsius* – die janus-
köpfige Struktur der europäischen Institutionen: So sei die EU einerseits ein *zwischenstaatlicher* Zweckverband und andererseits eine
überstaatliche Organisation. Viele Politikbereiche, z. B. die Landwirt-
schafts-, die Binnenmarkt-, die Außenhandels- und die Verkehrspolitik
sind übernational organisiert. Dagegen funktionieren die Zusammenarbeit auf den Gebieten Polizei und Justiz sowie die gemeinsame Außen-
und Sicherheitspolitik eindeutig nach dem Modell des zwischenstaatli-
chen Zweckverbandes. Weitere Politikbereiche (z. B. Soziales, Beschäftigung, Umwelt, Steuern, Industrie, Bildung, Jugend, Kultur und
Entwicklungszusammenarbeit) sind sowohl durch über- als auch durch
zwischenstaatliche Elemente geprägt. Damit vereine die EU in ihrer
Struktur zwei theoretisch unvereinbare Prinzipien, nämlich das Prinzip
des *Staatenbundes*, bei dem die beteiligten Staaten *souverän* bleiben,
und das Prinzip des *Bundesstaates*, in dem die beteiligten Staaten ihre
Souveränität teilweise auf den Bund übertragen. Deshalb brächte ein
weiterer Ausbau der Rechte des Europaparlaments die Gefahr eines
„Verfassungskonflikts" zwischen dem Europäischen Parlament und

dem Ministerrat mit sich, da diese Institutionen jeweils eines dieser beiden unvereinbaren Prinzipien verkörpern. In diesem Spannungsfeld einer doppelten Legitimationsbasis der EU liegt – so *Lepsius* – das zentrale Hindernis jeder europäischen Demokratisierungsperspektive. Wenn ein Verfassungskonflikt an dieser Bruchstelle verhindert werden solle, könne es deshalb nur darum gehen, diese doppelte Legitimationsstruktur der EU zu überwinden. Aus dieser Sicht ergeben sich theoretisch nur zwei Alternativen: Die Schaffung einer europäischen Einheitsnation oder die Renationalisierung der europäischen Politik.

Ein zweites Problem ist – nach *Lepsius* –, daß es kein europäisches Staatsvolk (*Demos*) gibt. Dieses Staatsvolk müsse zwar nicht unbedingt mit einem ethnisch definierten Volk (*Ethnos*) übereinstimmen. Allerdings bedürfe ein *Demos* nicht nur einer demokratischen Verfassung, sondern auch eines engen Geflechts von Institutionen, die zwischen den BürgerInnen und dem politischen System vermitteln. Dazu zählten Parteien, Gewerkschaften, Interessenverbände, soziale Bewegungen sowie die Medien. Da sich aber eine Europäisierung dieses Geflechtes – insbesondere wegen der partikularen Geschichte, Kultur und Sprache der europäischen Nationalstaaten – kaum abzeichne, bleibe der Nationalstaat – zumindest noch für Jahrzehnte – die einzige Ausdrucksform des demokratischen Willens der Bevölkerung. Wenn sich die europäische Einigung aber nicht auf einen *europäischen Demos* stützen könne, sei die Überwindung der doppelten Legitimationsstruktur der EU nach dem Modell der nationalstaatlichen Demokratisierung nicht gangbar. Eine Staatsnation Europa lasse sich nicht bauen, ohne gleichzeitig die vielfältigen Strukturen der europäischen Nationalstaaten aufzubrechen und zu überlagern. Das heiße, die Legitimationsbasis der westeuropäischen Nationalstaaten, ihren jeweiligen „Demos", aufzulösen, weil sich ein demokratisches System keineswegs nur durch Parteien, Wahlen und Parlamente legitimiere. Das Subsidiaritätsprinzip oder ein föderaler Aufbau eines europäischen Bundesstaates könne zwar dieses Problem entschärfen, doch die zentrale Frage nach der demokratischen Legitimation europäischer Politik sei damit nicht gelöst.

Daraus schließen die VertreterInnen dieser Perspektive, daß nur ein Europa der Vaterländer bzw. ein europäischer *Nationalitätenstaat* eine demokratische europäische Integration ermögliche. Nur in einem solchen Nationalitätenstaat könne den Nationen ein körperschaftlicher

Anspruch sowohl auf Mitbeteiligung als auch auf relative Autonomie gewährt werden. Deswegen solle es bei der Demokratisierung der europäischen Politik vor allem um eine stärkere Einbeziehung der nationalen Parlamente gehen: Eine „Europäisierung" der nationalen Parlamente verspricht – so *Lepsius* – eine höhere Demokratisierung der europäischen Politik als eine „Entnationalisierung" des Europaparlaments. Dies würde bedeuten, daß der Ministerrat das primäre Entscheidungsorgan der EU bliebe. Die jeweiligen Minister der Mitgliedstaaten wären lediglich gegenüber ihren nationalen Parlamenten in einem größeren Maße für ihr Verhalten Rechenschaft schuldig.

Diese Argumentation wird durch die Idee einer *ungeteilten Souveränität* geprägt, obwohl sich gerade auch in der deutschen Geschichte sowie in einigen – nach dem Prinzip eines *dualen Föderalismus* aufgebauten – Bundesstaaten (z. B. der Schweiz) lange Phasen stabiler, paralleler politischer Legitimation finden lassen. Das Prinzip des dualen Föderalismus ermöglicht es nämlich, die staatliche Souveränität je nach Politikbereich auf verschiedene politische Ebenen (z. B. auf die EU-, die Bundes-, die Landes- oder die Gemeindeebene) aufzuteilen.

Ein Europa der BürgerInnen

Die VertreterInnen dieser Perspektive sehen die Überwindung des europäischen Demokratiedefizits nicht in einem Europa der Nationen sondern in einem Europa der BürgerInnen. Das Grundproblem liege nicht in der janusköpfigen Struktur der EU, da sich die Europäische Union demokratisieren lasse, ohne daß sie sich dabei zu einem Einheitsstaat entwickeln müsse. Eine europäische Demokratie bedürfe nicht einer Vereinheitlichung der verschiedenen europäischen nationalen Kulturen, sondern nur gemeinsamer *politischer* Grundwerte. Damit bricht diese Sichtweise mit grundlegenden Prämissen der Demokratietheorie, nämlich der unmittelbaren Verknüpfung von BürgerIn und Staatsvolk (*Demos*).

Hier ist ein kurzer Exkurs über die Rolle der *Volkssouveränität* und des *politischen Willensbildungsprozesses* in dieser Perspektive nötig. Dabei beziehe ich mich auf die Theorie einer *deliberativen (d. h. beratschlagenden) Demokratie* des zeitgenössischen Philosophen *Jürgen Habermas*. *Habermas* verabschiedet sich von der klassischen Vorstellung eines kollektiv handelnden Volks als Basis der

Demokratie. Trotzdem gibt er den Grundgedanken der Demokratie, nämlich die Beteiligung der BürgerInnen am politischen Prozeß, nicht auf. Diesen Grundgedanken bezieht *Habermas* jedoch nicht mehr auf einen einheitlichen Willen des Volkes, sondern auf die politischen Bürgerrechte des einzelnen sowie auf Diskussions- und Lernprozesse innerhalb einer Gesellschaft. Die Volkssouveränität wird dadurch proseduralisiert. Der politische Willensbildungsprozeß vollzieht sich nach dieser Lesart zum einen über institutionalisierte Verfahren der BürgerInnenbeteiligung und zum anderen im Kommunikationsnetz politischer Öffentlichkeiten.

Bei der Beurteilung der Chancen einer künftigen europäischen Demokratie kann der historische Rückblick auf die Entwicklung der staatsbürgerlichen Rechte in den Nationalstaaten sehr hilfreich sein: Da nach *Habermas* die Demokratisierung der Staaten in den letzten zwei Jahrhunderten als Folge einer politischen Mobilisierung der Bevölkerung sowie einer gesteigerten räumlichen Mobilität verstanden werden kann, liege es nahe, aus ähnlichen Entwicklungen auf europäischer Ebene vorsichtig-optimistische Schlüsse zu ziehen: Der europäische Binnenmarkt bewirke eine größere horizontale Mobilität, welche die Kontakte zwischen Angehörigen verschiedener Nationalitäten vervielfache. Dabei werde Europa multikulturell werden. Dies könne zu sozialen Spannungen, aber auch zu einem gegenseitigen besseren Verständnis führen. Gleichzeitig zu diesem Prozeß verstärkter grenzüberschreitender Interaktionen wachse der Druck von Problemen, für die es keine nationalstaatlichen Lösungen mehr gebe. Der zunehmende Bedarf an europäisch koordinierten Lösungen kann – so *Habermas* – grenzüberschreitende Kommunikationszusammenhänge schaffen. Dadurch würden europäische Öffentlichkeiten entstehen, die einen günstigen Bezugsrahmen für ein – mit stärkeren Kompetenzen ausgestattetes – Europaparlament bildeten. Auch wenn die heutige EU-Politik gewiß noch kein Gegenstand von legitimitätswirksamen öffentlichen Kontroversen sei, so könnte sich eine europäische *politische* Kultur aus den verschiedenen nationalen Traditionen herausdifferenzieren. Das Beispiel der Schweiz zeige, daß dies durchaus möglich sei. Deshalb müsse es bei der Demokratisierung der europäischen Institutionen vor allem darum gehen, bessere Bedingungen für europaweite Kommunikationszusammenhänge zu schaffen.

Für ein Europa der Bürgerbeteiligung

Die Befürworter einer bundesstaatlichen EU weisen zwar zurecht darauf hin, daß in wichtigen Politikbereichen kaum mehr nationale Spielräume vorhandenen sind. Daraus folgt jedoch nicht automatisch, daß jede grenzüberschreitende oder überstaatliche Regulierung schon einen Wert an sich darstellt. Umgekehrt führt auch eine Renationalisierung der EU-Politik nicht grundsätzlich zu einer demokratischeren Politik, angesichts der auch in den Nationalstaaten anzutreffenden Tendenz zur Technokratisierung und Unterwerfung der Politik unter die Gebote der internationalen Standortkonkurrenz. Für entscheidend halte ich deshalb die Frage nach institutionalisierten Möglichkeiten der BürgerInnen, an der EU-Politik zu partizipieren. Dabei muß bedacht werden, daß eine Mehrheit der EuropäerInnen nach einer von der EU-Kommission in Auftrag gegebenen Umfrage von 1996 der Ansicht ist, daß ihre Interessen heute weder auf nationaler noch auf EU-Ebene von den politischen Institutionen vertreten werden. Dabei fällt auf, daß die nationalen Institutionen nur wenig besser abschneiden als die europäischen.

Tabelle 1:   *Umfrage zur Interessenvertretung durch Institutionen*

	Frühjahr 1995	Winter 1995	Frühjahr 1996
Nationales Parlament	45	48	42
Nationale Regierung	42	45	39
Europäisches Parlament	41	45	39
Europäische Kommission	39	41	38
Europäischer Rat	36	40	35

Frage: „Von der Europäischen Union werden viele wichtige Entscheidungen getroffen. Diese können im Interesse von Leuten wie Ihnen liegen, oder aber auch nicht. Können Sie sich Ihrer Meinung nach bei den folgenden Institutionen darauf verlassen, daß sie sicherstellen, daß diese Entscheidungen im Interesse von Leuten wie Ihnen getroffen werden?" (Zustimmung in %).
Quelle: Eurobarometer 45/1996.

Diese Daten zeigen, daß die repräsentative Demokratie kritisch eingeschätzt wird. Das Demokratiedefizit der EU kann demnach nicht alleine durch die Stärkung des Europäischen Parlaments gelöst werden.
Deshalb ist es nicht erstaunlich, daß eine absolute Mehrheit in *allen*
Mitgliedsstaaten der EU direkter am politischen Prozeß beteiligt werden möchte: In einer 1996 von der Kommission durchgeführten *Euro-
pinion*-Umfrage sprachen sich über 71 % der Befragten für ein Referendum über das Ergebnis der *EU-Regierungskonferenz von 1996* zur
Reform des Maastrichter Vertrages aus (21 % waren dagegen). Besonders viele Befürworter fand diese Idee in Portugal (85 %), im Vereinigten Königreich und Frankreich (81 %), in Dänemark und Griechenland (79 %) sowie in Deutschland (79 %).

Der partizipativen Demokratie in der Europäischen Union entgegen?

Nach den Maastricht-Referenden in Dänemark und Frankreich schienen die Tage des bisherigen technokratischen Leitmotivs des europäischen Integrationsprozesses gezählt zu sein. So proklamierte der damalige Kommissionspräsident *Jacques Delors* noch am Abstimmungs-
abend des 20. Septembers 1992 im französischen Fernsehen, daß es
wesentlich darauf ankommen werde, die demokratische Paralyse der
Europäischen Gemeinschaft zu durchbrechen. Es sollten europäische
Institutionen geschaffen werden, die den Bürgern die Möglichkeit geben, ihre Meinung auch auf dieser politischen Ebene zu artikulieren.
Damit wurde ein wichtiger Akzent für die künftige Diskussion über
eine Reform dieser Institutionen gesetzt. In der Tat schienen die Bedingungen für eine grundlegende Demokratisierung der EU-Insti-
tutionen zu Beginn des Jahres 1996 nicht schlecht zu sein. Es hatte den
Anschein, als ob die Regierungen Konsequenzen gezogen hätten aus
dem beinahe gescheiterten Ratifikationsprozeß des Maastrichter Vertrages sowie aus den französischen „Anti-Maastricht-Streiks" im No-
vember/Dezember 1995.
    Vor der EU-Regierungskonferenz von 1996 (*Inter-Governmental
Conference* [IGC '96]) war kaum eine offizielle Verlautbarung zu ver-
nehmen, die nicht explizit die Notwendigkeit einer Demokratisierung
Europas betont hätte. In den vorbereiteten Berichten zur IGC '96 des

Rates, der Kommission, des Europäischen Parlaments, der sogenannten Reflexionsgruppe sowie in den Stellungnahmen der Regierungen der Mitgliedsstaaten wurde immer wieder der „Bürger" ins Zentrum der künftigen Vertragsrevision gestellt. Der offizielle Diskurs drehte sich jedoch um den Slogan der „Bürger*nähe*" und *nicht* um die Stärkung der europäischen Bürger*rechte*. Dies ließ erahnen, daß es den Regierenden damit nicht primär um eine Demokratisierung der EU ging, sondern eher um das Näherbringen von bürgerfern getroffenen Entscheidungen. Ein erstes Indiz war das Veto der Regierungen Frankreichs und Großbritanniens gegen den italienischen Vorschlag, zwei Beobachter des Europäischen Parlaments zu den – im Prinzip – geheimen Verhandlungen der IGC '96 zuzulassen. Doch nicht nur diese beiden Regierungen hatten Schwierigkeiten, wenn es darum ging, den demokratischen Bekenntnissen Taten folgen zu lassen. In einem *Le Monde*-Interview vom 14. März 1996 brachte der Präsident der französischen *Europäischen Bewegung* und christlich-demokratische Europaabgeordnete, *Jean-Louis Bourlanges*, das Dilemma der Regierungen der Mitgliedsstaaten auf den Punkt: „Die fünfzehn Mitgliedstaaten wollen gleichzeitig die Reform und den status quo." Einerseits müssen – laut *Bourlanges* – die Regierungen der öffentlichen Meinung Rechnung tragen, die eine demokratischere und effizientere Union wünsche. Doch andererseits möchten sie selbst nicht an Macht und Einfluß verlieren. Deshalb würden die Regierungen versuchen, die öffentliche Meinung zu überlisten, indem sie mehr oder weniger „hinkende Lösungen" vorschlagen. Diese sollten den Anschein erwecken, daß sie den Erwartungen der Bürger entsprächen, ohne aber die Macht der Regierungen wirklich anzutasten.

Drei Strömungen des bürgerschaftlichen Engagements in der Europäischen Union

Zur IGC '96 reichten Nicht-Regierungs-Organisationen (NGOs) über 4.000 Eingaben bei der Kommission ein, wobei die meisten spezifische Interessen der jeweiligen Organisation artikulierten. Dazu kamen die Vorschläge, die über die jeweiligen nationalen Institutionen und das Europäische Parlament in den Prozeß der IGC '96 eingebracht wurden. Ich konzentriere mich im folgenden auf die Beiträge von drei europäischen Netzwerken zur Weiterentwicklung der europäischen

Demokratie. Diese unterscheiden sich von den meisten anderen NGOs
durch einen nicht auf einzelne Teilinteressen bezogenen bürgerschaftlichen Anspruch. Es sind dies:

- Die *Inter Citizens Conferences (ICC)* sind ein loses Netzwerk von
  etwa 30 Bürgerbewegungen und Verbänden aus zehn Ländern
  (http://www.eurplace.org/orga/icc/index.html). Darunter befinden
  sich z. B. folgende Organisationen: *Charte de la Citoyenneté,
  Confrontations, Forum Alternatives Européennes* (alle Frankreich), *Europa Haus Burgenland* (Österreich), *Humanistische
  Union e. V., Mehr Demokratie e. V., Stiftung MITARBEIT* (alle
  Deutschland), *The Swedish Fellowship of Reconciliation* (Schwe-
  den), *Eurotopia transnational, Helsinki's Citizen Assembly, Junge
  Europäische Föderalisten* (international). Die besondere Bedeutung des ICC-Netzwerks besteht darin, daß hier ein Ort ist, in dem
  verschiedene bürgerschaftliche Gruppen miteinander *kommunizie-
  ren*. Indem die ICC politisch handelnde Menschen grenzüber-
  schreitend zusammenbringt, schafft sie Verbindungen, die über
  die Zusammenarbeit innerhalb des ICC-Netzwerks hinausreichen.
  Deshalb ist der Erfolg der ICC nicht allein anhand ihrer unmittelbaren Aktionen quantifizierbar. Das ICC-Netzwerk ist vielmehr
  eine Errungenschaft, weil es den Kristallisationspunkt einer europäischen Öffentlichkeit bildet.
- Das *Ständige Forum der Zivilgesellschaft* wurde im September
  1995 auf Initiative der *Internationalen Europäischen Bewegung*
  von mehreren, zumeist in Brüssel etablierten NGOs als eine pro-
  europäische Plattform der „Zivilgesellschaft" gegründet
  (http://www.eurplace.org/orga/forumsoc/index.html). Der grundlegende Gedanke dieses Forums ist, daß eine föderalistisch verfaßte politische Union Europas ohne eine Mobilisierung der Bürger nicht möglich sei . Zu den Stärken des Forums zählen sicher
  seine vergleichsweise guten finanziellen Ressourcen sowie die
  Tatsache, daß es ihm dank seiner professionellen Struktur relativ
  leicht fällt, Zugang zur Kommission und zu anderen Institutionen
  der Gemeinschaft zu finden. Andererseits gelang es dem Forum –
  wie auch dem ICC-Netzwerk – bisher kaum, die Basismitglieder
  der beteiligten Organisationen in seine Aktivitäten einzubeziehen.
  Trotzdem konnte das Forum bis zu 200 Menschen zu seinen
  Konferenzen der Zivilgesellschaft versammeln sowie einen relativ

breiten Kreis von Organisationen für sein Projekt einer *europäischen Bürgercharta* gewinnen.

- *Alternative Gipfel* werden seit einigen Jahren – anläßlich der Gipfeltreffen der EU-Regierungschefs – regelmäßig von EU-kritischen Bewegungen veranstaltet. Während der IGC '96 kam es in Turin, Dublin sowie vom 12. bis 17. Juni 1997 in Amsterdam zu Alternativgipfeln. In diesem Rahmen organisierten Arbeitsloseninitiativen einen Sternmarsch aus verschiedenen Ländern zum Amsterdamer Gipfel *(Euro-Marsch gegen Erwerbslosigkeit, ungeschützte Beschäftigung und Ausgrenzung).* Während diese Treffen bis 1996 zumeist nationale Veranstaltungen blieben, stehen der Amsterdamer Alternative Gipfel sowie der Euro-Marsch der Arbeitsloseninitiativen für eine erfolgreiche *europaweite* soziale Mobilisierung. Am 14. Juni 1996 beteiligten sich 35.000-50.000 Menschen aus allen westeuropäischen Ländern an dessen Abschlußkundgebung. Dies weist auf eine *Europäisierung des bürgerschaftlichen Protests* und eine Stärkung der europäischen Bürgerschaft hin, da eine europäische Identität auch durch gemeinsame Kämpfe und gemeinsame Proteste erreicht werden kann.

Inhaltliche Forderungen

Bei den soeben dargestellten Akteuren stand das Postulat *verstärkter Bürgerbeteiligung* am politischen Prozeß der EU – neben den sozial- und beschäftigungspolitischen Forderungen – im Vordergrund. Besonders innerhalb des ICC-Netzwerks wurde die Notwendigkeit einer europäischen, partizipatorischen Demokratie hervorgehoben. Laut den Thesen der europäischen Demokratiebewegung *Eurotopia* z. B. ist die Staatsvertragslogik der EU heute aus demokratischer Sicht überfordert. Denn die Verlagerung der Rechtsetzung von den Mitgliedsstaaten auf die europäische Ebene habe ein Ausmaß erreicht, das ohne eine umfassende Neustrukturierung der EU nicht mehr akzeptiert werden könne. Deshalb solle der EU-Vertrag durch eine Europäische Verfassung ersetzt werden, die – durch demokratische Verfahren der Willensbildung – die politische Macht der EU legitimiere, aber auch begrenze. Die durch diese Verfassung konstituierte transnationale Demokratie könne sich jedoch nicht auf repräsentative Organe und deren Wahl beschränken. Eine transnationale Demokratie erfordere zusätzliche europäische Bürgerbeteiligungsrechte (z. B. Verfassungsinitiativen, europäische Volksbegehren, kollektive Antragsrechte an das Europäische Parlament, Transparenz und Öffentlichkeitsprinzip), mit denen sich BürgerInnen direkt einbringen können. Durch diese direktdemokratischen Partizipationsprozesse würden Möglichkeiten zum gemeinsamen Handeln über verschiedene Grenzen hinweg geschaffen, die ein neues Integrationsmoment bedeuten und ebenfalls identitätsstiftend wirken könnten. In eine ähnliche Richtung zielen die Vorschläge anderer ICC-Organisationen, wie z. B. die der *Confederatiòn de Asociaciones de Vecinos del Estado Español*. Dieser spanische Dachverband der Nachbarschaftsinitiativen fordert z. B. die Einführung eines europäischen Referendums sowie eines europäischen Volksbegehrens. Bezogen auf die jeweilige nationale Ebene finden sich bei *Mehr Demokratie e. V.* sowie der französischen *Charte de la Citoyenneté* entsprechende Vorschläge.

Die österreichische und die italienische Regierung griffen in ihrer gemeinsamen Vorlage zur Unionsbürgerschaft in der IGC '96 eine „eurotopische" Idee auf, indem sie ein Initiativrecht für EU-BürgerInnen vorschlugen:

> „ (1) Unionsbürger können mittels eines in Artikeln abgefaßten Vorschlages, der die Unterschrift von mindestens einem Zehntel der Wahlberechtigten von zumindest drei Mitgliedstaaten trägt, die Verabschiedung europäischer Rechtsnormen fordern.
>
> (2) Dieser Vorschlag wird dem Europäischen Parlament vorgelegt, das gemäß Artikel 138 b (EG-Vertrag) verfährt."

Der österreichisch-italienische Vorschlag setzte das Quorum für die Einbringung einer Volksinitiative auf hohe 10 % fest; die sogenannte *Loccumer Erklärung* verschiedener Bürgerinitiativen (*Eurotopia, Stiftung MITARBEIT* etc.) für ein demokratisches Europa sah dagegen ein Quorum von lediglich 1 % vor. Dennoch markiert er einen Wendepunkt in der Diskussion über die Einführung direktdemokratischer Rechte auf EU-Ebene, auch wenn er nicht die Zustimmung der Regierungsdelegationen erhalten hat. Nachdem sich die beiden Außenminister Österreichs und Italiens, *Wolfgang Schüssel* und *Lamberto Dini*, für dieses Einbringungsrecht ausgesprochen haben, wird es künftig nicht mehr so einfach sein, die Einführung von direktdemokratischen Bürgerrechten auf EU-Ebene als Phantasiegebilde abzutun.

Die zunehmende Beachtung direktdemokratischer Elemente spiegelt sich ebenso innerhalb des *Ständigen Forums der Zivilgesellschaft* wider. So verstand das Forum im Juni 1996 unter einer partizipativen Demokratie nur „ein europäisches Statut für die Nicht-Regierungs-Organisationen und Anerkennung des Vereinigungsrechts auf europäischer Ebene". Die im Mai 1997 vom Forum verabschiedete *europäische Bürgercharta* geht dagegen stärker von einem direktdemokratischen Demokratieverständnis aus. Sie fordert zusätzlich zur Stärkung der repräsentativdemokratischen Beteiligungsrechte die Einführung von europäischen Volksbegehren und Volksentscheiden.

Auch auf dem *Amsterdamer Alternativgipfel* wurde auf zwei Veranstaltungen über direktdemokratische Ideen diskutiert. Zudem griff die *Abschlußdeklaration* des Alternativgipfels entsprechende Vorstellungen auf. Dies geschah jedoch nur in einem bescheidenen Maße: Die Politiker werden aufgefordert, die EuropäerInnen über Europa „durch Referenden in allen Mitgliedsstaaten" entscheiden zu lassen.

Ausblick

Waren die drei untersuchten zivilgesellschaftlichen Netzwerke erfolgreich, die EU zu demokratisieren? Dies kann heute angesichts des Amsterdamer Vertrages von 1997 mit Fug und Recht bezweifelt werden. Weder wurde eine Charta der politischen und sozialen Grund- und Bürgerrechte im revidierten EU-Vertrag verankert, noch entscheidende Reformen der Institutionen der Gemeinschaft eingeleitet. Führt man sich jedoch den institutionellen Rahmen vor Augen, in dem über die Reform der EU verhandelt wurde, kann das bescheidene Ergebnis der IGC '96 im Bereich der Demokratisierung der europäischen Institutionen nicht mehr überraschen. Im Rahmen eines komplexen Verhandlungssystems, bei dem 15 mit Vetomacht ausgestattete Regierungen beteiligt sind, sind kaum grundlegende Reformen zu erreichen. Dies gilt insbesondere dann, wenn diese Regierungen dabei an Macht und Einfluß verlieren würden. Damit teilt die EU die charakteristischen Schwächen aller Verhandlungssysteme. Je mehr Akteure an Verhandlungen beteiligt sind, desto schwieriger wird die Suche nach allseits akzeptablen Kompromissen. Dies erschwert den Ausbau der Bürgerrechte, da kaum mit einer Zustimmung aller Regierungen zu entsprechenden Vorschlägen gerechnet werden kann.

Dieses strukturelle Hindernis könnte durch einen europäischen Verfassungsgebungsprozeß überwunden werden, wie ihn z. B. *Eurotopia* vorschlägt. Dabei besteht jedoch das grundsätzliche Problem, wie der Übergang von der *Staatsvertragslogik* zu einer *Verfassungslogik* zu legitimieren ist. Hierzu schlägt *Theo Schiller* die Verankerung einer „Europäischen Verfassungs-Initiative" im EU-Vertrag vor: Eine bestimmte Mindestzahl der europäischen Bürgerschaft soll durch Volksbegehren die Einberufung einer europäischen Verfassunggebenden Versammlung zum Gegenstand eines EU-weiten Referendums machen können.

Diese Verfassungsperspektive sollte ernsthaft in Betracht gezogen werden. Einerseits könnte eine EU-weite Verfassungsdebatte den verschiedenen europäischen bürgerschaftlichen Akteuren als gemeinsames Projekt dienen. Andererseits gehen selbst konservative Politiker und Staatsrechtler, wie z. B. der CDU-Politiker *Rupert Scholz*, davon aus, daß eine „auf einem multiethnischen Volkssouverän" aufbauende europäische Verfassung in zwanzig Jahren Realität sein wird („Berliner Zeitung", 4. August 1997). Ein Blick auf die Wahlprogramme der Parteien zur Europawahl 1999 zeigt zudem, daß schon heute ein breiter Konsens über die Notwendigkeit besteht, die Rechte der BürgerInnen auf EU-Ebene auszubauen. Es wird nun entscheidend vom Engagement von Bürgerbewegungen abhängen, *welche Bürgerrechte* eine künftige EU-Charta der Grund- und Bürgerrechte bzw. eine EU-Verfassung enthält.

Weiterführende Literatur

Erne, Roland/Gross, Andreas/Kaufmann, Bruno/Kleger, Heinz (Hrsg.): Transnationale Demokratie. Impulse für ein demokratisch verfasstes Europa, Zürich 1995.

Guehénno, Jean-Marie: Das Ende der Demokratie, München/Zürich 1994.

Habermas, Jürgen: Staatsbürgerschaft und nationale Identität, in: ders.: Faktizität und Geltung. Beiträge zur Diskurstheorie des Rechts und des demokratischen Rechtsstaats, Frankfurt a. M. 1992, S. 632-660.

Habermas, Jürgen: Drei Modelle der Demokratie, in: ders.: Die Einbeziehung des Anderen. Studien zur politischen Theorie, Frankfurt a. M. 1996, S. 277-292.

Kleger, Heinz (Hrsg.): Transnationale Staatsbürgerschaft, Frankfurt a. M./New York 1997.

Lepsius, M. Rainer: Interessen, Ideen und Institutionen, Opladen 1990.

Lepsius, M. Rainer: Demokratie in Deutschland. Soziologisch-historische Konstellationsanalysen. Ausgewählte Aufsätze, Göttingen 1993 (Kritische Studien zur Geschichtswissenschaft Bd. 100).

Schaffner, Martin: Direkte Demokratie „Alles für das Volk – alles durch das Volk", in: Manfred Hettling/Mario König/Andreas Sutter/Jakob Tanner (Hrsg.): Kleine Geschichte der Schweiz, Frankfurt a. M. 1998, S. 189-226.

Scharpf, Fritz W.: Kann es in Europa eine stabile föderale Balance geben?, in: Rudolf Wildenmann (Hrsg.): Staatswerdung Europas? Optionen für eine Europäische Union, Baden-Baden 1991 (Studien zur gesellschaftlichen Entwicklung Bd. 9), S. 415-428.

V. Wie sieht es in den deutschen Ländern aus?

V.1 Bayern als Motor für unmittelbare Demokratie

Von KLAUS HAHNZOG

Der hohe Stellenwert unmittelbarer Demokratie in der Bayerischen Verfassung von 1946

Beim Aufbau der Demokratie in Bayern nach 1945 wurde Volksrechten eine große Bedeutung zugemessen. Volksgesetzgebung blieb hier – trotz weiterer Verbesserungsbedürftigkeit – nicht bloß auf dem Papier stehen.

Unmittelbare Demokratie gestaltete im Freistaat in wichtigen Bereichen politische Wirklichkeit, so daß viele auch außerhalb Bayerns zu Recht von einer rühmlichen Ausnahme gegenüber Bund und anderen Bundesländern sprechen. Der hohe Stellenwert unmittelbarer Entscheidungsrechte der Bürgerinnen und Bürger knüpft zum einen an die Verfassungsentwicklung nach der Revolution vom 8. November 1918 von *Kurt Eisner* hin zur Verfassung von 1919 an. Besonders prägend waren aber die Erfahrungen des Sozialdemokraten *Wilhelm Hoegner* aus seinem Exil in der Schweiz. Als einer der maßgebenden „Verfassungsväter" sorgte er für die besondere Hervorhebung unmittelbarer Demokratie in der durch Volksentscheid am 1. Dezember 1946 angenommenen Bayerischen Verfassung (BV).

Dieser besondere Rang zieht sich wie ein roter Faden schon durch den Abschnitt „Die Grundlagen des Bayerischen Staates" der Verfassung (s. folgende Seite). Dabei wurden in Art. 7 Abs. 2 BV die Worte „Bürgerbegehren und Bürgerentscheid sowie" durch den Volksentscheid vom 1. Oktober 1995 auf Grund eines Volksbegehrens eingefügt.

Artikel 2

(1) Bayern ist ein Volksstaat. Träger der Staatsgewalt ist das Volk.

(2) Das Volk tut seinen Willen durch Wahlen und Abstimmung kund. Mehrheit entscheidet.

Artikel 4

Die Staatsgewalt wird ausgeübt durch die stimmberechtigten Staatsbürger selbst, durch die von ihnen gewählte Volksvertretung und durch die mittelbar oder unmittelbar von ihr bestellten Vollzugsbehörden und Richter.

Artikel 5

(1) Die gesetzgebende Gewalt steht ausschließlich dem Volk und der Volksvertretung zu.

Artikel 7

(2) Der Staatsbürger übt seine Rechte aus durch Teilnahme an Wahlen, Bürgerbegehren und Bürgerentscheiden sowie Volksbegehren und Volksentscheiden.

Bei der Ausgestaltung der Volksrechte im einzelnen wird diese Schwerpunktsetzung fortgeführt. Nach Art. 18 Abs. 3 BV kann der Landtag auf Antrag von einer Million wahlberechtigter Staatsbürger durch Volksentscheid abberufen werden. Die Verfassung kann nach Art. 75 BV ausschließlich durch Volksentscheid geändert werden. Vorausgehen muß ein entsprechender Gesetzentwurf eines Volksbegehrens oder ein Beschluß mit Zweidrittel-Mehrheit der Mitglieder des Landtags. Ein solcher qualifizierter Parlamentsbeschluß allein genügt nicht. Volksbegehren und Volksentscheid sind im einzelnen wie folgt geregelt (vgl. folgende Seite).

Für die Wirkungskraft der Volksgesetzgebung war von besonderer Bedeutung, daß bei Volksentscheiden allein die Mehrheit der an der Abstimmung teilnehmenden Staatsbürger maßgebend ist. Es gibt kein Quorum, weder hinsichtlich Beteiligung noch hinsichtlich Zustimmung.

Artikel 74

(1) Ein Volksentscheid ist herbeizuführen, wenn ein Zehntel der stimmberechtigten Staatsbürger das Begehren nach Schaffung eines Gesetzes stellt.

(2) Dem Volksbegehren muß ein ausgearbeiteter und mit Gründen versehener Gesetzentwurf zugrunde liegen.

(3) Das Volksbegehren ist vom Ministerpräsidenten namens der Staatsregierung unter Darlegung ihrer Stellungnahme dem Landtag zu unterbreiten.

(4) Wenn der Landtag das Volksbegehren ablehnt, kann er dem Volk einen eigenen Gesetzentwurf zur Entscheidung mit vorlegen.

(5) Rechtsgültige Volksbegehren sind von der Volksvertretung binnen drei Monaten nach Unterbreitung zu behandeln und binnen weiterer drei Monate dem Volk zur Entscheidung vorzulegen. Der Ablauf dieser Fristen wird durch die Auflösung des Landtags gehemmt.

(6) Die Volksentscheide über Volksbegehren finden gewöhnlich im Frühjahr oder Herbst statt.

(7) Jeder dem Volk zur Entscheidung vorgelegte Gesetzentwurf ist mit einer Weisung der Staatsregierung zu begleiten, die bündig und sachlich sowohl die Begründung der Antragsteller wie die Auffassung der Staatsregierung über den Gegenstand darlegen soll.

Die Quorenfreiheit gilt sowohl für einfache wie für verfassungsändernde Gesetze. Ein dem widersprechendes Landeswahlgesetz wurde auf Antrag der Opposition, vertreten durch *Wilhelm Hoegner*, vom Bayerischen Verfassungsgerichtshof am 2. Dezember 1949 mit folgender Begründung für verfassungswidrig erklärt:

„Nach Art. 2 der Verfassung liegt die Staatsgewalt beim Volk, d. h. bei der Gesamtheit der stimmberechtigten Staatsbürger. Ausgeübt wird sie, soweit sie nicht dem Landtag oder der Regierung übertragen ist, durch die an der Volksabstimmung teilnehmenden Staatsbürger. [...] In dieser Rechtsstellung würden die Teilnehmenden beeinträchtigt, wenn als weitere Voraussetzung der Gültigkeit der Volksabstimmung die Erreichung einer

Mindestzahl festgelegt würde. Solche Einschränkungen kann nicht das Parlament, das seine Macht vom Volk ableitet, sondern nur die Verfassung selbst bestimmen. [...] Es gilt Art. 2 Abs. 2 Satz 2 der Verfassung: ,Mehrheit entscheidet'. Dieser Satz bringt keineswegs lediglich ein Programm der Demokratie zum Ausdruck, sondern er hat den Charakter eines verbindlichen Rechtssatzes. [...] Nur wenn die Verfassung selbst ausdrücklich etwas anderes bestimmt, erleidet dieser Grundsatz eine Ausnahme."

Diese nach Sinn und Zweck, Systematik sowie Entstehungsgeschichte meines Erachtens einzig mögliche Auslegung der Verfassung hat bis jetzt die Praxis geprägt. In den vielen Prüfungsstadien für die Gültigkeit von Volksentscheiden durch Landtag und Ministerpräsidenten ist immer von verfassungsmäßig zwingender Quorenfreiheit ausgegangen worden. Dies geschah in Kenntnis vereinzelter harter Kritik. So schreibt *Theodor Meder* in der 4. Auflage seines Kommentars zur Bayerischen Verfassung von 1992:

„Die Bedenken, die an sich schon gegen plebiszitäre Einrichtungen bestehen [...], steigern sich ins Unerträgliche, wenn schon eine minimale Minderheit von Bürgern als ,Volk' gelten darf – eine Minderheit, die sich vielleicht von tendenziösen oder falschen Meldungen hat irreführen lassen, die nicht fähig oder nicht willens ist, maßgebende Sachverhalte und -zusammenhänge zu erkennen, oder nur den – vermeintlichen – eigenen Nutzen sucht oder gar, angespornt von alerten Anführern, dem Gemeinwohl abträgliche Ziele verfolgt. Es ist nicht hinzunehmen, daß eine sehr kleine Gruppe die verhältnismäßig leicht zu verwirklichende Möglichkeit haben sollte, ein Gesetz oder gar eine Verfassungsänderung durchzusetzen, zum Schaden und gegen den wirklichen Willen der Bürger, von denen es viele versäumen, ihre Nein-Stimmen abzugeben, weil sie die Rechts- und Sachlage nicht überblicken oder weil es an politischem Verantwortungsbewußtsein gebricht."

Hier ist eine kurze Zwischenbemerkung zu *Meders* Argumentation notwendig. Er stützt seine Ablehnung der Quorenfreiheit darauf, daß eine Minderheit des Volkes, die „dem Gemeinwohl abträgliche Ziele verfolgt", Gesetze beschließen könnte „gegen den wirklichen Willen der Bürger". Dahinter verbirgt sich ein Verständnis, nach dem von vornherein ein festgelegtes, von den Bürgerinnen und Bürgern unabhängiges Gemeinwohl existieren würde, das „nur noch" irgendwie von den Regierenden als „wirklicher Wille des Volkes" erkannt und umgesetzt werden müßte. Die Problematik dieser Argumentation liegt gerade darin, daß sie sich leicht gegen Demokratie überhaupt verwenden läßt. Gegen derartige Argumente gilt es auch heute noch, an die Worte des bekannten Politikwissenschaftlers *Ernst Fraenkel* zu erinnern, die er 1964 beim 45. Deutschen Juristentag in Karlsruhe vortrug. Demnach könne in einer pluralistischen und demokratischen Gesellschaft das Gemeinwohl nie a priori verstanden werden, vielmehr „könne im Bereich der Politik das Gemeinwohl lediglich a posteriori als das Ergebnis eines delikaten Prozesses der divergierenden Ideen und Interessen der Gruppen und Parteien erreicht werden."

Die – verglichen mit den restriktiven Vorschriften der anderen Bundesländer – für die Effektivität und Funktionstauglichkeit von Volksgesetzgebung vorbildliche generelle Quorenfreiheit steht auf Grund verschiedener Klagen gegen die Abschaffung der Verfassungsinstitution Senat durch den Volksentscheid vom 8. Februar 1998 wieder auf dem Prüfstand des Bayerischen Verfassungsgerichtshofs – dazu noch später.

Die Wirkung von Volksbegehren und Volksentscheid

Die Verfassung von 1946 ging davon aus, daß die Volksgesetzgebung quantitativ eine große Rolle spielen würde: Volksentscheide über Volksbegehren „finden gewöhnlich im Frühjahr oder Herbst statt" (Art. 74 Abs. 6 BV) – demgegenüber tritt der Landtag „jedes Jahr im Herbst am Sitz der Staatsregierung zusammen" (Art. 17 Abs. 1 BV). Diese Entwicklung ist nicht eingetreten. Dennoch haben Volksbegehren und Volksentscheide immer wieder – in der letzten Zeit mit erfreulich steigender Tendenz – äußerst wichtige Fragen aufgegriffen und oft auch Lösungen gegen großen Widerstand durchgesetzt.

Dies zeigt eine Auflistung der – vom Verfassungsgerichtshof nicht für unzulässig erklärten – Volksbegehren und der nachfolgenden Volksentscheide (siehe Tabelle 1).

Tabelle 1: Volksgesetzgebung in Bayern

Nr.	Jahr	Gegenstand	Volksbegehren Gültige Eintragungen (Anzahl und in % der Stimmbe-rechtigten)	Volksentscheid		
				Abstimmungsbeteiligung in %	Ja: Anzahl und in % der gültigen Stimmen	Ja in % der Stimmberechtigten
1	1967	Schulartikel (FDP) *Art. 135 BV*	625.464 (9,3 %)			
2	1967	Schulartikel (SPD/FDP) *Art. 135 BV*	863.916 12,9	40,7	357.766 13,5	5,29
3	1967	Schulartikel (CSU) *Art. 135 BV*	1.157.590 17,2	40,7	227.039 8,5	3,36
	1968	Schulartikel (Landtagsentwurf) *Art. 135 BV*		40,7	2.027.782 76,3	29,97
4	1971	Demokratische Gebietsreform *Art. 9 und 20 Abs. 2 BV*	264.951 3,7			
5	1972/73	Rundfunkfreiheit (Bürgerkomitee) *Art. 111a BV*	1.006.679 13,9			
	1973	Rundfunkfreiheit (Landtagsentwurf) *Art. 111a BV*		23,3	1.473.604 87,1	20,04
6	1977	Lernmittelfreiheit *Art. 132 BV*	474.157 (6,4 %)			
7	1977	Zusammensetzung d. Senats *Art. 35 BV*	438.608 (5,9 %)			

Nr.	Jahr					
8	1990/91	Abfallrecht („Das bessere Müllkonzept") *einfaches Recht*	1.061.561 / 12,8	43,8	1.640.432 / 43,5	19,04
		Abfallrecht (Landtagsentwurf) *einfaches Recht*		43,8	1.925.940 / 51,0	22,36
9	1995	Kommunaler Bürgerentscheid („Mehr Demokratie in Bayern") *Art. 7 und 12 BV und einfaches Recht*	1.197.370 / 13,7	36,8	1.857.919 / 57,8	21,18
		Kommunaler Bürgerentscheid (Landtagsentwurf) *Art. 12 BV, einfaches Recht*		36,8	1.244.886 / 38,7	14,19
10	1997/98	Abschaffung des Bayerischen Senats *Art. 34 bis 42, 68 Abs. 3, 71, 179 BV*	927.047 / 10,5	39,9	2.412.944 / 69,2	27,3
		Senatsreformgesetz (Landtagsentwurf) *Art. 34 bis 42 BV*		39,9	823.462 / 23,6	9,32
11	1998	„Gentechnikfrei", *einfaches Recht*	436.345 (4,9 %)			

Dunkel schattiert: Volksbegehren nicht zustandegekommen mangels Beteiligung.

Hell schattiert: Beim Volksentscheid unterlegen.

Ohne Schattierung: Volksbegehren zustandegekommen bzw. beim Volksentscheid erfolgreich.

Quellen: Für Nr. 1 bis 10: *Bayerisches Landesamt für Statistik und Datenverarbeitung:* Volksentscheide am 8. Februar 1998. Endgültiges Ergebnis, S. 15-18. „Ja in % der Stimmberechtigten": eigene Berechnung. Für Nr. 11: http://www.bayern.de/lfstad/volksentscheide/gentechnik.html (18.11.1998). Endgültiges Ergebnis. 1968 wurde zusätzlich zu den volksbegehrten Gesetzen und 1973 statt des volksbegehrten Gesetzes ein Kompromißentwurf des Landtags nach Art. 75 Abs. 2 Satz 2 BV zum Referendum gestellt. Gleichwohl werden beide Fälle wegen ihrer Entstehung hier zur Volksgesetzgebung gerechnet.

Tabelle 2: Obligatorische Verfassungsreferenden in Bayern

Nr.	Jahr	Gegenstand	Abstimmungs- beteiligung in %	Volksentscheid	
				Ja Anzahl und in % der gültigen Stimmen	Ja in % der Stimm- berechtigten
1	1970	Wahlalter *Art. 7 Abs. 1, 14 Abs. 2 BV*	38,3	1.423.270 54,8 %	20,81
2	1973	Landtagswahlrecht *Art. 14 Abs. 1 und 4 BV*	23,3	1.429.558 84,8 %	19,45
3	1984	Umweltschutz *Art. 3, 131 Abs. 2, 141 BV*	46,2	3.358.878 94,0 %	41,55
4	1998	Grundrechte und Staatsziele *Art. 3a, 47 Abs. 4, 118 Abs. 2, 118a, 125 Abs. 1, 131 Abs. 4, 140, 141 Abs. 1 BV*	39,9	2.567.247 75,0 %	29,07
5	1998	Landtag und Staatsregierung *Art. 13 Abs. 1, 14 Abs. 1, 16, 16a, 25, 25a, 26 Abs. 1, 33a, 43 Abs. 2, 44 Abs. 1, 49, 50, 52, 80, 83, 115 BV*	39,9	2.532.323 73,9 %	28,67

Quelle: Bayerisches Landesamt für Statistik und Datenverarbeitung: Volksentscheide am 8. Februar 1998. Endgültiges Ergebnis, S. 17 f. „Ja in % der Stimmberechtigten": eigene Berechnung.

Die beiden Tabellen zeigen auch die mittelbaren Wirkungen des Instituts „Volksbegehren". So war bei der Frage der Christlichen Gemeinschaftsschule keines der Volksbegehren unmittelbar erfolgreich. Nur durch sie kam aber ein Beschluß des Landtags zur Überwindung der Konfessionsschule als Regelschule mit Zweidrittel-Mehrheit zustande, der dann beim Verfassungsreferendum angenommen wurde. Ähnlich gaben für den Landtagsbeschluß zur Aufnahme des Umweltschutzes in die Verfassung Überlegungen zu einem Volksbegehren den Anstoß. Schließlich führte erst der Erfolg des Volksbegehrens „Das bessere Müllkonzept" zu einer ökologisch wesentlich fortschrittlicheren Haltung der CSU-Mehrheit, die sich dann bei der Volksabstimmung mit ihrem Alternativentwurf des Landtags durchsetzte.

Ebenfalls am 8. Februar 1998 wurde durch Volksentscheid die qualitativ und quantitativ weitreichendste Änderung der Bayerischen Verfassung seit 1946 beschlossen. Die beiden Verfassungsreformgesetze „Weiterentwicklung im Bereich der Grundrechte und Staatsziele" (u. a. Frauen- und Behindertenrechte, Sport und Tierschutz) und „Reform von Landtag und Staatsregierung" (u. a. Verbesserung des Untersuchungsausschuß- und Petitionsrechts, Enquetekommissionen, Zuordnung von Datenschutzbeauftragten und Rechnungshof zum Parlament, Verkleinerung von Landtag und Staatsregierung, fünfjährige Legislaturperiode) hätten trotz jahrelanger Bestrebungen im Landtag keine Chance für eine Zweidrittel-Mehrheit gehabt, wenn nicht Bestrebungen für verschiedene Volksbegehren im Raum gestanden hätten.

Der Weg zum Volksentscheid ist nicht leicht

Wer nur die Verfassung befragt, könnte sich leicht Illusionen machen über den steinigen Weg, der vor ihm liegt, wenn er mit anderen zusammen von seinem verfassungsmäßigen Recht auf Volksbegehren Gebrauch machen will.

1. Nach Formulierung eines Gesetzentwurfs müssen mindestens 25.000 Unterschriften – frei – gesammelt werden. Dann wird der Zulassungsantrag beim Innenministerium eingereicht. Dieses prüft das Vorhaben umfassend auf seine Verfassungs- und Rechtmäßigkeit. Läßt es das Volksbegehren nicht zu, entscheidet der Bayerische Verfas-

sungsgerichtshof. Dabei spielen inhaltlich vor allem zwei Fragen eine Rolle.

Nach Art. 73 BV findet „über den Staatshaushalt" kein Volksentscheid statt. Das geht weit über den Ausschluß der Entscheidung über das formelle Haushaltsgesetz und den Haushaltsplan hinaus. Zwar werden nicht alle Kosten verursachenden Regelungen ausgeschlossen. Nach einer Entscheidung des Bayerischen Verfassungsgerichtshofs zum Volksbegehren „Keine Klasse über 30" wird aber sogar bei kleineren Beträgen, insbesondere bei Personalkosten mit Dauerwirkung, eine Verletzung des allein dem Parlament vorbehaltenen Budgetrechts angenommen.

Eine wichtige Rolle spielt zweitens auch, ob überhaupt die Gesetzgebungskompetenz des Landes gegeben ist. Während dies früher sehr restriktiv gehandhabt wurde, reicht jetzt nach dem Urteil zum Volksbegehren „Das bessere Müllkonzept" aus, daß mit vertretbaren Gründen eine Landeskompetenz bejaht werden kann.

2. Wenn der Zulassungsantrag Erfolg hatte, müssen die nach Art. 74 Abs. 1 BV erforderlichen 10 % der stimmberechtigten Staatsbürger das Volksbegehren unterstützen. Dabei ist die freie Unterschriftensammlung nicht möglich. Die Unterschriften müssen vielmehr in Amtsräumen der Gemeinden abgegeben werden, und zwar persönlich. Dabei kommt es immer wieder zu Schwierigkeiten mit den Öffnungszeiten und der Erreichbarkeit der Eintragungsräume. Die Eintragungsfrist beträgt nach einer im Jahre 1968, nach dem ersten Praxisfall, vorgenommenen Halbierung der Zeit lediglich noch 14 Tage.

Sind dann die knapp 900.000 notwendigen Unterschriften erreicht, wird das Volksbegehren dem Landtag zugeleitet. Dieser prüft zunächst die Gültigkeit in formeller und sachlicher Hinsicht. Er kann mit einfacher Mehrheit – auch bei Verfassungsänderungen – einen Alternativentwurf zur Abstimmung stellen.

Beim Abstimmungskampf vor dem Volksentscheid stehen dann die Initiatoren der geballten Macht von Staatsregierung, Landtagsmehrheit und oft kommunalen Mandatsträgern gegenüber. Dabei gilt nach der Rechtsprechung des Bayerischen Verfassungsgerichtshofs nicht wie bei Wahlen das „Neutralitätsgebot", sondern lediglich das „Sachlichkeitsgebot". Hierfür wird ein weiter Einschätzungsspielraum zugebilligt, wobei auch Irrtümer tolerabel sind.

3. Sind alle diese Hürden überwunden und ist der Volksentscheid von den Anhängern des Volksbegehrens gewonnen, können sie sich immer noch nicht in Sicherheit wiegen. Das Volksgesetz kann natürlich wie ein Parlamentsgesetz vom Verfassungsgerichtshof auf seine Verfassungsmäßigkeit überprüft werden. Dies ist in Bayern nicht nur durch Verfassungsbeschwerde oder Richtervorlage möglich. Bayern ist auch hier einen Schritt weiter gegangen als andere in der Zubilligung unmittelbarer verfassungsrechtlicher Positionen an alle Bürgerinnen und Bürger. Jeder kann im Wege der sogenannten Popularklage nach Art. 98 Satz 4 BV rügen, daß ein Gesetz ein Grundrecht verfassungswidrig einschränke. Er selbst braucht nicht Grundrechtsträger zu sein. Der Verfassungsgerichtshof kann dann das Gesetz bei zulässiger Rüge in vollem Umfang, auch im Hinblick auf alle anderen Normen der Verfassung, überprüfen.

So konnte es geschehen, daß der Verfassungsgerichtshof das durch den Volksentscheid vom 1. Oktober 1995 beschlossene Gesetz zur Einführung des kommunalen Bürgerentscheids in einem zentralen Punkt für verfassungswidrig erklärte. Die darin enthaltene Koppelung von Quorenfreiheit des Bürgerentscheids und dreijähriger Bindungsfrist für den Gemeinderat wurde als Eingriff in die Funktionsfähigkeit der kommunalen Selbstverwaltung für verfassungswidrig erklärt. Dies kam deshalb überraschend, weil zuvor weder das Innenministerium noch der Landtag noch der Ministerpräsident bei der ihnen in den verschiedenen Stadien des Volksgesetzgebungsverfahrens obliegenden Prüfung verfassungsrechtliche Bedenken hatten.

Damit ich nicht falsch verstanden werde: Ich stehe voll hinter einer Verfassungsgerichtsbarkeit mit einem weiten Zuständigkeitsbereich – auch der Popularklage. Schließlich war ich selbst lange Jahre Verfassungsrichter. Zu kritisieren ist aber die Minderbewertung des Volksgesetzgebers durch den Bayerischen Verfassungsgerichtshof. Zwar wird von der Gleichwertigkeit von Volksgesetzen und Parlamentsgesetzen gesprochen. In der Grundanschauung geht der Gerichtshof aber von diesem Prinzip ab: „Die Bayerische Verfassung hat, obzwar vom Gedanken der repräsentativen Demokratie geprägt, den Volksstaatsgrundsatz nicht ausnahmslos im Sinn einer repräsentativen Demokratie ausgestaltet; seit jeher räumt sie im Bereich der gesetzgebenden Gewalt auch dem Volk eine unmittelbare Mitwirkungsmöglichkeit an der staatlichen Willensbildung ein." (So zuletzt die Entscheidung des Ver-

fassungsgerichtshofs vom 29. August 1997) An „ausnahmsweise" hatte
der Verfassungsgeber gerade nicht gedacht.

4. Versuche, im Sinne einer „Waffengleichheit" für die Bürgerinnen und Bürger die Hürden im Landeswahlgesetz zu senken, ohne die
Verfassung zu ändern, sind 1994 ebenfalls am Verfassungsgerichtshof
gescheitert. Wir von „Mehr Demokratie in Bayern" wollten mit dem
Volksbegehren „Faire Volksentscheide im Land" u. a. die Erlangung
der 10 % Unterschriften zeitlich und räumlich erleichtern und bessere
Möglichkeiten der Öffentlichkeitsarbeit schaffen. Hier scheiterten wir
am Verfassungsgerichtshof, da dieser einen ganz anderen Punkt – die
Einführung der Volksinitiative – zum Herzstück des Vorhabens erklär-
te und damit das Gesamtvorhaben ohne weitere Prüfung der anderen
Teile für unzulässig erklärte.

Diese Verbesserung der Rahmenbedingungen wird auf der Tagesordnung bleiben. Ich habe aber meine Bedenken, dies mit Hilfe eines
verfassungsändernden Volksbegehrens zu versuchen. Dieser Schuß
könnte leicht nach hinten los gehen, solange die absolute Mehrheit der
CSU im Landtag besteht. Diese könnte dann in einem (mit einfacher
Mehrheit beschlossenen) Alternativentwurf ihrerseits versuchen, unter
Appellen an auch vorhandene Stimmungen, wie sie *Meder*, andere
Professoren und Stammtische artikulieren, ganz wichtige Positionen
für die Volksgesetzgebung in der Verfassung zu verschlechtern.

Auch die Wahl der Mitglieder des Verfassungsgerichtshofs mit
Zweidrittel-Mehrheit wie beim Bundesverfassungsgericht und in vielen Bundesländern muß unbedingt weiter verfolgt werden. Ich halte es
allerdings für den falschen Weg, einmalig für die Bundesländer ein
bloßes „Profigericht" zu schaffen. Wo es arbeitsmäßig möglich ist, ist
die Einbeziehung von Menschen mit einem anderen Erfahrungshori-
zont nur bereichernd.

Volksgesetzgebung und unmittelbare Demokratie in den Kommunen

Wenn den Bürgerinnen und Bürgern selbst in Bayern die Entscheidung
über die schwerwiegendsten und weitreichendsten Fragen – diejenigen
der Verfassung – vorbehalten bleibt, hätte man erwarten können, daß

dies auch auf der kommunalen Ebene zu Bürgerbegehren und Bürgerentscheid führen würde.

So forderte schon 1949 der Bayerische Landtag die Staatsregierung einstimmig auf, einen Gesetzentwurf für Bürgerbegehren und Bürgerentscheid vorzulegen. *Wilhelm Hoegner* kam dem als Innenminister 1951 nach und bezeichnete das Vorhaben als Kernstück einer modernen, demokratischen Gemeindeordnung. Die Abstimmung im Landtag endete mit einer knappen Niederlage (96 Nein, 87 Ja, 5 Enthaltungen). Wenn nur fünf Abgeordnete anders gestimmt hätten, wäre auch hier Bayern eine Vorreiterrolle zugekommen. So wurde dann erstmals 1956 in Baden-Württemberg dieses Instrument in die Gemeindeordnung aufgenommen, die Nähe zur Schweiz mag hier zu einer positiven Grundstimmung beigetragen haben, auch wenn in der konkreten Ausgestaltung viele Hürden aufgebaut wurden (vgl. den Beitrag von *Geitmann*).

In der Folgezeit lehnte die CSU mit ihrer absoluten Mehrheit immer wieder parlamentarische Initiativen für den Bürgerentscheid in Bayern ab. 1991 erklärte der damalige Innenminister *Edmund Stoiber*, Bürgerentscheide jeglicher Art seien aus Gründen der repräsentativen Demokratie abzulehnen. Noch Ende 1994 bekräftigte der CSU-Fraktionsvorsitzende *Alois Glück*: „Das Instrument Bürgerentscheid halten wir absolut nicht für notwendig." Nach einem an der notwendigen Unterschriftenzahl für den Zulassungsantrag gescheiterten ersten Versuch, 1982 den Weg der Volksgesetzgebung zu beschreiten, überwand die Initiative „Mehr Demokratie in Bayern" in einem breiten Bündnis mit Organisationen und Parteien alle Hürden. Durch den Volksentscheid vom 1. Oktober 1995 setzte sich Bayern mit der bürgerfreundlichsten Regelung für Bürgerbegehren und Bürgerentscheid auch hier an die Spitze in der Bundesrepublik (vgl. den Beitrag von *Nemitz* sowie die Abbildung 1 im Anhang).

Ein zentraler Unterschied zu dem von der CSU dann doch noch im Landtag beschlossenen Alternativentwurf war wiederum die Quorenfrage: Volksbegehren mit Quorenfreiheit, Alternativentwurf mit 25%-Zustimmungsquorum. Bei unzähligen Veranstaltungen und Medienterminen habe ich immer wieder festgestellt, daß die einleuchtendste Argumentation war: Wenn schon Quorenfreiheit auf Landesebene – selbst für Verfassungsänderungen –, dann erst recht Quorenfreiheit auf kommunaler Ebene. Inhaltlich gab es ebenfalls viele Parallelitäten:

- auch sonst gelten Enthaltungen nicht als Nein-Stimmen, das widerspricht dem Bild von der aktiven Bürgerschaft,
- bei einem Quorum werden Gegner oft der Diskussion ausweichen und auf die Strategie des Totschweigens setzen,
- die Politikverdrossenheit bei großer Stimmenmehrheit, aber Scheitern am Quorum steigt,
- es taucht dann auch die Frage des Quorums bei Wahlen auf.

Die Bilanz von fast 400 Bürgerentscheiden hat gezeigt, daß die Kommunalpolitik lebendiger geworden ist und oft in jahrzehntelange schwebende Konflikte Klarheit gebracht und damit Raum für neue Aktivitäten geschaffen wurde. Dennoch hat der Bayerische Verfassungsgerichtshof mit einer kaum verständlichen Begründung (vgl. dazu näher meinen im Anhang aufgeführten Beitrag „Auch in Bayerns Kommunen: Weg von der Zuschauerdemokratie – hin zur lebendigen Mitmachdemokratie") die Kombination Quorenfreiheit plus dreijährige Bindungsfrist für verfassungswidrig erklärt.

Die CSU-Mehrheit im Landtag hat – gegen die Stimmen der Opposition – ein Gesetz beschlossen, das am 1. April 1999 in Kraft trat und zwar nicht ihr früher beabsichtigtes 25%iges, aber dennoch ein gestaffeltes Zustimmungsquorum von 10 bis 20 % einführt. Unter diesen Bedingungen wären rund 11 % der bisherigen Bürgerentscheide unwirksam gewesen. SPD und Bündnis 90/Die Grünen hatten der CSU den neuen Gesetzentwurf von „Mehr Demokratie in Bayern" mit dem Kennwort „Schutz des Bürgerentscheids" als eigenen Entwurf gegenübergestellt. Die beiden Parteien werden ihn auch in dem in Gang gesetzten Volksgesetzgebungsverfahren unterstützen. Wir hoffen, auf diese Weise die Quorenfreiheit wiederzugewinnen. Wir werden mit einer uneingeschränkten Bindungsfrist von einem Jahr (die CSU hat auch dies noch inhaltlich verwässert) den Forderungen des Verfassungsgerichtshofs Rechnung tragen.

Unmittelbare Demokratie als bayerisches Markenzeichen und als bayerischer Exportartikel

Unsere Regelung auf Landesebene hat auch hineingewirkt in die Diskussion um die Einführung bzw. Verbesserung der Volksgesetzgebung in anderen, insbesondere in den neuen Bundesländern. Bei diesen war der Wunsch der Menschen, auch selbst unmittelbar entscheiden zu können, besonders ausgeprägt. Von bayerischen Sozialdemokraten gingen aber auch wichtige Impulse aus, die in den 70er Jahren zur bundesweiten Forderung der SPD nach der Vervollständigung des Grundgesetzes mit der Volksgesetzgebung führten.

Es gab später Initiativen, auch der SPD, in der „Gemeinsamen Verfassungskommission", wo diese Frage zwar auf das größte Interesse der Öffentlichkeit stieß, aber wegen des Widerstands von CDU/ CSU 1994 nicht die notwendige Zweidrittel-Mehrheit erhielt. In der Koalitionsvereinbarung zwischen der Sozialdemokratischen Partei Deutschlands und Bündnis 90/Die Grünen vom 20. Oktober 1998 ist dies als wichtiger Punkt vorgegeben. Selbst aus der CSU hört man jetzt manchmal Stimmen in diese Richtung.

Mit dem Rückenwind des bayerischen Erfolgs, der im Sieg beim Volksentscheid am 1. Oktober 1995 gipfelte, hat „Mehr Demokratie in Bayern" nicht nur die beiden letzten Worte ihres Namens abgelegt, sondern Aktivitäten in vielen anderen Bundesländern ergriffen und auch für die Bundesebene konkrete Planungen entwickelt (vgl. die Beiträge von *Mayer/Weber* und von *Kurz*).

Es ist nicht völlig auszuschließen, daß es zwischenzeitlich in Bayern wieder einen Rückschlag gibt. Verschiedene Klagen, auch der Senatsmehrheit selbst, beim Verfassungsgerichtshof greifen das verfassungsändernde Volksgesetz zur Abschaffung des Senats an (vgl. Tabelle 1, Nr. 10). Zur Begründung wird u. a. vorgetragen, ein quorenfreier Volksentscheid sei jedenfalls bei Verfassungsänderungen verfassungswidrig. Als eines der Hauptargumente wird dabei angeführt, die Quorenfreiheit verstoße gegen das Homogenitätsprinzip des Art. 28 Abs. 1 GG. Dies ist nach der Entstehungsgeschichte des Grundgesetzes und nach einschlägigen Entscheidungen des Bundesverfassungsgerichts nicht zutreffend.

Unter dem Gesichtspunkt eines von mir bejahten starken Föderalismus ist diese Argumentation direkt makaber: Bei der äußerst intensiven Debatte im Bayerischen Landtag über die Zustimmung Bayerns zum Grundgesetz vor fünfzig Jahren, am 19. und 20. Mai 1949, wiesen der damalige CSU-Ministerpräsidenten *Hans Ehard* und andere Gegner des Grundgesetzes – die dann die Mehrheit errangen – vor allem auch darauf hin, daß das Homogenitätsprinzip den Föderalismus aushöhle. Nun versucht der Bayerische Senat tatsächlich, über Art. 28

Abs. 1 GG einen ureigenen, jahrzehntelang bewährten Bestandteil der Bayerischen Verfassung zu eliminieren. Es ist nur zu hoffen, daß der Senat nicht – als Totengräber des Föderalismus – noch ein anderes höchstes bayerisches Verfassungsorgan, den Verfassungsgerichtshof, auf Abwege bringt.

Bei einem Zustimmungsquorum von 50 % für Verfassungsänderungen, wie es der Senat für verfassungsrechtlich zwingend geboten ansieht, wäre keine einzige der oben aufgeführten Verfassungsänderungen wirksam gewesen. Zum Teil lag die Zustimmung gerade bei 20 % der Abstimmungsberechtigten (vgl. Tabelle 2). Auch bei ihrer Verabschiedung insgesamt am 1. Dezember 1946 erreichte die Verfassung nicht die 50%-Marke, ebensowenig wie fast alle Verfassungen der anderen Bundesländer.

Unabhängig davon kann Bayern darauf stolz sein, wie sich hier unmittelbare Demokratie entwickelt und bewährt hat. Auf ihre Weise haben die Bürgerinnen und Bürger damit Ernst gemacht: „Träger der Staatsgewalt ist das Volk." Sie haben sich auch in der vielfältigen Praxis genauso verantwortungsbewußt gezeigt wie ihre Repräsentativorgane. Über Inhalte von Entscheidungen kann und muß man auf allen Seiten streiten. Es ist entgegen der sehr harschen Antihaltung aus dem Kreis derer, die Mandate für exklusiv halten, und von Wissenschaftlern, die vor „Minikratie" warnen, Demokratie wirklich ausgefüllt und gelebt worden. Dies ist nicht selbstverständlich und muß immer wieder errungen werden.

Weiterführende Literatur:

Fraenkel, Ernst: Der Pluralismus als Strukturelement der freiheitlich-rechtsstaatlichen Demokratie. Festvortrag anläßlich des 45. Deutschen Juristentags in Karlsruhe vom 22. September 1964. Abgedruckt in: Ernst Fraenkel: Deutschland und die westlichen Demokratien. Erweiterte Ausgabe (1991), hrsg. von Alexander v. Brünneck, Frankfurt a. M. 1991, S. 297-325.

Hahnzog, Klaus: Beitrag der SPD, in: Verfassungsdiskussion in Deutschland, hrsg. von der Bayerischen Landeszentrale für politische Bildungsarbeit, München 1992 (Zur Diskussion gestellt H. 32), S. 95-101.

Hahnzog, Klaus: Die Bayerische Verfassung – Vorbild und dennoch Notwendigkeit der Weiterentwicklung, in: 50 Jahre Bayerische Verfassung. Entstehung – Bilanz – Perspektiven, hrsg. von der Bayerischen Landeszentrale für politische Bildungsarbeit, München 1996 (Zur Diskussion gestellt H. 42), S. 124-131.

Hahnzog, Klaus: Auch in Bayerns Kommunen: Weg von der Zuschauerdemokratie – hin zur lebendigen Mitmachdemokratie, in: Alternativen – Bürgerbegehren und Bürgerentscheid vor der Neufassung, hrsg. von der Bayerischen Landeszentrale für politische Bildungsarbeit, München 1998 (Zeitfragen. Informationen – Meinungen – Dokumente H. 36), S. 35-50.

Hahnzog, Klaus: Bericht, in: Wortprotokoll der 5. Sitzung des Ausschusses für Verfassungs-, Rechts- und Parlamentsfragen am 4. Februar 1999 zu den Anträgen an den Bayerischen Verfassungsgerichtshof auf Feststellung der Verfassungswidrigkeit des Gesetzes zur Abschaffung des Bayerischen Senats vom 20. Februar 1998, S. 1-34.

Meder, Theodor: Die Verfassung des Freistaates Bayern. Handkommentar, 4. Auflage, Stuttgart u. a. 1992, insbes. Art. 74 Rdnr. 9.

Schweiger, Karl (1998) in: Hans Nawiasky/Karl Schweiger/Franz Knöpfle (Hrsg.): Die Verfassung des Freistaates Bayern. Kommentar, München 1995 ff., insbes. Art. 74 Rdnr. 10.

Seipel, Michael/Mayer, Thomas: Triumph der Bürger! Mehr Demokratie in Bayern und wie es weitergeht, hrsg. von Mehr Demokratie e. V., München 1997.

Abbildung 1: Ergebnis des Volksentscheids am 1. Oktober 1995 nach Landkreisen

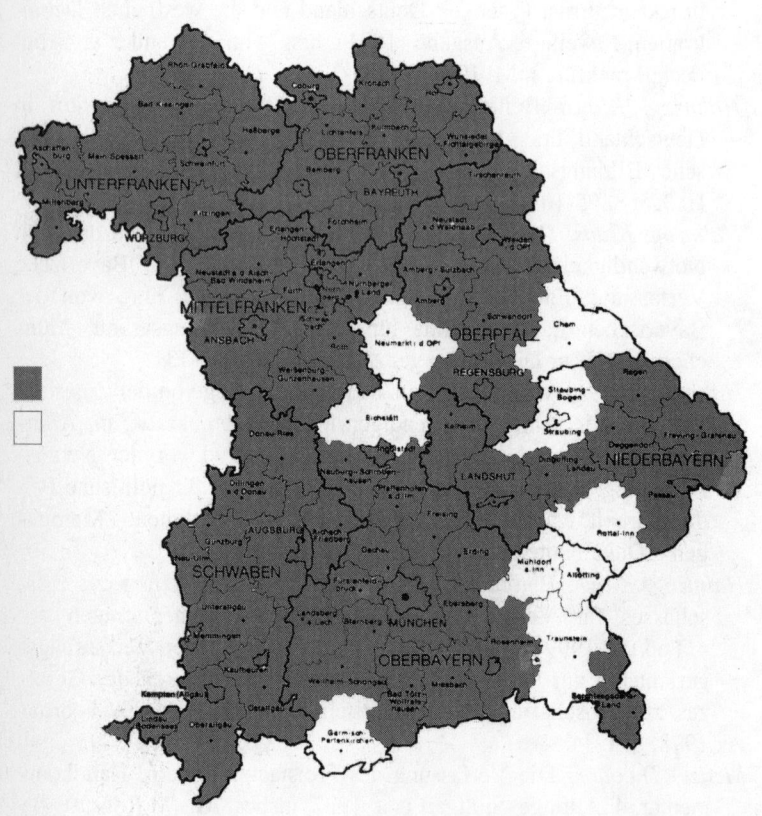

Dunkel schattiert: Mehrheit für Entwurf des Volksbegehrens.
Hell schattiert: Mehrheit für den Gesetzentwurf des Landtags.
Quelle: Seipel/Mayer: Triumph der Bürger, München 1997, S. 141.

V.2 Bremen: Die Angst der Parteien vor dem „entfesselten" Volk

Von RALPH KAMPWIRTH

Bremens Politiker machen mobil. Es drohe das „Finanzchaos" in der Hansestadt, poltert der rechtspolitische Sprecher der regierenden SPD und sieht schon die Zeiten eines ungebremsten „Gruppenegoismus" am Horizont aufziehen. Der sozialdemokratische Nachwuchs sekundiert: Neue „Bürgerfunktionäre" ohne demokratische Legitimation wollten den Parteien das Wasser abgraben, heißt es in einer JUSO-Erklärung.

Was zunächst nur nach kuriosen Spitzen der öffentlichen Debatte aussieht, entpuppt sich kurze Zeit später als handfester Angriff auf die Bürgerrechte. Die Landesregierung (Senat) aus Sozial- und Christdemokraten erklärt, hier sei eine Initiative am Werk, die Parlament und Regierung handlungsunfähig machen, ja regelrecht in eine „Statistenrolle" drängen wolle. Solcherlei Absicht sei nicht verfassungskonform und müsse deshalb ausgebremst werden.

Den Stein des Anstoßes bildet das Volksbegehren „Mehr Demokratie in Bremen". Sein Gegenstand ist ein Gesetzentwurf zum Ausbau der direktdemokratischen Rechte in der Landesverfassung. Das Vorhaben wird – unter Federführung des bremischen Landesverbandes der Bürgeraktion Mehr Demokratie e. V. – u. a. von den Oppositionsparteien Bündnis 90/Die Grünen und „Arbeit für Bremen" (AFB), der „Arbeitsgemeinschaft Selbständiger Unternehmer" (ASU), zahlreichen Initiativen und viel lokaler Prominenz unterstützt.

Nachdem im Frühjahr 1998 gut 7.500 BürgerInnen den Antrag unterschrieben haben, schreitet der Senat am 8. September zur Tat. Er will das Volksbegehren verbieten lassen. Begründung: Die vorgeschlagenen Regelungen würden die repräsentative zugunsten der direkten Demokratie aushebeln. Regierungschef *Henning Scherf* unterzeichnet eine Klageschrift, die das Bild eines „entfesselten" Volkes entwirft – wenn es denn nach den von Mehr Demokratie e. V. vorgeschlagenen Spielregeln in die Politik eingreifen dürfe.

Wieviel Bürgerbeteiligung läßt die demokratische Ordnung der Bundesrepublik zu?

Die Entscheidung über die Verfassungsmäßigkeit des Volksbegehrens „Mehr Demokratie in Bremen" liegt damit beim bremischen Staatsgerichtshof. Der Ausgang des Verfahrens ist derzeit (Frühsommer 1999) offen. Die besondere Brisanz des Prozesses liegt in der Tatsache, daß das bremische Volk eine Änderung der Landesverfassung begehrt. Deshalb ist in erster Linie nicht die bremische Verfassung, sondern das Grundgesetz Prüfungsmaßstab für die Reform. Erstmals wird höchstrichterlich geklärt, wieviel Spielraum die demokratische Grundordnung der Bundesrepublik für Volksentscheide läßt.

Die massiven Bedenken des Senats und seine Entscheidung, den Klageweg zu beschreiten, muten – zumindest auf den ersten Blick – erstaunlich an:

-    Am 27. September 1998 steht im benachbarten Hamburg ein ähnlich lautender Gesetzentwurf zur Abstimmung. Der dortige Senat macht keine rechtlichen Bedenken gegen das Reformvorhaben geltend – in Hamburg entscheiden die BürgerInnen (vgl. den Beitrag von *Efler*).
-    Bereits am 1. Oktober 1995 stimmen Bayerns WählerInnen in einem Volksentscheid einem Gesetzentwurf zu, der die kommunale Direktdemokratie im Freistaat einführt. Auch dieses Regelwerk entspricht in wesentlichen Punkten den von der Bremer Regierung kritisierten Vorschlägen (vgl. den Beitrag von *Nemitz*).

Man reibt sich verwundert die Augen: Was andernorts politisch entschieden und erfolgreich praktiziert wird, soll in Bremen rechtswidrig sein? Die Politiker der Hansestadt sind – aufgeschreckt durch die klaren Bürgervoten in Bayern und Hamburg – dazu übergegangen, den politischen Streit auf die rechtliche Ebene zu verlagern. Ihr Kalkül scheint offensichtlich: Da es nicht gelingt, die Volksentscheidsbewegung politisch zu stoppen, wird nun der Weg durch die juristische Hintertür beschritten. Dem Souverän soll die Möglichkeit, Art und Ausmaß seiner Entscheidungsrechte selbst zu bestimmen, entzogen werden.

Bremen nimmt historische Vorreiterrolle beim Volksentscheid ein

Dabei hat die direkte Demokratie in der Freien und Hansestadt Bremen, inspiriert durch das schweizerische Vorbild, eine durchaus bemerkenswerte Tradition. Schon in der Revolutionsverfassung von 1849 tauchen – ein Novum in der deutschen Verfassungsgeschichte – Elemente unmittelbarer Volksbeteiligung auf: „Können der Senat und die Bürgerschaft bei Ausübung ihrer gemeinschaftlichen Wirksamkeit hinsichtlich der Zweckmäßigkeit einer das öffentliche Wohl betreffenden Maßregel zu einem übereinstimmenden Beschlusse nicht gelangen, so wird dieser Gegenstand ... an die Gesammtheit der Staatsbürger zur Entscheidung verwiesen."

Ganz im Geiste der Weimarer Demokratie sieht die Landesverfassung von 1920 erstmals basisinitiierte Gesetzgebung durch Volksbegehren und Volksentscheid vor. Bei Differenzen zwischen Bürgerschaft und Senat kann ein Referendum eingeleitet werden, zudem ermöglicht der Verfassungsgeber die Parlamentsauflösung durch Volksentscheid. Für gültige Abstimmungen ist eine Mindestbeteiligung von der Hälfte aller Wahlberechtigten vorgeschrieben. Nur ein Volksbegehren ist in dieser Zeit zu verzeichnen, als die KPD 1932 versuchte, die Auflösung der Bürgerschaft herbeizuführen. Sie scheiterte mit knapp zwei Prozent jedoch deutlich an der – abschreckend – hohen Unterschriftenhürde von einem Fünftel der Stimmberechtigten. Bereits 1921 hatte der konservative Senat in einer innenpolitischen Krisensituation per Referendum die Vertrauensfrage gestellt – und deutlich für sich entschieden.

Im Rahmen der Verfassungsgebung knüpft man 1947 an die Regelungen der Weimarer Zeit an. Neben dem Verfassungsreferendum und der Möglichkeit des Parlaments, das Volk in Sachfragen an die Urnen zu rufen, wird die Volksgesetzgebung eingeführt:

- Für Volksbegehren gilt eine Unterschriftenhürde von 20 Prozent der Stimmberechtigten.
- Für einen gültigen Volksentscheid ist die Beteiligung von mindestens der Hälfte der Stimmberechtigten vorgeschrieben (Beteiligungsquorum).

- Verfassungsänderungen aufgrund von Volksbegehren bedürfen der Ja-Stimmen von mindestens der Hälfte der Stimmberechtigten (Zustimmungsquorum).
- Ausgeschlossen sind Volksentscheide über den Haushaltsplan, Dienstbezüge, Steuern, Abgaben und Gebühren.

1947 werden unüberwindbare Hürden für das Volk aufgerichtet

Damit werden – wie in Weimar – nahezu unüberwindbare Hürden für den Volksgesetzgeber errichtet. Schon im ersten Volksentscheid vom 16. Oktober 1947 zeigt sich die mangelnde Praktikabilität der Regelungen. Zwar wird die neue Landesverfassung mit 72,4 % von einer deutlichen Mehrheit angenommen. Das 50prozentige Zustimmungsquorum, daß man für Verfassungsänderungen durch Volksbegehren aufstellt, wird mit einem Ja-Anteil von „nur" 45,1 % aller Stimmberechtigten allerdings verfehlt. Wohlweislich galt für dieses Referendum jedoch kein Quorum; die bremische Landesverfassung kann ungeachtet dieses augenfälligen Widerspruchs in Kraft treten. In einem zweiten Volksentscheid hievt das Stimmvolk an diesem Tag zudem noch mit knapper Mehrheit einen umstrittenen Mitbestimmungsartikel in die Verfassung.

Danach herrscht für lange Zeit Funkstille auf dem direktdemokratischen Kanal. Die Politik meint es offenbar nicht sonderlich ernst mit der Bürgerbeteiligung. Erst 22 Jahre (!) nach der verfassungsrechtlichen Verankerung des Volksentscheids verabschiedet das Parlament 1969 das erforderliche Ausführungsgesetz. Es geht jedoch noch fast ein Jahrzehnt ins Land, bis 1978 erstmals ein Volksbegehren gegen den Bau des umstrittenen Hillmann-Hochhauses angekündigt wird. Diese Initiative wird jedoch ebensowenig weiterverfolgt wie 1981 ein Volksbegehren zur Parlamentsverkleinerung.

Erst 1986 – nun schon fast vierzig Jahre nach Verabschiedung der Landesverfassung – wird das erste Volksbegehren förmlich beantragt. Die Initiatoren wollen die Zusammenlegung und Schließung von Schulen rückgängig machen. Der Antrag scheitert aus formaljuristischen Gründen vor dem Staatsgerichtshof.

Nur schwache Reformen im Zuge der Verfassungsrevision

Schließlich hat die Politik 1994 ein – allerdings recht verhaltenes – Einsehen. Auf dem Hintergrund der direktdemokratischen Reformbewegung in den Bundesländern (vgl. die Beiträge von *Paulus* und *Jürgens*) und „im Lichte dieser durch hohe Hürden nahezu leerlaufenden Einflußmöglichkeiten" (Bericht des Ausschusses „Reform der Landesverfassung") beschließt das Parlament folgende Änderungen:

(1.) Die Unterschriftenhürde für Volksbegehren wird auf 10 % gesenkt. Für Verfassungsänderungen bleibt es bei der 20%-Hürde.

(2.) Neu eingeführt wird die Möglichkeit der Parlamentsauflösung durch Volksbegehren – hier gelten die gleichen Quoren wie für Verfassungsänderungen.

(3.) Weiterhin werden Volksbegehren und Volksentscheid auch in der Stadtgemeinde Bremen installiert. Es gelten die gleichen Regeln wie auf Landesebene. 1995 werden auch für die Stadt Bremerhaven Bürgerbegehren und Bürgerentscheid eingeführt.

(4.) Das Verfassungsreferendum wird abgeschafft. Die Verfassung von 1947 schreibt vor, daß eine Verfassungsänderung immer noch dem Volk vorzulegen ist, es sei denn, im Parlament herrsche Einstimmigkeit. Künftig reicht eine Zweidrittel-Mehrheit im Landtag ohne nachfolgendes Referendum.

Für dieses Reformvorhaben greift das Verfassungsreferendum das erste und letzte Mal. In der Bürgerschaft kann trotz des parteiübergreifenden Konsenses zwischen SPD, CDU, Grünen und FDP keine Einstimmigkeit erzielt werden. Ein Abgeordneter der Grünen und die rechte DVU-Fraktion stimmen gegen das Änderungspaket.

Am 16. Oktober 1994 kommt es somit zum dritten Volksentscheid im Land Bremen. Die öffentliche Debatte im Vorfeld ist – nicht zuletzt aufgrund des großen Parteienkonsenses – lau. Nur eine Initiative prominenter Linker ruft zur Ablehnung der Reform auf. Sie kritisiert die Abschaffung des Verfassungsreferendums und bezeichnet die Abstimmung als „Selbstentmachtung des Volkes", die auch durch die „vergleichsweise marginalen Verbesserungen der Bürgerbeteiligung" kaum gemildert werde. Dennoch fällt das Votum der WählerInnen mit einem Ja-Stimmen Anteil von 76 % deutlich aus. Aufgrund der zeitgleichen Bundestagswahl – kluge Regie der Landespolitik – liegt auch die Beteiligung bei guten 78,3 %. Drei Jahre später nimmt die Bürgerschaft noch eine weitere Korrektur vor und ändert das 50prozentige Beteiligungsquorum beim Volksentscheid über einfache Gesetze in ein Zustimmungsquorum von 25 % um.

Staatsgerichtshof beschneidet Volksrechte in zwei umstrittenen Urteilen

Ein Gutes hat die Reform allemal: Der Volksentscheid als politische Handlungsmöglichkeit ist nun stärker im Bewußtsein der Öffentlichkeit verankert. Eilfertig werden schon kurz nach der Abstimmung erste Volksbegehren angekündigt – mit der Umsetzung hapert es jedoch noch.

Im Frühjahr 1996 macht dann der Zentralelternbeirat ernst. Er startet gleich drei Initiativen, welche die Einstellung von mehr LehrerInnen, die Verbesserung der Raumsituation an Bremens Schulen und die Sicherung der Lehr- und Lernmittelausstattung zum Ziel haben. Das Thema brennt den BremerInnen offenbar auf den Nägeln. Statt der geforderten 5.000 Eintragungen pro Antrag präsentieren die Eltern binnen weniger Wochen 84.500 Unterschriften für ihre Gesetzentwürfe.

Prompt meldet der Senat verfassungsrechtliche Bedenken an. Die Elternvorschläge würden in die Haushaltssouveränität des Parlaments eingreifen. Diese Position wird vom Staatsgerichtshof bestätigt. Im Juni 1997 erklären die Richter die beiden Volksbegehren für mehr LehrerInnen und einen einklagbaren Mindestraumbedarf für unzulässig, weil sie jährliche Mehrkosten von 115 Mio. Mark für das Land bedeuten würden. Lediglich das dritte Volksbegehren zur Lernmittelfreiheit erhält grünes Licht.

Mit seinem umstrittenen Urteil schränkt der Staatsgerichtshof die möglichen Themen für Initiativen aus der Bevölkerung deutlich ein – er „entkernt" gleichsam die Volksgesetzgebung. Alle Vorschläge, die sich finanziell „wesentlich" auf den Landeshaushalt auswirken, d. h. Bürgerschaft und Senat zur Neugewichtung ihrer (finanz-)politischen Ziele zwingen, sind demnach unzulässig. Diese weite Auslegung des

Ausschlußkriteriums „Haushaltsplan" (Art. 70 der Landesverfassung) wird auch in der juristischen Fachwelt kritisiert.

Daß der Teufel zudem noch im Detail steckt, zeigt sich dann für die leidgeprüften Eltern beim Volksbegehren „Lernmittelfreiheit". Die dreimonatige Eintragungsfrist beginnt unmittelbar vor den Sommerferien. Ein denkbar ungünstiger Zeitpunkt. Die Sammlung kommt erst nach den Ferien richtig in Schwung – zu spät. Statt der erforderlichen 51.000 Unterschriften (10 %) kommen „nur" 32.500 Eintragungen zusammen. Das erste und bisher einzige zulässige Volksbegehren in Bremen scheitert damit an widrigen Umständen.

Wie in vielen anderen Teilen der Republik ist aber auch im kleinsten Bundesland das direktdemokratische Feuer entfacht. Auf stadtbremischer Ebene lanciert der Mieterverein ein Bürgerbegehren gegen die Privatisierung städtischen Wohneigentums. Erneut macht der Senat den Haushaltsvorbehalt geltend, und wiederum erhält er vor dem Staatsgerichtshof recht. Immerhin ergeht das Urteil vom Mai 1998 nicht einstimmig. Zwei der sieben Richter halten die Initiative in einem Sondervotum für zulässig, weil sie sich lediglich indirekt auf den Etat auswirken würde.

Schere zwischen staatsbürgerlichem Engagement und unzureichendem Verfahren schädigt politische Kultur

Die Situation ist verfahren: Dem gewachsenen Interesse der BürgerInnen an mehr unmittelbarer Teilhabe steht ein direktdemokratisches Regelwerk mit schier unüberwindbaren Hürden gegenüber. Gepaart mit den Politikverboten seitens Senat und Justiz sind Frustration und Enttäuschung in der Bevölkerung unausweichlich – ein erheblicher Schaden für die politische Kultur in der Hansestadt zeichnet sich ab. Bissig kommentiert ein Lokalredakteur, bei solchen Hürden sollte man besser „konsequent sein und den Unsinn des Volksbegehrensgesetzes abschaffen".

Daß die Lösung auch in der entgegengesetzten Richtung liegen kann, zeigt das Volksbegehren „Mehr Demokratie in Bremen". Mit einer umfassenden Reform der Landesverfassung soll endlich ein bürgerfreundliches Volksentscheidsgesetz geschaffen werden. Die Initiative präsentiert einen Gesetzentwurf nach bayerischem Vorbild (vgl.

den Beitrag von *Hahnzog*), der auch internationale Erfahrungen berücksichtigt. Die Kernforderungen lauten:

- Für Volksbegehren gilt eine Fünf-Prozent-Hürde wie für Parteien
  bei Wahlen, bei Verfassungsänderungen sind 10 % erforderlich.
  Die Prozentwerte beziehen sich auf die Beteiligung bei der letzten
  Landtagswahl. Die Unterschriftenhürde wird damit auf etwa ein
  Drittel des bisherigen Niveaus gesenkt.
- Zwischen Landtag und Initiative können Kompromisse ausgehan-
  delt werden.
- Beim Volksentscheid gilt das Mehrheitsprinzip, die Zustimmungs-
  quoren entfallen.
- Das Finanztabu wird gestrichen. Künftig sind Volksentscheide
  über alle landespolitischen Themen möglich.

In wenigen Wochen sammelt die Initiative die erforderlichen Unterschriften für die Beantragung des Volksbegehrens (siehe Abbildung 1
im Anhang), die Zahl der Unterstützer wächst rasch. Die Regierungskoalition aus SPD und CDU lehnt das Volksbegehren ab – aber intern
brodelt es. Die Junge Union und die Arbeitsgemeinschaft Sozialdemokratischer Juristen (ASJ) scheren aus der Parteilinie aus und unterstützen Mehr Demokratie e. V. Schon nach wenigen Wochen legt die
SPD-Fraktion ein erstes, allerdings nur marginales Kompromißange-
bot vor. Ein Ausweg aus dem direktdemokratischen Dilemma der
Hansestadt scheint in Sicht.

Senat sieht Verletzung der Mehrheitsregel und des Haus-
haltsrechts

Doch der Landesregierung ist der Erfolg von Mehr Demokratie e. V.
ein Dorn im Auge. Statt den Antrag auf Volksbegehren wie zuvor in
Hamburg passieren zu lassen, rufen die SenatorInnen erneut – wie bei
allen bisher beantragten Initiativen – den Staatsgerichtshof an: Der
Status quo, der – politisch gewollt – die direkte Demokratie faktisch
ins Leere laufen läßt, soll zum einzig verfassungsgemäßen Rahmen für
die Regelung der Volksgesetzgebung erklärt werden. Die beiden zentralen Vorwürfe des Senats gegen Mehr Demokratie e. V. prägen auch
die Debatte über die direkte Demokratie in den anderen Ländern:

Erstens verletze der Entwurf von „Mehr Demokratie in Bremen" das *Mehrheitsprinzip.* Die Senkung der Unterschriftenhürde im Zusammenspiel mit der Streichung der Zustimmungsquoren führe zu Vorschriften, „die so strukturiert sind, daß sie Minderheitsentscheidungen zur Regelform im Volksentscheid machen". Nur hohe Quoren könnten ausreichende Mehrheiten sichern.

Dabei mißachtet der Senat die schlichte Tatsache, daß bei Volksentscheiden – wie übrigens auch bei Wahlen – nicht Quoren das Mehrheitsprinzip zur Geltung bringen, sondern der politische Wettbewerb. Die Klageschrift geht davon aus, daß dank der niedrigen Hürden von Mehr Demokratie e. V. Volksbegehren leicht zu qualifizieren und Abstimmungen ebenso einfach zu gewinnen sind. Diese Behauptung wird von der Praxis widerlegt. Das Volksbegehren ist ein klassisches Oppositionsinstrument. Die Antragsteller haben es zumeist mit an Geld, Medienzugang und Personal überlegenen Sachgegnern zu tun – in der Regel den Regierungsparteien. Diese starten regelmäßig energische Nein-Kampagnen. Darum setzt sich nur ein Teil der eingeleiteten Initiativen an der Urne durch. Nehmen wir das Beispiel Schweiz, wo die Hürden für den Volksgesetzgeber deutlich niedriger sind als im Antrag von Mehr Demokratie e. V.: Hier gelingt nur etwa einem von zwanzig eingeleiteten Volksbegehren ein unverfälschter Abstimmungserfolg. Die Sachlage ist gerade umgekehrt: Erst der Verzicht auf Zustimmungsquoren sichert das Mehrheitsprinzip. Denn hohe Quoren führen zu ungültigen Volksentscheiden, auch wenn – wie 1998 in Hamburg (vgl. den Beitrag von *Efler*) – klare Mehrheitsvoten vorliegen.

Zweitens vertritt der Senat die Auffassung, nur das Parlament dürfe über *Haushaltsfragen* entscheiden. Er zeichnet das Bild eines Volksgesetzgebers, der – setzen sich die Vorstellungen von Mehr Demokratie e. V. durch – beliebig Ausgaben beschließen könnte und würde.

Der Entwurf von Mehr Demokratie e. V. läßt die Verantwortung für die Aufstellung des Gesamthaushalts bei der Bürgerschaft. Ansonsten aber haben die BürgerInnen die gleichen Rechte wie das Parlament, über die Verwendung der verfügbaren Finanzmittel zu bestimmen. In Art. 66 der Landesverfassung werden die unmittelbare und die mittelbare Gesetzgebung auf eine Stufe gestellt; der Antrag von Mehr Demokratie e. V. setzt dieses Nebeneinander um.

Anders als der Senat unterstellt, kann das Volk aber auch nach Streichung des geltenden Haushaltsvorbehalts nicht beliebig Ausgaben

beschließen. Denn wie Parlament und Regierung, ist auch der Volksgesetzgeber dazu verpflichtet, die durch das Bundesrecht gezogenen
Grenzen für eine vernünftige Haushaltsführung zu respektieren.

Die Behauptung des Senats, das Volk würde unverantwortlich mit
den Staatsfinanzen umgehen, läßt sich nicht halten. Die Erfahrungen
aus der Schweiz und den USA lehren das Gegenteil: Je stärker das
Volk an der Politik beteiligt wird, desto stabiler sind die öffentlichen
Haushalte. Man kann geradezu umgekehrt argumentieren: Eine funk-
tionierende Volksentscheidsregelung könnte mittelfristig dazu beitragen, die horrende Verschuldung des Landes Bremen abzubauen.

Direkte Demokratie: Wirksames Korrektiv oder leere Ver-
fassungsformel?

Man darf gespannt sein, wie der Bremer Staatsgerichtshof über die
sensible Materie entscheidet. Allemal haben die obersten Juristen eine
Richtungsentscheidung zu treffen, die auf die gesamte Republik aus-
strahlen wird: Wird die direkte Demokratie mit Spielregeln, die sie zu
einem wirksamen Korrektiv des parlamentarischen Betriebs werden
lassen könnten, als eine *politische* Option bewahrt? Oder schiebt das
Staatsrecht der Volksentscheidsbewegung einen kräftigen *juristischen*
Riegel vor, der die direkte Demokratie entgegen dem Willen der Bevölkerung in ihrem Randdasein einsperrt?

Ungeachtet dieser Kontoverse und der enttäuschenden bremischen
Volksentscheidsbilanz setzt sich vorerst die Konjunktur der Volksrechte fort. Die Initiative „WIR gegen die Rechtschreibreform" sammelt im Herbst 1998 in Rekordzeit 10.000 Unterschriften für ein
Volksbegehren. Schon im Sommer nimmt die oppositionelle Partei
„Arbeit für Bremen" die erste Hürde für einen Antrag zur Verkleinerung des Landtags von 100 auf 75 Abgeordnete. Und in Bremerhaven
erzwingt eine kommunale Initiative einen Bürgerentscheid über das
umstrittene Freizeitprojekt „Ocean-Park".

Diese Ereignisse stimmen positiv. Offenbar lassen sich die BürgerInnen von den Entmündigungsversuchen der Politiker nicht beirren.
Gegen eine mehr Beteiligungschancen begehrende Zivilgesellschaft
wird sich auf Dauer keine Politik erfolgreich abschotten können –
auch nicht mit Schützenhilfe der Gerichte.

Weiterführende Literatur

Jung, Otmar: „Ein Steckenpferd der Opposition"? Einflüsse schweizerischer direktdemokratischer Verfahren auf die Bremische Verfassung von 1849 in: Bremisches Jahrbuch Bd. 77, 1998, S. 99-124.

Jung, Otmar: Das Finanztabu bei der Volksgesetzgebung [Anmerkung zum Urteil des Staatsgerichthofs der Freien Hansestadt Bremen vom 17.06.1997 – St 7/96], in: Neue Zeitschrift für Verwaltungsrecht Jg. 17 (1998), S. 372-373.

Jung, Otmar: Das Finanztabu bei der Volksgesetzgebung: In Bremen nicht Neues? [Anmerkung zum Urteil des Staatsgerichthofs der Freien Hansestadt Bremen vom 11.5.1998 – St 3/97], in: Zeitschrift für öffentliches Recht in Norddeutschland Jg. 1 (1998), S. 281-284.

Kampwirth, Ralph: „Das schaffen selbst Professoren nicht ohne Hilfe", in: Zeitschrift für Direkte Demokratie Jg. 10 (1998), Nr. 38, S. 30-31.

Kampwirth, Ralph: Angemessene Hürden, Flexibilität und Dialog, in: Zeitschrift für Direkte Demokratie Jg. 10 (1998), Nr. 39, S. 28-29.

Kampwirth, Ralph: Frontalangriff auf die Direkte Demokratie, Zeitschrift für Direkte Demokratie Jg. 10 (1998), Nr. 41, S. 24-26.

Stuby, Gerhard: Volksentscheid, in: Volker Kröning/Günter Pottschmidt/Ulrich K. Preuß/Alfred Rinken (Hrsg.): Handbuch der Bremischen Verfassung, Baden-Baden 1991, S. 288-300.

Volksentscheid 1994. Informationsbroschüre der Bremischen Bürgerschaft.

Auf der folgenden Seite:
Abbildung 1:   Straßenaktion von „Mehr Demokratie in Bremen"
Photo: Ralph Kampwirth/„Mehr Demokratie in Bremen"

Photo: Ralph Kampwirth

V.3 Im Osten viel Neues? – Direktdemokratische Bilanz der ostdeutschen Verfassungsgebung

Von PETRA PAULUS

Direkte Demokratie im Entstehungsprozeß der ostdeutschen Landesverfassungen

Der Ruf „Wir sind das Volk", mit dem die Demonstrantinnen und Demonstranten im Herbst 1989 ihre Bürgerrechte einforderten, war Ausdruck eines Willens, die Gesellschaft demokratisch neu zu begründen. Er brachte auch ein zentrales Thema der kurz darauf einsetzenden Verfassungsdiskussionen auf den Begriff: die verfassungsrechtliche Umsetzung des Prinzips der Volkssouveränität sowie die möglichst umfassende und unmittelbare Beteiligung der Bürgerinnen und Bürger an der Ausübung der Staatsgewalt. Die besondere Bedeutung dieses Themas fand ihren Niederschlag schon in den Verfassungsentwürfen, die noch vor der Gründung der neuen Länder am 3. Oktober 1990 von Runden Tischen, Arbeitsgruppen und verschiedenen gesellschaftlichen Gruppierungen erarbeitet wurden. Diese Entwürfe enthielten – bis auf wenige Ausnahmen – Verfahren direkter Demokratie. Geprägt von unterschiedlichen politischen Orientierungen und Ansprüchen, boten sie in ihrer Gesamtheit ein eindrucksvolles Bild bekannter und neuer Elemente.

Im Mittelpunkt der Verfassungsentwürfe standen Verfahren der Volksgesetzgebung. Bei der konkreten Ausgestaltung zeigte sich eine erhebliche Variationsbreite und häufig war die Orientierung an historischen Vorgaben (frühere Landesverfassungen, Weimarer Reichsverfassung) oder westdeutschen Regelungen zu erkennen. Von der schleswig-holsteinischen Verfassungsreform wurden innovative Regelungen übernommen und zum Teil fortentwickelt. Hierzu zählte vor allem die Einführung einer dem Volksbegehren vorgeschalteten Volksinitiative und damit die Erweiterung des Verfahrens auf drei Stufen.

Charakteristisch für die Mehrheit der Entwürfe war die detaillierte verfassungsrechtliche Regelung von Verfahrensfragen, wie z. B. Fristen, Zulässigkeitsprüfung und Anhörungsrechte.

In der im Oktober 1990 beginnenden Phase der parlamentarischen Verfassungsgebung fanden nicht alle vorliegenden Entwürfe Berücksichtigung, so daß die Vielfalt direktdemokratischer Regelungsvorschläge nicht in die Verfassungsberatungen einging. Auch wenn wie in Sachsen-Anhalt und Sachsen frühe Textentwürfe als Ausgangsbasis für eine Weiterentwicklung dienten, waren von nun an die Verfassungsdebatten primär parteipolitisch geprägt. Dies machte sich auch bei der Behandlung des Themas direkte Demokratie bemerkbar. Mit den von den Parteien bzw. Landtagsfraktionen vorgelegten Entwürfen (in Sachsen-Anhalt, Thüringen und Sachsen) oder von (westdeutschen) Sachverständigen erarbeiteten Regelungsvorschlägen (Mecklenburg-Vorpommern) wurden im Bereich der Volksgesetzgebung eindeutige parteipolitische Positionsbestimmungen vorgenommen. Beim Thema direkte Demokratie entbrannten regelmäßig lebhafte Diskussionen in den Verfassungsausschüssen, und die Regelung der Volksgesetzgebung zählte zu den zentralen Verhandlungspunkten.

In den Verfassungsberatungen zeigte sich – ähnlich wie zur etwa gleichen Zeit in der Gemeinsamen Verfassungskommission auf Bundesebene (vgl. den Beitrag von *Bachmann*) – eine Tendenz zur Polarisierung zwischen CDU/FDP einerseits und SPD, Bündnis 90/Die Grünen sowie PDS andererseits. Aufgrund der unterschiedlichen Demokratieverständnisse der Parteien, die von einer streng repräsentativen bis zu einer betont basisdemokratischen Ausrichtung reichten, wurden konträre Auffassungen über Sinn, Nutzen und Gefahren einer direktdemokratischen Ergänzung des repräsentativen Systems vertreten. Die Parteien zeigten jedoch keine geschlossene Haltung. Es gab durchaus unterschiedliche Akzentuierungen und abweichende verfassungspolitische Auffassungen innerhalb einer Partei oder Fraktion. Grundsätzlich war aber in allen Bundesländern die gleiche parteipolitische Konfliktlinie anzutreffen: Die CDU bremste tendenziell die Berücksichtigung direktdemokratischer Beteiligungsverfahren, während die SPD diese vorantrieb.

Trotz parteipolitischer Differenzen bestand in den neuen Bundesländern unter den politischen Kräften ein weitgehender Konsens über die Einführung direktdemokratischer Elemente, wobei unterschiedliche Motivationen zum Tragen kamen. Zu einem großen Teil war dies auf die spezifischen ostdeutschen Erfahrungen mit den Bürgerbewegungen zurückzuführen, die über alle Parteigrenzen hinweg bestanden. Bereits in einer frühen Phase der Verfassungsberatungen wurden die grundsätzlichen Entscheidungen für die Aufnahme direktdemokratischer Verfahren in die Landesverfassungen getroffen. Lediglich in Sachsen-Anhalt bestand zunächst Uneinigkeit in dieser grundlegenden Frage.

Direkte Demokratie in den ostdeutschen Landesverfassungen *

Volksinitiative, Volksantrag, Bürgerantrag

Alle neuen Bundesländer haben dem Volksbegehren eine Verfahrensstufe vorgeschaltet: die Volksinitiative, in Sachsen „Volksantrag" genannt. In Thüringen schuf der Verfassungsgeber an dieser Stelle den sogenannten „Bürgerantrag". Unter den bundesrepublikanischen Landesverfassungen war das Verfahren der Volksinitiative zum Zeitpunkt der ostdeutschen Verfassungsgebung nur aus der reformierten Verfassung Schleswig-Holsteins bekannt (vgl. den Beitrag von *Jürgens*). Die älteren westdeutschen Landesverfassungen kannten lediglich ein Zulassungsverfahren vor dem Volksbegehren, das jedoch nicht mit einer Volksinitiative vergleichbar ist, da es weder Anhörungsrechte der Antragsteller noch eine Befassungspflicht des Landtages beinhaltet.

Während in Brandenburg, Mecklenburg-Vorpommern und Sachsen-Anhalt mit der Volksinitiative über Gesetzentwürfe hinaus ganz allgemein „bestimmte Gegenstände der politischen Willensbildung" in den Landtag eingebracht werden können, ist der Volksantrag in Sachsen auf Gesetzentwürfe beschränkt. Alle Verfassungen sehen ein Anhörungsrecht der Vertreter der Initiative vor. Nur die brandenburgische und die sächsische Verfassung haben die Volksinitiative bzw. den Volksantrag in ein dreistufiges Volksgesetzgebungsverfahren integriert. Dort bildet sie eine obligatorische Vorstufe zum Volksbegehren

---

* Vgl. die Übersichten im Anhang zu den Regelungen in den Landesverfassungen und in den Ausführungsgesetzen.

und damit den ersten Relevanztest für ein Anliegen aus dem Volk. Lehnt das Parlament die Vorlage ab, können die Antragsteller die Durchführung eines Volksbegehrens verlangen. Dagegen steht in Mecklenburg-Vorpommern und Sachsen-Anhalt die Volksinitiative als selbständiges Instrument neben dem Volksbegehren. Zur Einleitung eines Volksgesetzgebungsverfahrens muß sie nicht durchlaufen werden. Das klassische zweistufige Verfahren, wie es aus der Mehrzahl der westdeutschen Landesverfassungen bekannt war, wurde hier im Kern beibehalten. Das Verfahren endet mit der Einbringung der Initiative beim Landtag, ohne daß sich bei einer ablehnenden Entscheidung weitere Verfahrensschritte ergeben. Diese Nicht-Integration der Volksinitiative ist insofern nachteilig, als nur ein geringer politischer Handlungsdruck auf den Landtag entsteht. Denn eine ablehnende oder einen Beschluß verweigernde Haltung hat keine unmittelbare Wirkung auf die Verfahrensfortsetzung. Das Instrument der Volksinitiative wird damit geschwächt.

Dem unverbindlichen Charakter der Volksinitiative entsprechen die vergleichsweise niedrigen Hürden: Nur 15.000 bis 40.000 Unterschriften werden verlangt, umgerechnet zwischen 1 % und 1,6 % der Stimmberechtigten. In Brandenburg können alle Einwohner, d. h. auch Ausländer, an der Volksinitiative teilnehmen. Die Festlegung dieser Hürden war zumeist Ergebnis eines politischen Kompromisses und daher in gewisser Weise willkürlich. Nur in Mecklenburg-Vorpommern begründete der Sachverständige *v. Mutius* in den Beratungen der Verfassungskommission die Hürde mit einer konkreten Bezugsgröße: Entsprechend dem Recht jedes einzelnen Abgeordneten, den Landtag mit bestimmten Gegenständen zu befassen, orientiert sich die geforderte Unterschriftenzahl von 15.000 Stimmberechtigen (ca. 1 %) an der Stimmenzahl, die für ein Landtagsmandat nötig ist.

Nur in Sachsen-Anhalt darf die Volksinitiative – im Gegensatz zum Volksbegehren – auch finanzielle Fragen aller Art behandeln. Dies entspricht dem Sinn der Volksinitiative, die neue und durchaus unkonventionelle Inhalte in den Parlamentsbetrieb einbringen soll. Aus dem gleichen Grund erscheint eine Prüfung, ob der Inhalt eines Volksantrags zulässig ist, in diesem frühen Verfahrensstadium, wie sie die sächsische Verfassung vorsieht, verfehlt. Es ist z. B. denkbar, daß eine Initiative das Anliegen an den Landtag richtet, sich in einer bestimmten Weise für eine Frage im Bundesrat einzusetzen, die Bundeskompetenzen berührt. Ist hier eine materielle Zulässigkeitsprüfung vorgeschaltet, erreichen derartige Anliegen nicht den Landtag.

Thüringen hat als einziges neues Bundesland keine Volksinitiative in die Landesverfassung aufgenommen. Hier war ein Streit zwischen der Regierungskoalition (CDU, FDP) und den Oppositionsparteien (SPD, Bündnis 90/Die Grünen, PDS) entbrannt. CDU und FDP sprachen sich vehement gegen ein Beteiligungsrecht unterhalb der Ebene des Volksbegehrens aus und nahmen damit eine für die ostdeutsche Verfassungsdiskussion untypische Haltung ein. Als politische Kompromißlösung beschloß man den „Bürgerantrag", der nicht die Qualität einer Volksinitiative besitzt. Der Bürgerantrag ist ausdrücklich nicht im Abschnitt „Gesetzgebung" der Verfassung, sondern im Abschnitt über den „Landtag" plaziert. Die Antragsvertreter haben ein Recht auf Anhörung, dem jedoch keine Befassungs- oder Beschlußpflicht des Parlaments entspricht. Für den Bürgerantrag sind, insbesondere im Hinblick auf seinen unverbindlichen Charakter, extrem hohe Hürden vorgesehen. Neben einem landesweiten Quorum von 6 % wird die Zustimmung von mindestens 5 % der Stimmberechtigten in wenigstens der Hälfte der Zahl der Landkreise und kreisfreien Städte gefordert. Das zusätzliche Regionalquorum war in der deutschen Verfassungslandschaft neu und stellt eine enorme Erschwerung dieses Beteiligungsrechts dar. Die doppelte Hürde soll verhindern, daß lediglich regionale Interessen zum Gegenstand eines Bürgerantrags gemacht werden. Dabei wird übersehen, daß gerade Instrumente wie Bürgerantrag oder Volksinitiative Minderheiten, seien es regionale oder landesweite, die Möglichkeit geben sollen, den Landtag mit ihren Anliegen zu befassen. Nicht nur das Erfordernis des regionalen Quorums, sondern auch die Höhe der Hürde lassen an der Praktikabilität dieses Verfahrens und der ernsthaften Absicht des Verfassungsgebers zweifeln, den Bürgerinnen und Bürgern eine realistische Beteiligungsmöglichkeit einzuräumen.

Volksbegehren und Volksentscheid

Die Verfahrensschritte der Volksgesetzgebung sind in den ostdeutschen Bundesländern unterschiedlich geregelt. In Mecklenburg-Vorpommern, Sachsen-Anhalt und Thüringen wird die eigentliche Gesetzgebung mit dem Volksbegehren eingeleitet, während in Brandenburg

und Sachsen in einem dreistufigen Verfahren zunächst die Volksinitiative bzw. der Volksantrag zu absolvieren ist. Ein Volksbegehren
muß darauf gerichtet sein, Landesgesetze zu erlassen, zu ändern oder
aufzuheben und kann auch Verfassungsänderungen beinhalten. Nur in
Brandenburg können auch andere „Gegenstände der politischen Willensbildung" im Wege eines Volksbegehrens vorgelegt werden. Mit
der in allen Verfassungen vorgesehenen Finanzausschlußklausel sind
die neuen Länder einer deutschen Verfassungtradition gefolgt (vgl.
die Beiträge von *Schiffers* und *Jürgens*). In Brandenburg und Thüringen wurde die klassische Trias Haushalt, Abgaben und Besoldung um
Personalentscheidungen erweitert. Die größten Abweichungen zeigen
sich bei der Zahl der Eintragungen, die für das Zustandekommen eines
Volksbegehrens verlangt werden: In Brandenburg sind es 80.000 (umgerechnet etwa 4 % der Stimmberechtigten), in Mecklenburg-Vorpommern 140.000 (etwa 10 %), in Sachsen-Anhalt 250.000 (etwa 11,6 %),
in Sachsen 450.000 (etwa 12,6 %) und in Thüringen 14 % (etwa
270.000 Stimmberechtigte). Im Zusammenhang mit diesen Qualifikationsquoren haben die Eintragungsfristen eine erhebliche Bedeutung.
In Brandenburg und Thüringen gewährt die Verfassung vier Monate,
in Sachsen mindestens sechs Monate. Die verfassungsrechtliche Bestimmung der Eintragungsfrist und die Gewährung solch relativ groß-
zügiger Zeiträume waren ein Novum im deutschen Staatsrecht; die
älteren westdeutschen Landesverfassungen sahen derartige Regelungen nicht vor.

In Sachsen-Anhalt entscheidet zunächst die Landesregierung über
die Zulässigkeit eines Volksbegehrens; gegen ihre Entscheidung kann
Beschwerde beim Landesverfassungsgericht erhoben werden. In den
übrigen Ländern kann von vornherein nur das Verfassungsgericht ein
Volksbegehren (in Sachsen einen Volksantrag) für unzulässig erklären.
Die sofortige gerichtliche Entscheidungskompetenz ist vorzuziehen, da
man nicht ohne weiteres von der Unbefangenheit der Landesregierung
im Volksgesetzgebungsverfahren ausgehen kann.

Ist ein Volksbegehren erfolgreich abgeschlossen, hat der Landtag
innerhalb einer bestimmten Frist über den Gesetzentwurf zu entscheiden. Wenn die Vorlage abgelehnt wird oder die Frist ohne Beschlußfassung verstreicht, kommt es zu einem Volksentscheid. Sachsen hat
auf eine Verbindung von direktdemokratischem und parlamentari-
schem Lösungsweg in der zweiten Verfahrensstufe verzichtet, so daß

das erfolgreiche Volksbegehren innerhalb von drei bis sechs Monaten direkt zur Abstimmung führt. Dies gewährleistet zwar, daß das Volk in jedem Fall und ohne größere Verzögerung über das Gesetz abstimmt, jedoch verliert das Verfahren insgesamt an Flexibilität, und die Möglichkeit der parlamentarischen Rückkoppelung fehlt. Auf der dritten Stufe – dem Volksentscheid – haben alle Verfassungen eine weitere Verflechtung der direkten und der parlamentarischen Gesetzgebung vorgesehen. Sie geben dem Landtag das Recht, einen konkurrierenden Entwurf zur Abstimmung zu stellen. Das Parlament kann sich damit konstruktiv in das direktdemokratische Verfahren einschalten und der Volksentscheid wird unter Umständen um einen Alternativvorschlag bereichert.

Die für den Volksentscheid geforderten Anteile an der Gesamtheit der Stimmberechtigten, die mit „Ja" gestimmt haben müssen (Zustimmungsquoren), unterscheiden sich in den neuen Ländern zum Teil erheblich voneinander. Während bei einfachen Gesetzen die sächsische Verfassung die Mehrheit der abgegebenen gültigen Stimmen genügen läßt, verlangen vier Länder die Zustimmung eines Viertels (Brandenburg, Sachsen-Anhalt) bzw. eines Drittels (Mecklenburg-Vorpommern, Thüringen) der Stimmberechtigten. Hieran wird die Neigung der neuen Landesverfassungen deutlich, den „Härtetest" für ein volksbegehrtes Gesetz auf die letzte Stufe des Verfahrens zu verlagern. Als Gegengewicht zu den anfangs niedrigeren Hürden beim Volksbegehren wurde der schließliche Erfolg beim Volksentscheid durch die Zustimmungsquoren erschwert.

Das Recht des Parlaments, einen Konkurrenzentwurf zur Entscheidung mit vorzulegen, macht das Erreichen eines Zustimmungsquorums noch schwieriger, da sich in diesem Fall die Ja-Stimmen auf zwei Vorlagen verteilen. Nur die Verfassung von Sachsen-Anhalt hat diesem Problem Rechnung getragen und läßt in diesem Fall ausnahmsweise die einfache Mehrheit der abgegebenen Stimmen entscheiden. Jedoch kann es in der Praxis dazu kommen, daß der Landtag auf eine Konkurrenzvorlage verzichtet, wenn die Chance des Scheiterns einer einzelnen Vorlage aufgrund des Zustimmungsquorums größer erscheint als die der Annahme des Landtagsentwurfs. Zudem begünstigen Zustimmungs- und Beteiligungsquoren, wie die historische Erfahrung zeigt, Boykottstrategien und bergen damit Gefahren für das Abstimmungsgeheimnis (vgl. den Beitrag von *Schiffers*).

Für Verfassungsänderungen ist in allen Ländern die Zustimmung der Hälfte bzw. der Mehrheit der Stimmberechtigten erforderlich. In Brandenburg, Mecklenburg-Vorpommern und Sachsen-Anhalt muß zusätzlich eine Zweidrittel-Mehrheit der Abstimmenden zustande kommen.

Ausführungsgesetze

Erst die nähere Regelung und Ausgestaltung direktdemokratischer Verfahren durch Ausführungsgesetze ermöglicht die praktische Nutzung der verfassungsrechtlich gewährleisteten Beteiligungsrechte und entscheidet in nicht unwesentlicher Weise über ihre Funktionsfähigkeit. Dabei besteht für den Gesetzgeber ein erheblicher Gestaltungsspielraum, der für restriktive oder anwendungsfreundliche Verfahrensbestimmungen genutzt werden kann. In allen neuen Bundesländern lagen neun Monate nach der Verabschiedung der letzten Landesverfassung Ausführungsgesetze vor. Damit haben die Landtage auf diesem Gebiet erfreulich rasch gehandelt. In Sachsen-Anhalt wurde das erste Volksabstimmungsgesetz, das noch kurz vor Ablauf der ersten Legislaturperiode von der CDU/FDP-Landtagsmehrheit verabschiedet worden war, 1995 durch eine Neuregelung abgelöst, die den Vorstellungen der neuen Regierungsmehrheit von SPD und Bündnis 90/Die Grünen Rechnung trug.

Obwohl die einzelnen Länder unterschiedliche Regelungen getroffen haben, lassen sich in der Gesamtschau keine grundlegenden Unterschiede zwischen CDU- und SPD-geführten Bundesländern erkennen. Man muß daher zu dem Schluß kommen, daß die Landesgesetzgeber generell zu einer restriktiven Gestaltung direktdemokratischer Verfahren neigen. Die deutliche Verbesserung der Ausführungsbestimmungen in Sachsen-Anhalt auf Initiative von SPD und Bündnis90/Die Grünen zeigt, daß die Nutzung des bestehenden Gestaltungsspielraumes neben den parlamentarischen Mehrheiten auch vom politischen Willen der Akteure abhängt.

Die Gesetze legen sehr unterschiedliche Fristen für die Sammlung der Unterschriften bzw. Eintragungen für ein Volksbegehren fest. Mecklenburg-Vorpommern verzichtet beim Volksbegehren auf eine Fristsetzung, wenn die Unterschriften frei gesammelt werden. In Sachsen-Anhalt und Sachsen beträgt die Sammelfrist sechs bzw. acht Monate, während in Brandenburg und Thüringen die Eintragungs- bzw. Sammelfrist mit vier Monaten vergleichsweise knapp bemessen ist. In den letztgenannten Ländern gelten zudem Fristen für die Volksinitiative bzw. den Bürgerantrag (zwölf bzw. vier Monate). Alle Ausführungsgesetze sehen bei der Volksinitiative (Volksantrag, Bürgerantrag) die freie Unterschriftensammlung vor. Bei der Festlegung des Eintragungsverfahrens für ein Volksbegehren bildet Brandenburg eine Ausnahme. Dort kann die Eintragung nur in den Abstimmungsbehörden während der üblichen Amtsstunden erfolgen. Das amtliche Eintragungsverfahren stellt eine erhebliche Erschwerung dar. Denn die Möglichkeit, vom Eintragungsrecht Gebrauch zu machen, ist zeitlich und örtlich erheblich eingeschränkt. In Mecklenburg-Vorpommern kann die freie Eintragung durch ein zweimonatiges Eintragungsverfahren bei den Gemeindebehörden ergänzt werden, wenn der Gesetzentwurf zuvor Gegenstand einer Volksinitiative war.

In Sachsen-Anhalt und Thüringen müssen zur Einleitung eines Volksbegehrens ein Antragsverfahren durchlaufen und eine bestimmte Zahl von Unterschriften vorgelegt werden. In Sachsen-Anhalt entfällt die Sammlung von 10.000 Unterschriften, wenn eine zulässige Volksinitiative gleichen Inhalts dem Begehren vorausging. In Thüringen dagegen bleibt ein zuvor durchgeführter Bürgerantrag, für den immerhin (umgerechnet) etwa 116.000 Unterschriften gesammelt werden müssen, unberücksichtigt.

Bei der Kombination von Zustimmungsquoren und gleichzeitiger Zulassung eines konkurrierenden Landtagsentwurfs beim Volksentscheid, wie es vier ostdeutsche Verfassungen auch für einfache Gesetze vorsehen, ist die Zulassung des sog. „doppelten Ja" von großer Bedeutung für die Erfolgschancen einer Vorlage. Lediglich in Sachsen-Anhalt gibt der Gesetzgeber jedem Abstimmenden so viele Stimmen, wie Entwürfe zur Entscheidung vorliegen, und hat das „Doppel-Ja" erlaubt. Dadurch wird – als Folge der Aufsplittung der Ja-Stimmen auf mehrere Entwürfe – das Risiko des Nichterreichens des Quorums abgemildert. Alle anderen Länder verbieten ausdrücklich das „doppelte Ja" und gestatten jedem Stimmberechtigten auch bei mehreren Vorlagen nur eine Stimme. Hier wurden Möglichkeiten einer modernen Verfahrensgestaltung nicht genutzt, die direktdemokratischen Instrumenten faire Erfolgschancen geben.

Als eine bedeutende Verbesserung gegenüber den bisher üblichen Verhältnissen sind die in den Ausführungsgesetzen von Sachsen und Sachsen-Anhalt vorgesehenen staatlichen Finanzierungshilfen zu bewerten. Der Kostenerstattungsanspruch sichert den Antragstellern eine finanzielle Unterstützung für die Organisation des Volksbegehrens sowie in Sachsen zusätzlich für einen angemessenen Abstimmungskampf; er wird in beiden Ländern durch Pauschalbeträge berechnet. Die Erstattungsbeträge liegen bei 0,10 DM bzw. 0,50 DM je gültige Eintragung beim Volksbegehren. Verglichen mit der Wahlkampfkostenerstattung für Parteien und der Ersparnis der Kosten, die dem Staat durch ein amtliches Eintragungsverfahren entstünden, sind sie bescheiden ausgefallen. Auffällig ist, daß nur die beiden Länder, die eine Kostenerstattungspflicht bzw. -option in ihrer Verfassung vorgesehen haben, derartige Regelungen einführten.

Neben den genannten Regelungen enthalten die Ausführungsgesetze z. B. Bestimmungen über die Reihenfolge, in welcher der volksbegehrte Entwurf und die Parlamentsvorlage auf dem Stimmzettel erscheinen, über die amtliche Veröffentlichung des Gegenstandes und Termins von Volksbegehren und -entscheiden, über Anhörungsrechte der Initianten im Parlament oder das Wiederholungsverbot von Initiativen und Begehren gleichen Inhalts. Eine unkonventionelle Regelung hat der brandenburgische Gesetzgeber getroffen, indem er die Altersgrenze für die Beteiligung an Volksinitiativen, die Anliegen von Jugendlichen betreffen, auf 16 Jahre herabsetzte. Sinnvoll ist auch eine Besonderheit des mecklenburg-vorpommerschen Gesetzes, nach der die Vertreter einer Volksinitiative oder eines Begehrens eine Beratung durch den Landeswahlleiter in Anspruch nehmen können.

Direkte Demokratie in der ostdeutschen Praxis

Eine erste Zwischenbilanz der Praxis direkter Demokratie in den neuen Bundesländern zeigt, daß die Bürgerinnen und Bürger direktdemokratische Instrumente akzeptieren und nutzen, soweit die gesteckten Hürden den praktischen Gebrauch ermöglichen. Bis Mitte 1998 wurden knapp über 30 Volksinitiativen eingereicht. In allen neuen Ländern konnte die Bevölkerung Erfahrungen mit direkter Beteiligung machen, allerdings mit sehr unterschiedlichen Ergebnissen. Verglichen

mit den Landesverfassungen älteren Typs haben die anwendungs-
freundlichen Regelungen zu einer verstärkten Nutzung direktdemokratischer Verfahren geführt (vgl. den Beitrag von *Jürgens*). Gleichzeitig wird deutlich, wie sehr die unterschiedliche Gestaltung Auswirkungen auf diese Nutzung hat. Daß in Thüringen bisher weder ein Bürgerantrag noch ein Volksbegehren durchgeführt wurden und zwei Projekte nach dem Scheitern am Quorum für das Volksbegehren als Massenpetition endeten, beweist den anwendungsfeindlichen Charakter der
dortigen Regelungen. Das seltsam anmutende Konstrukt des Bürger-
antrages, bei dem rund 116.000 Unterschriften notwendig sind, um ein
Anliegen aus dem Volk dem Landtag zu unterbreiten, vermag offensichtlich die Bürgerinnen und Bürger nicht hinreichend zu mobilisieren. So ist es eine logische Konsequenz, wenn nun in Thüringen ein
Volksbegehren zur Reform der Volksgesetzgebung vorbereitet wird
(geplanter Start: Winter 1999).

Die Praxis in den anderen vier neuen Ländern stimmt dagegen po-
sitiver. Dort zeigt sich, daß bei relativ moderaten Hürden insbesondere
die Volksinitiative rege genutzt wird. Spitzenreiter ist Brandenburg
mit 14 Volksinitiativen bis zur Jahresmitte 1998, gefolgt von Sachsen
und Mecklenburg-Vorpommern mit jeweils sieben Initiativen und
Sachsen-Anhalt mit drei eingereichten Volksinitiativen. Insgesamt
21 Initiativen nahmen erfolgreich die vorgesehene Hürde, wovon nur
vier Anliegen von den Landtagen positiv und 14 ablehnend entschieden wurden. Drei Verfahren scheiterten an Formfehlern: Beim ersten
Versuch einer Volksinitiative in Mecklenburg-Vorpommern waren die
Unterschriften wegen mangelnder Angaben ungültig. In Sachsen wurden zwei Volksanträge trotz ausreichender Unterstützung nicht zugelassen, weil kein selbständiger Gesetzentwurf vorlag. Eine Reihe weiterer Initiativen konnte die erforderliche Anzahl von Unterschriften
nicht erreichen. Hierbei handelte es sich oft um regionale Anliegen,
wie z. B. Fragen der Gliederung einzelner Landkreise.

Lediglich in zwei Bundesländern kam es bislang zu Volksbegehren. Nach der ablehnenden Entscheidung durch den Landtag wurden in
Brandenburg vier und in Sachsen zwei Projekte zur nächsten Verfahrensstufe geführt. Allerdings scheiterten sämtliche Volksbegehren an
der geforderten Zahl der Eintragungen. Die beiden ersten Volksbegehren in Brandenburg hatten die nur regional interessierenden Fragen der
Kreisgliederung bzw. der Bestimmung der Kreisstadt zum Inhalt und

erreichten lediglich einen Bruchteil der notwendigen Unterschriften (9.259 bzw. 6.125 gültige Unterschriften). Dagegen konnten die Volksbegehren „Kein Wasserstraßenbau in Brandenburg" (1996) und „NEIN zum Transrapid Berlin-Hamburg" (1998) wesentlich mehr Bürgerinnen und Bürger mobilisieren und 58.306 bzw. 69.570 Unterstützungsunterschriften erzielen. Als erschwerend für das Erreichen der geforderten 80.000 Unterschriften erwies sich in Brandenburg die Bestimmung, daß Eintragungen nur in amtlichen Eintragungslokalen und zu bestimmten Öffnungszeiten möglich sind. In Verbindung mit der viermonatigen Eintragungsfrist wird damit das Erreichen selbst der moderaten brandenburgischen Hürde von etwa 4 % der Stimmberechtigten wesentlich erschwert.

Die beiden Volksbegehren in Sachsen konnten zwar eine beachtliche Unterstützung verbuchen, jedoch scheitern auch hier die Projekte an der vergleichsweise hohen Hürde von 450.000 Unterschriften. Das Volksbegehren zur Aufnahme sozialer Grundrechte in die Verfassung (1994) erhielt über 140.000 Unterschriften (3,9 % der Stimmberechtigten) und das Volksbegehren zur Änderung des Schulgesetzes (1995) erreichte sogar knapp 211.000 Unterschriften, was mit einer Unterstützung von umgerechnet 5,9 % der Stimmberechtigten in Brandenburg oder Schleswig-Holstein zum Erfolg geführt hätte. Beide Volksbegehren behandelten überregionale Themen, die auf das Interesse größerer Bevölkerungskreise zählen durften, und wurden von relevanten politischen und gesellschaftlichen Gruppen unterstützt (PDS-Landesverband und -Landtagsfraktion bzw. Schüler- und Elternverbände). Läßt sich unter diesen günstigen Rahmenbedingungen, wozu u. a. auch die freie Unterschriftensammlung zählt, keine höhere Beteiligung erreichen, ist die Höhe der geforderten Unterschriften zu hinterfragen. Die bisherigen Erfahrungen jedenfalls lassen vermuten, daß die Hürden für Volksbegehren in Sachsen zu hoch ausgefallen sind.

Die lancierten Initiativen befaßten sich mit einer Vielzahl unterschiedlicher Themen. Jedoch lassen sich inhaltliche Schwerpunkte erkennen. Besonders häufig waren bislang Initiativen, welche die Bereiche Verkehr, Kreisgliederung und Bildung/Schulen/ Kinder/Jugendliche (z. B. Änderung von Schulgesetzen, Förderung der Jugendarbeit, Kindertageseinrichtungen) betrafen. Weitere häufige Themen waren Mieten (Forderung nach sozialverträglichen Mieten bzw. einer sozialen Überleitung des Mietensystems) und andere soziale Belange (soziale Rechte, sozialverträgliche Wasserpreise, Arbeit). Volksinitiativen zu Verkehrsfragen bezogen sich zumeist auf konkrete Vorhaben, wie z. B. den Bau von Autobahnen, den Wasserstraßenausbau in Brandenburg oder den Transrapid. Nur in einem Fall war ein allgemeines verkehrspolitisches Anliegen (Gesetz über den öffentlichen Personennahverkehr) Gegenstand einer Initiative. Die insgesamt neun Initiativen, die sich mit der Landkreis- bzw. Gemeindegliederung beschäftigten, hatten einen starken regionalen Bezug und konnten oft nur Bürgerinnen und Bürger aus den betroffenen Regionen mobilisieren. Für diese Projekte ist das Erreichen der erforderlichen Unterstützung oft sehr schwierig. Ähnliches gilt zum Teil für Verkehrsprojekte, die keine landesweite Bedeutung haben. Obwohl soziale Anliegen potentiell größere Bevölkerungsteile interessieren, ist die Resonanz durchaus unterschiedlich. Die Initiative zur Aufnahme sozialer Rechte in die Landesverfassung konnte mit mehr als 50.000 Unterschriften in Mecklenburg-Vorpommern das beste Ergebnis unter den dortigen Volksinitiativen erzielen, während ein Volksantrag gleichen Inhalts in Sachsen mit rund 55.000 Unterschriften eine vergleichsweise niedrige Unterstützung fand. Große Resonanz fanden regelmäßig Initiativen zu den Themen Schulen/Kinder/Jugendliche. Die Volksinitiative „zur Förderung von Musikschulen im Land Brandenburg" erreichte fast 50.000 Eintragungen, und der Volksantrag zur Änderung des Sächsischen Schulgesetzes wurde von über 188.000 Bürgerinnen und Bürgern unterstützt.

Tabelle 1: Verteilung der Themen bei Volksinitiativen und -begehren

Themen	Brandenburg	Meckl.-Vorp.	Sachsen	Sachsen-Anhalt	Thüringen
Mieten	•	•		•	•
Bildung/Schulen/Kinder	••	•	••	•	
Verkehr	•••	••		•	
Kreisgliederung	••••••	•	••		
Soziales	•	•	•		•
Sonstige		•	•		

Quelle: Eigene Darstellung

Der inhaltliche Erfolg direktdemokratischer Verfahren bemißt sich nicht allein an einem formal erfolgreichen Abschluß von Volksinitiativen und -begehren. In Brandenburg wurde z. B. den Forderungen von zwei Volksinitiativen politisch Rechnung getragen, obwohl diese nicht genügend Unterschriften erreichen konnten. Auch durch den Landtag ablehnend beschiedene Forderungen fanden zum Teil Berücksichtigung bei gesetzlichen Regelungen. Die indirekte Wirkung direktdemokratischer Instrumente ist deshalb nicht zu unterschätzen. Auch wenn die Ablehnungsrate der Landtage hoch ist, erhöhen Volksinitiativen die Sensibilität von Parlamenten, Parteien und Politikern für Anliegen aus dem Volk.

Die bisherige Praxis der Volksgesetzgebung zeigt den Bedarf an direktdemokratischen Partizipationsformen in den neuen Bundesländern. Die Volksinitiative hat sich dabei als ein funktionsfähiges Verfahren erwiesen. Dagegen zeigen die bisherigen Erfahrungen, daß die Qualifikationsquoren beim Volksbegehren große Hürden darstellen, die nur sehr schwer überwunden werden können. Aussagen über Volksentscheide aufgrund eines Volksbegehrens und ihre Erfolgschancen lassen sich noch nicht treffen, da bislang noch keine stattgefunden haben.

Weiterführende Literatur

Paulus, Petra: Direkte Demokratie im Entstehungsprozeß der ostdeutschen Landesverfassungen, in: Andreas Klages/dies.: Direkte Demokratie in Deutschland. Impulse aus der deutschen Einheit, Marburg 1996, S. 145-288.

Jung, Otmar: Die Praxis direkter Demokratie unter den neuen Landesverfassungen, in: Zeitschrift für Gesetzgebung 13 (1998), S. 295-328.

Tabelle 2:   *Verfahren der Volksgesetzgebung in den ostdeutschen Landesverfassungen (Auswahl)*

	Brandenburg	Mecklenburg-Vorpommern	Sachsen	Sachsen-Anhalt	Thüringen
Verfahrensaufbau	dreistufig	zweistufig	dreistufig	zweistufig	zweistufig
VOLKSINITIATIVE	Art. 76	Art. 59	Art. 71 (Antrag)	Art. 80	[Art. 68]
Quorum	**20.000** [1]	**15.000**	**40.000**	**35.000**	ca. 116.000
	1 %	1 %	1,1 %	1,6 %	**6 %** [2]
VOLKSBEGEHREN	Art. 77	Art. 60	Art. 72	Art. 81	Art. 82
Quorum	**80.000**	**140.000**	**450.000**	**250.000**	(ca. 270.000)
	4 %	10 %	12,6 %	11,6 %	**14 %**
Sammelfrist	4 Monate	keine Angabe	mind. 6 Monate	keine Angabe	4 Monate
Zulässigkeitsprüfung	LVerfG [3]	LVerfG [3]	VerfGH [3]	Regierung	VerfGH [3]
Beratungsfrist für Landtag	2 Monate	6 Monate	---	4 Monate	keine Angabe
VOLKSENTSCHEID					
Einfaches Gesetz (Quorum)	1/4	1/3	---	1/4 [4]	1/3
Verfassungsänderung					
Zusätzl. Mehrheitserfordernis	2/3	2/3	---	2/3	---
Zustimmungsquorum	Hälfte	Hälfte	(Mehrheit)	Hälfte	(Mehrheit)

[1] Alle Einwohner sind unterzeichnungsberechtigt. [2] Zusätzlich 5 % in 50 % der Kreise. [3] Auf Antrag.
[4] Entfällt, falls Landtag einen Alternativentwurf vorlegt.
Abkürzungen: LVerfG: Landesverfassungsgericht.   VerfGH: Verfassungsgerichtshof.

Tabelle 3: *Gestaltung der Volksgesetzgebungsverfahren in den Ausführungsgesetzen der ostdeutschen Länder*

	Branden-burg	Mecklenburg-Vorpommern	Sachsen	Sachsen-Anhalt	Thüringen
VOLKSINITIATIVE (indirekte) Sammelfrist	1 Jahr	---	---	---	4 Monate
VOLKSBEGEHREN Quorum für Beantragung eines Volksbegehrens	(entfällt)	---	(entfällt)	10.000 [1]	5.000 in 1 Monat [2]
Eintragungs-/Sammelfrist	4 Monate *	Keine	8 Monate [3]	6 Monate	4 Monate *
Sammelmodus	Nur bei Behörde	Freie Sammlung [4]	Nur freie Sammlung	Nur freie Sammlung	Nur freie Sammlung
Kostenerstattung	Nein	Nein [5]	Ja * [6]	Ja [7]	Nein

* Verfassungsrechtlich geregelt.

1 Die Unterschriften sind entbehrlich, wenn eine zulässige Volksinitiative gleichen Inhalts vorausging.

2 Keine Berücksichtigung der zu einem Bürgerantrag gleichen Anliegens beigebrachten Unterschriften.

3 Sechs Monate, wenn nach einem erfolglosen Volksantrag ein Volksbegehren eingeleitet werden soll.

4 Wenn der Gesetzentwurf bereits Gegenstand einer Volksinitiative war, können zusätzlich zwei Monate lang Listen bei den Gemeindebehörden ausgelegt werden.

5 Nur dann, wenn sich der Volksentscheid erledigt hat und die Initianten die Gründe nicht zu vertreten haben.

6 Volksbegehren: 0,10 DM/ Unterschrift; Volksentscheid: 0,02 DM / Ja-Stimme.

7 Volksbegehren: 0,50 DM / gültiger Eintrag (ab 10.000 Unterschriften).

Quelle (Tabelle 2 und 3): Eigene Darstellung.

V.4   Der Kampf um Mehr Demokratie in Hamburg

Von MICHAEL EFLER

Hamburg schrieb am 27. September 1998 (Demokratie-)Geschichte. Zum ersten Mal wurde außerhalb Bayerns über Fragen der direkten Demokratie abgestimmt. Es war die Abstimmung mit der höchsten Zustimmung unter allen Volksentscheiden (auf Volksbegehren) seit Bestehen der Bundesrepublik. Außerdem war es erst das vierte Mal insgesamt und das zweite Mal außerhalb Bayerns, daß ein Entwurf aus dem Volk Gesetz wurde. Doch ein Wermutstropfen bleibt: Das große Vorhaben, Volksentscheide tatsächlich zu ermöglichen, ist „unecht" am undemokratischen Zustimmungsquorum von 50 % der Stimmberechtigten gescheitert. Ein Stück in sechs Aufzügen.

Vorspiel: Hamburg 1996 – eine halbherzige Reform

Im Juni 1996 schloß die Hamburger Bürgerschaft mit der Verabschiedung einiger Ausführungsgesetze das Kapitel Verfassungsreform ab. Ein wichtiger Bestandteil war die Verankerung der Volksgesetzgebung in der Verfassung. Hamburg hatte damit als letztes der 16 Bundesländer direktdemokratische Mitbestimmungsmöglichkeiten geschaffen. Ein Grund zum Jubeln? Nein: Das Ergebnis war eine Volksgesetzgebung „light", die selbst im Bundesländervergleich völlig unzureichend bleibt.

Diese Einschätzung gründet sich zunächst auf den umfangreichen Ausschlußkatalog: Haushaltsangelegenheiten, Abgaben, Tarife der öffentlichen Unternehmen sowie Dienst- und Versorgungsbezüge blieben von der Volksgesetzgebung ausgeschlossen. Das klassische Argument, das Volk könne nicht mit Geld umgehen, wurde also auch in der hochverschuldeten Stadt Hamburg wieder aus der Mottenkiste geholt. Neben diesem klassischen Finanzvorbehalt stand der ärgerliche Ausschluß von Bauleitplänen und vergleichbaren Plänen. Dies war bei den Ausschußberatungen bis zum Schluß umstritten. Der STATT-Partei-Vertreter im Ausschuß, *Achim Reichert*, blamierte sich schließlich mit der Äußerung, wenn die Bauleitpläne der Volksgesetzgebung zugänglich seien, würden sich doch überall sofort Bürgerinitiativen bilden und versuchen, das neue Instrument zu nutzen. Eine bemerkenswerte Aussage des Vertreters einer Partei, die mit dem Versprechen, für mehr Bürgerbeteiligung zu sorgen, ins Hamburger Parlament gewählt worden war. CDU, SPD und STATT-Partei stimmten im Ausschuß schließlich gegen die Stimmen der Grün-Alternativen Liste (GAL) für den Ausschluß von Bauleitplänen und vergleichbaren Plänen. Mit dem Begriff „Einzelvorhaben" wurde zudem ein bundesweit einmaliger Ausschlußtatbestand kreiert. Hierdurch sollte verhindert werden, daß bestimmte Einzelfragen der Hamburger Politik in Gesetzesform gekleidet würden. Dies wurde nie präzisiert, vermutlich dachte man bei dieser Klausel vor allem an umstrittene Großprojekte wie Hafenerweiterung, Elbvertiefung, Flughafenausbau oder die vierte Elbtunnelröhre. Ziemlich schnell wurde „Mehr Demokratie in Hamburg" klar, daß bei den wichtigsten Politikbereichen der Bürgerwille nicht erwünscht ist.

Alsdann verdiente die Regelung des Volksbegehrens Kritik. 10 % der Stimmberechtigten (das waren etwa 120.000 Menschen) sollten sich binnen zwei Wochen auf Ämtern eintragen. Dies war genau die bayerische Regelung, die dazu führte, daß fast die Hälfte der dort durchgeführten Volksbegehren nicht zustande kam (vgl. den Beitrag von *Hahnzog*). Eine Verlängerung der Eintragungsfrist wurde mit der Begründung abgelehnt, dies würde einen nicht vertretbaren zusätzlichen Arbeitsaufwand für die Verwaltung bedeuten. Allerdings gab es einen Lichtblick im Verfahren, der später noch erläutert wird: die Benachrichtigungskarte.

Die Regelung der Mehrheitserfordernisse für den Volksentscheid läßt erkennen, ob der Gesetzgeber ernstlich direkte Demokratie will. Nach diesem Kriterium muß festgestellt werden, daß es der Hamburger Gesetzgeber überhaupt nicht ernst meinte. Denn Volksentscheide waren in der Hansestadt erst gültig, wenn sich neben der Mehrheit der Abstimmenden mindestens 25 % der Stimmberechtigten für „Ja" entschieden hatten, bei Verfassungsänderungen sogar eine Zweidrittel-Mehrheit der Abstimmenden und 50 % der Stimmberechtigten. Hamburg stand damit im bundesweiten Vergleich ziemlich schlecht da (vgl. den Beitrag von *Jürgens*). Insbesondere die Verfassungsänderung war in der Praxis nur bei einer Koppelung des Volksentscheids mit einer Bürgerschafts- oder Bundestagswahl erreichbar.

Zusammenfassend bleibt also festzuhalten, daß eine sehr schlechte Regelung beschlossen wurde. Das gesamte Verfahren enthielt viele Hürden, Unklarheiten und „kleine Gemeinheiten". Gerichtliche Auseinandersetzungen waren programmiert. Der Machterhaltungstrieb hatte wieder einmal gesiegt.

War der Inhalt der Volksgesetzgebung schon mehr als ungenügend, war es die Weise, wie sie zustande kam, erst recht. Bereits während der Beratungen der Verfassungsreform hatte sich das Forum Bürgerinnen- und Bürgerbewegung – Hamburg e. V. (ein Landesverband von Mehr Demokratie e. V. wurde erst im November 1997 gegründet) intensiv mit der direkten Demokratie in der Hansestadt befaßt. In mehrjähriger Arbeit hatten wir – lange vor Abschluß der „Reform" – einen eigenen Gesetzentwurf für die Einführung der Volksgesetzgebung in der Hamburger Verfassung vorgelegt. Untermauert durch einige Gutachten von Juristen und Politologen unternahmen wir eindringliche Versuche, zumindest in Teilfragen noch Verbesserungen durchzusetzen. Es wurden Gespräche mit Abgeordneten fast aller Fraktionen und sogar mit dem Justizsenator geführt. Alles vergeblich. Offensichtlich nahm man uns nicht ernst. Eine öffentliche Anhörung zu dem Thema wurde abgelehnt, unser Gesetzentwurf nicht vom Verfassungsausschuß diskutiert. Diese Geringschätzung sollte sich im Laufe des späteren Volksbegehrens noch ändern.

Erster Akt: Unsere Volksinitiative startet – Mehr Demokratie ist kein Selbstläufer

Was lag näher, als eine Durchsetzung unserer Forderungen mit Hilfe der direkten Demokratie, wenn doch gerade die repräsentative Demokratie sich als immun gegenüber diesen Forderungen erwies? Mit dem erfolgreichen Volksbegehren „Mehr Demokratie in Bayern" als motivierender Stütze im Hintergrund (vgl. den Beitrag von *Nemitz*) begannen wir mit den Überlegungen, ein Volksbegehren durchzuführen. Von vornherein war klar, daß dieses Unterfangen nur von Erfolg gekrönt sein würde, wenn uns die Koppelung des abschließenden Volksentscheids mit einer Wahl gelingen würde. Ansonsten erschien uns ein Überspringen des Zustimmungsquorums von 50 % unmöglich. Also wurde ein konkreter Zeitplan ausgearbeitet, der den Termin der Bundestagswahl 1998 als Ziel fest im Visier hatte. Da uns für den Start noch etwas Zeit blieb und inhaltlich ein geradezu symbiotischer Zusammenhang zwischen Bürgerentscheid und Volksgesetzgebung besteht, erarbeiteten wir auch noch einen Gesetzentwurf für die Einführung des Bürgerentscheides in den Bezirken. Unser Plan war es, mit der Sammlung der Unterschriften im Februar 1997 zu beginnen.

Schon am Anfang kamen wir in Verzug. Die Erarbeitung des Gesetzentwurfs zog sich länger hin als geplant. Auch die organisatorische Vorarbeit erwies sich für die kleine Gruppe aktiver Menschen, die wir waren, als sehr schwierig. Die Presse nahm uns nicht sonderlich ernst, zu einer „legendären" Pressekonferenz kam nicht ein einziger Journalist. Intern waren keineswegs alle von uns überzeugt, daß wir die Kraft hätten, ein solches Volksbegehren zu einem erfolgreichen Ende zu bringen. Einer unserer Unterstützer traute uns noch nicht einmal die Sammlung der für die Volksinitiative erforderlichen 20.000 Unterschriften zu und plädierte für eine Verschiebung des Volksbegehrens. Als „Startkapital" hatten wir nur ein paar tausend Mark zur Verfügung. Ebenso war die Suche nach Unterstützern sehr zäh, wenngleich die GAL als eine der ersten Organisationen mit dabei war. Je näher der Starttermin rückte, desto nervöser wurden wir. Auf was hatten wir uns bloß eingelassen?

Schließlich begann die Unterschriftensammlung erst am 28. Mai 1997, begleitet von viel „Pressewirbel" und einer ganzseitigen Anzeige im *Hamburger Abendblatt*. Aufgrund des späten Anmeldetermins blieben uns praktisch nur noch drei Monate für die Unterschriftensammlung; Ende August war der späteste Abgabetermin, wenn wir überhaupt noch eine theoretische Chance für die Koppelung des Volksbegehrens mit der Bundestagswahl haben wollten. Dieser scheinbare Nachteil erwies sich indes in der Rückschau als durchaus nützlich, denn der extreme Zeitdruck spornte uns natürlich stark an. Die SPD blamierte sich wenige Wochen später, als sie in ihrer Mitgliederzeitung *Hamburger Kurs* dazu aufrief, nicht zu unterschreiben, und sogar den Jusos wegen der Unterstützung für „Mehr Demokratie in Hamburg" Gelder sperrte. Hämische Kommentare in der Presse und die demonstrative Unterzeichnung vieler BürgerInnen waren die Folge. Anfang Juli wurde es dann ernst. Unsere Aktion „Befreit den mündigen Bürger", bei der 20 Direktdemokraten sich in Drahtkäfige gestellt hatten (vergleichbar der Abbildung im Beitrag von *Nemitz*), lockte neben der Presse ein überdimensioniertes Polizeiaufgebot an. Wegen Verstoßes gegen das Bannmeilengesetz wurde ein Ermittlungsverfahren eingeleitet; einige Wochen später auch gegen den Verfasser wegen des Aufstellens eines Plakates am Rathaus. Beide Verfahren sind inzwischen eingestellt worden.

Bis zur Halbzeit der Sechs-Monats-Frist, am 8. Juli, waren erst 5.000 Unterschriften gesammelt worden. Aber jetzt begann der massive Einsatz von Demokratiefreundinnen und –freunden aus dem ganzen Bundesgebiet. Insgesamt haben sicher über 40 Menschen aus anderen Bundesländern in Hamburg geholfen. Die Sammelkurve stieg immer schneller an; 14 Tage später waren bereits 10.000 Unterschriften zusammen. Inzwischen umfaßte das Bündnis über 40 Organisationen und prominente Einzelpersonen.

Am 11. und 16. August behandelte der SPD-Landesvorstand überraschend unser Anliegen. Dabei nahm er eine Resolution an, die uns „elitäres Denken" (wegen des Verzichts auf eine Mindestbeteiligung beim Volksentscheid) vorwarf und dekretierte, daß die nötige verfassungsändernde Mehrheit ja doch nicht zustande kommen würde. Noch einmal also sozialdemokratische Arroganz.

Der Endspurt lief überwältigend. Noch Anfang August gab es großes Nervenflattern bei uns. Doch dann kam ein Rücklauf von bis zu 700 Unterschriften pro Tag, und der erste Etappenerfolg war da. Am Ende konnten wir fast 30.000 Unterschriften öffentlichkeitswirksam im Hamburger Rathaus übergeben. Wie im normalen Leben, so kommen auch Unterschriftensammlungen eben erst so richtig in Gang, wenn der Abgabetermin naht.

Bei den Bürgerschaftswahlen im September 1997 gab es große Verluste für die SPD und einen Machtwechsel zu Rot-Grün. In den Koalitionsverhandlungen wurde festgehalten, daß die Partner zum Thema Volksgesetzgebung unterschiedliche Positionen hatten und deswegen bis zum Volksbegehren nicht gesetzgeberisch tätig werden würden. Etwas überraschend ließen dann Bürgerschaft und Senat die Frist für die Anrufung des Hamburgischen Verfassungsgerichts hinsichtlich der Zulässigkeit unserer Gesetzentwürfe verstreichen. Und dies, obwohl verschiedene Abgeordnete die Auffassung vertraten, unsere Gesetzentwürfe seien in wesentlichen Punkten verfassungswidrig. Damit konnte unser Zeitplan weiterhin eingehalten werden. Doch würden wir überhaupt das Volksbegehren schaffen?

Zweiter Akt: Das Volksbegehren – ein Sensationserfolg

Für den Erfolg des Volksbegehrens mußten sich innerhalb von zwei
Wochen (vom 9. bis 23. März) 10 % der Stimmberechtigten in Unterschriftenlisten eintragen, die nur auf den Ämtern auslagen. Eine freie
Unterschriftensammlung wie z. B. in Niedersachsen oder in den meisten neuen Bundesländern (vgl. den Beitrag von *Paulus*) gab es nicht.
Zudem hatte der rot-grüne Senat Anfang Januar Eintragungsbedingungen beschlossen, die wie ein Schlag ins Gesicht wirkten:

Es sollte nur eine einzige Zwischenmeldung am Ende der ersten
Woche über die Zahl der Eintragungen geben (wir hatten die tägliche
Bekanntgabe der Eintragungen oder eine Abfragemöglichkeit gefordert). Am Samstag, dem 14., und Sonntag, dem 15. März, sollten die
Eintragungsstellen geschlossen bleiben. Hingegen war am Wochenen-
de des 21./22. März geöffnet. Dadurch gab es effektiv nur 13 Eintra-
gungstage. Die Eintragungszeiten waren werktags von 8 bis 16 Uhr
(donnerstags bis 18 Uhr) sowie samstags und sonntags von 10 bis 16
Uhr. Für ganz Hamburg sollte es lediglich 27 Eintragungsstellen geben. Bei der Bürgerschaftswahl waren es rund 700 Wahllokale.

Eine Klage gegen diese Eintragungsbedingungen wurde vom Ober-
verwaltungsgericht abgewiesen, weil das Gesetz den Behörden bei der
Gestaltung der Eintragungsbedingungen einen weiten Ermessensspiel-
raum lasse. Glücklicherweise erhielt im Vorfeld des Volksbegehrens
jede/r Eintragungsberechtigte eine Benachrichtigungskarte, auf der die
Anschrift des nächsten Eintragungsraumes und die Eintragungszeit
standen. Auf der Rückseite war ein Antrag auf Briefeintragung vorge-
druckt. Dabei handelte es sich um eine bundesweit einmalige Regelung, die eher unbeabsichtigt ins Gesetz gerutscht war. Weil bereits
zum Volksbegehren die Bestimmungen des Wahlrechtes angewandt
werden mußten und es bei Wahlen immer eine Benachrichtigung gibt,
wurden vor dem Volksbegehren alle 1,2 Mio. Eintragungsberechtigten
schriftlich benachrichtigt. Ein großer Schritt hin zu mehr Fairneß bei
der Volksgesetzgebung.

Mit dem Näherrücken des Volksbegehrens kam jetzt langsam eine
öffentliche Debatte in Gang. Das Medieninteresse stieg; neben der
SPD befaßte sich jetzt erstmals auch die CDU mit unserem Vorhaben,
immer mehr Termine kamen auf uns zu.

Vom 9. bis 23. März 1998 fand das Volksbegehren statt. Mitte Februar verschickte die Stadt Hamburg die Benachrichtigungskarten. Kurz darauf brach unsere Telefonanlage zusammen. Tausende von Bürgern riefen bei uns an, um sich über den Inhalt der beiden Gesetzentwürfe zu informieren. Häufig wurde Unmut darüber geäußert, daß der Benachrichtigung keinerlei inhaltliche Erläuterung beigefügt war.

Am Freitag, den 13. März, wurde ein erstes Zwischenergebnis über die Zahl der Eintragungen bekanntgegeben. Diese übertraf noch unsere kühnsten Erwartungen. 85.000 Bürgerinnen und Bürger hatten sich schon in den ersten fünf Tagen eingetragen. Dies waren 7,1 % der Stimmberechtigten, wir waren also schon fast „über dem Berg". Als dann am 23. März der Landesabstimmungsleiter *Wolfgang Prill* das Endergebnis bekanntgab, war die Sensation perfekt: Von ca. 1,2 Mio. Eintragungsberechtigten hatten sich 222.328 gleich 18,4 % für die Verbesserung der Volksgesetzgebung und 218.577 gleich 18,1 % für die Einführung des Bürgerentscheids eingetragen. Nur das legendäre Volksbegehren in Nordrhein-Westfalen zum Stop der sogenannten „Koop-Schule" 1978 hatte noch mehr Zuspruch erhalten (29,8 %; vgl. den Beitrag von *Jürgens*).

Dritter Akt: Vor der Abstimmung – Krisen und Kontroversen

Dennoch gab es an diesem Abend einen Dämpfer für uns. Staatsrat *Prill* rechnete auf einer überfüllten Pressekonferenz vor, daß der nun erforderliche Volksentscheid auch zwischen dem 27. und 31. Oktober stattfinden könnte. In dieser Zeitspanne lag noch nicht einmal ein Sonntag. Ungläubiges Entsetzen mischte sich bei uns in die Freude über den Erfolg des Volksbegehrens. Würde der Senat wirklich einen so dreisten Versuch wagen, uns „das Wasser abzugraben"? Wir gingen auf jeden Fall sofort in die Offensive und wiesen auf den unvertretbar hohen Aufwand und die Verschwendung von Steuergeldern hin, die bei einer solchen Abkoppelung vom Bundestagswahltermin zwangsläufig die Folge wären. Die zu erwartende verheerende öffentliche Wirkung kurz vor diesen Wahlen gab dann wohl den Ausschlag, daß diese theoretischen Spielereien nicht weiter verfolgt wurden. Bald war klar, daß wir unser strategisches Ziel erreicht hatten: Der Volksentscheid würde am 27. September 1998, dem Tag der Bundestagswahl, stattfinden.

Die Parteien suchen nach ihren Positionen

Am Dienstag, dem 24. März – nur einen Tag nach dem Volksbegehren – lud die CDU-Bürgerschaftsfraktion zu einer Pressekonferenz. Erstaunt nahmen wir zur Kenntnis, daß die CDU jetzt ebenfalls für niedrigere Hürden bei Volksinitiative und Volksbegehren eintrat. Bislang hatte sie immer davor gewarnt, zu niedrige Hürden führten zu einer Inflation von Volksabstimmungen. Andererseits hielt die CDU an den geltenden Zustimmungsquoren von 25 % für einfache Gesetze und 50 % für Verfassungsänderungen fest. Der praktische Effekt einer solchen Reform wäre, daß es zwar zu mehr Volksentscheiden käme, die dann aber fast ausnahmslos an jenen Quoren scheitern würden. Ein gutes Programm zur weiteren Steigerung der Politikverdrossenheit.

Die SPD stand dem in nichts nach. Auch sie wollte bis zum Volksbegehren überhaupt nicht an der geltenden Hamburger Verfassung rütteln. Aber angesichts einer drohenden Niederlage beim Volksentscheid bewegte sie sich doch ein wenig. Wie bei der CDU sollten die Eingangshürden halbiert werden, das Zustimmungsquorum aber in voller Höhe bestehen bleiben. Der Bürgerentscheid wurde jetzt befürwortet, aber natürlich ohne aufschiebende Wirkung und mit einem 25%-Zustimmungsquorum. Diese Vorschläge wollte man dem hamburgischen Volk als Gegenentwurf der Bürgerschaft vorlegen, so daß die Bürgerinnen und Bürger die Auswahl zwischen dem Gesetzesvorschlag von „Mehr Demokratie in Hamburg" und der Konkurrenzvorlage der Bürgerschaft hätten. Diese weitgehende sachliche Übereinstimmung der beiden großen Parteien barg freilich erhebliche politische Probleme. Der rot-grüne Koalitionsvertrag verbot, mit der Opposition zu stimmen. Die GAL lehnte es zunächst ab, gemeinsam mit der SPD einen Gegenentwurf zu beschließen, und warnte ihre Koalitionspartnerin vor einem Zusammengehen mit der CDU; dies könne unter Umständen den Bruch der Koalition zur Folge haben.

Wie die Beratungen der Parteien hektisch wurden, nahm auch die öffentliche Diskussion an Schärfe zu. Nachdem die Einwände bisher überwiegend verfassungstheoretischer Natur waren, wurde jetzt allen Ernstes die Unregierbarkeit der Stadt befürchtet. Unterstützt von Teilen der Springer-Presse und von der Handelskammer „haute" die große Koalition gegen das Volk mächtig „auf die Pauke": „1.000 Unterschriften können 10.000 Arbeitsplätze vernichten", „Ein verfassungswidriges Auslaufmodell soll eingeführt werden", „Minderheiten werden drangsaliert", „Volksentscheide mit niedrigsten Wahlbeteiligungen führen zu Scheindemokratie", „Hafen und Flughafen werden durch Verschärfung der Lärmschutzverordnung lahmgelegt", „Wir stehen am Anfang einer verhängnisvollen Entwicklung". Kein „Argument" war zu primitiv, um nicht doch ins Feld geführt zu werden. Kurz vor dem Volksentscheid warnte eine Initiative „Demokratie braucht Mehrheiten" um den Filmemacher *Hark Bohm,* den Staatsrechtler *Hans Peter Bull* und den Ex-Wirtschaftssenator *Helmuth Kern* gar per Anzeige vor der Gefahr einer „Kaderdiktatur", wenn das Konzept von Mehr Demokratie e. V. verwirklicht würde. Bayerische Verhältnisse?!

Die Angst vor einer Abstimmungsniederlage und der damit verbundenen Änderung der politischen Praxis ließ insbesondere die SPD sehr nervös werden. Der Abgeordnete *Jan Ehlers* zerriß während einer öffentlichen Parlamentssitzung eine Pressemitteilung von Mehr Demokratie e. V. Die SPD-Fraktion schickte einen ihr anonym zugeleiteten persönlichen Brief des Verfassers an den Geschäftsführer der Handwerkskammer, *Jürgen Hogeforster*, kommentarlos an die Presse. In diesem Brief bedauerte ich den vermeintlichen Widerruf der Unterstützung unserer Kampagne durch Herrn *Hogeforster*. Die SPD wollte daraus natürlich Kapital schlagen.

Interessant war aber auch, daß ein Spitzenfunktionär der CDU, der nicht namentlich genannt sein wollte, parteiintern folgenden Vorschlag machte: Man solle die Gesetzentwürfe von „Mehr Demokratie in Hamburg" komplett übernehmen und nach einer bestimmten Frist, z. B. nach fünf Jahren, in der Bürgerschaft entscheiden, ob sich die Reformen bewährt hätten oder nicht. Der parteiinterne Widerstand war aber so stark, daß dieser Vorschlag sich nicht durchsetzen ließ.

Die Entscheidung über die Konkurrenzvorlage fiel endgültig erst am 26. August (d. h. vier Wochen vor der Abstimmung!) auf einer Sondersitzung der Bürgerschaft. Die GAL knickte dann doch ein und stimmte aus etwas fragwürdiger Koalitionstreue und geradezu panischer Angst vor einem gemeinsamen Abstimmverhalten von CDU und SPD einem Gegenentwurf zu. Der Versuch des Verfassers, dies als Parteimitglied auf einer Mitgliederversammlung zu verhindern, scheiterte zugegebenermaßen kläglich (nur sechs von etwa 100 Anwesenden stimmten für seinen Antrag). Aber lieber eine Abstimmung in der Partei verlieren und dafür eine Abstimmung im Volk gewinnen als umgekehrt...

Die beiden Entwürfe im Vergleich

Der Gegenentwurf der Bürgerschaft hatte aus unserer Sicht zwei zentrale Schwächen, die wir immer wieder ins Bewußtsein der Öffentlichkeit zu rücken versuchten. Erstens: das *Finanztabu*. Der Entwurf erhielt das bestehende Finanztabu bei der Volksgesetzgebung in vollem Umfang aufrecht. Mehr Demokratie e. V. dagegen wollte den Tabubereich auf „Haushaltsbeschlüsse" im strikten Sinne beschränken. Was macht das für einen Unterschied? Nach der Konkurrenzvorlage sollten weiterhin alle Volksinitiativen, deren Anliegen sich auf den Haushalt lediglich *auswirkt*, vom Hamburgischen Verfassungsgericht gestoppt werden können. Die praktischen Erfahrungen aus Schleswig-Holstein und Bremen sprechen hier eine deutliche Sprache: Drei der letzten vier Volksbegehren in Bremen wurden vom Staatsgerichtshof aus eben diesem Grunde nicht zugelassen (vgl. den Beitrag von *Kampwirth*), und in Schleswig-Holstein erklärte der Landtag Anfang September 1998 eine Volksinitiative zur Gleichstellung von öffentlichen und privaten Schulen („Schule in Freiheit") für unzulässig, weil eventuell Mehrkosten auf das Land zugekommen wären. Direktdemokratische Einflußnahme wäre also nach dem Konkurrenzentwurf der Bürgerschaft weiterhin kaum möglich gewesen, denn welches wichtige Thema ist nicht mit einem Eingriff in den Haushalt verbunden?

Zweitens: die *Quoren*. Dies war sozusagen ein „Dauerbrenner", über den wir uns mit den Parteien immer wieder stritten. Der Bürgerschaftsentwurf sah gegenüber dem geltenden Recht nur kleine Erleichterungen vor: Bei einfachen Gesetzen sollte das Zustimmungsquorum von 25 % auf 20 % gesenkt werden (alternativ wurde ein 33%iges Beteiligungsquorum neu eingeführt). Bei Verfassungsänderungen sollten statt 50 % „nur" 40 % der Stimmberechtigten zustimmen müssen (und weiterhin eine Zweidrittel-Mehrheit der Abstimmenden). Mehr Demokratie e. V. dagegen warb für die große Lösung: Entscheiden sollten immer die Abstimmenden – bei einfachen Gesetzen mit einfacher Mehrheit und bei Verfassungsänderungen mit Zweidrittel-Mehrheit. Nach dem von der Bürgerschaft vorgeschlagenen Regelwerk wäre nur einer der sechs Volksentscheide, die in der Bundesrepublik Deutschland bisher auf Volksbegehren hin stattgefunden haben, gültig gewesen (in Bayern 1991). Nach dem umfassenden Finanztabu wäre dies der zweite entscheidende Hebel gewesen, um die Volksgesetzgebung lahmzulegen.

Neben diesen beiden Hauptkritikpunkten bauten wir vor allem in unserer Öffentlichkeitsarbeit eine Polarisierung zwischen dem „Bürgerentwurf" und dem „Politikerentwurf" auf, die sehr wichtig war. Denn viele Bürger kannten sicherlich nicht genau die Unterschiede zwischen den beiden Entwürfen. Dies ließ sich in der kurzen verbliebenen Zeit und angesichts der mangelnden Information durch die Stadt Hamburg kaum ändern. Aber wir konnten auf jenen Gegensatz hinweisen und fragen: Warum sollten Politiker freiwillig Macht abgeben?

Weiterhin visualisierten wir unsere Abstimmungsempfehlung (Ja zu unserem Entwurf, Nein zum Gegenvorschlag) konsequent. Auf unserem Flugblatt, in allen Zeitungsanzeigen, auf Plakaten, im Internet und sogar in unserem Kinospot tauchte der in unserem Sinne angekreuzte Stimmzettel auf (siehe Abbildung 1 auf der folgenden Seite). Offensichtlich erinnerten sich viele daran. In einer Großaktion stellten wir in mehreren Nächten unsere Stellschilder vor fast allen Abstimmungslokalen auf.

Ein Wort muß noch zu den Umständen der Abstimmung gesagt werden. Da aufgrund des späten Beschlusses der Bürgerschaft über die Konkurrenzvorlage die Benachrichtigung für den Volksentscheid von der Wahlbenachrichtigung zur Bundestagswahl abgetrennt worden war, lag die Beteiligung bei der Briefabstimmung deutlich unter der bei der Briefwahl. In einer Modellrechnung unter für uns eher ungünstigen Annahmen haben wir herausgefunden, daß bei einer gleichzeitigen Benachrichtigung über Abstimmung und Wahl das Zustimmungsquorum von 50 % knapp übersprungen worden wäre. Es gab noch zahlreiche andere bürokratische Behinderungen, aber dieser Punkt war der entscheidende.

An der Bundestagswahl beteiligten sich 81,1 % der Berechtigten, am Volksentscheid aber „nur" 66,7 %, also 14,4 Prozentpunkte weniger. Diese Differenz ist im wesentlichen auf die unterschiedliche Höhe der *Briefbeteiligung* zurückzuführen.

Abbildung 1:   Werbung vor dem Volksentscheid

Mehr Demokratie in Hamburg!

Stimmzettel zum Volksentscheid

Gesetzentwurf des Volksbegehrens:

Stimmen Sie dem Gesetzentwurf des Volksbegehrens "Für Volksentscheide in Hamburg" zu?

Ja   Nein

Gesetzentwurf der Bürgerschaft:

Stimmen Sie dem Gesetzentwurf der Bürgerschaft "Für erleichterte Volksentscheide in Hamburg" zu?

Ja   Nein

Achtung! Sie erhalten 2 Stimmzettel:
Einen roten für Volksentscheide in Hamburg und einen grünen für
Bürgerentscheide in Bezirken. Stimmen Sie auf beiden Zetteln oben mit ja!

Ja zum Volksbegehren!
Nein zum Parteienentwurf!

1. Für Volksentscheide in Hamburg   2. Für Bürgerentscheide in Bezirken

Mehr Demokratie in Hamburg, Zirkusweg 11, 20359 Hamburg, Tel.: 040-317 69 100, Fax: 040-317 69 10 28
Email: 100407.26@compuserve.com, Internet: www.bs-net.com/demokratie
Spendenkonto: Hamburger Sparkasse, Kt. 1042 13 5572, BLZ 200 505 50

Bei der Bundestagswahl haben sich 19,8 % der Wahlberechtigten per Brief beteiligt, bei der Volksabstimmung nur 9,8 % der Stimmberechtigten. An der Urne lag die Abstimmungsbeteiligung nur um 4,4 Prozentpunkte unter der Wahlbeteiligung. Werden die zeitgleich durchgeführten Volksentscheide in Hamburg und Schleswig-Holstein (vgl. den Beitrag von *Kliegis/Kliegis*) miteinander verglichen, so überrascht die deutlich höhere Beteiligung in Schleswig-Holstein. Dort haben 76,4 % abgestimmt, die Wahlbeteiligung lag bei 82,7 %. Wenn man sich die Zahlen noch näher ansieht, stellt man fest, daß es in Schleswig-Holstein nicht zu einem derart auffälligen Auseinanderklaffen zwischen Briefabstimmungs- und Briefwahlbeteiligung gekommen ist (die Briefabstimmung liegt nur um drei Prozentpunkte unter der Briefwahl). In Schleswig-Holstein gab es eine gemeinsame Benachrichtigung für die Bundestagswahl und den Volksentscheid. Die „niedrige" Abstimmungsbeteiligung in Hamburg war somit verfahrensbedingt.

Wenn also davon ausgegangen wird, daß in Hamburg die Briefabstimmungsbeteiligung ebenfalls nur um drei Prozentpunkte unter der Wahlbeteiligung gelegen hätte, wäre die gesamte Abstimmungsbeteiligung auf 73,7 % gestiegen. Die Zustimmung, bezogen auf die Stimmberechtigten wäre dann auf 50,26 % gestiegen, das Quorum übersprungen, eine moderne Volksgesetzgebung in Kraft getreten.

Vierter Akt: Der Volksentscheid vom 27. September 1998 – die Premiere direkter Demokratie in Hamburg

Die große Zustimmung bei den ersten Hamburger Volksentscheiden zu den Entwürfen von Mehr Demokratie e. V. ist angesichts der schwierigen Rahmenbedingungen ein sensationelles Ergebnis. Trotz des Gegenentwurfs, teilweise skandalöser Vorkommnisse bei Organisation und Durchführung der Abstimmung, des Widerstandes beider großer Parteien, der wankelmütigen Haltung der GAL und der Ablehnung durch die Handelskammer sowie Teile der Medien (vor allem *BILD* und *taz*) ist es gelungen, 75 % der Abstimmenden zu einem „Ja" zu unseren Vorschlägen zu bewegen. Dies sind zugleich historisch denkwürdige 45 % der Stimmberechtigten, was aber nicht ganz ausreichte, um das undemokratische Zustimmungsquorum von 50 % für eine Verfassungsänderung zu überwinden (siehe Tabelle 1, folgende Seite).

Tabelle 1:   *Ergebnis des Volksentscheids zur Verfassungsänderung*

Gesamtergebnis des Volksentscheids über die Änderung der Volksgesetzgebung (Änderung von Artikel 50 der Hamburger Verfassung) vom 27.09.1998		
		in %
Stimmberechtigte	1.202.147	
Abgegebene Stimmen	801.879	66,70
Davon entfielen in Bezug auf den Gesetzentwurf des *Volksbegehrens* Ungültige Stimmen	63.313	7,90
Gültige Stimmen	738.566	92,10
Von diesen lauteten auf Ja	546.937	74,05
Nein	191.629	25,95
Ja in % der Stimmberechtigten		**45,50**
Erforderliche Zahl (Quorum)	601.074	**50,00**
Ferner entfielen in Bezug auf den Gesetzentwurf der *Bürgerschaft* Ungültige Stimmen	91.549	11,42
Gültige Stimmen	710.330	88,58
Von diesen lauteten auf Ja	426.506	60,04
Nein	283.824	39,96
Ja in % der Stimmberechtigten		35,48

Quelle: Freie und Hansestadt Hamburg. Staatliche Pressestelle: Wochendienst Nr. 40 vom 9.10.1998; Eigene Berechnungen.

Der Bürgerentscheid in den Hamburger Bezirken ist aber eingeführt worden (siehe Tabelle 2, folgende Seite), da der Entwurf von Mehr Demokratie e. V. deutlich mehr Stimmen als der Gegenvorschlag der Bürgerschaft erhielt. Somit verbleibt nur noch Berlin als einziges bürgerentscheidsloses Bundesland (vgl. den Beitrag von *Geitmann*). Die Abstimmung war auch ein Beweis für die Souveränität der BürgerInnen. Viele, die *Gerhard Schröder* zum Bundeskanzler wählten, entschieden sich bei der Volksabstimmung gegen die Parteilinie.

Tabelle 2:   *Ergebnis des Volksentscheids „Bürgerentscheide" in Hamburg vom 27. September 1998*

Gesamtergebnis des Volksentscheids zur Einführung von Bürgerentscheiden und Bürgerbegehren in den Bezirken		
		in %
Stimmberechtigte	1.202.147	
Abgegebene Stimmen	801.879	66,70
Davon entfielen in Bezug auf den Gesetzentwurf des *Volksbegehrens*		
Ungültige Stimmen	65.936	8,22
Gültige Stimmen	735.943	91,78
Von diesen lauteten auf		
Ja	538.995	73,24
Nein	196.948	26,76
Ja in % der Stimmberechtigten		**44,84**
Erforderliche Zahl (Quorum)	300.537	**25,00**
Ferner entfielen in Bezug auf den Gesetzentwurf der *Bürgerschaft*		
Ungültige Stimmen	92.967	11,59
Gültige Stimmen	708.912	88,41
Von diesen lauteten auf		
Ja	422.573	59,61
Nein	286.339	40,39
Ja in % der Stimmberechtigten		35,15

Quelle: Freie und Hansestadt Hamburg. Staatliche Pressestelle: Wochendienst Nr. 40 vom 9. 10. 1998; Eigene Berechnungen.

Partei- und Sachpräferenz klafften auseinander. „Mehr Demokratie in Hamburg" erhielt in den SPD-Hochburgen die meiste Zustimmung, wie Tabelle 3 (siehe folgende Seite) beweist. Dieses Ergebnis widerlegt auch die Meinung, daß vor allem die bürgerlichen und besserverdienenden Bevölkerungsteile hinter den Forderungen von Mehr Demokratie e. V. stünden. Das Gegenteil ist richtig. Die „schlechtesten" Ergebnisse haben wir in den statushohen CDU- und FDP-Hochburgen Wellingsbüttel (57 %) und Othmarschen (57,5 %) erzielt.

Tabelle 3:   *Ergebnis des Volksentscheids im Vergleich zum Zweit-*
                 stimmenergebnis der SPD bei der Bundestagswahl

Stadtteil	Ja-Stimmen [a]	SPD-Stimmen [b]
Billbrook	86,7	58,8
Hamm-Süd	83,1	56,8
Kleiner Grasbrook/Steinwerder	82,5	60,0
Harburg	81,6	53,5
Wilhelmsburg	81,5	55,5
Horn	80,4	55,7
Billstedt	80,1	56,2
Steilshoop	77,7	61,4

[a] = Ja-Stimmen für den Entwurf von „Mehr Demokratie in Hamburg"
    beim Volksentscheid zur Veränderung der Volksgesetzgebung.
[b] = Zweitstimmen für die SPD bei der gleichzeitigen Bundestagswahl.

Nachspiel: Wie geht es weiter?

Für Mehr Demokratie e. V. ist klar, daß das Votum von fast 550.000
HamburgerInnen nicht ignoriert werden kann. Wir werden die Bürgerschaft zu einer Verfassungsänderung drängen. Unserer Meinung nach
kann sie aus Legitimitätsgründen nur den Vorschlag von „Mehr Demokratie in Hamburg" übernehmen. Denn wir haben alle Bedingungen
des Bürgerschaftsentwurf für verfassungsändernde Volksentscheide erfüllt (Zustimmung von zwei Dritteln der Abstimmenden, mindestens
jedoch 40 % der Stimmberechtigten). Der Bürgerschaftsentwurf aber
ist gleich dreifach gescheitert: am geltenden Quorum, am von der Bürgerschaft selbst vorgeschlagenen Quorum und gegenüber dem Vorschlag von Mehr Demokratie e. V. Es ist skandalös, wenn sich jetzt *alle* Parteien für Verbesserungen auf der Grundlage des *Bürgerschafts-
entwurfes* aussprechen. Zumal die Stimmen der CDU für eine Verfassungsänderung gebraucht werden und daher eine weitere Verschlechte-
rung des ohnehin schon unbefriedigenden Entwurfes zu befürchten ist.
Eben dies zeigt ein gemeinsames Positionspapier von SPD, CDU und
GAL vom 26. März 1999: Auf den beiden ersten Stufen des Verfahrens – Volksinitiative und -begehren – soll es Erleichterungen im Sin-

ne des Bürgerschaftsentwurfs geben. Ferner gilt in Zukunft die Volksgesetzgebung auch für Bauleitpläne, vergleichbare Pläne und für Einzelvorhaben. An der entscheidenden Stelle der Voraussetzungen einer Verfassungsänderung durch Volksentscheid aber hat sich die CDU mit ihrer harten Linie durchgesetzt, die hohen Hürden der bisherigen Regelung (vor allem das 50%-Zustimmungsquorum) beizubehalten. Offensichtlich hat die Regierung die Konzessions-Richtung gewechselt. Mit der Konkurrenzvorlage war sie – den drohenden Volksentscheid vor Augen – der Konzeption des Volksbegehrens entgegengekommen. Nun, ein halbes Jahre später, gelten allein die Regeln innerparlamentarischer Kompromißsuche. Wir betrachten diesen Parteienkompromiß als einen Erfolg für Mehr Demokratie e. V., sofern die Parteien denn auch wirklich die Hamburger Verfassung ändern werden. Da aber wesentliche Forderungen von uns noch immer nicht erfüllt sind, halten wir uns die Option eines erneuten Volksbegehrens offen.

Mehr Demokratie e. V. wird sich der Verantwortung für den auf den Weg gebrachten Bürgerentscheid nicht entziehen. Wir werden die Anwendung des Instrumentes sorgfältig verfolgen, Bürgerbegehren beraten und bürokratische oder politisch gewollte Behinderung seitens der Verwaltung oder des Senates öffentlich machen. Wir werden andererseits aber auch die Initiativen darauf hinweisen, daß ein Bürgerbegehren kein unüberlegter Schnellschuß sein darf. Ein verantwortungsvoller Umgang mit dem Instrument ist wichtig für dessen Akzeptanz, und auch für den Erfolg der Initiativen. Wir werden auf alle Möglichkeiten, die das neue Gesetz bietet, hinweisen: Bürgerbegehren müssen sich nicht immer *gegen* etwas richten, sondern können z. B. alternative Bebauungsplanungen vorschlagen. Außerdem gibt es nach dem Sammeln der Unterschriften die Möglichkeit, einen Kompromiß mit der Bezirksversammlung auszuhandeln. Wir hoffen, daß diese Möglichkeiten gesehen und genutzt werden, so daß es nicht unbedingt zu einem – immer auch polarisierenden – Bürgerentscheid kommt.

Weiterführende Literatur

Hiller, Marcus: Die Bürgeraktion „Mehr Demokratie in Hamburg" – Die Initiativen zur Veränderung der Volksgesetzgebung und zur Einführung des Bürgerentscheids – 1996 bis 1998, Diplomarbeit Politikwissenschaft, Hamburg 1998.

Abbildung 2: Werbung für die Einführung von Bürgerbegehren und Bürgerentscheiden in den Bezirken

Worüber Sie in Zukunft mitentscheiden können!

Derzeit sind viele zentrale Themen (wie z.B. städtische Bauvorhaben) vom Volksentscheid ausgeschlossen. Das soll sich nun ändern: Mit „Mehr Demokratie in Hamburg" können wir Bürger künftig auf Stadt- und Bezirksebene über alle wichtigen Fragen ein Volksbegehren einleiten. Unsere (bei weitem nicht vollständige) Auswahl möglicher Themen verdeutlicht das.

Beispiele für Themen bei Volksentscheiden in Hamburg:

1. ~~Dosa~~
2. HEW-~~Verkauf~~
3. Hafen~~erweiterung~~
4. Elb~~vertiefung~~
5. Schulgesetz
6. Bezirksverwaltungsreform
7. Straßen~~bahnnetz~~
8. Hamburger Hochschulgesetz
9. Verkauf der ~~Landesbank~~
10. Neues Wahlrecht
11. Antidiskriminierungsgesetz
12. Öffentliche Sicherheit

Beispiele für Themen bei Bürgerentscheiden in den Bezirken:

- Altona: Holzhafen~~bebauung~~
- Eimsbüttel: Schä~~ferturm~~
- Mitte: Erweiterung ~~Tchibo~~ Hamm-Süd
- Bergedorf: Allermöhe ~~3+4~~ (Oberbillwerder)
- Wandsbek: Großkin~~dertagesstätten~~
- Harburg: Rück~~bauplanung~~
- Wilhelmsburg
- Nord: Langen~~horn 66~~

Über Themen mit ~~Kreuz~~ **6** sind nach heutigem Recht Bürger- bzw. Volksbegehren unzulässig!

Infozeitung zum Volksentscheid 6 „Mehr Demokratie in Hamburg"

V.5 Die anderen Bundesländer

Von GUNTHER JÜRGENS

Einleitung

In diesem Kapitel sollen die Erfahrungen mit der Volksgesetzgebung in den zuvor nicht besonders behandelten Bundesländern – also Baden-Württemberg, Berlin, Hessen, Niedersachsen, Nordrhein-Westfalen, Rheinland-Pfalz, dem Saarland und Schleswig-Holstein – zusammengefaßt dargestellt werden. Die rechtlichen Grundlagen der Volksgesetzgebung weisen im wesentlichen vergleichbare Grundzüge auf, unterscheiden sich jedoch im Detail.

Schon die Geschichte der direkten Demokratie in den genannten Bundesländern ist recht unterschiedlich. Während in Hessen, Nordrhein-Westfalen und Rheinland-Pfalz Volksbegehren und Volksentscheid bereits in den nach dem zweiten Weltkrieg zwischen 1946 und 1950 erlassenen Verfassungen von vornherein enthalten waren, sind diese in Baden-Württemberg erst 1974 und im Saarland 1979 in die Landesverfassung aufgenommen worden. In Schleswig-Holstein hatte es bereits im Jahre 1978 Bestrebungen zur Einführung der Volksgesetzgebung gegeben. Dem direktdemokratischen Gedanken wurde aber erst im Zuge der nach der *Barschel*-Affäre von 1987 einsetzenden Diskussion um eine grundlegende Neuorganisation der demokratischen Grundlagen des Landes zum Durchbruch verholfen und in der neuen Verfassung von 1990 verankert. Wohl unter dem Eindruck dieser Entwicklung im nördlichen Nachbarland und in den neuen Bundesländern mochte nun auch Niedersachsen nicht mehr zurückstehen. Es gab seine bis dahin beharrlich beibehaltene direktdemokratische Enthaltsamkeit auf, indem es ebenfalls Volksbegehren und Volksentscheid in die neue Verfassung von 1993 aufnahm. Wie auf vielen Gebieten nimmt Berlin auch hier eine Sonderstellung ein. Dort gab es nämlich ein direktdemokratisches Auf und Ab. In der ursprünglichen Verfassung Berlins von 1950 war die Möglichkeit der Volksgesetzgebung zwar enthalten, jedoch kam es nie zum Erlaß des notwendigen Ausführungsgesetzes. Nach über 20 Jahren zog das Abgeordnetenhaus die Konsequenzen aus dieser Diskrepanz zwischen Verfassungs- und

Gesetzeslage. Allerdings wurde nicht das Ausführungsgesetz endlich erlassen, sondern 1974 der Verfassungsartikel über Volksbegehren und Volksentscheid aufgehoben. Erst weitere 20 Jahre später nahm das Abgeordnetenhaus nach einigem Hin und Her die Volksgesetzgebung wieder in die Verfassung von 1995 auf.

In den „frühen" Verfassungen ist die Volksgesetzgebung – wie auch zur Zeit der Weimarer Republik üblich – zweistufig aufgebaut, nämlich untergliedert in das Volksbegehren und den Volksentscheid. Die Verfassung Schleswig-Holsteins von 1990 hat hingegen eine neue dreistufige Variante herausgebildet, bei der dem eigentlichen Volksbegehren die Volksinitiative vorgeschaltet ist. Diese wendet sich zunächst ausschließlich an den Landtag. Erst wenn dieser der hierdurch eingebrachten Vorlage nicht zugestimmt hat, kann sich das eigentliche Volksbegehren anschließen. Im „klassischen" zweistufigen Aufbau ist eine Befassung des Landtages jeweils erst nach dem zustandegekommenen Volksbegehren vorgesehen. Die später reformierten Verfassungen Niedersachsens und Berlins haben zwar diese Dreigliederung in Volksinitiative, Volksbegehren und Volksentscheid aufgegriffen, jedoch die Volksinitiative an das Parlament nicht als notwendige Voraussetzung für die Durchführung eines Volksbegehrens vorgeschrieben.

Im Folgenden wird der Verfahrensablauf im Volksgesetzgebungsverfahren in den eingangs genannten Bundesländern vergleichend dargestellt und gleichzeitig durch bisher erfolgte praktische Anwendungsfälle näher veranschaulicht.

Antrag auf Volksbegehren

Die Durchführung eines Volksbegehrens muß aus dem Volk heraus beantragt werden. Der Antrag ist von einer bestimmten Anzahl von Stimmberechtigten zu stellen, die diesen durch ihre Unterschrift unterstützen. Die Zahl beträgt in Nordrhein-Westfalen 3.000, im Saarland 5.000, in Baden-Württemberg 10.000, in Rheinland-Pfalz 20.000, in Berlin und Niedersachsen 25.000. Hessen sieht als einziges Bundesland einen bestimmten Anteil vor, nämlich 3 %, was die enorm hohe Zahl von knapp 130.000 Stimmberechtigten bedeutet. Es fällt auf, daß die notwendige Stimmenzahl ausgerechnet im bevölkerungsreichsten

Bundesland Nordrhein-Westfalen am geringsten ist. Bei etwa 12 Mio. Stimmberechtigten ist ein Anteil von gerade 0,025 % erforderlich, während etwa Hessen das 120-fache verlangt. Eine Erklärung für dieses Phänomen ist nicht erkennbar. Ein geschlossenes Konzept liegt diesem jedenfalls nicht zugrunde. Es scheint vielmehr nachgerade Zufall gewesen zu sein, ob das jeweilige Landesparlament in diesem frühen Verfahrensstadium bereits besondere Hürden aufbauen oder aber den Weg zum Volksbegehren „ebnen" wollte. So ist es in Nordrhein-Westfalen für die Initiatoren in der Regel nicht schwierig gewesen, die erforderliche Anzahl von Unterschriften zu sammeln. In Hessen hingegen ist diese Hürde nur 1966 und 1981 je einmal überwunden worden, wobei die Initiative gegen die Startbahn West des Frankfurter Flughafens 1981 sogar über 220.000 Unterschriften zusammen brachte. Erst 1998 mußte in Hessen eine Initiative trotz mehrjähriger (!) Bemühungen ihr Bestreben aufgeben, ein Volksbegehren zur Wiedereinführung des Buß- und Bettages zu beantragen. In Niedersachsen scheiterten 1997 die Initiatoren eines Begehrens zur Befragung des Volkes zur Einführung des EURO daran, daß die Unterstützung durch 25.000 Stimmberechtigte nicht erlangt werden konnte.

In Schleswig-Holstein kann – wie bereits gesagt – nicht unmittelbar die Durchführung eines Volksbegehrens beantragt werden. Vielmehr ist zunächst eine Volksinitiative durchzuführen, welche die Unterstützung von 20.000 Stimmberechtigten benötigt und sich an den Landtag wendet. Lehnt dieser das Anliegen der Initiative ab, können die Initiatoren zum Volksbegehren übergehen, ohne daß es für den Antrag einer neuen Unterschriftensammlung bedürfte. In diesem Zusammenhang sei kurz auf die in Niedersachsen und Berlin ebenfalls mögliche Volksinitiative an das Landesparlament hingewiesen, die aber nicht notwendige Vorstufe für die Durchführung eines Volksbegehrens ist. In Niedersachsen ist hierfür ein Antrag von 70.000 Stimmberechtigten erforderlich. Berlin verlangt zwar trotz geringerer Bevölkerung eine höhere Unterschriftenzahl von 90.000, erlaubt jedoch die Beteiligung durch alle Einwohner unabhängig von der Stimmberechtigung, also insbesondere auch für Bürger ohne deutsche Staatsangehörigkeit. Diese Einbeziehung der ausländischen Mitbürger ist einzig in den hier zu besprechenden Ländern und spricht für die Weltoffenheit der Hauptstadt, die für andere Bundesländer Vorbild sein sollte. Allerdings ist zu bedauern, daß diese Offenheit bei der hier interessierenden

Volksgesetzgebung keine Entsprechung gefunden hat, da bei Volksbegehren und Volksentscheid nach wie vor auf die an die deutsche
Staatsangehörigkeit anknüpfende Stimmberechtigung abgestellt wird.

Zulassungsverfahren

Alle Länder verlangen vor der Durchführung eines Volksbegehrens
eine Überprüfung der Zulässigkeit. Denn auch das Volk ist als Staats-
organ an die Rechtsordnung gebunden. Meistens ist hierfür die Landesregierung oder ein Ministerium zuständig, deren Entscheidung vor
dem Landesverfassungsgericht angefochten werden kann.

In der Praxis sind eine Vielzahl von Begehren in diesem Verfah-
rensschritt gescheitert. So wurde einigen die Zulassung verweigert,
weil mit dem angestrebten Gesetz die Gesetzgebungszuständigkeit des
Bundes verletzt worden wäre. Dies gilt etwa für das „Volksbegehren
für den Frieden" 1985 in Baden-Württemberg, das eine gesetzliche
Verpflichtung der Landesregierung zur Verhinderung von Massenver-
nichtungswaffen einführen wollte und damit gegen die dem Bund zu-
stehende Zuständigkeit auf dem Gebiet der Verteidigung verstieß. Es
ist offenkundig, daß die Initiatoren seinerzeit nur deshalb auf die Länderebene ausgewichen sind, weil es die Möglichkeit des Volksbegehrens auf Bundesebene nicht gab. Dies gilt auch für ein Volksbegehren
zur Verstaatlichung von Atomanlagen in Nordrhein-Westfalen 1986,
mit dem die Zuständigkeit des Bundes auf dem Gebiet der Kernener-
gie verletzt worden wäre. Das bereits erwähnte Volksbegehren gegen
die Startbahn West des Frankfurter Flughafens 1981 scheiterte ebenfalls daran, daß es nach Ansicht der Landesregierung und des Staatsge-
richtshofs mit der Zuständigkeit des Bundes für Gesetze auf dem Gebiet des Luftverkehrs nicht vereinbar war. Auch in anderen Bundesländern ist die Erfahrung gemacht worden, daß die dort vorgesehenen
Verfahren für Gegenstände benutzt wurden, die eigentlich die gesamte
Bundesrepublik betrafen. Ganz offensichtlich gibt es ein Bedürfnis zur
Einführung der Volksgesetzgebung auch im Grundgesetz, damit Gegenstände der Bundespolitik in geordneten Bahnen durch das Volk
dort behandelt werden können, wo sie hingehören.

Einige weitere Initiativen scheiterten daran, daß die Landesverfassungen – in unterschiedlichen Formulierungen – Volksbegehren über

sogenannte Geldgesetze, insbesondere über den Haushaltsplan, über Dienstbezüge und über öffentliche Abgaben für unzulässig erklärten. Damit wird dem Volk die Fähigkeit abgesprochen, über Geldangelegenheiten einigermaßen sachlich zu entscheiden. Offiziell soll damit einer „Selbstbedienungs-Mentalität" entgegengewirkt werden. In der Praxis gibt dies jedoch den über die Zulässigkeit entscheidenden Landesregierungen ein probates Mittel an die Hand, unliebsame Volksbegehren abzuwehren. Schließlich lassen sich fast immer irgendwelche finanzielle Auswirkungen feststellen. So hat die Landesregierung des Saarlandes 1986 einem Volksbegehren „Rettet die Schulen" die Zulassung mit der Begründung verweigert, es handele sich um ein finanzwirksames Gesetz, das nicht Gegenstand eines Volksbegehrens sein könne. Der Gesetzentwurf sah eine Verringerung der erforderlichen Klassenstärken vor, um die drohende Schließung einiger Schulen zu verhindern. Die Landesregierung strebte jedoch die Schließung von mehreren Schulen an, um damit Kosten in Millionenhöhe jährlich einzusparen. Eine Selbstbedienung konnte den Initiatoren sicher nicht vorgeworfen werden, da sie weder die Erhöhung ihrer Einkünfte noch die Verringerung ihrer Ausgaben erstrebten. Vielmehr hätten sich die Mehrbelastungen des Landes mittelbar etwa durch die Erhöhung von Steuern oder Streichungen an anderer Stelle allenfalls ungünstig auf ihre eigene finanzielle Situation ausgewirkt. Dieses Beispiel zeigt, daß mit dem pauschalen Ausschluß von finanzwirksamen Gesetzen das Instrument der Volksgesetzgebung ganz entscheidend geschwächt werden kann (vgl. auch den Beitrag über Bremen von *Kampwirth*).

Durchführung des Volksbegehrens

Nach der Zulassung schließt sich das eigentliche Volksbegehren an. Hierbei muß sich ein bestimmter Anteil der stimmberechtigten Bevölkerung durch Eintragung in amtlich ausgelegte Unterschriftenlisten für das Volksbegehren, d. h. für den ihm zugrunde liegenden Gesetzentwurf aussprechen. In Niedersachsen können die Unterschriften auch privat gesammelt werden. Diese Quote beträgt in Hessen, Nordrhein-Westfalen, Rheinland-Pfalz und dem Saarland ein Fünftel (20 %), in Baden-Württemberg ein Sechstel (16,6 %). Schleswig-Holstein ist in seiner neuen Verfassung von 1990 weit unterhalb dieses Anteils geblieben und verlangt lediglich die Unterstützung durch 5 % der Stimmbevölkerung. Offenbar liegt dem die Überlegung zugrunde, daß die Hürden für den eigentlichen Gesetzesbeschluß, den Volksentscheid, nicht übertrieben hoch angesetzt werden sollten, weil erst dieser den eigentlichen demokratischen Akt durch das Gesamtvolk darstellt, da nur hier auch ablehnende Stimmen abgegeben werden können. Die später verabschiedeten Verfassungen Niedersachsens und Berlins haben demgegenüber wieder etwas höher gegriffen und fordern 10 % wie Bayern schon seit 1946. In Berlin hatte die Verfassung von 1950 dem damaligen Trend folgend noch eine Quote von 20 % verlangt. Die Neuregelung stellt somit einen Fortschritt dar.

Mindestens ebenso wichtig für den möglichen Erfolg eines Volksbegehrens wie die erforderliche Stimmenzahl ist jedoch die Frist, innerhalb deren diese erreicht werden muß. Schleswig-Holstein sieht hierfür einen Zeitraum von sechs Monaten vor, ebenso Niedersachsen. In Berlin bleiben den Initiatoren immerhin noch zwei Monate Zeit, wobei dies durch die besondere Situation als Stadtstaat im Verhältnis zu den norddeutschen Flächenstaaten noch gerechtfertigt sein mag. Alle anderen Bundesländer schreiben eine Frist von nur zwei Wochen vor.

Es liegt auf der Hand, daß es wesentlich schwieriger ist, innerhalb von 14 Tagen 20 % der Bevölkerung zu aktivieren als innerhalb eines halben Jahres nur 5 % oder auch 10 %. So ist das einzige in Hessen bisher durchgeführte Volksbegehren 1966 zur Einführung der Briefwahl daran gescheitert, daß es nur die Unterstützung von nicht einmal 7 % der stimmberechtigten Bevölkerung erhalten hat. Das gleiche Schicksal ereilte 1973 ein Volksbegehren in Nordrhein-Westfalen, das die Verhinderung der kommunalen Gebietsreform erstrebte, aber nur etwa 6 % der Bevölkerung hinter sich bringen konnte. Das bisher erste in Rheinland-Pfalz durchgeführte Volksbegehren zur Wiedereinführung des Buß- und Bettages erreichte im November 1998 ebenfalls nur die Unterstützung von etwas mehr als 6 % der Stimmberechtigten und scheiterte an der 20%-Hürde. All diese Begehren wären nach der Regelung Schleswig-Holsteins zum Volksentscheid gelangt, da sie das dort geltende 5%-Erfordernis erreicht hätten. Möglicherweise wäre auch die 10%-Hürde Niedersachsens und Berlins überwunden worden, wenn die dort geltende Zeitspanne für die Unterschriftensammlung ebenfalls zur Verfügung gestanden hätte. Allerdings ist in Niedersachsen 1998 ein Volksbegehren zur Wiedereinführung des Buß- und Bettages ebenfalls gescheitert, weil weniger als 5 % der Stimmberechtigten dieses unterstützten. Daß andererseits zur Abwehr gänzlich aussichtsloser Initiativen – was als Rechtfertigung für das Verlangen nach hohen Unterstützungszahlen gerne angeführt wird – die Regelung in Schleswig-Holstein völlig ausreicht, zeigt ein dort von Oktober 1996 bis April 1997 durchgeführtes Volksbegehren, das den Erhalt der Polizei-Reiterstaffel zum Gegenstand hatte. Hierfür mochte sich nur ein ganz geringer Anteil des Volkes von nicht einmal 1 % erwärmen, so daß das Begehren kläglich scheiterte.

Das bisher einzige Volksbegehren, das die erforderliche Unterstützung von 20 % erreichen konnte, fand 1978 in Nordrhein-Westfalen statt und wandte sich unter dem Schlagwort „Stop-Koop" gegen die von der SPD/FDP-Koalition eingeführte „Kooperative Schule". Bei maßgeblicher Unterstützung durch die oppositionelle CDU und die katholische Kirche trugen sich 29,9 % der Stimmberechtigten in die Eintragungslisten ein. Offenbar aus Furcht, im nachfolgenden Volksentscheid eine Niederlage zu erleiden, entsprach daraufhin der Landtag dem Volksbegehren auf Empfehlung der Landesregierung. So wurde die Zustimmung von fast 30 % der Bevölkerung als Vorwegnahme des Volksentscheids gewertet. Obwohl hierin eine politische Niederlage insbesondere der SPD gesehen wurde, hat ihr dies bei den Landtagswahlen zwei Jahre später nicht geschadet. Denn sie konnte ihren Stimmenanteil von gut 45 % auf über 48 % steigern und nun wieder ohne die FDP regieren. Die CDU fiel von etwa 47 % auf gut 43 % ab und büßte damit ihre Position als stärkste Fraktion im Landtag wieder ein. Wäre das Schulthema noch Gegenstand des Wahlkampfes gewesen, hätte das Ergebnis vielleicht anders ausgesehen. Dies zeigt, daß die Volksgesetzgebung keine Gefahr für das parlamentarische System bedeutet. Sie kann vielmehr als Ventil bei aufgestautem politischem Druck dienen und damit geradezu stabilisierend wirken. Auch die CSU in Bayern und die SPÖ in Österreich haben die Erfahrung gemacht, daß sie nach Niederlagen bei Volksabstimmungen jeweils bei der nachfolgenden Wahl Stimmenzuwächse erzielen konnten.

Volksentscheid

Nach einem erfolgreichen Volksbegehren ist der Gesetzentwurf zunächst vom Landtag zu beraten. Anders in Schleswig-Holstein, wo die Beratung durch den Landtag bereits nach der vorgeschalteten Volksinitiative erfolgt sein muß. Dort hat unmittelbar der Volksentscheid stattzufinden. In den anderen Ländern kann der Landtag (in Berlin das Abgeordnetenhaus) den Gesetzentwurf annehmen mit der Folge, daß der Volksentscheid entfällt. Tut er dies nicht, kann er in Baden-Württemberg, Berlin, Niedersachsen und dem Saarland im nachfolgenden Volksentscheid einen eigenen Gesetzentwurf mit zur Abstimmung stellen.

Die Abstimmung beim Volksentscheid findet wie bei einer Wahl an nur einem Tag statt. In Hessen, Nordrhein-Westfalen und Rheinland-Pfalz entscheidet hierbei die einfache Mehrheit der abgegebenen Stimmen, unabhängig davon, wieviel stimmberechtigte Bürger sich an der Abstimmung beteiligen. In Niedersachsen und Schleswig-Holstein ist das Gesetz jedoch nur beschlossen, wenn mindestens ein Viertel der stimmberechtigten Bevölkerung für den Entwurf stimmt (das sogenannte „Zustimmungsquorum"). In Baden-Württemberg muß gar ein Drittel und im Saarland die Hälfte der Bevölkerung zustimmen. Einen Sonderweg hingegen beschreitet auch hier Berlin. Dort entscheidet die Mehrheit der Abstimmenden, wenn sich mindestens die Hälfte des Volkes an der Abstimmung beteiligt. Liegt die Beteiligung darunter, muß mindestens ein Drittel der Stimmberechtigten für das Gesetz stimmen, wobei natürlich gleichzeitig die Mehrheit der Abstimmenden erreicht sein muß. Diese Kombination aus Beteiligungs- und Zustimmungserfordernis ist als „Berliner Doppelhürde" bezeichnet worden und schon aus der Berliner Verfassung von 1950 bekannt. Sie kann als Beispiel dafür dienen, welche Kuriositäten auf dem Gebiet der direkten Demokratie sich Parlamentarier bisweilen ausdenken. Wird nämlich die Mindestbeteiligung von 50 % und hierbei die Mehrheit der Abstimmenden gerade erreicht, kann die Zustimmung von nur einem Viertel der Bevölkerung für den Erfolg im Volksentscheid ausreichen. Liegt die Beteiligung aber nur knapp unter 50 %, ist hierfür ein Drittel der Bevölkerung erforderlich, also das 1 1/2-fache. Dies erfordert dann eine Zustimmung von mindestens zwei Dritteln der Abstimmenden. Je geringer die Beteiligung wird, desto höher wird das Zustimmungserfordernis innerhalb der Abstimmungsteilnehmer. Hierdurch wird es den Gegnern des Begehrens sehr leicht gemacht, durch Aufrufe zur Stimmenthaltung die Abstimmung zu boykottieren, ohne ihrerseits eine Mehrheit hinter sich bringen zu müssen. Die Feststellung des Volkswillens im Wege der Abstimmung wird hierdurch geradezu vereitelt.

In den hier zu besprechenden Bundesländern hat es Volksentscheide bisher nur in Schleswig-Holstein gegeben und zwar zwei. In den anderen Bundesländern hat es keine Initiativen gegeben, die das Volksgesetzgebungsverfahren bis zum abschließenden Volksentscheid durchlaufen haben (das Begehren „Stop-Koop" in Nordrhein-Westfalen war bereits bei der Abstimmung im Landtag erfolgreich). Der erste Volksentscheid in Schleswig-Holstein fand am 30. November 1997 statt und betraf die Wiedereinführung des Buß- und Bettages (vgl. den Beitrag von *Schimmer*). Zwar stimmte eine beeindruckende Mehrheit von über zwei Dritteln der abgegebenen Stimmen für den Gesetzentwurf des Volksbegehrens, jedoch beteiligten sich nicht einmal 30 % der Stimmberechtigten an der Abstimmung. Die Ja-Stimmen machten daher letztendlich weniger als 20 % der Stimmberechtigten aus, so daß das erforderliche Zustimmungsquorum von 25 % nicht erreicht wurde. Hieraus wird deutlich, daß die noch darüber liegenden Hürden in den anderen Bundesländern so hoch sein dürften, daß sie kaum jemals überwunden werden können. Völlig illusorisch ist die 50%-Zustimmungshürde im Saarland. Schon bei einer Beteiligung von 70 % der Abstimmenden, was gemessen an den letzten Bundestags- und Landtagswahlen als ausgesprochen gute Beteiligung angesehen werden muß, würde eine Zustimmung von zwei Dritteln der Abstimmenden noch nicht ausreichen, um die erforderliche Mehrheit zu erreichen. Bei solchen Abstimmungserfordernissen werden die nicht Abstimmenden im Ergebnis den Ablehnern zugerechnet. Anders als bei einer Wahl hat somit die Stimmverweigerung Bedeutung für den Ausgang der Abstimmung und damit ein politisches Gewicht, welches das der Ja-Stimmenden sogar überschreitet. Damit wird politisches Desinteresse mehr honoriert als die Teilnahme an einer demokratischen Entscheidung, was man nur als grotesk bezeichnen kann. Die allein realistische Variante bietet ein völliger Verzicht auf jedwede Beteiligungs- und Zustimmungserfordernisse wie in Hessen, Nordrhein-Westfalen

und Rheinland-Pfalz. Nur hierdurch kann eine wirklich demokratische
Entscheidung durch die politisch interessierten Teile der Bevölkerung
herbeigeführt werden, weil auch diejenigen, die gegen den abzustim-
menden Gesetzentwurf sind, für eine (ablehnende) Mehrheit in der Abstimmung werben müssen und sich nicht auf Stimmenthaltungen verlassen können. Allerdings liegen hierzu aus den genannten Bundesländern keine praktischen Erfahrungen vor, weil es dort noch keine
Volksentscheide gegeben hat.

Der zweite Volksentscheid, der in Schleswig-Holstein stattgefunden hat, war indessen erfolgreich. Es handelt sich hierbei um das Begehren „WIR gegen die Rechtschreibreform" (vgl. den Beitrag von
Kliegis/Kliegis). Das Erreichen des Zustimmungserfordernisses dürfte
in diesem Falle nicht zuletzt dem Umstand zu verdanken sein, daß der
Volksentscheid zusammen mit der Bundestagswahl am 27. September
1998 stattfand. Damit konnte die Mobilisierung in der Bevölkerung
zur Teilnahme an dieser Wahl auch für die Abstimmung im Volksentscheid genutzt werden.

Sonderfall Verfassungsänderung

Für Verfassungsänderungen im Wege des Volksentscheids sehen einige Bundesländer besondere Mehrheitserfordernisse vor. So müssen in
Baden-Württemberg, Niedersachsen und Rheinland-Pfalz 50 % der
Bevölkerung im Volksentscheid für die Änderung oder Ergänzung der
Verfassung stimmen, damit diese zustande kommt. Schleswig-Holstein
sieht eine Mehrheit von zwei Dritteln der Abstimmenden vor, die
gleichzeitig 50 % der Stimmberechtigten ausmachen müssen. Nach
den obigen Ausführungen erscheint es kaum wahrscheinlich, daß diese
hohen Hürden jemals überwunden werden können. Das Saarland, das
ja bereits bei einfachen Gesetzen ein Zustimmungserfordernis von
50 % der Bevölkerung verlangt, hat wohl erkannt, daß noch höhere
Anforderungen nicht gestellt werden können und Volksentscheide über
verfassungsändernde Gesetze gleich ganz ausgeschlossen. Da jedoch
ein Volksbegehren zur Verfassungsänderung zulässig ist, findet das
Verfahren mit der Beratung und Abstimmung durch den Landtag seinen Abschluß. Dies ist der oben erwähnten Volksinitiative in Berlin,
Niedersachsen und Schleswig-Holstein vergleichbar. Eigenwillig ein-

mal mehr und auch hier: Berlin. Dort sind bereits Volksbegehren zur Verfassung unzulässig. Allerdings bleibt dort die Möglichkeit der Volksinitiative an das Abgeordnetenhaus, so daß die Situation derjenigen im Saarland vergleichbar ist.

Keinerlei Sonderbestimmungen für Verfassungsänderungen im Wege der Volksgesetzgebung gibt es in Hessen und Nordrhein-Westfalen. Allerdings ist in der juristischen Fachliteratur umstritten, ob in diesen Bundesländern Volksbegehren zur Änderung oder Ergänzung der Verfassung überhaupt zulässig sind. Wohl nach wie vor überwiegend wird die Auffassung vertreten, dies sei nicht der Fall. Die jeweiligen Verfassungstexte enthalten nämlich einen eigenen Artikel über Verfassungsänderungen, der hierfür die Zustimmung des Landtages vorschreibt. In Hessen ist zusätzlich die Zustimmung des Volkes in einer Abstimmung erforderlich. In Nordrhein-Westfalen kann bei Nichterreichen der Zweidrittel-Mehrheit im Landtag dieser oder die Regierung die Zustimmung zu der erstrebten Änderung im Wege des Volksentscheids einholen. Eine Einleitung des Änderungsverfahrens im Wege des Volksbegehrens ist in beiden Verfassungen nicht ausdrücklich vorgesehen. Diese Bestimmungen werden als abschließend angesehen, welche die Regelungen über Volksbegehren und Volksentscheid in anderen Artikeln der Verfassung ausschließen. Ein Volksentscheid zur Verfassungsänderung kann nach dieser Auffassung nur von anderen Staatsorganen, nicht aber vom Volk herbeigeführt werden. In letzter Zeit mehren sich jedoch die Stimmen, die für beide Bundesländer unter Auswertung der Protokolle des jeweiligen Verfassungsausschusses einen anderen Willen des historischen Verfassungsgebers konstatieren und daher die jeweilige Verfassung dahingehend auslegen, daß eine Verfassungsänderung auch durch Volksbegehren eingeleitet und im Wege des Volksentscheids beschlossen werden kann. Entscheidungen der Landesverfassungsgerichte liegen hierzu noch nicht vor. Denn in diesen Bundesländern hat es bisher noch keine Anträge auf Zulassung von Volksbegehren zur Änderung der Verfassung gegeben. Auch in den anderen hier zu besprechenden Bundesländern wurden keine solchen Anträge gestellt, so daß praktische Erfahrungen hierzu insgesamt nicht berichtet werden können.

Allerdings hat es in Hessen bereits mehrere Abstimmungen über Verfassungsänderungen gegeben. Das liegt daran, daß in diesem Bundesland eine Änderung der Verfassung immer der Annahme durch das

Volk bedarf und nicht durch den Landtag allein beschlossen werden kann (sogenanntes „obligatorisches Verfassungsreferendum"). 1950 und 1970 war jeweils das Wahlrecht Gegenstand der Abstimmung, nämlich 1950 die Abschaffung der strengen Verhältniswahl und Einführung einer 5%-Klausel und 1970 die Herabsetzung des aktiven Wahlalters auf 18 Jahre. Die Verfassungsänderungen erhielten jeweils hohe Mehrheiten, wobei die Abstimmungsbeteiligung aber nicht über gut 40 % hinausging. Da die Hessische Verfassung allerdings keinerlei Zustimmungs- oder Beteiligungserfordernis kennt, sondern auch hier die einfache Mehrheit der Abstimmenden entscheidet, war dies für den Erfolg der Verfassungsänderung unschädlich. 1991 fanden zusammen mit der Landtagswahl Abstimmungen über die Einführung der Direktwahl der Bürgermeister, Oberbürgermeister und Landräte sowie über die Verankerung des Umweltschutzes als Staatsziel statt. Bei einer Stimmbeteiligung von jeweils über 70 % fanden die Vorlagen die Mehrheit von etwa 82 %. 1995 zeigte sich jedoch, daß weder ein einstimmiger Landtagsbeschluß noch die Durchführung des Referendums zusammen mit einer Landtagswahl Garanten für eine Zustimmung auch in der Volksabstimmung sind. Der Landtag hatte einstimmig die Herabsetzung des in Art. 75 der Hessischen Verfassung auf 21 Jahre festgelegten Wählbarkeitsalters für Landtagsabgeordnete auf 18 Jahre beschlossen. In der Volksabstimmung am Tag der Landtagswahl vom 19. Februar 1995 stimmten jedoch über 62 % der Abstimmenden bei einer Beteiligung von etwa zwei Dritteln gegen die Verfassungsänderung. Dies dürfte im wesentlichen darauf zurückzuführen sein, daß die Parteien ausschließlich mit dem Landtagswahlkampf befaßt waren und es darüber vergaßen, die Stimmbürger über die von ihnen offenbar einhellig angenommenen Vorzüge der Neuregelung zu informieren. Hieraus wird deutlich, daß sich das Volk nicht als bloßes „Stimmvieh" benutzen läßt, sondern durchaus einen eigenen Willen zu bilden in der Lage ist. Es reicht eben nicht aus, daß der Landtag die Vorteile einer Regelung erkennt, sondern diese müssen auch dem Volk vermittelt werden. Dies wurde 1995 in Hessen versäumt.

Zusammenfassung

Es läßt sich feststellen, daß in den meisten der hier zu besprechenden Bundesländern die Volksgesetzgebung ein belebendes Element zur Ergänzung der repräsentativen Demokratie darstellt. So gab es in Schleswig-Holstein gleich nach Einführung von Volksbegehren und Volksentscheid einen regelrechten direktdemokratischen Enthusiasmus, der eine Fülle von Initiativen und das erste erfolgreiche Begehren außerhalb Bayerns hervorbrachte. Auch in Niedersachsen wurden die neuen Möglichkeiten bereits kurz nach ihrer Einführung genutzt. Offenbar hat sich hier aufgestauter Druck nach unmittelbarer politischer Beteiligung durch das Ventil Volksgesetzgebung entladen. Selbst Rheinland-Pfalz ist aus seinem 50-jährigen direktdemokratischen Dornröschenschlaf erwacht, auch wenn das einzige bisher eingeleitete Volksbegehren 1998 erfolglos blieb. Schon die Androhung eines Volksbegehrens hat häufig politische Wirkung erzielt. So gab etwa in Hessen 1988 der Landtag Pläne zur Erhöhung der Diäten seiner Abgeordneten auf, nachdem der Bund der Steuerzahler ein Volksbegehren hiergegen angekündigt hatte. Gleiches hatte sich Ende der 70er Jahre in Nordrhein-Westfalen (und Bayern) ereignet. In Nordrhein-Westfalen riefen 1993 die Oppositionsparteien CDU und FDP ein Volksbegehren zur kommunalen Verfassungsreform ins Leben, das die Einführung eines direkt von den Bürgern zu wählenden Bürgermeisters vorsah, der die bisherige „Doppelspitze" aus ehrenamtlichem, im wesentlichen repräsentativ tätigem Bürgermeister und Gemeindedirektor als Verwaltungschef ersetzen sollte. Die regierende SPD gab daraufhin ihre durch Parteitagsbeschluß festgelegte Haltung, an der bestehenden Regelung im wesentlichen festzuhalten, auf und trug ein entsprechendes Gesetz mit, wodurch sich das Volksbegehren erledigte. In Baden-Württemberg plante Ministerpräsident *Teufel* 1995, zur Finanzierung der gesetzlichen Pflegeversicherung nicht – wie in den anderen Bundesländern mit Ausnahme Sachsens – den Buß- und Bettag, sondern den Pfingstmontag als gesetzlichen Feiertag zu streichen. Nachdem eine Initiative bereits über 40.000 Unterschriften – also vier mal so viel wie eigentlich erforderlich – zur Beantragung eines Volksbegehrens gesammelt hatte, ließ er diese Absicht fallen. Auch in Baden-Württemberg wurde letztlich der Buß- und Bettag Opfer der Pflegeversicherung.

Besonders das Volksbegehren „Stop-Koop" in Nordrhein-Westfalen hat zudem gezeigt, daß die Möglichkeit, politischen Druck über dieses Ventil abzulassen, zu einer Stabilisierung parteipolitischer Mehrheiten im Parlament und damit zur Festigung der Demokratie beitragen kann. Allerdings gilt dies alles nur dann, wenn der Volksgesetzgebung keine praktisch unüberwindbaren Hindernisse in Form von engen Verfahrensregelungen oder Abstimmungserfordernissen in den Weg gelegt werden. Bei einem fairen Umgang mit Initiativen und den sie tragenden Personen kann das Vertrauen in das politische System gesteigert werden, indem eine Teilhabemöglichkeit an politischen Entscheidungen eröffnet wird. Da viele Begehren auf Länderebene nur eingebracht wurden, weil es diese Möglichkeit auf Bundesebene nicht gibt, besteht offenkundig ein großes Bedürfnis, nach Ermöglichung der Volksgesetzgebung auch im Grundgesetz der Bundesrepublik Deutschland.

Weiterführende Literatur

Heußner, Hermann K.: Volksgesetzgebung in den USA und in Deutschland. Ein Vergleich der Normen, Funktionen, Probleme und Erfahrungen. Köln u. a. 1994 (Erlanger Juristische Abhandlungen Bd. 43).

Jürgens, Gunther: Direkte Demokratie in den Bundesländern. Gemeinsamkeiten – Unterschiede – Erfahrungen. Vorbildfunktion für den Bund? Stuttgart u. a. 1993 (Marburger Schriften zum Öffentlichen Recht Bd. 7).

Jung, Otmar: Wenn der Souverän sich räuspert ... Vorwirkungen direktdemokratischer Korrekturmöglichkeiten, dargestellt an Beispielen aus Nordrhein-Westfalen, Niedersachsen und Rheinland-Pfalz, in: Jahrbuch zur Staats- und Verwaltungswissenschaft Bd. 8 (1995), S. 107-176.

Jung, Otmar: Die Praxis direkter Demokratie unter den neuen Landesverfassungen, in: Zeitschrift für Gesetzgebung Jg. 13 (1998), S. 295-328.

Jung, Otmar: Abschluß und Bilanz der jüngsten plebiszitären Entwicklung in Deutschland auf Landesebene, in: Jahrbuch des Öffentlichen Rechts der Gegenwart Bd. 47 (1999) (i. E.).

VI. ... und wie in den Gemeinden und Kreisen?

Der Siegeszug der kommunalen Direktdemokratie

Von ROLAND GEITMANN

Bürgerbegehren und Bürgerentscheid – ein verbesserungsfähiges Instrumentarium lokaler Demokratieentwicklung

Auf den ersten Blick mag sich die kommunale Ebene wegen ihrer Überschaubarkeit für direktdemokratische Entscheidungen besonders anbieten. Doch hier geht es nicht mehr um Gesetzgebung und damit bedeutsame politische Leitentscheidungen, sondern um die Alltagsroutine der Exekutive. Diese ist in einem Rechtsstaat zu einem erheblichen Teil *Gesetzesvollzug* und insoweit für direktdemokratische Entscheidungen wenig geeignet. Hinzu kommt die – im Vergleich etwa zur Schweiz – schwächer ausgeprägte deutsche kommunale Selbstverwaltung, deren Gestaltungsspielraum sowohl rechtlich als auch finanziell eingeschränkt ist.

Dennoch stellen sich auch in Gemeinden und Landkreisen weitreichende *Gestaltungsaufgaben*: Bauleitplanung, Standortalternativen und Verkehrsführung, kulturelle und soziale Einrichtungen, kommunale Energiepolitik und Abfallwirtschaft, zentrale oder dezentrale Wasserver- und -entsorgung u. a. Um diese Aufgaben im engen Kontakt mit den Bürgerinnen und Bürgern zu erfüllen, bietet freilich gerade die kommunale Ebene vielfältige *Formen unverbindlicher Beteiligung*: Befragungen, Bürgerversammlungen, Erörterungsveranstaltungen, Anhörungen, Arbeitskreise, Kommissionen und Beiräte, Foren und Runde Tische, Mediation, Anwaltsplanung und Planungszellen. Vernünftige und bürgernahe Kommunalpolitik wird diese Formen vorrangig nutzen. Im Konfliktfall kann jedoch der fatale Eindruck einer demokratischen „Spielwiese" entstehen, solange den Bürgerinnen und Bürgern die rechtliche Möglichkeit verwehrt wird, im Bedarfsfall auch selbst *verbindlich* zu entscheiden.

In dem Gewölbe der demokratischen Beteiligungsformen vor Ort hat das Instrument des Bürgerentscheids die *Funktion eines Schluß-steins*, der lokale Demokratie stabilisiert und alle anderen Formen aktiviert. Diesen sanften Druck, stärker auf die Menschen zuzugehen, um keinen Bürgerentscheid zu riskieren, haben Politiker lange Zeit zu vermeiden versucht. Daß Bürgerinnen und Bürger mit Phantasie, Sachverstand und Engagement oft günstigere Lösungen finden und bereit sind, Verantwortung zu übernehmen, war den an ihre Vormundrolle Gewöhnten anscheinend unvorstellbar.

Der Demokratisierungsimpuls des Jahres 1989

Das im Jahr 1989 in dem Ruf „Wir sind das Volk" zum Ausdruck gelangte Selbstbewußtsein fand erstaunlich rasch einen – allerdings noch unzureichenden – Niederschlag in den Kommunalverfassungen. 36 Jahre lang war das der Schweiz benachbarte Baden-Württemberg das einzige Bundesland mit Bürgerbegehren und Bürgerentscheid gewesen, wenn auch mit sehr engem Anwendungsbereich und hohen Hürden. Zwischen 1990 und 1998 führten fast alle übrigen Bundesländer dieses Instrument ein.

Schleswig-Holstein begann den Reigen im März 1990 mit einer gegenüber Baden-Württemberg deutlich verbesserten Regelung. Auch die im Mai 1990 von der letzten Volkskammer der DDR beschlossene Kommunalverfassung enthielt Bürgerbegehren und Bürgerentscheid, allerdings mit einem sehr langen Ausschlußkatalog, den abgemildert 1993 Thüringen und 1994 Mecklenburg-Vorpommern übernahmen (ähnlich im selben Jahr Bremen für Bremerhaven). Sachsen-Anhalt und Rheinland-Pfalz orientierten sich 1993 an dem kaum noch zeitgemäßen Beispiel Baden-Württemberg. Brandenburg (1993) und Nordrhein-Westfalen (1994) dehnten den Anwendungsbereich aus, weitergehend Hessen und Sachsen (beide 1993). Niedersachsen und Saarland folgten erst 1996 und 1997 mit einem Anwendungsbereich wie Brandenburg und Nordrhein-Westfalen.

Die Spitze der Entwicklung bildet Bayern, wo eine von „Mehr Demokratie in Bayern" getragene Bürgerinitiative am 1. Oktober 1995

mittels Volksbegehrens und -entscheid die mit Abstand anwendungsfreundlichste Regelung durchsetzte. Nachdem auf demselben Wege
am 27. September 1998 in Hamburg die Einführung des Bürgerbegehrens und Bürgerentscheids auf Stadtbezirksebene gelang, fehlt eine
entsprechende Regelung nur noch in Berlin.

Überblick über das Verfahren

Im Unterschied zur Volksgesetzgebung neueren Typs ist das Verfahren auf kommunaler Ebene in allen Bundesländern zweistufig. Zu
einem Bürgerentscheid kommt es entweder durch Bürgerbegehren
oder durch einen (mit qualifizierter Mehrheit gefaßten) Beschluß des
Rates; auf die letztere Möglichkeit verzichten bislang Hamburg, Hessen, Niedersachsen, Nordrhein-Westfalen, Thüringen und das Saarland, während Brandenburg diesen Weg nur zur Frage des Zusammen-
schlusses mit einer anderen Gemeinde eröffnet.

Die Unterschriften für das Bürgerbegehren werden frei gesammelt.
Erforderlich ist – z. T. nach Einwohnerzahlen abgestuft – die Unterstützung von 2,5 bis 20 % der Abstimmungsberechtigten. Bis auf
Hamburg verlangen alle Bundesländer eine Mindestzustimmung, meist
von 25 und z. T. sogar 30 % aller Abstimmungsberechtigten, das sogenannte Zustimmungsquorum (siehe Tabelle 1, folgende Seite).

Alle Bundesländer beschränken den Bürgerentscheid auf Selbstver-
waltungsaufgaben, klammern also Aufgaben aus, die staatlichen Wei-
sungen unterliegen. Dies ist für rechtlich eng gebundene Entscheidungen, etwa der Zulassung zum Straßenverkehr, auch einleuchtend, bedauerlich hingegen bei Regelungen im Straßenverkehr (z. B. Verkehrs-
beruhigung und Parkverbote), bei Polizeiverordnungen und der Festlegung von Landschaftsschutzgebieten und Wasserschutzzonen in Stadt-
kreisen. Unbegründet ist es auch, die Haushaltssatzung und die
Rechtsverhältnisse der ehrenamtlich Tätigen (Diäten) und der Gemein-
de- bzw. Kreisbediensteten vom Bürgerentscheid auszunehmen.

Außer Baden-Württemberg, Hessen und Thüringen ermöglichen alle Flächenländer Bürgerbegehren und -entscheide auch auf Landkreisebene, wovon allerdings selten Gebrauch gemacht wird. Letzteres gilt
auch für Bürgerbegehren und -entscheide auf Stadtbezirksebene, die in
Nordrhein-Westfalen, Bayern und jetzt auch in Hamburg möglich sind.

Tabelle 1:   Übersicht über die Regelungen auf Gemeindeebene

Bundesland	Anwendungsbereich O punktuell OO eng OOO weit	Bürger- begehren Unterschrif- tenquorum	Bürger- entscheid Zustimmungs- quorum
Baden-Württemberg	O	5 - 10 % [1]	30 %
Bayern	OOO	3 - 10 %	10 - 20 % [2]
Brandenburg	OO	10 %	25 %
Bremen (Stadt Bremen)	OO	10 %	25 %
Bremen (Bremerhaven)	O	10 %	30 %
Hamburg (Stadtbezirke)	[3]	2 - 3 %	-
Hessen	OOO	10 %	25 %
Mecklenburg-Vorpommern	OO	2,5 - 10 %	25 %
Niedersachsen	OO	10 %	25 %
Nordrhein-Westfalen	OO	10 %	25 %
Rheinland-Pfalz	O	6 - 15 %	30 %
Saarland	OO	5 - 15 %	30 %
Sachsen	OOO	15 % [4]	25 %
Sachsen-Anhalt	O	6 - 15 %	30 %
Schleswig-Holstein	OO	10 %	25 %
Thüringen	OO	20 %	25 %

[1]   bis Juli 1998: 6 - 15 %
[2]   bis 31. März 1999 gab es beim Bürgerentscheid kein Quorum.
[3]   nicht vergleichbar
[4]   mit der Möglichkeit einer Ermäßigung durch Hauptsatzung bis auf 5 %

Vier Länder mit der bislang breitesten Bürgerentscheidspraxis und unterschiedlich weiten Anwendungsbereichen sollen im Folgenden näher beleuchtet werden: Baden-Württemberg, Schleswig-Holstein, Hessen und Bayern. Die absoluten Zahlen sind dabei nur bedingt miteinander vergleichbar. Nicht nur der Zeitraum und die Gesamteinwohnerzahl des jeweiligen Landes wirken sich aus, sondern auch die Gemeindestruktur. Denn einerseits steigen mit der Einwohnerzahl einer Gemeinde auch die kommunalpolitischen Aufgaben und zu lösenden Probleme, vielleicht sogar überproportional. Andererseits ist ein Bürgerentscheid in einer kleinen Gemeinde viel leichter zu bewerkstelligen als in einer größeren, wo die Fragen bedeutsamer sein müssen als in einer kleinen, um genügend breites Interesse zu finden. Deshalb gibt es im ländlichen Raum mit vielen einzelnen Gemeinden zwar mehr direktdemokratische Verfahren als in einer Stadt, die andererseits mit einem einzigen Bürgerentscheid mehr Menschen aktiviert als etliche einzelne Bürgerentscheide in einem einwohnergleichstarken ländlichen Raum. Diese Zahl der durch Bürgerbegehren und -entscheid aktivierten Menschen wäre die eigentliche Vergleichsgröße, wofür es jedoch bislang an exakten Daten fehlt. Deswegen sind teilweise nur Tendenzaussagen möglich.

Mühevolle Erfahrungen in Baden-Württemberg

In den 42 Jahren von 1956 bis 1997 gab es in Baden-Württemberg nach der (wohl eher unvollständigen) Statistik des Innenministeriums 255 Bürgerentscheide. Davon wurde etwa die Hälfte (133) durch Gemeinderatsbeschluß herbeigeführt, und zwar mit zwei Schwerpunkten: 1956 zur Frage der Bezirksverfassung und 1971 zur Gemeindegebietsreform. Nur ein kleiner Teil der 1.111 Gemeinden hat dieses Instrument bisher kennengelernt; im Durchschnitt aller Gemeinden kommt ein Bürgerentscheid rechnerisch nur alle 183 Jahre einmal vor. Ein so selten angewendetes Instrument kann sich im Bewußtsein der Menschen noch nicht verankert haben. Der Grund für diese Seltenheit liegt im gesetzlich allzu eng begrenzten Anwendungsbereich und in hohen Hürden.

Biberach:	die tageszeitung
	vom 24.5.1982
Erfolgreicher Bürgerentscheid gegen Flughafenausbau	

Sieg der Singener „Gartenzwerge"	die tageszeitung
	vom 28.10.1981
Kongreßzentrum abgelehnt	

Bezeichnend ist, daß von 258 in Baden-Württemberg bis 1997 einge-reichten Bürgerbegehren fast die Hälfte (124) als unzulässig zurück-gewiesen wurde. In weit mehr Fällen ist der Versuch von vornherein unterblieben; denn die Gemeindeordnung beschränkt Bürgerbegehren und -entscheid auf bestimmte „wichtige Gemeindeangelegenheiten", und zählt in vier Ziffern auf, was dazugehört. Zwar räumt das Gesetz die Möglichkeit ein, in der Hauptsatzung weitere Gegenstände zu benennen, wovon jedoch nur ein kleiner Teil der Städte und Gemein-den Gebrauch gemacht hat, so z. B. Tübingen.

Keine Nordtangente in Tübingen	Badische Zeitung
	vom 10.7.1979
Bürger bringen 70-Millionen-Planung zu Fall	
Verkehrsplanung der Verwaltung und des Gemeinderats durch Bürgerentscheid abgelehnt – Eindeutiges Ergebnis	

Drei der vier Ziffern des sogenannten „Positivkatalogs" betreffen selten auftretende Fragen (Gemeinde- und Landkreisgrenzen, unechte Teilortswahl, die für Ortsteile die Vertretung im Gemeinderat sicher-stellt, sowie Bezirks- und Ortschaftsverfassung). Häufiger relevant ist nur die Ziffer 1, die aber auch sehr einschränkend formuliert und inter-pretiert wird. Danach ist bürgerentscheidsfähig „die Errichtung, we-sentliche Erweiterung und Aufhebung einer öffentlichen Einrichtung, die der Gesamtheit der Einwohner zu dienen bestimmt ist".

Kaum einem Menschen leuchtet ein, daß ausgerechnet Straßenbau-ten, die alle Verkehrsteilnehmer betreffen und häufig umstritten sind, keine öffentliche Einrichtung im Sinne des Gesetzes seien, weil sie nicht nur den *Einwohnern* dienen. Noch verärgerter reagieren Mitbür-

ger/innen darüber, daß auch Rathäuser als „Sachen im Verwaltungsge-
brauch" keine öffentliche Einrichtung und deshalb nicht bürgerentscheidsfähig seien. Die Folge dieses vordemokratischen Verständnis-
ses von Rathäusern ist, daß über ihren Neubau oder über ihre Erweiterung Gemeinderäte und Bürgermeister entscheiden, die nach allgemeinen Regeln eigentlich befangen wären, weil es um ihre persönlichen
Arbeitsbedingungen geht (vgl. den Beitrag von *Lackner/Mittendorf*).
Nervenzehrende Rechtsstreitigkeiten hat auch die einengende Wirkung
der anderen Begriffe der zitierten Ziffer verursacht, was in Baden-
Württemberg viele Menschen an direkter Demokratie verzweifeln ließ.

30 % der Bürgerentscheide scheitern am Zustimmungsquorum

Noch ärgerlicher ist es für Initianten von Bürgerbegehren, beim Bürgerentscheid zwar die Mehrheit zu gewinnen und doch am Zustimmungsquorum von 30 % zu scheitern: so geschehen bei 75 der
255 Bürgerentscheide bis 1997. Da die Abstimmungsbeteiligung in
der Regel mit zunehmender Gemeindegröße sinkt, waren in Städten
mit über 100.000 Einwohnern bisher nur zwei Bürgerentscheide erfolgreich (in *Ulm* 1990 gegen die Untertunnelung der Neuen Straße
und den Bau einer Tiefgarage sowie in *Karlsruhe* 1995 gegen den
Straßenbahntunnel in der Kaiserstraße).

Bürgerentscheid wird für OB zum Debakel	Stuttgarter Zeitung vom 18.12.1990

Ein überzeugendes Nein der Ulmer zum Projekt „Tunnel und
Tiefgarage"

In den 75 am Zustimmungsquorum gescheiterten Fällen setzte sich im
Ergebnis eine Abstimmungsminderheit durch, wenn nicht der Gemeinderat, wie in Freiburg 1995, ausnahmsweise nachgab. Dort hatten sich
immerhin 71 % der Abstimmenden für den Erhalt des Flughafens
ausgesprochen, was bei einer Abstimmungsbeteiligung von 38,8 % nur
27,5 % der Abstimmungsberechtigten bedeutete. Frustriert und ent-
täuscht über die unfairen Verfahrensregeln zogen sich die Aktivisten
in den übrigen Fällen zurück, so in

Radolfzell, wo 1996 84 % für die Wiedereinführung der unechten Teilortswahl votierten und sich im Ergebnis die 16 % Gegenstimmen
durchsetzten, weil sich nur 29,5 % an der Abstimmung beteiligt
hatten;

Tettnang, wo sich 1995 61,2 % gegen eine Beteiligung der Stadt am
Bau eines Parkhauses aussprachen, aber bei einer Abstimmungsbeteiligung von 36,8 % nur 22,5 % aller Abstimmungsberechtigten stellten;

Lörrach; dort votierten 1994 55,9 % gegen den Bau einer Stadthalle
und kamen bei einer Abstimmungsbeteiligung von 41,1 % damit
dennoch nicht durch.

Ein Zustimmungsquorum wirkt wie eine „Aufforderung zum Weiter-
schlafen". Die Gegner des Begehrens, in der Regel also die Mehrheit
im Rat, macht sich diese Wirkung gern zunutze, indem sie sich der
Diskussion verweigert oder gar zum Abstimmungsboykott aufruft.
Dieses Verhalten läßt sich an zahlreichen Fällen in Baden-Württemberg belegen. Bei zu plumper Anwendung kann diese Strategie allerdings auch fehlschlagen.

Schrambergs Bürger wollen keinen Großbunker

Der Appell zum Abstimmungsboykott schlug ins Gegenteil um

In *Schramberg* gab es im Jahr 1986 ein Bürgerbegehren gegen den
Schutzraumbau im Schloßberg-Tunnel. Der als Anzeige kurz vor der
Abstimmung geplante Aufruf der CDU-Mehrheitsfraktion, der Abstimmung einfach fernzubleiben, wurde vorzeitig bekannt und in der
Presse mit treffenden Argumenten als undemokratische Boykottauf-
forderung und Entmündigung kritisiert. Die Wirkung dieser Auseinandersetzung war durchschlagend: Bei einer Beteiligung von 49,3 %
votierten 88,5 % gegen den Schutzraum, überwanden also mit großem
Abstand (43,6 %) die Hürde des Zustimmungsquorums und erreichten
ihr Ziel. Dieser Erfolg gegen die starke Mehrheit ermutigte die politischen Minderheitskräfte in der Stadt nachhaltig und war für etliche
Menschen der Einstieg in die Kommunalpolitik.

Einzelne Bürgerentscheide hatten sogar bundesweite Ausstrahlung, so der erfolgreiche Bürgerentscheid 1991 in *Schönau* gegen die Verlängerung des Konzessionsvertrages mit dem Energieversorgungsunternehmen, woraus dann ein wegweisendes lokales Energiekonzept entstand.

Schleswig-Holstein erweitert den Anwendungsbereich und senkt die Hürden

In Schleswig-Holstein war die Einführung von Bürgerbegehren und Bürgerentscheid durch Änderungsgesetz vom 23. März 1990 Teilergebnis eines Reformprozesses, der durch die *Barschel*-Affäre ausgelöst, von der *Engholm*-Regierung aufgegriffen und durch den Geist des Jahres 1989 beflügelt wurde. Während Landesregierung und SPD-Landtagsfraktion dazu neigten, die enge Regelung Baden-Württembergs zu kopieren, konnte die IDEE (Initiative DEmokratie Entwikkeln) – wie Mehr Demokratie e. V. zuerst hieß – mit ihrer Intervention erreichen, daß der „Positivkatalog" der bürgerentscheidsfähigen Angelegenheiten durch das Wörtchen „insbesondere" für weitere „wichtige Selbstverwaltungsangelegenheiten" geöffnet, das Quorum bei Bürgerbegehren auf 10 % und das Zustimmungsquorum beim Bürgerentscheid auf 25 % gesenkt wurden. Von diesem Instrument wurde alsbald reger Gebrauch gemacht.

Bis Oktober 1997 wurden 161 Verfahren gezählt. Unter Berücksichtigung, daß Schleswig-Holstein zwar ähnlich viele Gemeinden wie Baden-Württemberg hat (1.131 zu 1.111), aber doch wesentlich weniger Einwohner (2,5 zu 9,3 Mio.), sind 161 Bürgerbegehren in 7,6 Jahren gegenüber Baden-Württemberg (258 in 42 Jahren) eine Vervielfachung. In vielen kleinen Gemeinden ging es dabei um Wasserver- und -entsorgung sowie um touristische Einrichtungen oder um das gemeindliche Einvernehmen zum Bau privater Windkraftanlagen.

Nur etwa 1/10 der Verfahren wurde vom Gemeinderat eingeleitet. Die übrigen waren zum ganz überwiegenden Teil „Korrekturbegehren", die sich gegen Gemeinderatsbeschlüsse richteten; unter 10 % der Bürgerbegehren waren „Initiativbegehren". Der Anteil der als unzulässig zurückgewiesenen Bürgerbegehren sank gegenüber Baden-Württemberg, betrug aber immerhin noch knapp ein Drittel (31,1 %).

Dies und die weiteren Ergebnisse ergeben sich aus nachfolgender Abbildung. In Städten mit über 50.000 Einwohnern fanden fünf Bürgerentscheide statt, die für die Initianten allesamt negativ ausgingen.

*Abbildung 1:   Bürgerbegehren und deren Ausgang in Schleswig-
                Holstein*

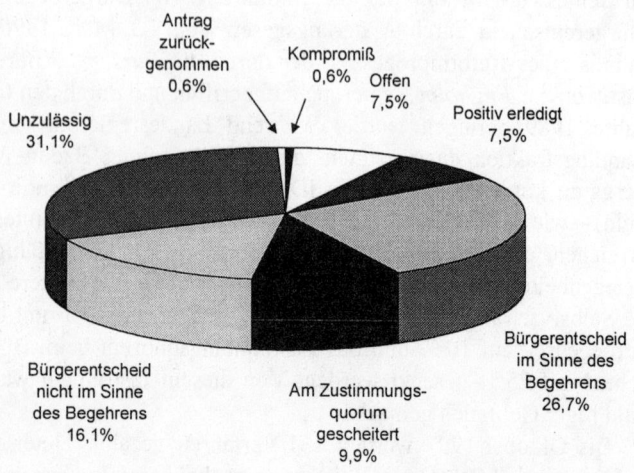

n = 161 in 7,6 Jahren; *Quelle: Pavlovic, Dragan*: Bürgerbegehren und
Bürgerentscheide in Schleswig-Holstein, Marburg 1998, S. 62.

Hessen ermöglicht Bürgerentscheide auch über Bauleitplä-
ne und Planfeststellungen

In Hessen gab es in den vier Jahren zwischen 1. April 1993 und
31. März 1997 83 Bürgerbegehren. Für einen quantitativen Vergleich
mit den 161 Bürgerbegehren in Schleswig-Holstein sind nicht nur der
kürzere Zeitraum (4 statt 7,6 Jahren) und die größere Einwohnerzahl
des Landes (5,8 statt 2,7 Mio.) zu berücksichtigen, sondern vor allem

die reformbedingt ganz andere Gemeindestruktur (426 statt 1.131 Gemeinden). Fragt man nach der Zahl der aktivierten Bürgerinnen und Bürger, ergibt eine überschlägige Berechnung für Hessen gegenüber Schleswig-Holstein den doppelten bis dreifachen Wert.

Eine Erklärung hierfür ist die großzügigere hessische Regelung: Zwar kennt Hessen weder den durch Gemeinderatsbeschluß eingeleiteten Bürgerentscheid noch Bürgerbegehren auf Landkreisebene, die aber auch in Schleswig-Holstein kaum eine Rolle spielen. Viel stärker wirkt sich indessen aus, daß in Hessen (wie nur noch in Sachsen und Bayern) auch Bauleitpläne und Planfeststellungen bürgerentscheidsfähig sind. Über die Hälfte aller Bürgerbegehren in Hessen wären in den meisten anderen Bundesländern unzulässig, also insbesondere Bebauungspläne für Wirtschaftsprojekte und Wohngebiete sowie Planfeststellungen für Straßen und Entsorgungseinrichtungen (s. Tabelle 2).

Tabelle 2: *Vergleich der Zulässigkeit von Bürgerbegehren in Hessen und Rheinland-Pfalz*

Themenbereich	Hessen Nicht am Themenausschluß gescheitert	Rheinland-Pfalz Davon ausgeschlossen (BLP, PFV)	
		Fälle	in %
I. Öffentliche Infrastruktur- und Versorgungseinrichtungen	23	2	8,7
II. Wirtschaftsprojekte	21	15	71,4
a) Davon mit BLP	15	15	100,0
b) ohne BLP	6	-	0,0
III. Entsorgungsprojekte	9	8	88,9
IV. Wohngebietsprojekte	7	7	100,0
V. Verkehrsprojekte	13	10	76,9
VI. Sonstiges	3	-	0,0
Gesamt	77	42	54,5

Abkürzungen: BLP = Bauleitplanung
PFV = Planfeststellungsverfahren.
Quelle: Schiller, Theo/Mittendorf, Volker/Rehmet, Frank: Bürgerbegehren und Bürgerentscheide in Hessen, Marburg 1997, S. 9.

Hier zeigt sich, wo der eigentliche Bedarf nach Bürgermitbestimmung liegt. Die nach dem Baugesetzbuch bzw. den Verwaltungsverfahrensgesetzen vorgeschriebene unverbindliche Bürgerbeteiligung (Offenlegung, Anhörung, Erörterung) macht das Instrument des Bürgerbegehrens und -entscheids nicht überflüssig. Umgekehrt ist zu folgern, daß diejenigen Entscheidungen, die wegen ihrer Breiten- und Langzeitwirkung schon bisher Bürgerbeteiligung erfordern, für Bürgerbegehren und -entscheid vorrangig in Betracht kommen. Die materiell-rechtlichen Bindungen, insbesondere an das Abwägungsgebot, sind für Gemeinderatsbeschlüsse und Bürgerentscheide dieselben, und beide unterliegen gerichtlicher Kontrolle.

Über die Ergebnisse der Bürgerbegehren gibt Tabelle 3 Auskunft.

Tabelle 3: Ergebnisse hessischer Bürgerbegehren (April 93-März 97)

Ergebnis	Anzahl	Prozent
Bürgerbegehren ohne Entscheid	*49*	**59,0**
Noch nicht abgeschlossen bzw. unbekannt	9	10,8
Das Bürgerbegehren wurde – nachdem bereits Unterschriften gesammelt waren – wegen Unzulässigkeit nicht eingereicht	5	6,0
Das Bürgerbegehren wurde für rechtlich unzulässig erklärt	19	22,9
Die Gemeindevertretung hat das Anliegen des Begehrens selbst beschlossen	14	16,9
Es kam zu einem Kompromiß	2	2,4
Bürgerentscheide	*34*	**41,0**
Erfolgreich, Ergebnis im Sinne des Begehrens	17	20,5
Gescheitert, da keine Mehrheit im Sinne des Begehrens	10	12,0
Unecht gescheitert (trotz Mehrheit der Abstimmenden *für* das Begehren am 25%-Quorum gescheitert)	7	8,4
Gesamt	*83*	**100,0**
Erfolgsquote gesamt	*31*	**37,4**

Quelle: Schiller/Mittendorf/Rehmet 1997, S. 10.

Bayern gibt sich die anwendungsfreundlichste Regelung

Die weitaus größte Zahl von Bürgerbegehren wurde in Bayern gestartet, in den ersten beiden Jahren ab November 1995 bereits 485, bis Oktober 1998 waren es 679. Gründe hierfür sind nicht nur Einwohnerzahl (11,7 Mio.) und die Vielzahl der Gemeinden (2.056), sondern noch stärker folgende:

(1.) Nachdem mehrere Versuche in den vergangenen Jahrzehnten im Landtag gescheitert waren, Bürgerbegehren und -entscheid einzuführen, erkämpfte sich die mit Volksgesetzgebung vertraute Bevölkerung dieses Instrument selbst und setzt sich seitdem selbstbewußt gegenüber einem oft allzu autokratischen Verwaltungsstil durch.

(2.) Die durch Volksentscheid vom 1. Oktober 1995 eingeführte bayerische Regelung über Bürgerbegehren und -entscheid ist in Deutschland die mit Abstand anwendungsfreundlichste:

- Das Unterschriftenquorum beim Bürgerbegehren beträgt nur für kleinere Gemeinden bis 10.000 Einwohner 10 % und sinkt mit zunehmender Einwohnerzahl bis auf 3 % für München.

- In den Anwendungsbereich wurden auch Gemeindeabgaben miteinbezogen, die allerdings nur bei 15 der 485 Fälle Gegenstand waren. Unter den ersten 388 Begehren waren 17 in Landkreisen und vier in Stadtbezirken.

- Als einziges Bundesland verzichtet Bayern bei Bürgerbegehren, die sich gegen Organbeschlüsse richten, auf eine Frist. In anderen Bundesländern beträgt sie zwischen vier Wochen (so Baden-Württemberg und Schleswig-Holstein) und drei Monaten (Niedersachsen). Eine solche Frist wirkt bei knapper Bemessung verhindernd und ist in der Tat überflüssig. Das Problem löst sich in der Praxis von selbst; denn die Initianten beeilen sich auch ohne Frist, weil sie mit fortschreitendem Vollzug immer weniger Unterstützer finden.

(3.) Weitere Regelungen in Bayern verbessern die Erfolgsaussichten von Bürgerbegehren und damit mittelbar wohl auch die Häufigkeit:

- Verzicht auf einen Kostendeckungsvorschlag, der in anderen
  Bundesländern unfairerweise den Bürgerinnen und Bürgern
  mehr abverlangt als den Gemeinderäten;
- gleiches Informationsrecht in amtlichen Verlautbarungen;
- (bis März 1999) Verzicht auf ein Zustimmungsquorum bei
  Bürgerentscheiden.

Die vor der Volksabstimmung dramatisch beschworenen Befürchtun-
gen, kleine aktive Minderheiten würden künftig wichtige Vorhaben
blockieren und die Schaffung von Arbeitsplätzen, Kindergärten und
Behinderteneinrichtungen verhindern, haben sich nicht bewahrheitet.
Die durchschnittliche Abstimmungsbeteiligung liegt (bedingt durch
viele kleinere Gemeinden, siehe Tabelle 4) mit 51,4 % etwas höher als
in Hessen (48,7 %).

Tabelle 4:   *Durchschnittliche Beteiligung bei Bürgerentscheiden*
                 in Bayern (November 95-Oktober 98)

Einwohner	Zahl der Bürger-entscheide	Durchschnittliche Beteiligung
Bis 5.000	145	61,4 %
Von 5.001 bis 50.000	180	48,0 %
Von 50.001 bis 100.000	13	27,1 %
Über 100.000	23	27,8 %
Gesamt	361	51,4 %

Quelle: Weber, Tim: Bürgerbegehren und -entscheide in Bayern ,
1998, S. 5.

Besonders aussagekräftig ist der Vergleich in der nächsten Tabelle
über die *Erfolgsaussicht,* daß ein Bürgerbegehren zu einem gültigen
Bürgerentscheid oder auf andere Weise zum Erfolg führt. Danach
schneidet Bayern am günstigsten ab, während die Erfolgsaussicht in
Nordrhein-Westfalen mit seinen vielen großen Städten am geringsten
ist. Baden-Württemberg würde noch schlechter dastehen, wenn man
die zahllosen Bürgerbegehren einbezöge, die erwogen, aber wegen des
nur punktuellen Anwendungsbereichs gar nicht erst vorgelegt wurden.

Tabelle 5:   *Erfolgsquote der Bürgerbegehren*

Von allen eingereichten Bürgerbegehren ...		
	waren unzulässig bzw. der Bürgerentscheid war ungültig	Führten zu einem gültigen Bürgerentscheid oder wurden auf andere Art im Sinne des Begehrens erledigt (*)
Bayern	33 %	67 %
Hessen	43 %	57 %
Schleswig-Holstein	55 %	45 %
Baden-Württemberg	65 %	35 %
Nordrhein-Westfalen	76 %	24 %

(*) Entweder hat der Gemeinderat das Anliegen des Bürgerbegehrens selbst beschlossen, oder das Begehren wurde von den Initiatoren wieder zurückgezogen.   *Stand: 1.11.1996*

Quelle: Seipel, Michael/Mayer, Thomas: Triumph der Bürger, München 1997, S. 151.

Zur Frage, *wer* Bürgerbegehren startet, kommt *Weber* bei Auswertung von 112 Fällen in Bayern zu folgendem Ergebnis:

„Zwei Drittel der Bürgerbegehren werden von unorganisierten Bürger/innen gestartet.

Bürgerbegehren sind eine attraktive zusätzliche Einstiegsmöglichkeit für politisches Engagement („Talentschuppen" für neue Kommunalpolitiker).

In Gemeinden unter 5.000 Einwohner/innen tauchen Parteien als Initiatoren von Bürgerbegehren fast nicht auf.

In größeren Städten und Landkreisen gehören Parteien und Verbände fast immer zu den Initiatoren von Bürgerbegehren.

Alle Parteien starten Bürgerbegehren."

Weber, Tim in: *Akademie für politische Bildung Tutzing/Landeszentrale für politische Bildungsarbeit München* (Hrsg.): Bürgerbegehren und Bürgerentscheid, München, Tutzing 1998, S. 162.

Diese Aussagen finden ihre Bestätigung in Tabelle 6.

Tabelle 6:   *Initiatoren von Bürgerbegehren in Hessen und Bayern*

Initiatoren/Trägerkreis	Hessen (Prozent)	Bayern (Prozent)
Parteien (meist Oppositionsparteien)	22,8	27
Verbände und Vereine	17,5	22
Vorhandene Bürgerinitiativen	1,8	19
Neu gegründete „Abstimmungs- initiative"	36,8	20
Unorganisierte Bürgerinnen und Bürger/Einzelpersonen	21,1	45

Anmerkung: Ausgewertet wurden in Hessen 39 Fälle, in Bayern 115;
                   Mehrfachnennungen waren jeweils zugelassen.
Quelle: *Schiller/Mittendorf/Rehmet* 1997, S. 16.

Im Unterschied zu anderen Bundesländern mit überwiegend verhindernd wirkenden Bürgerbegehren ist das Verhältnis zwischen „*Gaspedal und Bremse*" in Bayern ausgeglichen (siehe Tabelle 7).

Tabelle 7: *Bürgerbegehren als Gaspedal und Bremse (11/95-10/96)*

	Anzahl	Prozent
Gaspedal: a. Begehren schlägt eine eigene Planung vor.	100	32,3 %
b. Begehren lehnt andere Planung ab und schlägt eine alternative Planung vor.	64	20,6 %
Bremse: c. Begehren lehnt eine andere Planung ab, ohne einen alternativen Planungs- vorschlag zu machen.	146	47,1 %
Gesamt	310	100 %

Quelle: Seipel/Mayer 1997, S. 152.

Der Kampf geht weiter

Wenn bürgerschaftliches Engagement Machtstrukturen in Frage stellt, wehrt sich das politische System. In seiner Entscheidung vom 29. August 1997 erklärte der Bayerische Verfassungsgerichtshof die schon mit der Vorlage eines Drittels der Unterschriften beginnende Vollzugshemmung (aufschiebende Wirkung) für verfassungswidrig. Einen Verfassungsverstoß sah er auch in der Kombination von fehlendem Zustimmungsquorum und dreijähriger Bindungswirkung des Bürgerentscheids. Empirische Belege für die erstaunliche Behauptung, daß die Bürgerinnen und Bürger durch Bürgerbegehren und -entscheid die kommunale Selbstverwaltung gefährden, brachte der Gerichtshof nicht. Zum 1. April 1999 führte daraufhin der Landtag ein nach Einwohnerzahlen gestaffeltes Zustimmungsquorum zwischen 10 und 20 % ein und verkürzte die Bindungsfrist auf ein Jahr. Mit einem erneuten Volksbegehren will „Mehr Demokratie in *Bayern*" dagegen den Grundsatz absichern, daß die einfache Mehrheit der abgegebenen gültigen Stimmen entscheidet.

Der Landesverband „Mehr Demokratie in *Baden-Württemberg*" ließ sich durch diese Rechtsprechung nicht davon abhalten, für ein Volksbegehren einen Gesetzentwurf zur Änderung der Gemeindeordnung vorzulegen, der sich an die Regelung in Bayern anlehnt, den Bedenken des Bayerischen Verfassungsgerichtshofs ein wenig entgegenkommt und im übrigen zusätzliche Verbesserungen vorsieht:

- Einbeziehung von Haushaltssatzung und „Grundsätzen für die Verwaltung" auch bei Weisungsaufgaben,
- Recht auf Auskunft und Beratung,
- Flexibilität durch stärkere Stellung der Initianten bei Verzicht auf den Bürgerentscheid und durch
- erleichterte Alternativvorlage des Gemeinderats und
- mehrfaches Stimmrecht mit Stichfrage bei mehreren Vorlagen.

Im Erfolgsfalle wird sich Baden-Württemberg damit wieder an die Spitze direktdemokratischer Verfahrensregelungen setzen und hoffentlich auch andere Bundesländer zu entsprechenden Verbesserungen ihrer Kommunalverfassungen anregen.

Weiterführende Literatur

Akademie für politische Bildung Tutzing/Landeszentrale für politische Bildungsarbeit München (Hrsg.): Bürgerbegehren und Bürgerentscheid. Situation, Analysen, Erfordernisse, München, Tutzing 1998 (Zur Diskussion gestellt H. 50).

Geitmann, Roland: Volksbegehren „Mehr Demokratie in Baden-Württemberg". Ein Gesetzentwurf zur Erleichterung von Bürgerbegehren und -entscheid, in: Verwaltungsblätter für Baden-Württemberg Jg. 19 (1998), S. 441-448.

Jung, Otmar: Kommunale Direktdemokratie mit Argusaugen gesehen. Zeithistorische, verfassungsrechtliche und rechtspolitische Bemerkungen zu der Entscheidung des Bayerischen Verfassungsgerichtshofs vom 29. 8. 1997 [- Vf. 8 bis 11-VII-96 -], in: Bayerische Verwaltungsblätter Jg. 129 (1998), S. 225-233.

Mayer, Thomas (Hrsg.): Bürgerbegehren und Bürgerentscheide in Gemeinden. Erfahrungen mit direkter Demokratie in Baden-Württemberg und Schleswig-Holstein, 4. Auflage, Bonn 1993.

Mehr Demokratie e. V. (Hrsg.): Zeitschrift für Direkte Demokratie Jg. 9 (1997), Nr. 4 [Heft 37 – Sonderausgabe]; 2. Auflage 1999.

Pavlovic, Dragan: Bürgerbegehren und Bürgerentscheide in Schleswig-Holstein. Ergebnisse und ausgewählte Wirkungsaspekte direktdemokratischer Verfahren auf kommunaler Ebene. Magisterarbeit im Fach Politikwissenschaft, Marburg 1998.

Rehmet, Frank: Bürgerbegehren und Bürgerentscheide in Hessen. Verlaufsmuster und Wirkungen direktdemokratischer Verfahren auf kommunaler Ebene, Diplomarbeit Politikwissenschaft, Universität Marburg, 1997.

Schiller, Theo/Mittendorf, Volker/Rehmet, Frank: Bürgerbegehren und Bürgerentscheide in Hessen. Eine Zwischenbilanz nach vierjähriger Praxis. Daten und Analysen zu direktdemokratischen Verfahren im Zeitraum von April 1993 bis März 1997, Marburg 1997.

Seipel, Michael/Mayer, Thomas: Triumph der Bürger! Mehr Demokratie in Bayern – und wie es weitergeht, München 1997.

Weber, Tim: Bürgerbegehren und -entscheide in Bayern. Auswertung von drei Jahren Erfahrungen, unveröffentlichtes Typoskript 1998.

VII.   Direkte Demokratie in der Praxis: Fälle

VII.1   Auf dem Weg zu kommunalen Bürgerentscheiden in Bayern

Von CARSTEN NEMITZ

Erklärungen für eine unerhörte Begebenheit

Die morgendliche Zeitungslektüre an den Tagen nach dem bayerischen Volksentscheid vom 1. Oktober 1995 bot schnelle Erklärungen für die „unerhörte Begebenheit" jenes Abstimmungssonntags. Die bayerischen Bürgerinnen und Bürger hatten sich mit einer deutlichen Mehrheit von 57,8 % für die Einführung kommunaler Bürgerentscheide nach dem Gesetzentwurf der Bürgeraktion „Mehr Demokratie in Bayern" entschieden, die CSU mußte mit ihrem Gegenentwurf bei nur 38,7 % der Stimmen ihre erste landesweite Niederlage seit über 40 Jahren hinnehmen. Im Mittelpunkt der Kommentare stand natürlich diese unerwartete „Schlappe" der Partei, die in Bayern die politische Auseinandersetzung sonst so deutlich prägt und dominiert. Die *Süddeutsche Zeitung* bemerkte erstaunt, eine „Gruppe junger Unbeugsamer in Bayern" hätte die Christlich-Sozialen „das Fürchten und Verlieren gelehrt". Die *taz* veranlaßte das Abstimmungsverhalten zu der Frage, warum sich die bayerischen Stimmbürger massenhaft dazu entschieden hätten, „am 1. Oktober fremdzugehen". Und der Korrespondent der *Frankfurter Rundschau* frozzelte über die „Studententruppe" und die Tatsache, „daß die übermächtige CSU von unbekümmerten Youngstern aufs Kreuz gelegt worden ist".

Aber waren die Initiatoren des Projekts „Mehr Demokratie in Bayern" wirklich die charmant-naiven Politikamateure, zu denen sie die Medien schnell machten? Was waren die „spielentscheidenden" Fehler der CSU im Verlauf des Verfahrens? Diese Fragen lenken den Blick auf die Vorgeschichte, den *Weg* hin zu kommunalen Bürgerentscheiden in Bayern und die Gründe für dessen erstaunlichen Abschluß.

In dieser Perspektive soll über das Volksgesetzgebungsverfahren zur Einführung kommunaler Bürgerentscheide in Bayern berichtet werden.

Ein Bericht zwischen Nähe und Distanz

Eine glatte „Erfolgsstory" war der Weg zum Volksentscheid jedenfalls nicht. Als ich im Februar 1994 zum ersten Mal die Münchner Geschäftsstelle von „Mehr Demokratie in Bayern" betrat, waren die Büroräume noch weit von dem entfernt, was man sich gemeinhin unter einer Landesgeschäftsstelle vorstellt: zwei kleine Kellerräume in einem Einfamilienhaus im Münchner Vorort Pasing, gefüllt mit unzähligen Unterlagen, Materialien und Ordnern, eingerichtet mit einer damals noch eher dürftigen technischen Ausstattung. Es war zugleich mein erster Arbeitstag in der Landesgeschäftsstelle; ich habe dann bis zum Volksentscheid (und auch noch darüber hinaus) mit unterschiedlicher Intensität für „Mehr Demokratie in Bayern" gearbeitet, zunächst als Praktikant, später als wissenschaftlicher Mitarbeiter. Während dieser Zeit war ich beides: einerseits der teilnehmende Beobachter mit einem primär wissenschaftlichen Interesse an direktdemokratischen Politikprozessen (mit dieser Vorstellung bin ich jedenfalls nach München gekommen), andererseits aber zunehmend mehr als das, nämlich der beobachtende Teilnehmer, der selbst immer stärker aktiv in das Projekt eingebunden ist. Ich war also von einem relativ frühen Zeitpunkt an „dicht dran" – das hat ganz sicher Vorteile, denn so werden Dinge deutlich sichtbar, die aus größerer Distanz nur unscharf und allenfalls in Umrissen erkennbar sind. Freilich ist es in der Regel Sympathie, die erst die Nähe suchen läßt und dann ein abgewogenes Urteil erschwert. Der folgende Beitrag schildert daher den besonderen bayerischen Weg zur Einführung kommunaler Bürgerentscheide subjektiv „eingefärbt", versucht aber auch, Distanz (zurück) zu gewinnen.

Eine Kampagne der „Dennochs"

Eine Konstante fällt dann besonders auf, wenn man den dreijährigen Weg zur Einführung kommunaler Bürgerentscheide in Bayern aus der Nähe nachvollzieht: nämlich die stete Prognose, das Scheitern des direktdemokratischen Projekts sei nahe. Diese Prognose begleitete das politische Unternehmen „Mehr Demokratie in Bayern" von seinem ersten Tag an. Es gelte, hieß es, sich beizeiten auf den unvermeidlichen Mißerfolg einzustellen, um spätere Enttäuschung zu vermeiden. Auch wohlmeinende Begleiter machten aus ihrer Skepsis keinen Hehl. In der Tat hatten sie viele gute Argumente für ihren Pessimismus: War nicht die CSU seit 33 Jahren mit einer absoluten Mehrheit im Landtag ausgestattet, und hatte sie nicht auch bei den wenigen Volksentscheiden, die bislang stattfanden, am Ende immer noch die „Nase vorn" gehabt? War die Partei damit nicht schon dem Mythos der Unbesiegbarkeit nahe gekommen und längst nur noch mit einer blassen Opposition konfrontiert, die sich in ihre schon strukturell anmutende Minderheitsrolle ergeben hatte? Konnte man wirklich erwarten, mit der vergleichsweise abstrakten Forderung nach Einführung eines politischen Entscheidungsverfahrens daran etwas zu ändern und Menschen zu begeistern? Kurzum: War es sinnvoll, sich ein weiteres Mal eine „blutige Nase" zu holen?

Vor diesem Hintergrund läßt sich über den Weg zu kommunalen Bürgerentscheiden in Bayern daher in der Form einer Geschichte der „Dennochs" berichten. Es sind drei große „Dennochs", die zugleich die drei wesentlichen Schritte auf dem Weg zu einem volksbeschlossenen Gesetz markieren: zunächst die Tatsache, daß der Anfang gemacht und mit dem Projekt „Mehr Demokratie in Bayern" überhaupt begonnen wurde; dann der Erfolg, der beim Volksbegehren mit einem deutlichen Überschreiten der Zahl der geforderten Eintragungen erreicht wurde; schließlich das überraschende Ergebnis, daß der Entwurf „Mehr Demokratie in Bayern" beim abschließenden Volksentscheid eine klare Stimmenmehrheit auf sich vereinen konnte.

Damit ist die Darstellung allerdings so wenig abgeschlossen, wie die Auseinandersetzungen um kommunale Bürgerentscheide in Bayern mit dem Volksentscheid vom 1. Oktober 1995 ihr Ende fanden. Deshalb schließt sich ein viertes und letztes „Dennoch" an, gewissermaßen das politische bzw. juristische Nachspiel. Dabei geht es zunächst kurz um die praktische Umsetzung des Bürgerentscheidsverfahrens und um die Anwendungsfragen, die sich hier stellten. In diesem Zusammenhang soll abschließend vor allem die Frage behandelt werden, welche Lehren das Beispiel der Einführung kommunaler Bürgerentscheide für die Praxis direktdemokratischer Verfahren bereit hält.

Das erste „Dennoch": Der Anfang wird gemacht

Am Anfang des Weges zu kommunalen Bürgerentscheiden stand das, was *Hannah Arendt* als ein Wesenselement von Politik bezeichnet, nämlich die Fähigkeit, „einen neuen Anfang zu setzen". Dieses Vermögen läßt sich für unser Fallbeispiel an konkreten Akteuren festmachen, die vom Herbst 1992 an die praktisch-politischen Voraussetzungen für die Durchführung eines Volksgesetzgebungsverfahrens überhaupt erst schafften. Dazu gehörten zunächst vor allem die ganz handwerkliche Arbeit an einem Gesetzentwurf, die Organisation politischer Unterstützung durch das Gewinnen von Bündnispartnern und der Aufbau einer landesweiten Infrastruktur.

Auf dem ersten Arbeitstreffen, das am 25. Oktober 1992 in Nürnberg stattfand, waren gerade 15 Teilnehmer anwesend. Dort wurde das Ziel gesteckt, auf längere Sicht einen Volksentscheid herbeizuführen, mit dem in Bayern kommunale Bürgerentscheide eingeführt und zugleich das bayerische Volksgesetzgebungsverfahren erleichtert werden sollte. Um diesen Weg zu gehen, war es zunächst erforderlich, konkrete Gesetzentwürfe zu erarbeiten. Dazu wurde eine „Arbeitsgruppe Gesetzentwurf" eingesetzt, der vier Mitglieder angehörten. Sie hatten überwiegend keine juristische Ausbildung, jedoch alle „ihre" direkt-demokratische Biographie.

Die Organisation politischer Unterstützung wurde durch den Verein „Mehr Demokratie in Bayern e.V." betrieben, der am 3. April 1993 als Träger der Kampagne gegründet wurde und eine Landesgeschäftsstelle in München eröffnete. Bis zum 30. Juni 1993 konnten fast 20 Unterstützerorganisationen gewonnen werden, unter anderem der Bund Naturschutz, Bündnis 90/DIE GRÜNEN und die SPD.

Auf der ersten Verfahrensstufe waren 25.000 Unterschriften zu sammeln, um die Durchführung der Volksbegehren beantragen zu können. Mit der Unterschriftensammlung für die beiden Gesetzentwürfe „Bürgerentscheide in Gemeinden und Kreisen" sowie „Faire Volksentscheide im Land" wurde im Mai 1993 begonnen. Die Sammlung lief indes nur schleppend an, bis Oktober 1993 waren erst 10.000 Unterschriften erreicht. Ein zunächst unbekanntes und überdies „unhandliches" Thema motivierte offenbar nur schwer zur Unterschrift. Erst zum Jahreswechsel 1993/94 waren die erforderlichen Unterschriften für beide Entwürfe gesammelt worden. Dieser langsame und mühselige Auftakt hatte sicher auch mit dem Fehlen einer landesweiten Infrastruktur zu tun. „Mehr Demokratie in Bayern" konnte sich nicht auf einen eigenen Unterbau stützen; der Verein war zu diesem Zeitpunkt noch eine Art „Dame ohne Unterleib" und mußte sich die materiellen und personellen Ressourcen „vor Ort" vielfach von den Unterstützerorganisationen „borgen". Diese konkrete Unterstützungsarbeit wiederum fiel unterschiedlich tatkräftig aus.

Bereits zu diesem frühen Zeitpunkt war auch Bewegung bei der herausgeforderten Parlamentsmehrheit zu verzeichnen. Die CSU kündigte im Frühjahr 1994 an, im Landtag einen eigenen Entwurf zur Einführung kommunaler Bürgerentscheide einzubringen. Es sollte also der Weg der Abfanggesetzgebung beschritten werden: Man kommt der direktdemokratischen Initiative mit dem „früheren Gesetz" inhaltlich zum Teil entgegen und nimmt ihr damit politisch den „Wind aus den Segeln". Dieses Vorhaben scheiterte dann allerdings bereits innerhalb der CSU-Landtagsfraktion am Widerstand insbesondere der Kommunalpolitiker. Bei dieser Fraktionsentscheidung dürfte auch eine Rolle gespielt haben, daß man der Bürgeraktion ein Überschreiten der Unterschriftenhürde von 10 % bei dem bevorstehenden Volksbegehren nicht zutraute. Die CSU hat an dieser Stelle den wohl entscheidenden Fehler im Verlauf des Verfahrens begangen, indem sie ihren überraschend angekündigten Entwurf plötzlich wieder zurückzog und dadurch später den Verdacht nicht mehr ausräumen konnte, daß sie ein gespaltenes Verhältnis zu kommunaler Direktdemokratie habe.

„Mehr Demokratie in Bayern" reichte dann am 22. Juli 1994 den Antrag auf Zulassung des Volksbegehrens „Faire Volksentscheide im Land" beim Bayerischen Innenministerium ein. Der zugrundeliegende Gesetzentwurf ist allerdings am 14. November 1994 vom Bayerischen Verfassungsgerichtshof überraschend für nicht zulässig befunden worden. Hinsichtlich der Zulässigkeit des am 31. Oktober 1994 vorgelegten Antrags für „Bürgerentscheide in Gemeinden und Kreisen" hatte das Innenministerium dagegen keine rechtlichen Bedenken. Es legte daher den Entwurf dem Landesverfassungsgericht nicht zur Prüfung vor, so daß es zum Volksbegehren kam.

Das zweite „Dennoch": Das Volksbegehren ist erfolgreich

Das Volksbegehren ist die Hürde, an der sich die „Abstimmungswürdigkeit" eines Gesetzentwurfs aus dem Volk entscheidet. Nach den bayerischen Verfahrensregeln müssen sich innerhalb von 14 Tagen 10 % der Stimmberechtigten in Amtsräumen eintragen, damit es zu einem Volksentscheid kommt. Diese kurze Eintragungsfrist hat für die Initiatoren eines Volksbegehrens sowohl Vor- als auch Nachteile. Ihr größter Vorteil ist die Zuspitzung, die auf diese Weise ermöglicht wird. Ein Thema kann über zwei Wochen hinweg in den Medien präsent sein, ohne sich „totzulaufen". Der größte Nachteil der Zwei-Wochen-Regelung dürfte dagegen die Kürze der Zeit sein, in der eine beträchtliche Mobilisierungsleistung stattfinden muß. Eine Angelegenheit muß daher zu Beginn des Volksbegehrens schon „eintragungsreif" sein, das heißt bereits einen hinreichend großen Bekanntheitsgrad erreicht haben. Zwei Wochen sind zu kurz, als daß in dieser Zeit eine politische Öffentlichkeit erst noch geschaffen werden könnte.

Die Eintragungsfrist für das Volksbegehren „Bürgerentscheide in Gemeinden und Kreisen" wurde auf den Zeitraum vom 6. bis 19. Februar 1995 festgesetzt. Die Organisationsleistung, die im Vorfeld der Eintragungsfrist zu erbringen war, bestand vor allem im Ausbau und in der Vertiefung der bayernweiten Struktur sowie in der Bekanntmachung des politischen Anliegens. Eine Schlüsselfunktion kam dabei der Münchner Landesgeschäftsstelle zu, die hier in einem Spannungsfeld von zentralen Dienstleistungs- und Koordinationsfunktionen einerseits sowie deren dezentraler Umsetzung und Ausgestaltung andererseits agierte. Das Landesbüro war das strategische Dach der Kampagne, es konnte von seiner personellen und finanziellen Ausstattung und von seinem Selbstverständnis her auch gar nicht mehr sein als ein hervorgehobener Koordinator des Verfahrens. Damit war das Landesbüro mächtig und machtlos zugleich: Seine Macht bestand darin, daß es etwa in der Öffentlichkeitsarbeit bayernweite Akzente setzte und Leitlinien vorgab. Andererseits blieb das Landesbüro stets darauf angewiesen, daß diese· „große Route" von den regional und lokal Handelnden umgesetzt wurde. Damit besaßen diese Akteure immer eigene Handlungsspielräume, um flexibel in ihrem jeweiligen politischen Umfeld agieren zu können.

Das Gefühl des „Jetzt oder Nie", das unmittelbar vor Beginn des Volksbegehrens herrschte, wird besonders anschaulich in einer Rede des Vorstandsmitglieds *Lienhard Barz* auf der 15. Landesversammlung von „Mehr Demokratie in Bayern" am 22. Januar 1995 in Nürnberg, zwei Wochen vor Beginn der Eintragungsfrist:

> „Es tritt eine Verdichtung der Zeit ein, das Datum 6. bis 19. Februar rückt unerbittlich näher. [...] Der Tag reicht nicht mehr aus, in der Münchner Zentrale wird jeden Tag 15-16 Stunden gearbeitet. Wie sehen die Chancen real betrachtet aus? Ich bin felsenfest überzeugt, daß mehr als 10 % unterzeichnungswillig sind. Aber wir müssen eine ganz bestimmte Person finden: Der oder die letzte, die noch nicht wußte, daß sie zu den Willigen gehört. Aber sie versteckt sich, daher sind alle Kräfte nötig. [...] Das Volksbegehren ist die Hauptsache des Lebens geworden. Die Seherin im Faust sagt: ‚Den lieb' ich, der Unmögliches begehrt.' So empfinde ich uns. Wir können nicht verlieren, wir haben schon gewonnen. Wir können die Abstimmung verlieren, aber wir haben einen Keim in den Strom der Zeitgeschichte gelegt beziehungsweise weitergetragen. [...] Darum können wir am 19. Februar 1995 feiern."

In den 14 Eintragungstagen fanden dann rund 1,2 Mio. Menschen den Weg in die Eintragungslokale, so daß die 10%-Hürde mit 13,7 % deutlich genommen wurde (siehe Abbildung 1, folgende Seite).

Das dritte „Dennoch": „Mehr Demokratie in Bayern" gewinnt den Volksentscheid

Im Vorfeld des Volksentscheids ging es nun darum, die Vorzüge des Entwurfs von „Mehr Demokratie in Bayern" gegenüber der zu erwartenden Konkurrenzvorlage des Landtags zu vermitteln. Der CSU-Parlamentsmehrheit wiederum blieb politisch nur der Weg, einen eigenen Entwurf zum Volksentscheid mit vorzulegen. Für die CSU ging es darum, den Beigeschmack der nur halbherzigen und späten „Liebe" zu direkter Demokratie zu vermeiden und ihre Mitglieder und Anhänger zum Engagement im Abstimmungskampf zu motivieren.

Abbildung 1:   *Ergebnis des Volksbegehrens*

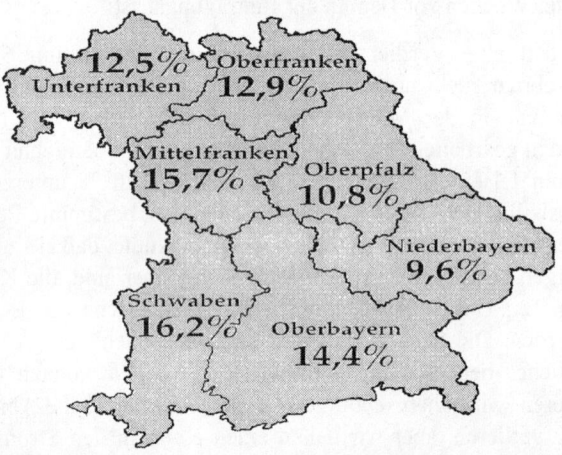

"Mehr Demokratie in Bayern" setzte in der politischen Auseinandersetzung auf eine nahezu "umarmende" Strategie gegenüber der Kon-
kurrentin und darauf, daß feste Umarmungen auch erdrücken können.
Der CSU wurde kontinuierlich und auf allen Ebenen der Dialog ange-
boten. Weil in direktdemokratischen Verfahren eine einzelne Angelegenheit aus dem politischen Gesamtpaket herausgenommen wird,
zeigen sich deutlich innerparteiliche Differenzierungen, die sonst la-
tent bleiben. "Mehr Demokratie in Bayern" griff diesen Zusammenhang auf und formulierte einen "CSU-Mitgliederaufruf", der zunächst
von zehn CSU-Mitgliedern unterschrieben wurde:

> "Wir sind CSU-Mitglieder und stehen zur CSU. In einer De-
> mokratie gibt es aber immer auch innerhalb einer Partei ver-
> schiedene inhaltliche Positionen. Ein Volksentscheid bietet die
> Chance, über die Parteigrenzen hinweg zu entscheiden. Beim
> Volksentscheid am 1. Oktober unterstützen wir deshalb den
> Gesetzentwurf des Volksbegehrens, weil er der bessere der bei-
> den Entwürfe ist."

Der Aufruf wurde dann von „Mehr Demokratie in Bayern" an 3.000 CSU-Funktionsträger verschickt und führte zu beträchtlicher innerparteilicher Unruhe, weil er – wohl zu Recht – als Indikator für eine in der Partei weiter verbreitete Stimmung interpretiert wurde. Die Bürgeraktion konnte im Vorfeld des Volksentscheids schließlich auch die Früchte eines beständig vorangetriebenen Organisationsaufbaus ernten. In der Landesgeschäftsstelle arbeiteten sechs Vollzeitbeschäftigte, es gab drei Regionalbüros und circa 200 lokale Aktionskreise.

Der Stimmzettel eröffnete den Bürgern dann am 1. Oktober 1995 drei Möglichkeiten: Sie konnten für den Entwurf des Volksbegehrens, für den Konkurrenzentwurf des Landtags stimmen oder beide Entwürfe ablehnen und damit für den Fortbestand des Status quo votieren.

Abbildung 2:   Stimmzettel des Volksentscheids

Stimmzettel
zum Volksentscheid am 1. Oktober 1995

Sie haben **1** Stimme

◯	Ich stimme dem Gesetzentwurf des **Bayerischen Landtags** zu.
◯	Ich stimme dem Gesetzentwurf des **Volksbegehrens** zu.
◯	Ich lehne beide Gesetzentwürfe ab.

Bei einer Abstimmungsbeteiligung von 36,8 % gab es mit 57,8 % dann einen – jedenfalls für bayerische politische Verhältnisse – „Erdrutschsieg" der Bürgeraktion.

Das Geheimnis des Erfolges

Am Ende stellt sich damit wieder die Eingangsfrage: Gibt es ein „Geheimnis des Erfolges"? Vielleicht weniger ein Geheimnis, statt dessen aber drei Gründe, die von enormer Bedeutung gewesen sein dürften.

Zunächst sind die inhaltlichen Unterschiede der beiden Entwürfe wichtig, die den meisten Bürgern bei ihrer Stimmabgabe wohl nicht im Detail geläufig, aber – dank einer ausführlichen Medienberichterstattung im Vorfeld des Volksentscheids – zumindest in ihrer Tendenz bekannt waren. Die Leute wußten, daß der Entwurf der Bürgeraktion deutlich besser ausgebaute bürgerschaftliche Einflußmöglichkeiten enthielt: ein Sachverhalt, der von „Mehr Demokratie in Bayern" mit dem Slogan „Mehr ist besser" angesprochen und transportiert wurde

Abbildung 3: Beispiel für einen Vergleich der Gesetzentwürfe

Quelle: Informationsbroschüre von „Mehr Demokratie in Bayern".

Strategisch verstand es die Bürgeraktion, im Verlauf des Verfahrens die wesentlichen Akzente zu setzen. Sie bestimmte weitgehend den politischen Rhythmus, während die CSU lange abwartete und erst an der letzten Station mit der von ihr getragenen parlamentarischen Konkurrenzvorlage „zustieg". Es war der wohl entscheidende Fehler der CSU, daß sie ihren eigenen Gesetzentwurf zur Einführung kommunaler Bürgerentscheide im Frühjahr 1994 nicht im Landtag verabschiedete.

Damit verknüpft ist – als letzter Erfolgsfaktor – auch die Frage des politischen Engagements. Während die Bürgeraktion sich auf einen relativ kleinen, aber aus der Sache heraus motivierten Aktivenkreis stützen konnte, waren die CSU-Mitglieder zwar die „mehreren"; sie waren aber weit schwieriger zu konkretem Engagement zu bewegen, weniger gut über den Abstimmungsgegenstand informiert und im ganzen weniger motiviert. Zugespitzt formuliert: Während für viele der Aktiven bei Mehr Demokratie die politische Arbeit die lange erwartete Kür darstellte (s. Abbildung im Anhang), wurde bei der CSU eher das Pflichtprogramm absolviert. Die hohe individuelle Einsatzbereitschaft der Angehörigen der Bürgeraktion wurde zusätzlich unterstützt durch die professionell arbeitende Geschäftsstelle in München.

„Dennoch": Die Auseinandersetzungen gehen weiter

Der 1. Oktober 1995 markierte nicht das Ende der Auseinandersetzungen. In der Praxis ergaben sich bei der konkreten Anwendung des zum 1. November 1995 in Kraft getretenen Gesetzes bald neue Fragen, die mittlerweile zum großen Teil geklärt sind. Im Dezember 1995 fand im Bayerischen Innenministerium eine Besprechung statt, an der Vertreter des Ministeriums, der kommunalen Spitzenverbände, von „Mehr Demokratie in Bayern" und der Oppositionsparteien im Landtag teilnahmen. Dort konnten über 90 % der behandelten Fragen einvernehmlich beantwortet werden. Die Ergebnisse des Gesprächs führten zu „Vollzugshinweisen" des Innenministeriums. Bei vielen der noch strittigen Punkte fand mittlerweile eine Klärung durch die Verwaltungsgerichte statt. Der Bayerische Verfassungsgerichtshof hat in einer Entscheidung vom 29. August 1997 Teile des bayerischen Bürgerentscheidsgesetzes für verfassungswidrig befunden. Durch diese umstrittene Entscheidung wird es zu einer Weiterentwicklung der Verfahrensregeln kommen.

Betrachtet man allein die Spanne von drei Jahren zwischen dem ersten Arbeitstreffen und dem Volksentscheid, also den *Weg* zu kommunalen Bürgerentscheiden in Bayern, dann fallen drei besonders markante Charakteristika auf:

(1.) Drei Jahre sind eine lange Zeit

Die Einführung kommunaler Bürgerentscheide hat vom ersten Nürnberger Arbeitstreffen im Oktober 1992 bis zum Volksentscheid im Oktober 1995 fast genau drei Jahre gedauert. Bei vollständig durchgeführten Volksgesetzgebungsverfahren handelt es sich also – jedenfalls nach den bayerischen Verfahrensregeln – nicht um einen kurzen Weg zu einer Sachentscheidung. Es wird nicht durch eine rasche Abstimmung die aktuelle Meinung der Bürgerschaft festgestellt, sondern es wird die notwendige Zeit gelassen für eine öffentliche Meinungs- und Willensbildung und damit für eine Qualifizierung und Rationalisierung des Abstimmungsergebnisses. Eine entsprechende institutionelle Sicherung gibt es bei Meinungsumfragen oder sonstigen Unterschriftensammlungen dagegen gerade *nicht*. Dieses „Lob der Langsamkeit" bedeutet umgekehrt natürlich auch, daß Volksgesetzgebungsverfahren keine schnellen Entscheidungsverfahren sind.

(2.) Drei Jahre sind eine ausgesprochen lange Zeit im Leben einer Bürgeraktion

Diese gestreckte Verfahrensdauer verlangt einen „langen Atem" der Betreiber des direktdemokratischen Projekts und macht deutlich, daß es einer Professionalisierung bedarf. Die das Verfahren tragenden Akteure müssen über Zeit und spezialisiertes Wissen verfügen – und auch finanziell gesichert sein –, um einen landesweiten Volksentscheid mit Aussicht auf Erfolg anstreben zu können.

(3.) Drei Jahre bringen viele Veränderungen

Das Verfahren hat aber schon vor dem Volksentscheid zu Wirkungen geführt, die sich einem Blick verschließen, der auf die Schlußabstimmung und ihr Ergebnis fixiert ist. Es macht gerade den Charme direktdemokratischer Institutionen aus, daß sie etwas verändern können, *ohne* daß das Verfahren vollständig durchgeführt sein muß: Es reicht mitunter schon, „wenn der Souverän sich räuspert" (*Otmar Jung*).

Dieser Effekt läßt sich im Verfahren zur Einführung kommunaler Bürgerentscheide an mehreren Punkten demonstrieren. Die CSU-Parlamentsmehrheit verabschiedete sich im Laufe des Verfahrens schrittweise von ihrer ursprünglichen Position, kommunale Bürgerentscheide generell abzulehnen. Diese Tendenz ließ sich erstmals im Mai 1994 beobachten, als die CSU im Landtag ein Gesetz zur Einführung kommunaler Bürgerentscheide verabschieden wollte, sich also für eine Abfanggesetzgebung zu entscheiden schien. Mit der später vorgelegten parlamentarischen Konkurrenzvorlage zum Volksentscheid wurde die ablehnende Haltung dann endgültig aufgegeben. Es sind aber nicht allein und vielleicht nicht einmal zuerst diese „harten" Effekte, an denen sich Vorwirkungen direktdemokratischer Verfahren zeigen. Wichtig sind auch allmähliche gesellschaftliche Lernprozesse, die dadurch stimuliert werden, daß in direktdemokratischen Verfahren über einen längeren Zeitraum öffentliche Meinungsbildung zu einer konkreten Sachfrage stattfindet. In diesem Sinne sind direktdemokratische Verfahren auch ein Instrument politischer Bildung.

Weiterführende Literatur

Jung, Otmar: Der Volksentscheid über die Einführung des kommunalen Bürgerentscheids in Bayern am 1. Oktober 1995, in: Jahrbuch zur Staats- und Verwaltungswissenschaft Bd. 9 (1996), S. 191-272.

Mayer, Thomas/Nemitz, Carsten: Mehr direkte Demokratie: Perspektiven unmittelbarer Bürgerbeteiligung, in: Hager, Frithjof (Hrsg.): Im Namen der Demokratie. Alle Staatsgewalt geht vom Volke aus, Darmstadt 1997, S. 82-88.

Nemitz, Carsten: Ein Volksentscheid über den Bürgerentscheid: Die Einführung kommunaler Bürgerentscheide in Bayern, in: Demokratie vor neuen Herausforderungen. Vorträge und Diskussionsbeiträge auf dem 1. Speyerer Demokratie-Forum vom 29. bis 31. Oktober 1997 an der Deutschen Hochschule für Verwaltungswissenschaften Speyer, hrsg. von Hans Herbert von v. Arnim, Berlin 1999 (Schriftenreihe der Hochschule Speyer Bd. 130), S. 139-159.

Seipel, Michael/Mayer, Thomas: Triumph der Bürger! Mehr Demokratie in Bayern und wie es weitergeht, hrsg. von Mehr Demokratie e. V., München 1997.

Aktion „Befreit den mündigen Bürger" – Straßenaktion, die in Bayern, Bremen und in anderen Bundesländern stattfand.

VII.2 „Ihre Stimme für den Bußtag, weil Feiertage unbezahlbar sind" – Der Kampf der Nordelbischen Kirche für die Erhaltung des Buß- und Bettages

Von ANDREAS SCHIMMER

1994 war das Pflege-Versicherungsgesetz des Bundes verabschiedet worden, das zur Kompensation der Arbeitgeberbeiträge zu dieser neuen Versicherung den Ländern aufgab, einen gesetzlichen Feiertag, „der stets auf einen Werktag fällt", aufzuheben. Unter den damit anvisierten kirchlichen Feiertagen erschien den politisch Verantwortlichen insbesondere der Buß- und Bettag als Finanzierungsopfer „geeignet". Daraufhin kündigte die Nordelbische Evangelisch-Lutherische Kirche bei den Landesregierungen in Hamburg und Schleswig-Holstein ihre Entschlossenheit an, die Abschaffung dieses Tages als arbeitsfreien Feiertag nicht kampflos hinzunehmen. Vor der ersten Lesung zur Änderung des Sonn- und Feiertagsgesetzes im Schleswig-Holsteinischen Landtag überreichten die Bischöfe *Karl Ludwig Kohlwage* (Sprengel Holstein Lübeck) und *Dr. Hans Christian Knuth* (Sprengel Schleswig) der Kieler Landtagspräsidentin *Ute Erdsiek-Rave* 43.000 Unterschriften. „Kirchliche Feiertage dürfen nicht zur Verfügungsmasse in Zeiten knapper Kassen werden" (*Die Welt*, 28.9.1994), kommentierte Bischof *Knuth* die Übergabe. Der Hamburger Bürgermeister *Henning Voscherau* erhielt ebenfalls im September aus den Händen von Bischöfin *Maria Jepsen* (Sprengel Hamburg) 17.000 Protestunterschriften. So begann eine dreijährige Auseinandersetzung, die zum Schluß den Charakter eines Wahlkampfes annahm.

Zunächst ging es um die Entscheidungen der einzelnen Länder. Daß diese auch politisch sich keineswegs auf die Feiertagsaufhebung einlassen bzw. ausgerechnet auf den Buß- und Bettag zugreifen mußten, demonstrierte das Beispiel Sachsens. Dank des Engagements des Ministerpräsidenten Biedenkopf wurde dieser Tag dort als arbeitsfreier Tag gar nicht erst zur Disposition gestellt. Im Norden waren die Bischöfin *Jepsen* und die beiden Bischöfe *Knuth* und *Kohlwage*, die Synodenpräsidentin *Lingner* und Vertreter des Kirchenamtes bei den

Parlamentssitzungen anwesend. Engagierte Christen protestierten mit
Posaunen und Transparenten vor dem Kieler Landtag und dem Hamburger Rathaus – begleitet von Fernsehen und anderen Medien.

Umstritten, aber weit über die Grenzen Nordelbiens hinaus bekannt
wurde die Verhüllung des Senatsgestühls in Hamburgs Hauptkirche
St. Michaelis in der Zeit vom Volkstrauertag bis zum Buß- und Bettag.
„Wir wollen den Senat nicht aussperren, sondern lediglich darauf hinweisen, daß die Streichung dieses besinnlichen Tags, den wir sehr nötig haben, grundfalsch ist", erklärte der Hauptpastor *Helge Adolphsen*
(„Lila Pause für den Hamburger Senat", *Hamburger Morgenpost*,
14.11.1994).

Nach heftigen – oft auch sehr emotionalen – Parlamentsdiskussio-
nen fielen die Entscheidungen: In Hamburg stimmten am 1. Dezember 1994 62 von 117 Abgeordneten für die Abschaffung, die auch in
Kiel mit der knappen absoluten Mehrheit der SPD von einer Stimme
am 7. Dezember beschlossen wurde: So ist seit 1995 der Buß- und
Bettag in den beiden norddeutschen Bundesländern kein arbeitsfreier
Tag mehr. Die kirchliche Position verdeutlichte Bischöfin *Jepsen* nach
der Abstimmung in Hamburg: „Ich bin traurig, daß der Buß- und Bettag als gesetzlicher Feiertag in Hamburg abgeschafft wird." Dennoch
werde es für die Kirche „keine Abschaffung des Buß- und Bettages
geben. Wir werden ihn auch im nächsten Jahr feiern" (*Hamburger
Abendblatt*, 2.12.1994).

Die Kirche setzt auf direkte Demokratie

Die Parlamente hatten abgestimmt, und kirchenintern wurde über das
weitere Vorgehen diskutiert. In Schleswig-Holstein gab es – im Gegensatz zu Hamburg – damals schon die Möglichkeit des Volksentscheides; eine entsprechende Verfassungsreform sollte in der Hansestadt erst Mitte 1996 zum Abschluß kommen. So blieb aufgrund der
Verfassungsrechtslage nur übrig, was ohnehin klug erschien, nämlich
die Kräfte zu konzentrieren und zunächst „nur" in Schleswig-Holstein
den Weg der direkten Demokratie zu beschreiten. Denn von Anfang an
war klar: Die Landesregierung und die Gewerkschaften würden solch
ein Begehren nicht unterstützen. Die Notwendigkeit, sich für diesen
Feiertag einzusetzen, müßte sowohl nach innen wie auch nach außen

vermittelt werden. Außerdem war dieser demokratische Vorgang der norddeutschen Bevölkerung noch fremd. Nach der Verfassungsreform 1990 in Schleswig-Holstein war die Kirche die erste Initiatorin eines Volksbegehrens bzw. Volksentscheides in diesem Bundesland. Es galt also nicht nur, die Menschen von der Wichtigkeit des kirchlichen Anliegens zu überzeugen, sondern es mußte Aufklärungsarbeit geleistet werden, wer wie wann unterzeichnen bzw. sich eintragen muß, abstimmen kann usw.

Nachdem man sich erkundigt hatte, wie ein Unterstützungsbogen für den ersten Schritt – die Volksinitiative – aussehen mußte, und eine Forderung an den Landtag formuliert war, konnte begonnen werden, Unterschriften zu sammeln: nach den Gottesdiensten, bei kirchlichen Veranstaltungen und auf der Straße. Schnell waren statt der notwendigen 20.000 sogar 72.000 Unterschriften beisammen, die Bischof *Kohlwage* am 2. Mai 1995 der damaligen Landtagspräsidentin *Erdsiek-Rave* übergab. (Die Überprüfung der Listen wurde nach der Feststellung von 21.329 gültigen Unterschriften abgebrochen. Dies genügte, um die Zulässigkeit der Initiative zu bejahen.) Wahrscheinlich wegen des großen und schnellen Erfolges der Kirche konnten die *Lübecker Nachrichten* am 30. August 1995 schreiben: „Parteien in Kiel einig: Buß- und Bettag kommt wieder." So gab SPD-Fraktionschef *Gert Börnsen* zu Protokoll, daß der Bonner Parteienkompromiß zur Pflegeversicherung mit der SPD sofort aufgehoben werden könne. Uneinig waren sich die Parteien, zu welchen alternativen Lösungen man greifen sollte: Streichung zweier Urlaubstage, so die CDU, oder die übliche Finanzierung der Beiträge zur Sozialversicherung, bei der Arbeitgeber und Arbeitnehmer je die Hälfte übernehmen, nach den Vorstellungen der SPD und der Gewerkschaften.

Wird das Anliegen genügend unterstützt?

Leider führte die politische Diskussion um den Buß- und Bettag nicht zu dem in der Nordelbischen Kirche gewünschten Ergebnis. Die Mehrheit der Mitglieder des Landtages lehnte im Dezember 1995 eine Änderung des Feiertagsgesetzes ab. Die Synodalen der Nordelbischen Kirche entschieden daraufhin bei ihrer Tagung in Rendsburg, den basisdemokratischen Weg weiterzugehen; am 29. April 1996 beantrag-

ten als Vertrauenspersonen Bischof *Kohlwage* und die Oberkirchen-
räte des Kieler Kirchenamtes *Gerd Heinrich* und *Henning Kramer* die
Durchführung eines Volksbegehrens. Fünf Prozent der stimmberechtigten Bürgerinnen und Bürger Schleswig-Holsteins – 106.000 Menschen – galt es nun zu überzeugen, das kirchliche Begehren mit ihrer
Unterschrift zu unterstützen. Ein halbes Jahr Zeit gewährt die Verfassung dafür.

Im Mai 1996 wurde allerdings deutlich: Die Kirche hatte die Ver-
fahrensvariante gewählt, den Landtag zur Änderung des Feiertagsgesetzes lediglich aufzufordern. Im Gegensatz zu einem ausgearbeiteten
Gesetzesentwurf, der nach einem erfolgreichen Volksentscheid einfach
in Kraft treten kann, bedarf eine solche „andere Vorlage" nach einem
Abstimmungserfolg noch der loyalen Umsetzung durch die Parlamen-
tarierinnen und Parlamentarier. Ob die Wahl dieser Variante nun auf
falsche Beratung durch Mitglieder des Kieler Landtages oder auf irrige
Interpretation des Volksabstimmungsgesetzes durch rechtskundige
Angestellte im Nordelbischen Kirchenamt zurückging, blieb offen.
Rückgängig ließ sich dies nicht machen. So ging die Kirche auch in
das Volksbegehren im wesentlichen mit der für die Initiative gefundenen Fassung: „Wir, die Unterzeichner, fordern den Landtag des Landes Schleswig-Holstein auf, das Feiertagsgesetz mit dem Ziel zu ändern, daß der Buß- und Bettag wieder gesetzlicher Feiertag wird."

Die großen Parteien ließen verlauten, daß sie sich dem Volksentscheid stellen und die Forderung erfüllen wollten, wenn die nötige
Stimmenzahl zustande kommen sollte. Nach dem Gesetz eine Selbst-
verständlichkeit. Viele waren dennoch der Meinung, daß wegen der
Umsetzungsbedürftigkeit der Kirche die nötige Unterstützung versagt
bleiben würde. Die Zeitungen titelten folglich am 18. Mai: „Formfeh-
ler bringt Kirche in die Bredouille" (*Lübecker Nachrichten*), „Kirche
droht Niederlage" (*Hamburger Abendblatt*).

Im Juli, zwei Wochen vor dem Start des Volksbegehrens, wurde
die Lage anders eingeschätzt. Innenminister *Wienholtz* (SPD) stellte
einen neuen Gesetzesentwurf vor, der das Sonn- und Feiertagsgesetz
erweiterte und noch im gleichen Jahr Gültigkeit erlangen sollte, und
begründete dies folgendermaßen: Die Kirche hätte deutlich gemacht,
daß der Buß- und Bettag für die katholische wie für die evangelische
Kirche Bedeutung habe. Deshalb sollten nach den Vorstellungen der
SPD Auszubildende, Schüler, Mitglieder anderer Religionsgemein-

schaften und Menschen ohne Bekenntnis sich an diesem Tag ebenfalls unbezahlt frei nehmen können. Dieser Gesetzesentwurf wurde in kirchlichen Kreisen für nicht geeignet gehalten. Die Vertreter und Vertreterinnen der Nordelbischen Kirche hielten an ihrem Ziel fest: Am 15. August 1996 startete das Volksbegehren. 120.000 Mark war es ihnen wert, für dieses Vorhaben zu werben. Das Engagement wurde durchaus anerkannt: „Doch auch wenn am Ende nicht dieses erhoffte Ergebnis steht, wird die Kirche der ideelle Gewinner bleiben. Sie würde als die erste Institution in die Geschichte des Landes eingehen, die ernsthaft den Versuch unternommen hat, eine vermeintlich falsche politische Entscheidung auf dem mühevollen Weg des Plebiszits zu korrigieren." (Kommentar des *Stormarner Tageblatts*, 13.8.1996).

Sehr schnell offenbarten sich aber Schwierigkeiten bei der Vorbereitung des Volksbegehrens: Das Volksabstimmungsgesetz schreibt vor, daß alle eintragungsberechtigten Personen ausreichend Gelegenheit haben sollen, ihre Unterschrift zu leisten. Die Durchführungsverordnung zum Volksabstimmungsgesetz erschien erst Ende Mai 1996. So waren zunächst nur Amtsräume vorgesehen, die vor allem in ländlichen Gebieten nicht verkehrsgünstig liegen und für berufstätige Menschen oft nicht akzeptable Öffnungszeiten bieten. Doch es kam zu einer Einigung: Auch in kirchlichen Räumen, die zuvor als Eintragungsräume örtlich bekanntgemacht wurden, durften Listen zur Unterschrift ausgelegt werden. An den Kirchen wurden lilafarbene Banner aufgehängt mit der Aufschrift „Ja zum Bußtag", um auf die Eintragungsräume und das Volksbegehren aufmerksam zu machen. Eine weitere Hürde mußte gemeistert werden: Jede geleistete Unterschrift sollte am Ort des ersten Wohnsitzes eingereicht werden. Die schleswig-holsteinischen Behörden zeigten sich kooperativ. Die geleisteten Unterschriften, die sich auf Listen nicht zuständiger Kommunen befanden, wurden auf dem Dienstwege den zuständigen kommunalen Meldeämtern zugeleitet.

Im Rahmen des Volksbegehrens war es nicht so einfach, die erforderliche Unterstützung zu bekommen. Viele Bürgerinnen und Bürger verstanden nicht, warum sie nach der Volksinitiative zum zweiten Mal unterschreiben sollten. Wichtig war es, nicht nur die kirchlich aktiven Menschen anzusprechen, um die erforderliche Anzahl von Unterschriften zu bekommen. Wieder mußte Überzeugungsarbeit geleistet werden. Viele Fragen wurden an die engagierten Streiterinnen und Streiter

für den Buß- und Bettag gestellt: Warum gibt es eine Verknüpfung
zwischen Buß- und Bettag und Pflegeversicherung? Warum dürfen
auch Nicht-Kirchenmitglieder abstimmen? Welches sind alternative
Finanzierungsmodelle? Welche Bedeutung haben Feiertage in unserer
Gesellschaft? Was ist Buße? Warum hat die Kirche eine Streichung
nicht bereits im Vorwege verhindert?

Im Februar 1997 wurden die Listen geschlossen, gesammelt und
ausgezählt. Am 11. April 1997 stellte der Landesabstimmungsleiter
fest: 136.792 gültige Unterschriften lagen vor, gleich 6,48 % der Eintragungsberechtigten. Damit hatten die Initiatoren das in der Verfassung festgesetzte 5%-Quorum sicher überschritten. Das Volksbegehren war zustande gekommen.

Gelingt die Korrektur?

Nun wurden Überlegungen angestellt, wie sich die Nordelbische Kirche auf den bevorstehenden Volksentscheid vorbereiten sollte. Um
erfolgreich zu sein, mußte die Mehrheit der Abstimmenden, jedoch
mindestens ein Quorum von 25 % aller Stimmberechtigten (ca.
530.000 Menschen), für die Wiedereinführung des Buß- und Bettages
stimmen, und zwar an einem Abstimmungstag, den der Landtagspräsident *Heinz-Werner Arens* noch festzulegen hatte.

Eine „Arbeitsstelle für den Bußtag" mit drei arbeitslosen Theolo-
ginnen und Theologen sowie einem Fachmann für Öffentlichkeitsarbeit wurde eingerichtet, die im Mai 1997 ihre Arbeit aufnahm. Ein Etat
von 400.000 Mark für Personal- und Sachkosten stand ihnen zur Verfügung. Wie bei einer Wahl, konnte mit der Erstattung der Kosten
einer angemessenen Werbung für den Volksentscheid – pauschal 50
Pfennig für jede Ja-Stimme – gerechnet werden. Nachdem die Erfahrungen aus dem Volksbegehren ausgewertet waren, wurde zusammen
mit Fachleuten ein Konzept erstellt.

Der Streit um den Abstimmungstermin

In diese Zeit fiel auch die Diskussion um den Termin der Abstimmung. Die für den Volksentscheid benannten Vertrauenspersonen der
Kirche trugen den Wunsch vor, am Tag der Kommunalwahl, am

22. März 1998, über die Zukunft des Buß- und Bettages abzustimmen. „Es hat Sinn, es mit der Kommunalwahl zusammenzupacken," unterstützte FDP-Fraktionschef *Wolfgang Kubicki* diese Forderung (*Hamburger Abendblatt*, 2.5.1997). Auch die Sprecherin der Grünen, *Birgit Müller*, argumentierte für die Zusammenlegung mit der Kommunalwahl, denn sie „würde automatisch eine größere Wahlbeteiligung und damit eine höhere demokratische Legitimierung dieses ersten Volksbegehrens in Schleswig-Holstein bringen." Neben den „grundsätzlichen demokratischen Erwägungen" würde die Zusammenlegung auch Kosten sparen, so *Müller*. Sie berief sich dabei auf den Bund der Steuerzahler, der eine Einsparung von mehreren Mio. Mark vorhergesagt hatte (*Kieler Nachrichten*, 13.5.1997). Unter dem Gesichtspunkt der Kostenersparnis gaben auch CDU-Abgeordnete dem Termin im März den Vorrang.

Die SPD führte Verfahrensargumente gegen eine Zusammenlegung der beiden Abstimmungsvorgänge an: Innerhalb von neun Monaten nach der Feststellung des Parlaments, daß das Volksbegehren zustande gekommen sei, und ihrer Bekanntmachung im Amtsblatt müsse ein Volksentscheid stattfinden, d. h. zur Abstimmung hätte bis spätestens Februar 1998 aufgerufen werden müssen – die Kommunalwahl wäre eben einen Monat zu spät gewesen. Eine Verschiebung dieses Tagesordnungspunktes auf eine spätere Landtagssitzung im Juni sei eine unzulässige Manipulation der demokratischen Spielregeln. Die finanzielle Einsparung wurde von seiten der SPD wesentlich geringer eingeschätzt, da unterschiedliche Wählerverzeichnisse angelegt werden müßten – schon wegen der verschiedenen Altersvoraussetzungen: bei der Kommunalwahl beträgt das Wahlalter mindestens 16 Jahre, für die Teilnahme am Volksentscheid muß das 18. Lebensjahr erreicht sein.

Die rechnerische Mehrheit im Kieler Landtag, die sich für einen Termin im März 1998 ausgesprochen hatte, kippte, als die Grünen – nach der Landtagswahl 1996 zu Koalitionspartnern der SPD avanciert – sich auf ein verführerisches Angebot der großen Regierungspartei einließen: Berufung eines Flüchtlingsbeauftragten, Einführung eines Zwei-Stimmen-Wahlrechts für die Landtagswahl im Jahre 2000, Finanzierung der geschätzten Mehrkosten der getrennten Urnengänge in Höhe von 700.000 Mark aus den Etats der SPD-geführten Ministerien. Dafür sollte das Ergebnis des Volksbegehrens schon auf der Maisitzung des Landtages bestätigt werden („Bußtagsdeal der Koalition",

Kieler Nachrichten, 16.5.1997). So geschah es dann auch. Daraufhin bat der Landtagspräsident die Ansprechpartner der Kirche um einen Terminvorschlag. Er selbst schlug den 9. November vor. Die Vertrauensleute der Nordelbischen Kirche entschieden sich für den 30. November, den 1. Adventssonntag. Der Buß- und Bettag am 11. November konnte so noch vor der Abstimmung begangen und der Bevölkerung ins Bewußtsein gerufen werden. Der geschichtlich belastete 9. November ebenso wie der Volkstrauertag und der Totensonntag schien ihnen ungeeignet, denn sie befürchteten, daß diese Tage für diese politische Auseinandersetzung instrumentalisiert und die Gefühle der trauernden Menschen verletzt werden könnten. In der Zeit vom Januar bis Februar 1998 befürchteten die Vertreterinnen und Vertreter der Kirche, daß nur schwer eine Mobilisierung der kirchlich engagierten Menschen möglich wäre. Am 13. Juni wurde offiziell bekanntgemacht: Die Entscheidung fällt am 30. November 1997.

Die Kampagne beginnt

Nun liefen die Vorbereitungen in der Nordelbischen Kirche auf Hochtouren. Die Gemeinden wurden angeschrieben, auf kirchlichen Versammlungen wurde informiert. Die ersten Podiumsdiskussionen, zu denen die Kirchengemeinden Vertreterinnen und Vertreter der Parteien, Gewerkschaften und Arbeitgeber einluden, fanden statt. Selbst auf der Baufachmesse „Nordbau" in Neumünster gab es einen Stand, an dem engagierte Christen informierten und angeregt mit Bauarbeitern, Unternehmern und anderen Messebesucherinnen und -besuchern diskutierten. Flugblätter wurden auf Festen und öffentlichen Veranstaltungen verteilt. In Tüten mit der Aufschrift „Ja zum Bußtag. Feiertage – so wichtig wie das tägliche Brot" wurden bei den Bäckereien in Schleswig-Holstein über 300.000 Mal Brötchen verkauft.

Es stellte sich heraus, daß in allen gesellschaftlichen Gruppen der Wissensstand über die Durchführung des Volksentscheides gering war und der Zusammenhang zwischen Pflegeversicherung und Buß- und Bettag nach wie vor nicht nachvollzogen werden konnte. Zur Verwirrung trug bei, daß noch in der Vorlaufzeit für den Volksentscheid das Volksbegehren gegen die Rechtschreibreform begann.

Auf den Podien fand sich kaum ein Mensch, der die Streichung von Feiertagen guthieß oder die Bedeutung des Buß- und Bettages für gering erachtete. Die Sorge von Bischof *Kohlwage*, „wenn erst einmal dieser eine Tag fällt, dann steht auch der Sonntag zur Disposition" (*Die Welt*, 20.11.1997), teilten die meisten. Alle Parteien hoben hervor, es sei dem Engagement der Kirche zu verdanken, daß die Streichung eines zweiten Feiertages – wie es noch im März 1995 geplant war – vom Tisch sei. Doch die Zwickmühle, die das Bundesgesetz geschaffen hatte, indem es die Arbeitnehmerinnen und -nehmer allein belastete – entweder durch einen zusätzlichen Arbeitstag oder durch weniger Lohn –, führte die Koalitionsparteien dazu, obwohl das kirchliche Anliegen grundsätzlich befürwortet wurde, eine Änderung des Feiertagsgesetzes abzulehnen. Man bestritt, daß ein erfolgreicher Volksentscheid Auswirkungen auf den Bundesgesetzgeber habe. Gespräche mit den Ministern der regierenden SPD und führenden Gewerkschaftsfunktionären blieben erfolglos. Aus Regierungskreisen wurde der Kirche sogar vorgeworfen, unnötig Steuergelder des Landes mit ihrem demokratischen Ansinnen zu verschwenden.

Erfolgreich konnte die Kirche also nur mit einer Kampagne sein. Landesweit ausgehängte Plakate in den Farben Schleswig-Holsteins verdeutlichten, daß diese Abstimmung alle Bürgerinnen und Bürger des Landes betraf. Zum Auftakt der einmonatigen „heißen" Phase des Abstimmungskampfes gehörten spektakuläre Aktionen, wie das Aufhängen von Bannern an Kirchtürmen durch Fassadenkletterer und das „Anschlagen von Thesen" am Reformationstag, dem 31. Oktober (s. Abbildungen 1 bis 3, folgende Seiten). Die Mitarbeiterinnen und Mitarbeiter der Arbeitsstelle brachen mit einem lilafarbenen VW-Bus, dem sogenannten Buß-Mobil, auf zu einer Tour durch 43 Städte, um auf Marktplätzen mit den Passanten ins Gespräch zu kommen und die örtliche Presse zu informieren. Unterstützung erfuhren sie von Mitarbeiterinnen und Mitarbeitern aus den Kirchengemeinden und den Kirchenkreisen sowie von vielen engagierten Christen. Anzeigen wurden geschaltet und Fußballturniere organisiert. Viele weitere Aktionen starteten vor allem die Pastorinnen und Pastoren sowie die ehrenamtlichen Mitarbeiterinnen und Mitarbeiter der einzelnen Gemeinden. Von Ende Oktober bis Anfang Dezember gab es ein ungewöhnlich starkes Medieninteresse und eine breite Berichterstattung.

Abbildung 1:   Abseilakt als Werbeaktion

Diese Aktion fand am 31. Oktober an mehreren Kirchen (u. a. Lübeck) statt. Das Foto zeigt die Kletteraktion in Meldorf.
Abbildungen 1-3: Abdruck mit freundlicher Genehmigung des Amts für Öffentlichkeitsdienst der Nordelbischen Ev.-Luth. Kirche, Hamburg.

Abbildung 2:   Plakat der Initiatoren „Ihre Stimme für den Bußtag"

Dieses Plakat war auf allen Litfaßsäulen in Schleswig-Holstein zu sehen.

Abbildung 3

»Ich sage JA zum Bußtag, weil es bei uns ansonsten nicht mehr feierlich ist.«

Arbeitsstelle für den Bußtag: Werbepostkarte

Gegenwind

Die Gewerkschaften hielten von Anfang an dagegen mit Flugblättern unter dem Motto: „Ihr Ja zum Bußtag kostet Sie 300,- DM". Flankierend wurde der Kirche vorgeworfen, daß sie die finanziellen Folgen für die Bevölkerung verschweigen würde – ungeachtet dessen, daß die Kirche bereits in den vergangenen drei Jahren immer wieder darauf hingewiesen hatte. Auf Betriebsversammlungen riefen Vertreterinnen und Vertreter der Gewerkschaften dazu auf, gegen die Wiedereinführung des Buß- und Bettages zu stimmen. Auch Flugblätter an den Schwarzen Brettern in den Betrieben forderten dazu auf, mit „Nein" abzustimmen (s. Abbildung 4, folgende Seite). Dieser Zugang zu den Arbeitnehmerinnen und Arbeitnehmern blieb den kirchlichen Aktivisten meist versperrt. Dennoch gab es Gespräche und Versammlungen mit Betriebsräten, vor dem Kieler Tor der Howaldtswerke-Deutsche Werft AG fand eine Andacht statt, und ein Gegenflugblatt der Kirche wurde verteilt. Selbst den Bauernverband suchte man auf.

Abbildung 4:   Flugblatt der Gegner

Volksentscheid
30.11.1997

Buß- und Bettag -
wi(e)der Feiertag ?

Liebe Bürgerinnen und Bürger!

Am 30.11.1997 können Sie in Schleswig-Holstein
den Buß- und Bettag als gesetzlichen Feiertag
wiedereinführen. An diesem Tag wird der Volksentscheid durchgeführt. Alle über 18jährigen sind
stimmberechtigt.

Entscheidet sich die Mehrheit der Abstimmenden
- mindestens jedoch 25 % der Stimmberechtigten
- dafür, ist der Buß- und Bettag wieder ein
bezahlter gesetzlicher Feiertag.

So weit, so gut - oder?

Bedenken Sie: Der arbeitsfreie Buß- und
Bettag wäre nicht kostenlos zu haben. Alle
Arbeitnehmerinnen und Arbeitnehmer müßten
ihn in Mark und Pfennig bezahlen. Sie alleine
wären zahlungspflichtig.

Ihr "Ja" müßten Sie allein bezahlen!

Flugblatt der Bußtagsgegner

Höhepunkte waren die Gottesdienste und Aktionen am Buß- und Bettag selbst. Die Kirchen „platzten" bei den Gottesdiensten „aus allen Nähten". So konnte man am Tag danach lesen: „Kirchen voll wie zu Weihnachten" (*Lübecker Nachrichten*, 20.11.1997).

Die Landesregierung unterstützte mehr oder weniger unverhohlen die Gewerkschaften. Die Zusage, beim Volksentscheid die gleichen Bedingungen wie bei Landtagswahlen zu schaffen, mußte erst eingeklagt werden. Die Zahl der Stimmlokale war teilweise um die Hälfte reduziert worden, in manchen Orten erhielt eine nicht unerheblich Anzahl von Haushalten keine Abstimmungsbenachrichtigung. Die Drohung, den Volksentscheid anzufechten, lag in der Luft.

„Auf dem Sofa sitzengeblieben"

Knapp zehn Tage vor der Abstimmung veröffentlichte die Evangelische Kirche in Deutschland das Ergebnis einer repräsentativen Umfrage in Schleswig-Holstein, das einen für die Kirche erfolgreichen Ausgang erwarten ließ: Danach waren 72,3 % der Befragten für die Wiedereinführung des Buß- und Bettages als gesetzlicher Feiertag. Von den Interviewten wollten sich 53,7 % an der Abstimmung beteiligen. Die Umfrage war im Oktober durchgeführt worden, als die Medien das Thema noch nicht vertieft hatten.

Nach anfänglichen innerparteilichen Streitigkeiten versprach die CDU, die Kirche zu unterstützen. In skeptischer Hochstimmung – das Verhältnis zwischen denen, die für, und denen, die sich gegen das Anliegen der Kirche aussprachen, war etwa zwei zu eins eingeschätzt worden – doch zufrieden über die große Wirkung und die bis dahin gelungene Kampagne ging es dann in die letzte Woche. Die Medien berichteten bis zur Abstimmung freundlich über das kirchliche Engagement: Alle schienen in eine Art „Bußtags-Rausch" verfallen zu sein.

Dann kam der 1. Advent. Nach den Gottesdiensten wurden die Abstimmungslokale aufgesucht. Die Beteiligung verlief schleppend. Die Nachrichten zitierten stündlich die Warnung von Ministerpräsidentin *Simonis* vor den Folgen eines positiven Ausgangs der Abstimmung. Am Abend des 30. Novembers dann Aufregung, Hektik und Medieninteresse wie bei einer Wahl. Kurz nach 18 Uhr gab es die ersten Ergebnisse. Sie ließen nichts Gutes ahnen:

Tabelle 1:   *Ergebnis des Volksentscheids*

Ergebnis des Volksentscheids zur Erhaltung des Buß- und Bettages in Schleswig-Holstein am 30. November 1997		
		in %
Stimmberechtigte	2.120.124	100,0
Abgegebene Stimmen	622.324	29,4
Ungültige Stimmen	2.621	0,4
Gültige Stimmen	619.703	99,6
Davon entfielen auf		
Ja	422.851	68,2
Nein	196.852	31,8
Ja in % der Stimmberechtigten		**19,9**
Erforderliche Zahl (Quorum)	530.031	**25,0**

Quelle: Statistisches Landesamt Schleswig-Holstein: Volksentscheid zur Erhaltung des Buß- und Bettages in Schleswig-Holstein am 30. November 1997 – Endgültiges Ergebnis.

Das nötige Quorum wurde nur in wenigen Stimmkreisen erreicht. Von den Stimmberechtigten beteiligten sich im Ergebnis 622.324, gleich 29,4 %, an der Abstimmung. Vor allem in den Städten war die Beteiligung zu schwach. Landesweit sprachen sich fast einheitlich 68,2 % der Abstimmenden für den Antrag der Kirche aus und 31,8 % dagegen. Die Befürchtung, daß die Gegner den Volksentscheid boykottieren würden, hatte sich nicht bewahrheitet. Bezogen auf diese Zweidrittel-Mehrheit der abgegebenen Stimmen konnte man durchaus von einem repräsentativen Ergebnis sprechen. Insgesamt votierten 422.851 Bürgerinnen und Bürger mit Ja, dies entsprach 19,9 % der stimmberechtigten Bevölkerung Schleswig-Holsteins. 107.180 Stimmen fehlten, um die vorgeschriebenen 25 % zu erreichen.

„Soviel Kirche war selten"

Am Abend des Abstimmungstages standen die Verantwortlichen vor einer nicht ganz einfachen Situation. Hatte man am Anfang der Kirche höchstens eine Beteiligung von fünf bis zehn Prozent zugetraut, war dieses Ergebnis ein großer Erfolg. Nach der Euphorie der vergangenen Wochen aber und dem Scheitern an der Quorumshürde mußte sich die Kirche als Verliererin bekennen – auch wenn Ministerpräsidentin *Heide Simonis* hervorhob, daß es „weder Sieger noch Verlierer" gegeben habe (*Schleswig-Holsteinische Landeszeitung*, 1.12.1997). Bischof *Dr. Knuth* konnte so nur feststellen: „Wir haben nicht die Gold-, aber doch gewissermaßen die Silbermedaille gewonnen" (*Lübecker Nachrichten*, 2.12.1997); das sei „der Gang der Demokratie". Er forderte den Landtag auf, die Bundesratsinitiative Bayerns zu Wiedereinführung des Buß- und Bettages zu unterstützen.

„Kampf verloren, Profil gewonnen" hieß es in den *Kieler Nachrichten*, denn „durch ihre ungewohnt deutliche und zielstrebige Kampagne hat sie [d. i. die Kirche] verlorenes Profil wiedergewonnen" (1.12.1997). Professor *Driftmann*, der Präsident der schleswig-holsteinischen Unternehmensverbände, hob hervor, daß die Kirche eindrucksvoll ihre Kampagnenfähigkeit bewiesen habe (*Schleswig-Holsteinische Landeszeitung*, 1.12.1997). *Peter Kurt Würzbach*, der Landesvorsitzende der CDU, attestierte der Kirche, sie habe mit einem guten Wahlkampf für eine gute Sache gekämpft. Und er warf der SPD vor, sie dabei in „fast schon unfairer Form" behindert zu haben (*Lübecker Nachrichten*, 2.12.1997). *Monika Mengert*, die Vorstandssprecherin der Grünen, wollte prüfen, ob zum Ausgleich mit Süddeutschland neue Feiertage eingeführt werden sollten. *Jürgen Koppelin*, der Landesvorsitzende der FDP, warf den Gewerkschaften vor, mit „falschen Zahlen und Polemik operiert zu haben". Der Leiter des DAG-Landesverbandes *Katzer* zeigte sich befriedigt, daß es gelungen sei, eine weitere finanzielle Belastung der Arbeitnehmer abzuwenden, und forderte ein „Aktionsbündnis von Kirchen und Gewerkschaften" für eine gerechte Finanzierung der Pflegeversicherung (*Kieler Nachrichten*, 1.12.1997). Die Vorsitzende des DGB-Landesbezirks Nordmark *Karin Roth* erklärte: „Die Bürger wollen zwar den Bußtag, aber nicht zu diesen Bedingungen". CDU und Kirche sollten sich einer gemeinsamen Bundesratsinitiative der Gewerkschaften anschließen (*Schleswig-Holsteinische Landeszeitung*, 1.12.1997). Der Volksentscheid stärkte das Bewußtsein der Mitglieder der Nordelbischen Kirche, daß sie mit einem kirchlich wichtigen Thema in die gesellschaftliche Auseinandersetzung gehen können. Er verpflichtete aber auch die kirchlich engagierten Menschen, weiterhin für den Erhalt der Sonn- und Feiertage zu kämpfen und deren Tragweite für Religion, Mensch und Gesellschaft deutlich zu machen. Konsequenzen hatte dieser Volksentscheid auch für die damals noch geplanten Volksbegehren in Rheinland-Pfalz, Nordrhein-Westfalen und Hessen. Die Initiatoren hatten es nach dieser Abstimmung schwer, die entsprechende Unterstützung zu bekommen und sich selbst für ihren Weg zu motivieren.

Der Buß- und Bettag wurde ein Jahr später – wie Bischöfin *Jepsen* bereits 1994 vorhergesagt hatte – von den Christen engagiert gefeiert. Nach wie vor setzt sich die Nordelbische Kirche vehement für den arbeitsfreien Sonntag ein. Und konsequenterweise rief die Kirchenleitung der Nordelbischen Kirche am Buß- und Bettag 1998 einen Bußtags-Bund zur Unterstützung der 1992 in Sao Paulo verabschiedeten Agenda 21 aus. In ihr verpflichtete sich die Staatengemeinschaft, die drängenden sozialen, ökonomischen und ökologischen Probleme in die Hand zu nehmen. Mit diesem Engagement verdeutlichte die Kirchenleitung den unmittelbaren Zusammenhang zwischen Gebet, Buße, Umkehr und gesellschaftlichem Handeln, ganz in der Tradition des konziliaren Prozesses der Christen für Frieden, Gerechtigkeit und Bewahrung der Schöpfung.

Nachspiele

Hessen

Auch in anderen Bundesländern wurden in den letzten Jahren Initiativen gestartet, um durch eine Entscheidung des Volkes den Buß- und Bettag wiedereinzuführen. Bestärkt durch den Erfolg des Volksbegehrens in Schleswig-Holstein, bemühten sich in Hessen die Initiatorin *Gertrud Fritz* und ihre Mitstreiter mit hohem persönlichem Einsatz, die erforderlichen Unterschriften für ein Volksbegehren zu sammeln. Wohl auch weil die Unterstützung der Kirchen fast ganz fehlte, kamen hier beim ersten Anlauf im Juli 1997 mit 112.848 gültigen Unterschriften nicht einmal jene 3 % der Stimmberechtigten zusammen, die für den Antrag auf Zulassung eines Volksbegehrens notwendig waren. Ein Jahr danach hatte die Initiative es immer noch nicht geschafft, die fehlenden 15.403 Unterschriften zu sammeln und nachzureichen.

Rheinland-Pfalz

In Rheinland-Pfalz versuchte es eine kleine widerspenstige christliche Gruppe aus dem Westerwald und stellte im Juli 1998 den Zulassungsantrag. Auch in Rheinland-Pfalz war die Bevölkerung Volksgesetzgebung nicht gewohnt; die entsprechenden Volksrechte standen seit 50 Jahren als toter Buchstabe in der Verfassung. Die zuständigen evangelischen Kirchen beschränkten sich hier auf die ideelle Unterstützung des Volksbegehrens; in einem gemeinsamen Brief begrüßten sie das Engagement ihrer Basis als „wichtiges Zeichen des öffentlichen Protestes". Ob die Erfahrung des vordergründigen Mißerfolgs in Schleswig-Holstein die Kirchenleitungen zu dieser Zurückhaltung bewog oder die vermeintliche Aussichtslosigkeit, in einem Land mit überwiegend katholischer Bevölkerung für die Erhaltung eines evangelischen Feiertags plebiszitär zu kämpfen, muß offenbleiben. Immerhin trugen sich im November 1998 in der knappen Frist von nur 14 Tagen 184.298 Bürgerinnen und Bürger in die Listen des Volksbegehrens ein, gleich 6,17 % der Stimmberechtigten – fast der gleiche Anteil wie in Schleswig-Holstein, aber wegen der anderen konfessionellen Struktur viel höher zu schätzen. Doch nun zeigten sich die Tücken des Verfahrens. Während in Schleswig-Holstein dank der Verfassung von 1990 ein 6%-Volksbegehren zu einem Volksentscheid reichte, hatte man 1947 in Rheinland-Pfalz für das Volksbegehren die Eintragung von 20 % der Stimmberechtigten vorgeschrieben. Angesichts dieser nahezu unüberwindlichen Mauer war der 6%-Wert, den die engagierten Christen „geschafft" hatten, nicht ausreichend, um die letzte Etappe des Volksentscheides – bei dem in Rheinland-Pfalz die Mehrheit der abgegebenen gültigen Stimmen entscheidet – zu erreichen.

Weiterführende Literatur:

Busch, Eckart/Werner, Sascha: Der Buß- und Bettag. Umstrittener Spielball zur Erreichung sozialpolitischer Ziele, in: Die Öffentliche Verwaltung Jg. 51 (1998), S. 680-685.

Ja zum Bußtag. 1. Volksentscheid in Schleswig-Holstein. Abschlußdokumentation der Arbeitsstelle für den Bußtag (30.3.1998). Pressedokumentation, Hamburg o. J. (1998).

VII.3   Der Volksentscheid über die Rechtschreibreform in Schleswig-Holstein 1998

Von Brigitte und Ulrich G. Kliegis

„Alle Staatsgewalt geht vom Volke aus." Dieser Satz klingt angesichts des Unfugs, den so manche Erlasse und Gesetze anrichten, mit denen die Politik die Freiheit in unserem Lande Schritt für Schritt zu beschränken versucht, fast schon wie eine Aufforderung zu Ungehorsam und Widerstand. Er findet sich allerdings im Artikel 20 Abs. 2 unseres Grundgesetzes. Weiter heißt es darin: „Sie (die Staatsgewalt) wird vom Volke in Wahlen und Abstimmungen und durch besondere Organe der Gesetzgebung, der vollziehenden Gewalt und der Rechtsprechung ausgeübt." Diesen Satz muß man sorgfältig lesen – er besagt, daß die staatliche Gewalt in jeder Form vom Volke ausgeübt wird. Mit einem Wort: Demokratie.

Die sogenannte Rechtschreibreform ist eigentlich nur eine Fehlleistung inkompetenter Kultusbürokraten. Keine Träne wäre ihr nachgeweint worden, wenn man sie rechtzeitig – wie es angemessen gewesen wäre – in den Papierkorb geworfen hätte.

Sprache – gesprochen, geschrieben, gehört und gelesen – ist die Grundlage unserer Kommunikation, unseres gesellschaftlichen, kulturellen und alltäglichen Miteinanders. Sie wächst, gestaltet sich neu, wird von uns allen gepflegt, beansprucht und geprägt. Dieses geschieht in der Freiheit der Rede und der Gedanken. Der Deutsche Bundestag beschloß am 26. März 1998 folgende Erklärung:

> „Der Deutsche Bundestag ist der Überzeugung, daß sich die Sprache im Gebrauch durch die Bürgerinnen und Bürger, die täglich mit ihr und durch sie leben, ständig und behutsam, organisch und schließlich durch gemeinsame Übereinkunft weiterentwickelt. Mit einem Wort: Die Sprache gehört dem Volk."

Der fundamentale Fehler der Parteipolitik war es, dem neuen Regelwerk selbsternannter Sprachexperten das Siegel des staatlich Gewollten aufzudrücken und damit das Volk, das mit dieser Sprache lebt, zu brüskieren. Um diesen Angriff auf die Freiheit, der in seiner Tragweite von den meisten Menschen kaum einzuschätzen war, abzuwehren, fanden sich aus freien Stücken viele Bürger im Lande zusammen, um das im Grundgesetz verbriefte Recht auf die Durchsetzung des Bürgerwillens in dieser Sache wahrzunehmen. Von einigen persönlichen Erfahrungen, von der Motivation, daran teilzunehmen und mitzumachen, und vom Ergebnis dieser Volksinitiative handelt dieser Beitrag. Er ist sicherlich nicht vollständig, sondern beschränkt sich auf einige Momentaufnahmen. Er soll aber Mut machen, in ähnlichen Fällen andere Menschen zu suchen und zu finden und gemeinsam dafür einzutreten, die Freiheit und das Recht darauf zu erhalten, wie es der Artikel 20 Abs. 2 des Grundgesetzes dem Volk zusichert.

Wir, die Autoren dieses Beitrags, wandten uns diesem Thema erst recht spät zu. Im Vorfeld hatten wir gemeinsam mit vielen anderen Eltern in Schleswig-Holstein dafür gesorgt, daß ein vom hiesigen Bildungsministerium vorgelegter Entwurf für ein neues Schulgesetz in einigen Punkten geändert wurde und in seiner endgültigen Fassung eher dem Willen der Eltern entsprach. Dazu sammelten wir mit vielen Helfern in nur sechs Wochen über 42.000 Unterschriften, die dem Bildungsausschuß des schleswig-holsteinischen Landtages im Juni 1998 übergeben wurden. Die verantwortliche Bildungsministerin trat einige Monate später zurück, unser Beitrag dazu war nicht gering.

Eines war faszinierend sowohl in diesem vorgenannten Aufgabenfeld Bildungspolitik wie auch bei dem Kampf gegen die Rechtschreibreform: Wir lernten in kurzer Zeit so viele interessante Menschen neu kennen, die ganz ähnlich wie wir mit dem, was sich da entwickelte, nicht mehr einverstanden waren und es auch nicht mehr schweigend hinnehmen wollten. Menschen, die im Alltagsleben bis dahin ganz unauffällig lebten, organisierten mit 45 Jahren plötzlich ihre erste Demonstration, klebten Plakate und entwarfen nachts Flugblätter, um der Politik eine Richtung zu geben, die auf uns zu kommt, nicht sich von uns entfernt. Das eigene Leben änderte sich mit dem Engagement für eine solche Initiative. Presseerklärungen wurden gemeinsam diskutiert, geschrieben, geändert und an über 50 Redaktionen gefaxt; eine Internetseite wurde eingerichtet, es wurde stundenlang telefoniert und Kontakt zu anderen Initiativen aufgebaut. Erfolgs- und Frustrationserlebnisse lagen dabei nicht nur eng beieinander, wir lernten, sie als Schritte der Arbeit gegen Behörden- und Politikerwillkür zu verstehen. Unglaublich, wie verlogen, arrogant und menschenfeindlich wir dabei viele Politiker erlebten; gut und ermutigend aber, daß wir auch besonnene, aufmerksam zuhörende, ihre Erfahrung einbringende Gesprächspartner trafen, die unsere Sorgen ernstnahmen. Und wir merkten, daß wir etwas ändern konnten.

Die Anfänge

Im Jahre 1988 veröffentlichte der „Internationale Arbeitskreis für die Reform der deutschen Orthographie" seine ersten Vorschläge. In einem offenen Brief an eine Schulklasse beschrieb Prof. *Helmut Jochems*, emeritierter Professor für Didaktik der englischen Sprache an der Universität-Gesamthochschule Siegen, dieses später so:

> *In den achtziger Jahren wollte sich die DDR eine eigene Rechtschreibung zulegen. Das brachte natürlich die Kulturpolitiker bei uns im Westen auf den Plan, und so entstand der Internationale Arbeitskreis für die Reform der deutschen Orthographie, dem außer den Deutschen aus West und Ost auch Vertreter aus Österreich und der Schweiz angehörten. Das Institut für deutsche Sprache in Mannheim (...) bot sich an, das Ganze zu organisieren und zu unterstützen, und erhielt auch prompt im Jahre 1987 freie Hand von den Kultusministern. Ein kleiner Kreis von Wissenschaftlern, die (...) schon seit 1973 die deutsche Rechtschreibung reformieren wollten, erklärte sich für allein zuständig und machte sich ans Werk.*

Bis 1994 erarbeitete dieser Mannheimer Arbeitskreis Vorschläge, aus denen das zukünftige amtliche Regelwerk entstand. Nach einer Überarbeitung stimmte die Kultusministerkonferenz 1995 dem Vorhaben zu. Am 1. Juli 1996 bekundeten die Kultusminister aus neun Staaten – den deutschsprachigen und solchen mit deutschsprachigen Minderheiten – ihre Absicht, die Rechtschreibreform an ihren Schulen und bei ihren Behörden einzuführen. Einen Vertrag schlossen sie wohlweislich nicht, denn der hätte von den jeweils zuständigen Parlamenten ratifiziert werden müssen, und dann wäre der Schildbürgerstreich bald herausgekommen.

Obwohl die Neuregelung laut jener „Wiener Absichtserklärung" erst am 1. August 1998 in Kraft treten sollte, zogen die deutschen Kul-

290 *Brigitte und Ulrich G. Kliegis*

tusminister die Reform vor: Schon vom Schuljahrsbeginn 1996 an sei an den deutschen Schulen den neuen Regeln zu folgen und seien alle Wörterbücher, Lehrbücher etc. umzustellen.

Entsetzen packte Germanisten, Literaten, Journalisten, Lehrer und viele andere, für die Sprache, besonders das geschriebene Wort, ein Instrument ihrer Berufstätigkeit, Ausdrucks- und Verständnismittel ist, als sie sahen, wie unausgegoren und fehlerhaft, wie unglaublich schlecht die Urheber des sogenannten Reformwerkes ihre Arbeit gemacht hatten. Besonderes Aufsehen erregte die von dem Studiendirektor *Friedrich Denk* aus Weilheim angeregte Erklärung der Schriftsteller auf der Frankfurter Buchmesse 1996, in der diese rundweg die Übernahme der nun als Verballhornung der deutschen Orthographie erkannten neuen Schreibungen ablehnten.

Sigmar Salzburg
Was spricht gegen die Rechtschreibreform?
Der wichtigste Unfug respektlos aufgespießt

Die Beliebigkeit der Reform[1]
Bis vor kurzem wollten die Reformer uns alles klein schreiben lassen. Das Hohngelächter des Volkes über Lachnummern wie „der hei vorm bot mit dem keiser des stats" zwang die Kultusbürokratie zum Rückzug. Nun sollen wir wieder groß schreiben, was wir seit langem klein schreiben – ohne erkennbares System.

Zum Inhalt der „Reform"
Das Reformsammelsurium enthält zahlreiche Anschläge auf Sprache, Wortsinn, Ästhetik und gute Sitten, aber auch gesuchte Nichtigkeiten, um eine „Reform" ohne Kleinschreibung überhaupt noch sichtbar zu machen. Selbst dies hätte noch mitunter ganze Buchseiten unberührt gelassen, gäbe es nicht eine Regelung, die penetrant signalisiert, daß dieses Schriftstück der „Rechtschreibreform" unterworfen wurde:

---

[1] Von der Normalschreibung abweichende Reformschreibung wird nachfolgend durch * gekennzeichnet.

Die ss-Regelung
ironisch auch das „Herzstück der Reform" genannt, geht von dem Irrtum aus, das „ß" sei ein eigener Buchstabe. Es ist jedoch eine Ligatur für „ss" zur Verdeutlichung von Silben- und Wortende. Wenn man jetzt Kürze oder Länge des vorhergehenden Vokals durch ss oder ß bezeichnet, wird letzteres ein eigener, unentbehrlicher Buchstabe. Da der angebliche Gewinn an Systematik in Wirklichkeit nur den Dreck an einer anderen Stelle unter den Teppich kehrt, z. B. *fließen – *floss, also gleichklingende Stammkonsonanten doch wieder unterschiedlich sind, erzeugt auch diese Neuregelung ebenso wie die übrigen Fehlkonstruktionen nur neue Konfusionen.

Das sogenannte Stammprinzip
schreibt Wortstämme in allen Formen möglichst gleich. Das ist auch in der allgemein üblichen Rechtschreibung so, mit begründeten Ausnahmen. Nun wird es aber als „reim' dich oder ich freß' dich" herbeigezogen, um selbst volkstümliche Falschschreibungen für richtig zu erklären.
Plazieren wird nun *platzieren, angeblich wegen „Platz"; behende, seit tausend Jahren von Hand emanzipiert, soll nun *behände werden; „belemmern", behindern, belästigen, jetzt: *belämmern zu Lamm; statt „schneuzen": *schnäuzen, haben die Reformer eine Schnauze? – statt „Quentchen" (kleines Gewicht, Quint 1/5) *Quäntchen: kleine Menge; zu „aufwendig" kommt *aufwändig hinzu wegen „Aufwand".

Drei Konsonantenbuchstaben
„Fetttriefende Haffflunder" sollte man auch früher mit drei Konsonanten schreiben – was einem jedoch praktisch niemals begegnete. Jetzt aber wird die groteske Ausnahme zum Normalfall: Die jahrzehntelange Wortklauberei ist dem orthographischen Schönheitssinn der Reformer nicht gut bekommen:
*Balletttänzerin, *schnelllebig, *Flussschifffahrt, *Schwimmmeister, *Brennnessel.

Fremdwortschreibung
Verbesserungen in der Art von *Newage und *Standingovations strahlen beispielhaft in den englischsprachigen Raum hinaus, als sollte am deutschen Wesen die englische Orthographie genesen.

Getrennt- und Zusammenschreibung
Bis jetzt hieß es: „Im Zweifelsfalle klein und zusammen." Wer auf
Sinnzusammenhang, Sprechtakt und Betonung hörte, kam damit
immer zu einer vernünftigen Schreibung. Verwirrend ist nun die
Regellosigkeit der Getrennt- bzw. Zusammenschreibung bei gleichem
Wortbestandteil:

*Platz sparend	*Blut saugend	*Unheil bringend	*Krieg führend
zeitsparend	blutstillend	heilbringend	*prozessführend

Für die herkömmliche Schreibung signalisiert eine leichte Betonung
des ersten Wortteils die feste Fügung: wir wollen es nicht schlechtmachen (abwertend kritisieren). Schreibt man dagegen: wir wollen es
nicht schlecht machen (zufriedenstellend machen), dann ergibt sich ein
anderer Sinn. In der „Neuschreibung" ist nur die getrennte Schreibung
vorgesehen, so daß das Wort schlechtmachen aus dem lexikalischen
Wortschatz gestrichen ist. („Die Rechtschreibreform führt zur Verfla-
chung" – *Siegfried Lenz*)

Groß- und Kleinschreibung
Der „Heilige Vater" darf sein großes „H" behalten – der Heilige Krieg
jedoch wird Rechtschreibfehler. In den Goldenen Zwanzigern war das
noch anders, als der Goldene Schnitt noch nicht als goldener Schnitt
eine Art Reibach schien.

Worttrennung am Zeilenende
Eine „Glanzleistung": einzelne Buchstaben am Wortbeginn können
abgetrennt werden, ck wird nicht aufgelöst in k – k, und die Kenntnis
der richtigen Trennung der Fremdwörter wird nicht gern gesehen.
Die neue Rechtschreibung nimmt den legasthenischen Grundschüler
der dritten Klasse zum Maßstab allen Schreibens, hilft ihm jedoch wegen der geringen und konfusen Änderungen nicht. Die Worttrennung
der „Reform" aber ist deutlich unter seinem Niveau:

*E - cke	*Tee - nager	*alla - bendlich
*vol - lenden	*Quad - rat	*Waldi - gel
*Demonst - ration	*Seee - lefant	*Bollero - fen
*gas - tieren	*Obst - ruktion	*Volli - diot

Die Erkenntnis, daß die Reformkommission ihren Auftrag ungenügend erfüllt hatte, fand ihren Weg nun auch in die Tagespresse, und immer mehr Menschen wurden auf dieses Problem aufmerksam. Der Widerstand gegen die Reform war von Anfang an eine Mischung aus Bereitschaft, die Qualität unserer Sprache als Kulturgut zu verteidigen, und Unmut darüber, daß inkompetente Bürokraten Hand an die Sprache legten. Bereits kurz nach der Veröffentlichung des Reformvorschlags druckten das *Hamburger Abendblatt* und die *Süddeutsche Zeitung* den folgenden Leserbrief des Kieler Staats- und Rechtsphilosophen Prof. *Wolfgang Deppert* ab:

> *Der Protest gegen die undemokratisch verordnete Einführung der Rechtschreibreform zeigt deutlich, daß es ein waches Demokratieverständnis in Deutschland gibt, das sich nicht dirigistisch zum Schweigen bringen läßt. Dieser Protest kommt zur richtigen Zeit, da erst jetzt der volle Umfang der Sinnwidrigkeiten des (...) Reformwerkes bekannt wird. Es kann keine Rede von einem „Verschlafen" irgendeiner Einspruchsfrist sein, da der Öffentlichkeit nie eine Rechtsmittelbelehrung bekanntgegeben wurde. Im Gegenteil: Das Bundesverfassungsgericht hat sogar die Möglichkeit einer Verfassungsbeschwerde verworfen. Es kann darum nur der Weg über die politische Öffentlichkeit, über die Parteien und die Parlamente gegangen werden, um zu verhindern, daß durch undemokratische Disziplinierungsakte der Kultusverwaltung die Bevölkerung zur Akzeptanz von schriftsprachlichem Unsinn gezwungen wird. Jetzt ist die Lebendigkeit unserer Demokratie gefragt, und ich hoffe, sie kann sich gegenüber der schier übermächtigen Verwaltungskrake durchsetzen.*

Die Volksinitiative – ein schneller Erfolg

Vielleicht hat der Autor des Romans „1984", *George Orwell*, mit dem Begriff des staatlich verordneten „Neusprech" frühe Sensibilität gegenüber solchen Versuchen geschaffen, vielleicht war es auch eine basisdemokratisch unbesetzte Nische, die den regen Zuspruch und die breite Unterstützung der alsbald „Reformgegner" genannten Menschen erklären kann – dies mag späteren Analysen vorbehalten bleiben.

Tausende haben seit 1996 in Schleswig-Holstein daran mitgewirkt, einen Volksentscheid zustande kommen zu lassen. Unermüdliche Unterschriftensammler, Menschen, die Ladenbesitzer dazu brachten, Plakate für die Initiative „WIR gegen die Rechtschreibreform Schleswig-Holstein" und Unterschriftenlisten auszulegen, zogen plötzlich – aus dem Nichts – gemeinsam an einem Strang. Sie erfuhren ein WIR-Gefühl, getragen von einem breiten Echo aus allen Bevölkerungskreisen, von einem guten Anfangserfolg beflügelt. Eine zentrale Leitfigur – unspektakulär, immer zurückhaltend, idealistisch und trotzdem hartnäckig, wachsam und zielorientiert – war *Matthias Dräger*, Kleinverleger aus St. Goar, mit familiären Wurzeln seiner Heimatstadt Lübeck eng verbunden. Und – ebenso fleißig wie kompetent – *Karl-Heinz Requard*, bodenständiger Gewerbeschul-Studienrat aus Reinsbüttel in Dithmarschen, der unbeirrbar an seinem Ziel festhielt, behördlich verordneten Unsinn nicht zuzulassen.

Der Weg zu einem Volksentscheid ist von Bundesland zu Bundesland verschieden. In Schleswig-Holstein hat der Gesetzgeber dafür als erste Stufe die „Initiative aus dem Volk" vorgesehen. Hierzu müssen zunächst 20.000 Unterschriften gesammelt werden.

Wir sprachen mit *Matthias Dräger:*

Kliegis: Herr Dräger, was gab bei Ihnen den Anstoß für Ihr Engagement gegen die Rechtschreibreform?
Dräger: Dafür brauchen Sie als Verleger eigentlich keinen Anstoß. Stellen Sie sich einmal vor, Sie seien Chef einer Automobilfabrik – eines Tages flattert Ihnen eine „Amtliche Bekanntmachung" des Wirtschaftsministeriums ins Haus, daß in Zukunft die Bleche für Autos nur noch mit einem Zusatz von 5 % Sand und 7 % Gummi hergestellt werden dürfen (...) Würden Sie da nicht auch hellhörig und prüfen die Sache? So ähnlich ging es mir. Als ich von geplanten Eingriffen in die Rechtschreibung erfuhr – und unsere Rechtschreibung ist immerhin mein Handwerkszeug –, besorgte ich mir die entsprechenden Vorschläge des Internationalen Arbeitskreises für Orthographie.
Kliegis: Sie entdeckten Widersprüchlichkeiten?
Dräger: Widersprüche? Wenn es nur das gewesen wäre! Nein, hier wurden Schreibweisen erfunden oder umständlich aufgewärmt, die so heute kein Mensch mehr gebraucht, die vielleicht vor 200 Jahren einmal verwendet wurden.

Die Reform ist rückschrittlich, da sie Schreibweisen aus der Zeit um 1800 wieder einführen will, die wir in der Sprachentwicklung lange hinter uns gelassen haben. Das kann nicht gutgehen.

Kliegis: Wann war das?

Dräger: Das war 1995, kurz nach der Buchmesse.

Kliegis: Also noch Zeit genug, um die Verantwortlichen, z. B. die Kultusminister, vor der geplanten Reform zu warnen?

Dräger: Nein, es war schon zu spät. Der ganze Apparat war auf eine bestimmte Richtung eingestellt – man hatte so lange um das Thema herumgeredet, jetzt wollten alle Beteiligten da auch ohne Gesichtsverlust durch.

Kliegis: Wie ging es dann weiter? Da taucht ja ein früher nur selten gebrauchter Begriff immer wieder auf: Volksgesetzgebung. Gibt es das bei uns denn im wörtlichen Sinne überhaupt?

Dräger: Nach der Messe habe ich mich erst einmal belesen, was unter dem Stichwort „Volksbegehren" zu finden ist. Bei einem Münchener Verlag bestellte ich mir eine Broschüre zu dem Thema und wunderte mich nur, daß der betreffende Verlagsmitarbeiter, ein gewisser *Thomas Mayer*, der die Bestellung entgegennahm, erstaunlich gut informiert schien. Bereits im ersten Gespräch war mir klar, daß, wenn überhaupt ein Volksbegehren gegen die Rechtschreibreform zu schaffen wäre, für mich nur Schleswig-Holstein in Frage käme, da ich hier Land und Leute ganz gut kenne. Auch sind die Hürden hier nicht so hoch gelegt – in manchen Bundesländern, wie z. B. Hessen und Nordrhein-Westfalen, ist es geradezu utopisch, zu versuchen, diese Hindernisse zu überwinden.

Kliegis: Aber Sie konnten das doch unmöglich alles ganz allein angehen. Was ging da in Ihnen vor?

Dräger: Mir war vor allem nicht klar, woher ich die Mittel und die Zeit hernehmen sollte, die nötig waren, um so etwas in Gang zu bringen. Dann rief *Thomas Mayer* wieder an: Nein, sagte ich, es geht nicht, ich schaffe das nicht. Ich sah mich schon am Lübecker Hauptbahnhof stehen, Unterschriften sammeln gegen die Rechtschreibreform: „Hallo, wollen Sie nicht unterschreiben für den Stopp der unsinnigen Rechtschreibreform?" (... dann brauche ich nur noch neunzehntausendneunhundertneunundneunzig   Unterschriften ...!)

Kliegis: Aber irgendwie hat es dann doch geklappt.

Dräger: Ja, im November rief ein Reformgegner bei mir an und berichtete, *Denk* werde in Bayern ein Volksbegehren starten, und zwar mit einer Anzeige mit eingedruckter, also vorbereiteter Unterschriftenliste.

Sofort war mir klar: D a s kann funktionieren! Einen Tag später stand für mich fest: Das mache ich auch in Schleswig-Holstein. Je mehr Bundesländer an den Start gehen, desto größer ist die Wahrscheinlichkeit, daß ein Land durchkommt, und das würde ja reichen ... Nach Tagen intensivster Vorarbeiten konnten dann am 14. Dezember, also mitten in der Vorweihnachtszeit, drei ganzseitige Anzeigen erscheinen, und zwar in der *Schleswig-Holsteinischen Landeszeitung*, den *Kieler Nachrichten* und den *Lübecker Nachrichten*. Die enormen Schäden, die eine solche unsinnige Reform in der Gesellschaft anrichten würde, gaben mir die nötige Sicherheit, hierfür das Geschäftskonto meines Verlages zu plündern.

Kliegis: Was geschah nach dem Erscheinen der Anzeigen?

Dräger: Erst einmal – nichts, jedenfalls fast nichts. Ich hatte bereits für Sonnabend, den Erscheinungstag der Anzeigen, irgendwie mit größerer Resonanz gerechnet. Bei *Detlef Lindenthal*, dessen Adresse als Postanschrift in den Anzeigen genannt war, wurden am Sonntag einige ausgefüllte Unterschriftenlisten von Hand eingeworfen. Am Montag waren bereits 500 Unterschriften per Post gekommen. Am Dienstag rief dann ein Postbeamter an: Herr *Lindenthal*, wenn Sie heute morgen Ihre Post abholen – kommen Sie lieber nicht mit dem Fahrrad. Und bringen Sie bitte einen großen Karton mit! Eine größere Anzahl von Briefen wurde geöffnet, die Unterschriften gezählt, und dann auf das Gewicht der ganzen Post des Tages hochgerechnet. Gut 10.000 Unterschriften waren allein am Dienstag angekommen. Wir haben dann die ganze Nacht durch gezählt! Am Mittwoch kamen noch einmal 10.500 Unterschriften dazu – wir hatten es geschafft, die benötigten 20.000 Unterschriften für die Volksinitiative waren innerhalb von drei Tagen beisammen!

Nach zehn Tagen hatten schon 60.000 Schleswig-Holsteiner bekundet, daß sie den „Reformschiet" nicht wollten. Es war ein schneller und voller Erfolg.

Das Volksbegehren – doppelt so stark wie erforderlich

Da der Landtag nicht einlenkte, begann ein knappes Jahr später, im November 1997, das Volksbegehren. Hier mußten mindestens 106.000 Schleswig-Holsteiner dazu bewogen werden, sich für einen Volksentscheid gegen die Rechtschreibreform auszusprechen. Auch in dieser Phase war der bestehende Kontakt zu den vielen Helfern wieder sehr wertvoll. Neben den offiziellen Eintragungsstellen in Rathäusern und anderen Amtsräumen konnten auch wieder Bäckereien, Apotheken, viele Zeitschriften- und andere Läden dafür gewonnen werden, Unterschriften gegen die staatliche Willkür zu sammeln. Im Prinzip ist dieses Aufbegehren gegen Politiker- und Verwaltungseigensinn nichts anderes als die ursprünglichen (!!) Absichten der Außerparlamentarischen Opposition der späten 60er Jahre – aber wieviel hat sich verändert!

Hiltraut Geißel war eine derer, die von Geschäft zu Geschäft gingen und die Inhaber ansprachen, ob sie nicht vielleicht ein Plakat aufhängen oder eine Unterschriftenliste auslegen würden. Hier ihre Erinnerungen – ein Lehrstück in direkter Demokratie:

Geschäftsleute beteiligen sich an der Kampagne

„Warum muß die bewährte Rechtschreibung geändert werden? Haben die Politiker nichts Wichtigeres zu tun?" Das war die Grundstimmung, die viele Geschäftsleute dazu bewog, die Unterschriftenlisten gegen die Rechtschreibreform deutlich sichtbar auszulegen. Als dann vor der Volksabstimmung der Stimmzettel mit den eigenartigen Formulierungen bekannt wurde und die Initiative Stimmzettel-Plakate zum Aufhängen in Geschäften anbot, war die Bereitschaft überwältigend. So wuchs die Aktion weit über das ursprüngliche Ziel hinaus. Es ging nicht mehr nur um die Rechtschreibung. [...] Selbstverständlich gab es auch Ablehnung. Aber auch in kontroversen Gesprächen klang oft durch: Es ist gut, daß sich Menschen politisch engagieren, die nicht Berufspolitiker sind. Ein Lebensmittelhändler brachte es auf den Punkt: Bürgerinitiativen zu bestimmten Themen bieten die Chance, die wirklichen Sorgen und Wünsche der Bevölkerung öffentlich zur Sprache zu bringen und die sonst schweigende Mehrheit an der politischen Willensbildung zu beteiligen."

Der aktive Teil – also diejenigen, die es sich nicht mehr gefallen lassen wollen, und diejenigen, die helfen wollen und können, dem Volk zur Durchsetzung seines Willens zu verhelfen – ist jetzt viel größer. Und die Strategie ist kultivierter. Es erweist sich, daß ohne direktdemokratischen Einfluß die parlamentarische Demokratie ihrer Aufgabe nicht mehr gerecht wird, eine an den Menschen dieses Landes orientierte Politik zu gestalten. Gut, daß die Verfassungseltern den Artikel 20 Abs. 2 in ihr Werk mit aufgenommen haben.

Bei dem Volksbegehren wurden 223.388 gültige Unterschriften geleistet; es trugen sich umgerechnet 10,5 % der Beteiligungsberechtigten ein – mehr als doppelt so viele wie erforderlich (5 %).

Die Ablehnung der Rechtschreibreform innerhalb der deutschsprachigen Gesamtbevölkerung war und ist erdrückend. Eine allgemeine, von allen akzeptierte Einführung der neuen Rechtschreibregeln – das war allen Beteiligten schnell klar – würde in keinem Fall zustande kommen. Besondere Brisanz hatte daher der Beschluß der Ständigen Konferenz der Kultusminister, die neue Rechtschreibung an allen Schulen zwangsweise einzuführen. Hierzu wurden nun in ganz unüblichem Tempo überall Lehrpläne geändert, Erlasse zur Einführung der neuen Rechtschreibung formuliert sowie vor allem Wörterbücher und Schulbücher geändert. Die Umstellung insbesondere der Schulbücher lief bereits seit geraumer Zeit, hatten doch die Politiker den Verlegern schon früh – zu früh, wie sich dann herausstellte – signalisiert, daß die Rechtschreibreform ein Selbstgänger würde und daß in Zukunft keine Schulbücher in der bisherigen Schreibweise mehr benötigt würden.

Als sich nun abzeichnete, daß es in Schleswig-Holstein zum Volksentscheid über die Einführung der Rechtschreibreform kommen würde, bekamen die Schulbuchverlage offensichtlich „Verlustängste". Sie beeilten sich zu erklären, daß sie wegen der zu geringen Auflagen keine Sonderausgaben für das nördlichste Bundesland herausgeben könnten, um mit dieser Aussage vor allem die Eltern schulpflichtiger Kinder zu verunsichern. Für jedermann wurde deutlich, wie eng hier Wirtschaft und Politik miteinander verflochten waren. Den Politikern einerseits war die Einführung der reformierten Rechtschreibung inzwischen zum unverzichtbaren Prüfstein eigener Entschlußtreue geworden. Die Schulbuchverleger andererseits, die vorgaben, unermeßlich viel Geld in den Satz ihrer neuen Bücher gesteckt zu haben, schwangen sich zu einer selbsternannten bildungspolitischen Instanz auf, trafen sich in geheimen Konferenzen mit Kultusministerinnen und –ministern und steckten das Terrain ab.

Der Vorsitzende des Verbandes der Schulbuchverlage, *Fritz von Bernuth*, initiierte sogar eine Kampagne *gegen den Volksentscheid* „Für die Reform, für die Kinder", der neben den Schulbuchverlagen auch die Gewerkschaft Erziehung und Wissenschaft (GEW), einige andere Verbände sowie einzelne Elternvertreter angehörten. Die Tatsache, daß sowohl Lehrer als auch Eltern als die in erster Linie von der Reform Betroffenen eine Position *gegen* die Reformgegner bezogen, kann nur mit fehlender Information erklärt werden. Es gab einige sehr „geschönte" Materialien aus dem Ministerium, die der „Aufklärung" dienen sollten. Diese enthielten bei weitem aber nicht die Brisanz der Broschüre „Die Wörterliste" des Linguisten *Stephanus Peil* aus Westerburg (auch „Peil-Liste" genannt), die schonungslos sämtlich Schwachstellen und Fehlleistungen dieser Reform bloßlegte und deren Lektüre stets die noch Unentschlossenen und in der Regel auch die bislang von der Reform Überzeugten gegen die neuen Schreibweisen umstimmen konnte.

Die Volksabstimmung – das Ergebnis ist eindeutig

Im Herbst 1998 standen Bundestagswahlen an. Schon früh bemühte sich die Initiative aus verständlichen Gründen, die Volksabstimmung gleichzeitig mit dieser Wahl stattfinden zu lassen. Dazu mußten aber wieder mit größter Beharrlichkeit etliche von der Landesregierung und dem Parlament erdachte Klippen umschifft werden. Schützenhilfe bekam man schließlich vom Bund der Steuerzahler, der das Land aus Kostengründen aufforderte, die Bundestagswahl und die Volksabstimmung auf einen Termin zu legen.

Das Sommertheater der Ministerpräsidentin *Heide Simonis* (SPD) hingegen gipfelte in einem juristischen Tauziehen um den komplizierten Text des Abstimmungsbogens. Der Landtag legte perfiderweise schließlich einen eigenen Gesetzentwurf zur Volksabstimmung vor, der dem Originaltext der Initiative täuschend ähnlich war, aber das Gegenteil bezweckte. Nun gab es also zwei alternative Vorschläge für eine Ergänzung des Schulgesetzes. Dazu kam entsprechend der Gesetzeslage natürlich noch der Vorschlag, daß sich gar nichts ändern solle.

Der Stimmzettel wurde somit zu einer echten Herausforderung, der sich jeder abstimmungswillige Bürger stellen mußte, bevor er – wo auch immer – schließlich sein Kreuzchen machen konnte.

Abbildung 1:   Stimmzettel beim Volksentscheid

Stimmzettel

für den Volksentscheid „WIR gegen die Rechtschreibreform"

am 27. September 1998

Sie haben eine Stimme !

Nur eine Möglichkeit in einem dieser Kreise ankreuzen,
sonst ist der Stimmzettel ungültig!

1	**Gesetzentwurf der Volksinitiative „WIR gegen die Rechtschreibreform":** Folgender § 4 Abs. 10 wird in das Landesschulgesetz aufgenommen: „In den Schulen wird die allgemein übliche Rechtschreibung unterrichtet. Als allgemein üblich gilt die Rechtschreibung, wie sie in der Bevölkerung seit langem anerkannt ist und in der Mehrzahl der lieferbaren Bücher verwendet wird." **Stimmen Sie diesem Gesetzentwurf zu?**	**JA** ○
2	**Vorlage des Schleswig-Holsteinischen Landtages:** „In den Schulen wird die allgemein übliche deutsche Rechtschreibung unterrichtet. Als allgemein üblich gilt die Rechtschreibung, wie sie in den übrigen Ländern der Bundesrepublik Deutschland für die Schulen verbindlich ist." **Stimmen Sie dieser Vorlage zu?**	**JA** ○
3	**Ablehnung** Ich lehne den Gesetzentwurf der Volksinitiative und die Vorlage des Schleswig-Holsteinischen Landtages ab.	○

Erst wenige Tage vor der Wahl stimmte der Landesabstimmungsleiter der Forderung der Initiative zu, in jedem der 2.736 Wahllokalen einen großen, eindeutigen Erläuterungsbogen zum Stimmzettel aufzuhängen, eine Gebrauchsanweisung gewissermaßen. Kann es eine deutlichere Bestätigung des eigenen Unvermögens, eine einfache Frage allgemeinverständlich zu formulieren, geben?

Die Kampagne der Schulbuchverlage, keine Bücher mehr in „alter" Rechtschreibung vorhalten zu wollen, die großformatigen Fotoanzeigen in allen großen Tageszeitungen, in denen bedrückt dreinblickende Kinder über die vermeintlichen Nachteile der alten Rechtschreibung lamentierten („Jan ist traurig"), und die Angstmache der Bildungsministerin *Gisela Böhrk*, daß Schleswig-Holstein im Falle eines Scheiterns der Reform zur Rechtschreibinsel würde, zeigten nur wenig Wirkung auf die Schleswig-Holsteiner.

Im Kieler Landeshaus herrscht die typische Wahlabendstimmung. Alle Parteien haben von der „Wahlkampfkostenerstattung" schon mal üppige Buffets auffahren lassen. In einem großen Sitzungssaal im Erdgeschoß, außerhalb des gleißenden Scheinwerferlichtes, warten einige Mitglieder der Initiative auf „ihr" Ergebnis. Jemand hat einen Korb Äpfel mitgebracht, ein anderer geht bei einer Oppositionspartei eine Flasche Sekt schnorren. Unsicherheit und vorsichtige Zurückhaltung prägen die Stimmung. Es ist klar, daß ein Scheitern der Initiative akzeptiert werden würde. Zuerst werden die Stimmen zur Bundestagswahl ausgezählt, danach ist die Volksabstimmung dran. Gegen 21 Uhr kommt jemand aus dem Wahlleiterbüro vorbei und deutet vorsichtig an, daß die Initiative wohl über 50 % liegt. Matthias Dräger äußert in einem Interview die Hoffnung, daß zumindest die Mehrzahl der Kreise mit über 50 % gegen die Reform gestimmt hat. Man merkt ihm an, unter welcher Spannung er steht. Alle Beteiligten hier im Saal haben dieses Gefühl, das Mögliche getan zu haben. Später wird klar, daß alle Kreise mit über 50 %, teils mehr als 60 %, gegen die Reform und für den Vorschlag der Initiative gestimmt haben. Die Bildungsministerin kommt zu einem Interview vor die Kamera. Als sie auf Sendung ist, ruft jemand „RÜCKTRITT", woraus plötzlich ein Sprechchor von gut hundert Leuten wird: Rücktritt – Rücktritt – Rücktritt! Eine Minute lang. Frau Böhrk stellt noch einmal fest, daß sie es besser weiß und daß das Volk falsch entschieden hat. Das Volk aber kommt an diesem Abend nicht vor die Kameras.

Tabelle 1:   *Ergebnis des Volksentscheids*

Gesamtergebnis des Volksentscheids „WIR gegen die Recht-schreibreform" in Schleswig-Holstein vom 27.09.1998		
		in %
Stimmberechtigte	2.127.077	
Abgegebene Stimmen	1.624.288	76,4
Ungültige Stimmen	53.568	3,3
Gültige Stimmen Davon entfielen auf	1.570.720	96,7
Vorschlag 1 (gegen die Reform)	885.511	56,4
Vorschlag 2 (indirekt für die Reform)	456.409	29,1
Vorschlag 3 (für die Reform)	228.800	14,6
Ja für Vorschlag 1 in % der Stimmberechtigten		**41,6**
Erforderliche Zahl (Quorum)	531.770	**25,0**

Quelle: Statistisches Landesamt Schleswig-Holstein: Volksentscheid „WIR gegen die Rechtschreibreform" in Schleswig-Holstein am 27. September 1998 – Endgültiges Ergebnis; Eigene Berechnungen.

Die Umsetzung des Volksentscheids

Das Votum war also eindeutig. Während der Rücktritt der Bildungs-ministerin immer näher rückte, trafen sich auf Einladung der Initiative am 6. Oktober Germanisten, Pädagogen, Elternvertreter und Initiati-venmitglieder, um einen Vorschlag zur Umsetzung des Volksab-stimmungsergebnisses an den schleswig-holsteinischen Schulen zu machen. Aus der Pressemitteilung:

> Mit einem Erlaß des Bildungsministeriums vom 5.11.1996 wur-de der Versuch gemacht, Schreibweisen in den Schulen ein-zuführen, die in der Bevölkerung offensichtlich nicht akzeptiert werden. Der erfolgreiche Volksentscheid hebt die Wirkung die-ses Erlasses durch die folgende Ergänzung des Schulgesetzes auf:

„In den Schulen wird die allgemein übliche Rechtschreibung unterrichtet. Als allgemein üblich gilt die Rechtschreibung, wie sie in der Bevölkerung seit langem anerkannt ist und in der Mehrzahl der lieferbaren Bücher verwendet wird."

Die Vorschläge des Bildungsministeriums für einen neuen Erlaß als Reaktion auf den Volksentscheid sind untauglich. Insbesondere wird die Tolerierung einer „doppelten Orthographie" ohne jede zeitliche Begrenzung dem neuen Abschnitt des Schulgesetzes nicht gerecht.

Aber nach wie vor versuchte das Bildungsministerium in geradezu dreister Manier, seine Position doch noch durchzudrücken – um den „Schaden zu begrenzen", wie es hieß. Welchen Schaden? Am 13. Oktober 1998 trat in Kiel eine klassische Klüngelrunde zusammen. Die Teilnehmer dieses „Runden Tisches" (der Ausdruck sollte wohl den Anschein erwecken, daß hier ein demokratischer Beschluß zustande kommen solle) waren ausschließlich Vertreter der Landtagsparteien. Ohne Beteiligung der Initiative, ohne Öffentlichkeit und ohne demokratische Legitimation wurde ein Erlaßentwurf zur Umsetzung des Volksentscheids an den Schulen des Landes erarbeitet. Dieser Entwurf besagte, daß der Volksentscheid vom Landtag schon zwei Jahre später wieder kassiert werden sollte:

> *„Zum Schuljahresende **1999/2000** wird die Landesregierung dem Landtag über den Stand der Rechtschreibreform in den anderen Ländern der Bundesrepublik Deutschland und den übrigen Staaten im deutschen Sprachraum berichten. Dem Landtag soll die Möglichkeit gegeben werden, die bestehende Regelung zu prüfen und gegebenenfalls zu korrigieren. Der Landtag soll dann entscheiden, wie weiter verfahren wird." (Text des Runden Klüngels)*

Bildungsministerin *Böhrk* beschäftigte sich kurz vor ihrem Rücktritt noch ganz ernsthaft mit dem Wortlaut des neuen § 4 Abs. 10 des Schulgesetzes und überlegte, wie sie die Formulierung „Mehrzahl der lieferbaren Bücher" für ihr Ziel, die Reform doch noch durchzusetzen, nutzen könnte. Es grenzt an Satire, doch sie trug sich mit der Absicht, die Bücher zählen zu lassen. Eine Zählstelle für Bücher wurde nicht gefunden, und somit verschwand am 12. Oktober 1998 diese Posse mitsamt der Ministerin von der Bildfläche.

Wie geht es weiter?

Es scheint ein fundamentales Mißverständnis der Berufspolitiker zu
sein, die „Repräsentative Demokratie" habe „Repräsentation" als
Kerninhalt und nicht „Demokratie". Ein Treffen mit der Fraktions-
leitung der CDU, die im Vorfeld des Volksentscheides noch auf Seiten
der Initiative gestanden hatte, verlief enttäuschend. Die seinerzeitige
bildungspolitische Sprecherin der Opposition war weit weg, im
Bundestag in Bonn, und hier saßen nur noch Betonköpfe.

Das Thema Rechtschreibreform ist aus dem politischen Alltag
weitgehend verschwunden, mit wenigen Ausnahmen auch aus den
Medien. Die letzte wirklich berichtenswerte Aktion entsprang einem
weiteren Schulterschluß zwischen dem Bertelsmann-Verlag und der
GEW und war im Grunde nichts anderes als eine weitere öffentliche,
durch das Stillschweigen der verantwortlichen Politiker sogar gebil-
ligte Verhöhnung des Ergebnisses des Volksentscheides: Die Gewerkschaft hatte damit begonnen, 10.000 Wörterbücher an den schleswig-
holsteinischen Schulen zu verteilen. Wenig später wurde bekannt, daß
der Verlag mit dieser Aktion eine Uralt-Auflage eines durch und durch
fehlerhaften Wörterbuchs entsorgte.

Ab und zu werden Kreiselternbeiräte mit Problemen, die nach dem
Volksentscheid in den Schulen auftreten, konfrontiert: So wird hier
und da versucht, den Volksentscheid zu unterlaufen, indem klamm-
heimlich weiter die reformierte Schreibweise unterrichtet wird, oder
eine Schule kann weder vor noch zurück, weil dort in kurzsichtiger
Eile alle Bücher in bisheriger Rechtschreibung abgeschafft, d. h.
vernichtet worden sind.

Insgesamt macht sich im schleswig-holsteinischen Schreibvolk
aber allmählich – neun Monate nach dem Volksentscheid – ein Gefühl
der Ratlosigkeit und Ungeduld breit, weil eine echte Umsetzung des
Abstimmungsergebnisses, vor allem auch bundesweit, nicht zu sehen
ist. Viele Bürger haben sich mit der Gewißheit gegen die Reform entschieden, daß andere Bundesländer schon bald dem Beispiel des
Nordens folgen würden oder daß das Votum der Schleswig-Holsteiner
sogar die Reform bundesweit „kippen" würde.

Der damalige SPD-Bundesgeschäftsführer *Franz Müntefering* hatte
sich in einem Brief an die Parteibasis 1997 wie folgt geäußert: „Sollte

ein Land ausscheren, wäre die Reform gescheitert." Davon ist aber zur Zeit weit und breit nichts zu sehen – im Gegenteil. Die Kultusministerkonferenz hatte ja angesichts des bevorstehenden Volksentscheides im nördlichen Bundesland schnell noch verlauten lassen, daß ein Erfolg der Reformgegner dort keinerlei Auswirkungen auf die anderen Bundesländer haben werde.

In Schleswig-Holstein scheinen die Politiker das Problem „aussitzen" zu wollen, während in anderen Bundesländern den Initiativen alle erdenklichen Hürden in den Weg gelegt werden. Die parlamentarische Demokratie hätte das Ergebnis dieses Volksentscheids als Aufforderung verstehen können, sich direktdemokratische Elemente zu eigen zu machen und sich so wieder in die Nähe derer zu begeben, die sie gewählt haben. Diese Chance wurde von „denen" nicht erkannt. Das ist bitter!

Henning Panknin, Mitstreiter der Initiative aus Neumünster, beklagt diesen Sachverhalt in einem Brief an den Bundespräsidenten *Roman Herzog* und an das Präsidium des Deutschen Bundestages anläßlich des 50. Jahrestages der Verkündung der Verfassung am 23. Mai 1949. Auszüge:

> *Aber die Urangst vor dem „unberechenbaren Staatsbürgervolk" sitzt bei den Staatsverwaltern tief. Ihm sind Lernfähigkeit und Urteilskraft abzusprechen. So wird denn Repräsentation des Volkes schlicht mit Repräsentation des Willens des Volkes verwechselt ...*

In einem Offenen Brief vom 6. November 1998 an die Ministerpräsidenten aller Bundesländer schreibt *Henning Panknin*:

> *Der von der Sache und der Betroffenheit der Bürger her begründete „politische Wille des Volkes" ist in dieser Republik völlig unbekannt. Unsere sogenannten Repräsentanten des Volkes tun sich entsprechend schwer mit diesem „Willen" – da er objektiv gar nicht existiert und demzufolge auch gar nicht wahrgenommen werden kann. Das hängt damit zusammen, daß es keine wohldurchdachten institutionalisierten Verfahren der Urteils- und Entscheidungsfindung gibt. Der in vorausliegenden Verfahren – nicht von „Experten" allein – inhaltlich gut vorbereitete „Volksentscheid" könnte ein wichtiges Element der Darstellung des politischen Willens des Volkes sein.*

P. S.: Am 9. Juli 1999 gibt die schleswig-holsteinische CDU bekannt, daß sie nunmehr bereit ist, den durch den Volksentscheid vom 27. September 1998 in das Schulgesetz aufgenommenen § 4 Abs. 10 gemeinsam mit den anderen Landtagsfraktionen so bald wie möglich wieder aus dem Schulgesetz zu entfernen. Jetzt warnt die Bildungsministerin *Ute Erdsiek-Rave* vor einem Rechtschreibchaos.

Es geht wieder los.

P. P. S.: Juli 1999: In Bremen hat die Initiative in kürzester Zeit 50 % mehr Unterschriften als nötig für die Einleitung des nächsten Volksbegehrens zusammengebracht.

Es geht weiter.

Im Internet: Zahlreiche Quellen und Verweise finden Sie u. a. unter
http://www.elternverein.de und
http://www.rechtschreibreform.de.

VII.4 Der Bürgerentscheid über die Verwaltungsspitze in Riedstadt / Hessen

Von FRANK REHMET

Einleitung

Direkte Demokratie bedeutet – bei fair ausgestalteten Verfahren – mehr Mitspracherechte und mehr Machtkontrolle durch die Bürgerinnen und Bürger. Mit Hilfe des Bürgerbegehrens können sie einerseits neue Themen und Lösungsvorschläge auf die politische Tagesordnung bringen, andererseits aber auch Entscheidungen der gewählten Politiker kritisch ins Licht der Öffentlichkeit rücken, wo diese diskutiert, hinterfragt und gegebenenfalls per Bürgerentscheid korrigiert werden. Anders ausgedrückt: Die Politiker und Entscheidungsträger haben eher damit zu rechnen, daß sie ihr Tun und Lassen stärker öffentlich rechtfertigen müssen. Falls ihnen dies nicht gut genug gelingt, riskieren sie eine politische Niederlage – jedoch nicht, indem sie die nächste Wahl verlieren, sondern sachbezogen per Volksabstimmung.

Dieser Beitrag behandelt die direktdemokratische Korrektur des Tuns von gewählten Repräsentanten und wählt ein Fallbeispiel in der südhessischen Gemeinde *Riedstadt*, wo im Sommer/Herbst 1995 die Möglichkeiten und Auswirkungen der Direkten Demokratie sichtbar und erlebt wurden. In der Geburtsstadt *Georg Büchners* bewegte monatelang eine Frage die Gemüter: Wie viele Verwaltungs-Spitzenbeamte sollen in der 19.000-Einwohner-Gemeinde in Lohn und Brot stehen? Soll dem Bürgermeister ein weiterer hauptamtlicher Verwaltungschef zur Seite gestellt werden? Konkret ging es darum, ob die neue Stelle eines hauptamtlichen „Ersten Beigeordneten" geschaffen werden sollte, was die Bürgerinnen und Bürger schließlich in einem Bürgerentscheid ablehnten.

Eine kostenträchtige Personalfrage stand also im Mittelpunkt der hier untersuchten Auseinandersetzung, wobei die CDU und die Freie Wählergemeinschaft („Wir in Riedstadt" = WIR), die im Kommunalparlament die Mehrheit hatten, die zusätzliche Ausgabe legitimieren bzw. sich dafür rechtfertigen mußten. Die überregionale Bedeutung des Vorgangs erkannte ein Kommentator der *Frankfurter Rundschau*

schon zu Beginn der Auseinandersetzung und schrieb, daß bei Erfolg
des Bürgerbegehrens „es in Zukunft Parteien nicht mehr ganz so einfach [...] wie in der Vergangenheit" hätten, „teure Posten auf Kosten
der Steuerzahler einzurichten, um beispielsweise Koalitionsprogram-
men und Klientelansprüchen zu genügen." Sollte das Verfahren erfolgreich sein, breche „tatsächlich eine neue Ära der Bürgermitbestimmung an".

In diesem Beitrag soll jenem Pfad in diese neue Ära nachgegangen
werden. Hierzu wird zunächst die Verankerung der Direkten Demokratie in der Hessischen Gemeindeordnung betrachtet und der Verlauf
der Ereignisse geschildert. In den folgenden Abschnitten sollen dann
die Auswirkungen der Direkten Demokratie betrachtet werden: Welche Effekte ließen sich beobachten? Ein Schwerpunkt soll dabei auf
der Analyse der Presseberichterstattung liegen, da die lokale Öffentlichkeit von zentraler Bedeutung für die kommunale Demokratie ist.

Die gesetzliche Grundlage des Bürgerengagements

Erst seit 1993 gibt es in Hessen die Möglichkeit des Bürgerentscheids
(vgl. den Beitrag von *Geitmann*). Die Hessische Gemeindeordnung
sieht ein zweistufiges Verfahren vor (siehe Abbildung 1 auf der folgenden Seite): Zunächst müssen im Bürgerbegehren Unterschriften
von mindestens 10 % der wahlberechtigten Einwohner einer Gemeinde
gesammelt werden, um einen Bürgerentscheid zu beantragen. Ein „Ne-
gativkatalog" schließt bestimmte Themen von vornherein vom Bürgerbegehren aus: Unzulässig sind z. B. Fragen der inneren Organisation
der Gemeindeverwaltung, die Haushaltssatzung, Gemeindeabgaben
und die Tarife der gemeindeeigenen Betriebe. Das Begehren muß bestimmte formale Bedingungen (z. B. Begründung, Kostendeckungsvorschlag) erfüllen. Ein Bürgerentscheid findet statt, wenn die Gemeindevertretung das Begehren rechtlich für zulässig erklärt und die
geforderten Maßnahmen nicht selbst beschließt. Beim Bürgerentscheid
gilt – über das Erfordernis einer Mehrheit der Abstimmenden hinaus –
ein 25%iges Zustimmungsquorum. Wird diese Hürde nicht genommen, entscheidet das Kommunalparlament (in Hessen „Gemeindevertretung", in größeren Städten „Stadtverordnetenversammlung" genannt) abschließend.

Abbildung 1:   Verfahrensverlauf eines Bürgerbegehrens in Hessen

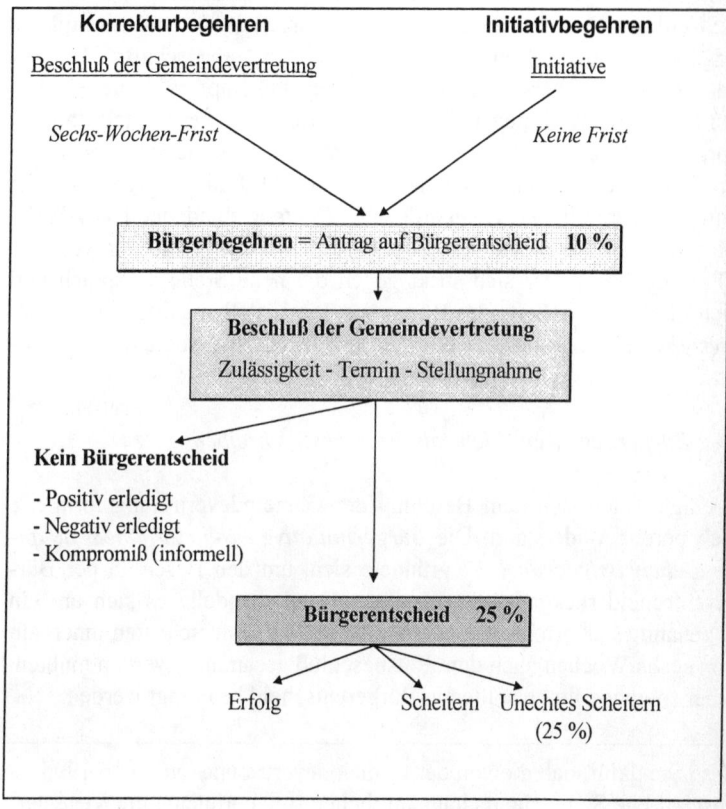

Quelle: Schiller/Mittendorf/Rehmet: Bürgerbegehren und Bürgerentscheide in Hessen, Marburg 1998, S. 3.

Der Verlauf der Ereignisse in Riedstadt

Vorgeschichte und Ratsbeschluß

Vier Besonderheiten kennzeichnen die Vorgeschichte des Riedstädter Fallbeispiels, auf die im Verlaufe der Ereignisse immer wieder Bezug genommen wurde:

Erstens gab es in Riedstadt in der Vergangenheit bereits einen hauptamtlichen Beigeordneten. Doch aufgrund von schlechten Erfahrungen („Streithahn-Duo", so die Lokalpresse) wurden 1993 beide Streithähne abgewählt und die Stelle des „Beigeordneten" abgeschafft. *Zweitens* hatte sich im vorhergehenden Kommunalwahlkampf 1993 die Wählergemeinschaft WIR gegen die Wiedererrichtung dieser Stelle ausgesprochen. U. a. aus „Koalitionsgründen" entschied sie sich zusammen mit der CDU-Fraktion am 5. Mai und am 29. Juni 1995 dennoch für einen hauptamtlichen Beigeordneten. *Drittens* stand der CDU-WIR-Mehrheit im Parlament der direkt gewählte Bürgermeister von der SPD gegenüber, der sich strikt gegen die neue Stelle aussprach und sich rasch auf die Seite des Bürgerbegehrens stellen sollte. Hinzu kam *viertens*, daß in Riedstadt bei den letzten Haushaltsberatungen Sparmaßnahmen beschlossen wurden.

Das Bürgerbegehren: Mehr als 20 % unterschreiben

Wenige Tage nach dem Beschluß der Gemeindevertretung formierte sich bereits Widerstand: Die *Bürgerinitiative „Nein zu einem hauptamtlichen Beigeordneten"* gründete sich, um den Beschluß per Bürgerentscheid rückgängig zu machen. Damit handelte es sich um ein sogenanntes „Korrekturbegehren", für das die Unterschriften innerhalb von sechs Wochen nach dem Ratsbeschluß gesammelt werden mußten. Über folgende Frage sollte ein Bürgerentscheid beantragt werden:

Sind Sie dafür, daß die von der Gemeindevertretung am 29.06.1995 geschaffene Stelle einer/s hauptamtlichen Beigeordneten im Wege der nachstehenden Änderung der Hauptsatzung beseitigt wird?

„5. Satzung zur Änderung der Hauptsatzung der Gemeinde Riedstadt
Die Bürger/innen der Gemeinde Riedstadt erlassen im Wege des Bürgerentscheids folgende Satzung:
Artikel 1 Die 4. Satzung zur Änderung der Hauptsatzung der Gemeinde Riedstadt, beschlossen von der Gemeindevertretung am 29.06.1995, wird aufgehoben
Artikel 2 Diese Satzung tritt am Tage nach Vollendung ihrer Veröffentlichung / Bekanntmachung in Kraft."

Der Initiative gelang es, innerhalb der genannten Frist weit mehr als die benötigten 1.347 Riedstädterinnen und Riedstädter zu mobilisieren. Argumentiert wurde vor allem mit den Kosten (ca. 300.000 DM pro Jahr) und damit, daß die Stelle nicht notwendig sei. Am 14. Juni reichte die Bürgerinitiative fast 3.500 Unterschriften ein.

Die Verwaltung prüfte die Listen sehr schnell, und bereits zwei Wochen später – in der letzten Sitzung vor den Sommerferien – behandelte die Gemeindevertretung das Thema. Trotz vorhergehender Diskussionen, ob das Begehren eventuell nicht zulässig sei, wurde das Bürgerbegehren einstimmig zugelassen und der Termin des Bürgerentscheids auf den 24. September, nach den Sommerferien, festgesetzt.

Der Mobilisierungs- und Abstimmungskampf

Durch die Sommerferien war die „heiße" Phase der öffentlichen Auseinandersetzungen im Vorfeld des Bürgerentscheids vergleichsweise kurz und dauerte nur etwa vier Wochen: Ab Ende August füllten sich die Leserbriefspalten, kontroverse Diskussionen über Kosten und Nutzen des neuen Postens waren an der Tagesordnung. Die Presse berichtete intensiv (siehe unten), Veranstaltungen fanden zwar statt, jedoch nicht so zahlreich wie in anderen Orten. Mittels Anzeigen, Plakaten und Hauswurfsendungen wurde für bzw. gegen die neue Stelle mobilisiert. Zugespitzt auf die Entscheidungsalternative „Zweiter Hauptamtlicher" oder „Beibehaltung des Status quo" wurden folgende inhaltlichen Argumente und Sichtweisen angeführt:

Tabelle 1:   *Argumente der Befürworter und Gegner*

Pro Bürgerbegehren	Contra Bürgerbegehren
Kosten von rund 300.000,- DM pro Jahr werden vermieden.	Der Beigeordnete bringt auch Einsparungen (effektivere Verwaltung, mehr Zielorientierung).
Der Bürgermeister ist den Aufgaben gewachsen. Die geplante EDV-gestützte Verwaltungsvereinfachung hilft ihm dabei.	Die Aufgabenfülle der kommenden Jahre (z.B. neue Baugebiete, Umwelt, Soziales) erfordert mehr Führungspersonal.
Entlastung durch mehr qualifizierte Sachbearbeiter ist besser.	Der Bürgermeister wird entlastet. Neue Ideen werden freigesetzt.

Der Bürgerentscheid: über 80 % gegen den neuen Posten

Am 24. September 1995 fand schließlich der mit Spannung erwartete Bürgerentscheid statt. Das Ergebnis fiel sehr deutlich aus: 81,2 % der Abstimmenden – bei einer Beteiligung von rund 50 % – lehnten einen hauptamtlichen Beigeordneten ab. Damit wurde das 25%-Zustimmungsquorum überwunden, der Bürgerentscheid war gültig.

Ein Aktiver der Bürgerinitiative bezeichnete das Ergebnis als „Debakel für CDU und WIR" und als „Sieg der Vernunft und der Demokratie". Vertreter von CDU und WIR sprachen hingegen von einem „Pyrrhussieg", denn schon in den nächsten Monaten werde die Überlastung des Bürgermeisters deutlich werden. Gleichwohl – so der allgemeine Tenor der Unterlegenen – müsse man „das Wahlergebnis respektieren".

Auswirkungen

Was sind nun die „Lehren" aus „dem Fall Riedstadt"? Welche Schlüsse können aus den Ereignissen gezogen werden? In zehn Thesen soll eine Antwort darauf versucht werden:

(1.) Die Praxis der Direkten Demokratie ist eng mit den repräsentativdemokratischen Prozessen verknüpft: Typischerweise sind Bürgerbegehren Reaktionen auf Versäumnisse oder vermeintliche Fehlleistungen bzw. Fehlentscheidungen. Mit anderen Worten: Direktdemokratische Aktivität hat immer eine parlamentarische Vorgeschichte. So auch in Riedstadt: Massive Unzufriedenheit mit einer bestimmten Politik führte zu jenem Bürgerbegehren, das die Entscheidung des Kommunalparlaments korrigieren wollte.

(2.) Insbesondere bei folgenden Schwächen von Parlamentsentscheidungen können Bürgerbegehren wichtige Korrekturmechanismen sein: Ein Problem oder ein Lösungsvorschlag werden nicht ausreichend debattiert bzw. „zu schnell durchgeboxt". Der parlamentarische Prozeß erscheint daher zu rasch und zu intransparent. So verhielt es sich auch in Riedstadt, wo die Diskussionszeit eher kurz war.

(3.) Durch direktdemokratische Institutionen kann dem vermuteten Verdacht auf nicht-sachgerechte Politik besser begegnet werden. In Riedstadt hatten viele den Verdacht, die neue Stelle sei parteipolitisch und nicht sachlich motiviert, und forderten eine überzeugende Begründung für den Posten.

(4.) Direkte Demokratie eignet sich gut für die Diskussion über Kernbereiche der Selbstverwaltung und Selbstorganisation. Die Organisation der hauptamtlichen Verwaltungsspitze hatte gewissermaßen kommunalen „Verfassungscharakter", das Bürgerbegehren hatte die Änderung der Hauptsatzung zum Inhalt. In Riedstadt wurde daher ein Stück gemeindlicher Selbstverwaltung in basisdemokratischem Sinne praktiziert.

(5.) Direkte Demokratie eignet sich gut für finanzwirksame Entscheidungen. In Riedstadt wurde über die gemeindliche Mittelverwendung, über die Kosten und Nutzen des neuen Postens debattiert und entschieden. Daß sich dabei das Sparmotiv durchsetzte, wurde auch in anderen Gemeinden Deutschlands und zu anderen Thematiken (z. B. Rathausneubauten; vgl. den Beitrag von *Mittendorf/Lackner*) beobachtet, sollte jedoch nicht als alleiniges Abstimmungsmotiv angesehen werden.

(6.) Direkte Demokratie setzt die gewählten Volksvertreter auch zwischen den Wahlen verstärkt unter Begründungs- und Rechtfertigungsdruck und verbessert damit die Machtkontrolle durch die Bürger. In Riedstadt gelang es der regierenden Mehrheit nicht, die parlamentarisch getroffene Maßnahme im direktdemokratischen (Prüf-) Verfahren so gut zu begründen, daß auch eine Mehrheit der abstimmenden Bürgerinnen und Bürger die Maßnahme billigte.

(7.) Direkte Demokratie fördert die Beteiligung und das politische Engagement der Bürgerschaft. Das Bürgerbegehren in Riedstadt war für viele Bürgerinnen und Bürger ein Mittel, sich projektbezogen zu engagieren: Von der einfachen Unterschrift unter das Bürgerbegehren bis hin zur aktiven Mitarbeit in der Bürgerinitiative oder bei der Gegenkampagne bot sich ein breites Spektrum an Beteiligungsmöglichkeiten.

(8.) Bei direktdemokratischen Verfahren geschieht es nicht selten, daß auch (oppositionelle) Parteien das Instrument nutzen. In Riedstadt arbeiteten innerhalb der Bürgerinitiative mehrere Par-

teimitglieder der SPD mit, und die Partei selbst förderte das Bürgerbegehren ebenfalls. Auch in anderen Gemeinden war dies zu
beobachten, im übrigen bei Parteien jeglicher politischer Farbe.
Festzuhalten ist, daß alle politisch Aktiven bei einem Bürgerbegehren das Gespräch mit anderen Menschen suchen und argu-
mentativ überzeugen müssen. Das Parteibuch tritt dabei oftmals
in den Hinter-, die Sache in den Vordergrund.

(9.) Direkte Demokratie fördert die Transparenz von und das Wissen
über Politik. Hätten Sie gewußt, was ein hauptamtlicher Verwaltungschef Ihrer Gemeinde verdient? Oder wie hoch die jährlichen
Unterhaltskosten Ihres Schwimmbades sind (darüber handelte
z. B. ein Bürgerentscheid 1995 in *Büdingen*)?

(10.)Direkte Demokratie hat überregionale Effekte: Riedstadt „machte
Schule": In bislang sechs hessischen Städten und Gemeinden fan-
den Bürgerbegehren über diese Fragen statt, alle mit ähnlichen
Ergebnissen – und interessanterweise auch bei anderen parlamen-
tarischen Mehrheiten (1998 in *Marburg*). Im Nachbarort von
Riedstadt, in *Mörfelden-Walldorf*, war 1995/96 die Drohung, ein
Bürgerbegehren zum selben Thema zu initiieren, vermutlich für
die Aufgabe entsprechender Planungen ausschlaggebend.

Die Presseberichterstattung

Die Frage, wie die Lokalpresse auf die politischen Turbulenzen eines
Bürgerbegehrens bzw. Bürgerentscheids reagiert, wird im folgenden
anhand des vorliegenden, sehr umfassenden Pressespiegels untersucht.
Sowohl nach der Häufigkeit als auch nach der Qualität der Berichterstattung soll gefragt werden. Aus der nachfolgenden Abbildung ist er-
sichtlich, wie sich die Presseberichterstattung in Riedstadt über die
Wochen hinweg verteilte und wie häufig pro Woche Artikel erschienen (siehe folgende Seite). Es zeigte sich, daß es vier Höhepunkte in
der *Häufigkeit* der Berichterstattung gab, die sich alle auf ein Ereignis
beziehen lassen: (1.) der parlamentarische Beschluß, (2.) die Endphase
der Unterschriftensammlung und das Einreichen, hier gekoppelt mit
einem erneuten parlamentarischen Beschluß wegen eines Formfehlers,
(3.) die Zulässigkeitsentscheidung der Gemeindevertretung und
(4.) die etwa vier bis fünf Wochen vor dem Bürgerentscheid.

Abbildung 2: Presseberichterstattung Riedstadt (ohne Leserbriefe)

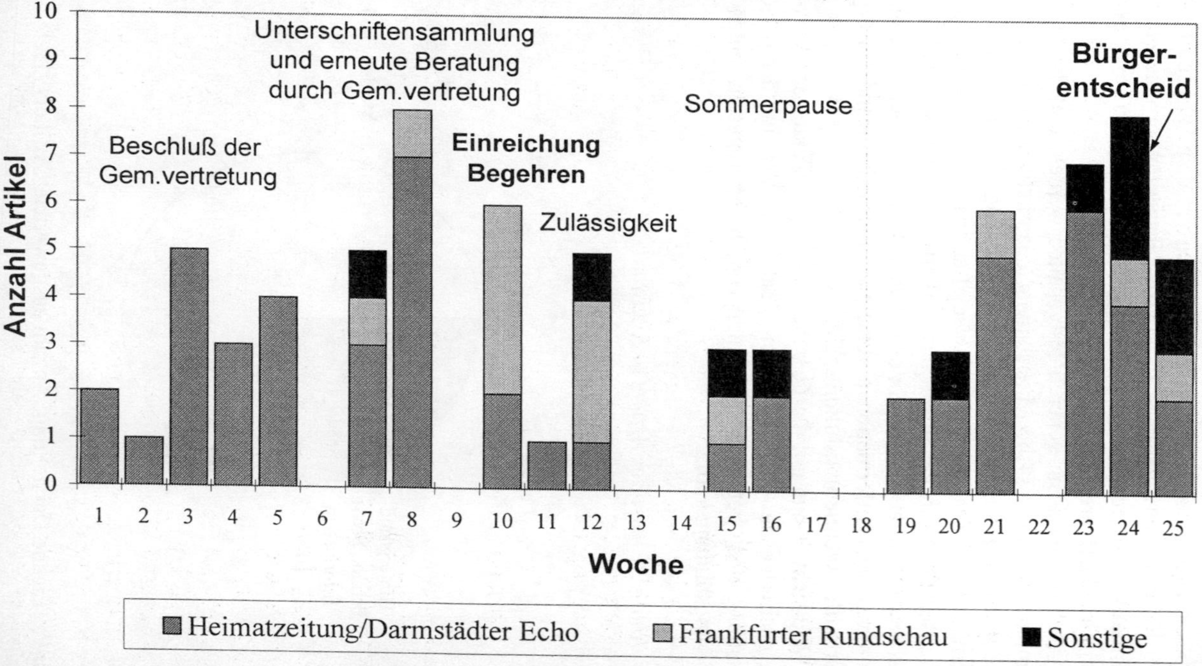

Insbesondere in den letzten beiden Wochen vor dem Bürgerentscheid war die Berichterstattung sehr intensiv. Insgesamt erschienen zum „normalen" parlamentarischen Verfahren rund 25, zum direktdemokratischen Verfahren ungefähr 65 Artikel.

Als Ergebnis kann generell festgehalten werden, daß die Direkte Demokratie die Presseberichterstattung quantitativ anregte. Dies erscheint um so plausibler, als mit der Zuspitzung einer Entscheidungsalternative und des (auch massenmedial ausgetragenen) Konflikts automatisch der Nachrichtenwert des Bürgerbegehrens bzw. des Bürgerentscheids ansteigt. Ferner gibt es vor dem Bürgerentscheid eine große Nachfrage nach Informationen von Seiten der abstimmenden Bürgerschaft, die Orientierungshilfen sucht.

Wie sieht es nun mit der *Qualität* und Art der Zeitungsartikel aus? Die nachfolgende Abbildung 3 zeigt, daß es im Verlaufe der Berichterstattung einen beträchtlichen Anteil von Orientierungsangeboten zur Meinungsbildung gab:

Abbildung 3:   *Art der Artikel in Riedstadt*

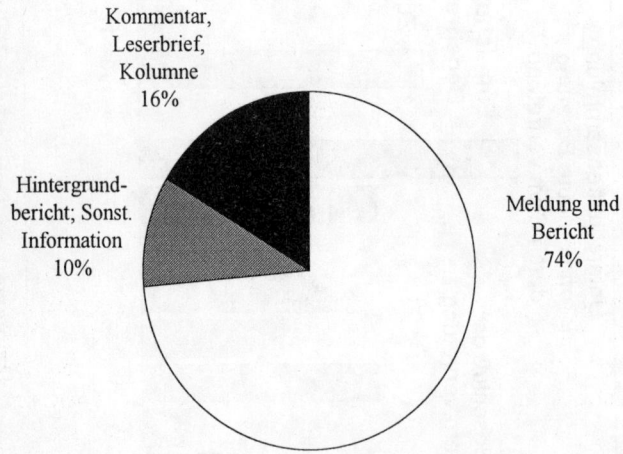

Quelle: Eigene Darstellung, Anzahl ausgewerteter Artikel: 91.

Kommentare, Leserbriefe und Hintergrundinformationen – sonst eher selten in der lokalen Berichterstattung zu finden – machten immerhin ein Viertel der Gesamtberichterstattung aus, in den Wochen vor dem Bürgerentscheid häuften diese sich, z. B. erschienen viele Leserbriefe in der Woche vor der Abstimmung. Ferner wurden kurz vor dem Bürgerentscheid in den Lokalzeitungen die wesentlichen Pro- und Contra-Argumente zusammengefaßt und die Abstimmungsalternativen erläutert. Im übrigen ergab eine genauere Betrachtung der *Tendenz* der Artikel wie auch der Leserbriefe, daß sich die Äußerungen pro und contra insgesamt die Waage hielten.

Als Ergebnis ist festzuhalten, daß die Berichterstattung auch qualitativ intensiviert wurde, indem sie beträchtliche Informations- und Orientierungsleistungen erbrachte.

Fazit

Die Ereignisse rund um den Bürgerentscheid 1995 über die Verwaltungsspitze lassen sich folgendermaßen zusammenfassen.

- Der Bürgerentscheid war für die Gemeinde „der politische Knaller 1995" (*Heimatzeitung/Darmstädter Echo* in ihrer Jahresbilanz), der für viele Gespräche und heftige Diskussionen sorgte.
- Für das Bürgerbegehren engagierten sich sehr viele Bürgerinnen und Bürger – ganz im Geiste ihres berühmten Sohnes und Dichters: „Daran, wie 1995 in seiner Geburtsgemeinde Riedstadt viele Bürger agierten, hätte auch Georg Büchner Freude gehabt", kommentierte die *Frankfurter Rundschau.*
- Es fanden zwei wichtige Lernprozesse statt, die in einer neuen Ära der Bürgermitbestimmung – mit mehr Direkter Demokratie – auch in anderen Gemeinden gemacht und damit die politische Kultur verändern werden: Die gewählten Politiker machten die Erfahrung, daß sie in Einzelfragen korrigiert werden können und ihre Entscheidungen zukünftig besser vorbereiten und überzeugender absichern müssen. Die Bürgerinnen und Bürger hingegen erlebten, daß sie auch zwischen den Wahlen nicht ohnmächtig sind, sondern durch ihr verbindliches Veto eine vermeintliche Fehlentscheidung des Parlaments korrigieren können.

- Daß dabei die Presseberichterstattung intensiviert wurde, ausgewogen war und echte Orientierungshilfen für die Abstimmungsentscheidung bot, konnte anhand der Untersuchung des Pressespiegels nachgewiesen werden.

- Enorme Bedeutung über die Gemeindegrenzen hinaus erlangte der „Fall Riedstadt" insofern, als die Bürgerinnen und Bürger zum ersten Mal in Deutschland per Bürgerentscheid über eine *Personalfrage* abstimmten. Nicht um die Sanierung eines Schwimmbads oder eines Rathauses ging es, sondern um die Machtverteilung und Personalstruktur in der Chefetage des Rathauses, also in einem Bereich, der bislang Parteistrategen vorbehalten war und kaum beeinflußbar schien. Wenn Direkte Demokratie mehr Machtkontrolle und Mitspracherechte bedeuten soll, darf sie diese Bereiche nicht aussparen.

Weiterführende Literatur

Rehmet, Frank: Bürgerbegehren und Bürgerentscheide in Hessen. Verlaufsmuster und Wirkungen direktdemokratischer Verfahren auf kommunaler Ebene, Diplomarbeit Politikwissenschaften, Universität Marburg, 1997.

Schiller, Theo/Mittendorf, Volker/Rehmet, Frank: Bürgerbegehren und Bürgerentscheide in Hessen – Eine Zwischenbilanz nach fünfjähriger Praxis. Daten und Analysen zu direktdemokratischen Verfahren im Zeitraum von April 1993 bis März 1998, Marburg 1998.

VII.5 Bürgerbegehren in Niedersachsen: wenig bürgerfreundlich

Von STEPHANIE LACKNER und VOLKER MITTENDORF

Grundsätzliches

Bürgerbegehren und Bürgerentscheid wurden unter der SPD-Regierung Niedersachsens erst 1996 – und damit im bundesweiten Vergleich recht spät – in der Gemeindeordnung verankert (vgl. den Beitrag von *Geitmann*). Obwohl schon Erfahrungen aus der Praxis vorlagen, schloß die in vielen Kommunalparlamenten starke SPD unter anderem die kommunalen Abgaben und die Bauleitplanung vom Bürgerbegehren aus. Andere Länder, darunter Hessen und Bayern, räumen diese Möglichkeit den Bürgerinnen und Bürgern ein. Für die Gemeinden sind die Bauleitplanung und das Abgabenrecht jedoch die vornehmsten Aufgaben. Mit dem Ausschluß dieser Gegenstände wird also das Recht, Bürgerbegehren durchzuführen, überwiegend auf zweitrangige Materien beschränkt. Auch bei der Durchführung des Verfahrens wird den Bürgern eine faire Auseinandersetzung erschwert: Nach § 22b Niedersächsische Gemeindeordnung (NGO) setzt der Erfolg eines Bürgerbegehrens nicht nur voraus, daß die Mehrheit der *abgegebenen* Stimmen auf Ja lautet, sondern diese Mehrheit muß zugleich mindestens 25 % der Stimm*berechtigten* ausmachen (das sogenannte Zustimmungsquorum). Es kommt bei einem Bürgerentscheid neben dem Abstimmungsergebnis also ganz wesentlich auch auf die Abstimmungsbeteiligung an. Durch diese beiden Hürden werden die etablierten Politiker eingeladen, sich einer fairen Diskussion zu verweigern und die Bürger auszubremsen.

Zwei Fallbeispiele sollen die niedersächsische Praxis illustrieren: der ausgebremste Bürgerentscheid in Neuenkirchen-Vörden und die abgeblockten „Bürger von Neubörger".

Der ausgebremste Bürgerentscheid in Neuenkirchen-Vörden

Der Auslöser

Im März 1997 beschloß der Rat der Gemeinde Neuenkirchen-Vörden, gelegen im Landkreis Vechta, mehrheitlich die Erweiterung des vorhandenen Rathauses gemäß dem aus einem Architektenwettbewerb siegreich hervorgegangenen Entwurf. Die Kosten für die Maßnahme sollten sich auf etwa drei Millionen Mark belaufen. Bereits vor der Auftragsvergabe wurden in den Leserbriefspalten der Lokalzeitungen kritische Stimmen laut, die sich gegen den als aufwendig, pompös und vor allem zu teuer empfundenen Bau richteten. Während einer Informationsveranstaltung der CDU – der dominierenden politischen Kraft – Mitte März, auf der die Planungen der Öffentlichkeit vorgestellt werden sollten, meldeten sich Bürger zu Wort, welche die Notwendigkeit der Erweiterung des Rathauses bzw. eines Neubaus zwar einsahen, aber bezweifelten, daß sich die Kosten tatsächlich auf den im Haushalt vorgesehenen Betrag begrenzen ließen. Bereits auf dieser Veranstaltung kündigte ein Teilnehmer ein Bürgerbegehren für den Fall an, daß die veranschlagten Kosten nicht drastisch gesenkt würden. Die CDU-Fraktion versicherte daraufhin den Veranstaltungsteilnehmern, die Kosten für die Rathauserweiterung sollten nicht mehr als die vorgesehenen drei Millionen Mark betragen. Am 24. April wurde der Antrag einer freien Wählervereinigung, der „Interessengemeinschaft Neuenkirchen-Vörden" (IGNV), auf vertragliche Festschreibung eines Kostenrahmens für die Baukosten einschließlich Nebenkosten von der Ratsmehrheit jedoch abgelehnt.

Die Bürgerinitiative

Bereits drei Wochen später, am 13. Mai, zeigte eine Bürgerinitiative bei der Gemeindeverwaltung an, daß sie ein Bürgerbegehren zum Thema „Rathausneubau" einleiten wolle.

   Als Vertrauenspersonen des Bürgerbegehrens fungierten je ein Mitglied der IGNV- und der CDU-Fraktion sowie ein am Ort ansässiger Unternehmer. Nach eigenen Angaben bestand die Bürgerinitiative aus Teilnehmenden der CDU-Informationsveranstaltung von Mitte März. Etwa zwölf Personen hatten an der Ausarbeitung des Textes des Bürgerbegehrens mitgewirkt.

Bürgerbegehren gemäß § 22b NGO

Stoppt den teuren Rathausbau

Mit meiner Unterschrift beantrage ich die Durchführung eines Bürgerentscheids zu folgender Frage:

Ich bin dafür, die Gesamtkosten für die Rathauserweiterung auf DM 2,5 Millionen einschließlich der Inneneinrichtung, der Außenanlagen sowie der Renovierung des Nebengebäudes zu begrenzen.

Begründung:

Die Gemeinde Neuenkirchen-Vörden plant eine Rathauserweiterung, bei der die Kosten noch nicht abzusehen sind. In der Bevölkerung hat es hierzu erhebliche Kritik gegeben, da der überwiegende Teil der Finanzierung über Kreditaufnahme erfolgen muß. Von der IGNV wurde beantragt, durch einen Ratsbeschluß eine Kostenbegrenzung zu erreichen. Durch die Ratsmehrheit wurde dies abgelehnt.

Nach der Niedersächsischen Gemeindeordnung besteht die Möglichkeit, daß Bürger durch ein Bürgerbegehren über Angelegenheiten der Gemeinde entscheiden. Wir sind der Auffassung, daß in dieser Angelegenheit ein Bürgerbegehren beantragt werden soll. (...)

In Neuenkirchen-Vörden waren, um das vorgeschriebene 10%ige Unterstützungsquorum zu erreichen, die Unterschriften von etwa 550 Bürgerinnen und Bürgern notwendig. Nur dann war das Begehren erfolgreich und würde ein Bürgerentscheid durchgeführt.

Im Gegensatz zum Antrag der IGNV im Rat auf eine Kostenfestschreibung von drei Millionen Mark sah das von derselben Wählervereinigung maßgeblich betriebene Bürgerbegehren schließlich einen Höchstbetrag von 2,5 Mio. Mark vor. Gerechtfertigt wurde der niedrigere Betrag damit, daß er der Summe entspreche, die im Haushaltsplan für den Rathausbau vorgesehen sei. Zur Begründung des Begehrens verwiesen die Initiatoren zum einen darauf, daß die Finanzierung überwiegend durch Kreditaufnahme erfolgen müsse.

Zum anderen bemängelten sie, daß Alternativplanungen nicht hinreichend berücksichtigt worden seien: Das Projekt, für das sich der Rat ausgesprochen hatte, war der teuerste Vorschlag des Architektenwettbewerbs.

Nur zehn Tage nach ihrer Anzeige, daß sie ein Bürgerbegehren einleiten würden, reichten die Initiatoren Listen mit insgesamt fast 1.100 Unterschriften – doppelt so viele wie erforderlich – bei der Gemeindeverwaltung ein. Der zuständige Verwaltungsausschuß kam nach Prüfung der Unterschriften zu der Auffassung, daß das Bürgerbegehren formal richtig und damit zulässig sei. Die Abstimmung, die nun innerhalb von drei Monaten durchgeführt werden mußte, sollte am 20. Juli 1997 stattfinden.

Die Auseinandersetzung

Die Kontrahenten des Bürgerentscheids – die Sprecher der Bürgerinitiative auf der einen Seite und die Ratsfraktionen, die sich gegen eine Kostenfestschreibung wandten, auf der anderen – waren sich in einem Punkt einig: Die Erweiterung des vorhandenen Rathauses war erforderlich. Bessere Arbeitsbedingungen für die Verwaltungsangestellten und ein besserer Service für die Bürgerinnen und Bürger, bei dem vor allem die Vertraulichkeit der Gespräche gewahrt sei, wurden als Begründung angeführt.

Die Auseinandersetzung entzündete sich in erster Linie an dem Betrag, den die Gemeinde für die Baumaßnahme zu zahlen bereit war. Insbesondere bei der Ausgestaltung des Rathauses sahen die Initiatoren des Bürgerbegehrens Einsparmöglichkeiten. Die vorgesehene Galerie im Ratssaal bezeichneten sie z. B. als überflüssig. Außerdem bezweifelten sie, daß Alternativen, wie etwa die Verlagerung einiger Dienststellen in das frühere Rathaus in Vörden, hinreichend in Erwägung gezogen worden seien. Das Bürgerbegehren, das die kontroverse Reaktion auf die Erweiterungspläne der Gemeindevertretung kanalisierte, setzte die politischen Entscheidungsträger unter Begründungsdruck. Speziell die mit absoluter Mehrheit aus der Kommunalwahl hervorgegangene CDU sah sich in die Defensive gedrängt. Der Bürgermeister wertete das Bürgerbegehren als ein „Mißtrauensvotum" gegen seine Person. Die Ratsherren und der Gemeindedirektor mußten ihre Argumente offenlegen und die Bürgerinnen und Bürger davon überzeugen, daß sie nicht verschwenderisch mit Steuergeldern umgingen und sich keinen „Regierungspalast" (so der Vorwurf in einem Leserbrief) bauen wollten. Während der Unterschriftensammlung wandte sich die Auseinandersetzung jedoch zunächst einem „Nebenkriegsschauplatz" zu: Jener Vertrauensmann des Bürgerbegehrens, der CDU-Mitglied war, sollte aus der Partei ausgeschlossen werden. Gerade hieran zeigte sich, wie stark sich die Partei von dem noch neuen Instrument der Bürgerbeteiligung unter Druck gesetzt fühlte.

Nachdem die Initiatoren des Bürgerbegehrens die erforderlichen Unterschriften eingereicht hatten, richtete sich die Diskussion im wesentlichen auf die Fakten. Auf einer zweiten Informationsveranstaltung der CDU wurde der neueste Kostenvoranschlag des beauftragten Architekten der Öffentlichkeit präsentiert: Ein Betrag von 2,95 Mio. Mark, mit einer geringen Abweichung nach oben oder unten, sollte ausreichen. Darüber hinaus wurden weitere, differenzierte Argumente für die Erweiterung in der vorgeschlagenen Form vorgebracht. Das Angebot der Bürgerinitiative, gemeinsam aufgrund der neuen Datenlage nochmals nach einer Lösung zu suchen, wurde jedoch nicht angenommen. Beide Seiten erwarteten einen ersten Schritt der jeweiligen Gegenseite.

Die politische Auseinandersetzung, die dem erfolgreichen Bürgerbegehren folgte, führte immerhin dazu, daß die einzelnen Posten des Kostenvoranschlags transparent wurden und auch in der Öffentlichkeit diskutiert werden konnten. Zudem wurden Details über die verworfenen Entwürfe anderer Architekten bekannt. Ohne das Aufbegehren der Bürgerinnen und Bürger wären diese Informationen sicher nicht in die Öffentlichkeit gedrungen.

Rechtsprobleme

Bei der Vorbereitung der Abstimmung sah sich die Gemeindeverwaltung mit der Tatsache konfrontiert, daß das niedersächsische Innenministerium bislang keine Vorschriften darüber erlassen hatte, ob ein Bürgerentscheid analog zu den Kommunalwahlen durchzuführen sei. Das heißt, zu diesem Zeitpunkt existierte in Niedersachsen zwar rechtlich das Instrument des Bürgerbegehrens und Bürgerentscheids, aber es gab weder eine nennenswerte Praxis, die als Anhaltspunkt für die Durchführung dienen konnte, noch verbindliche Vorgaben aus der

Landeshauptstadt Hannover. Den Gemeinden verblieb also ein gewisser Spielraum bei der praktischen Durchführung. In den meisten anderen Bundesländern (z. B. in Hessen) wird das Kommunalwahlgesetz auch für Bürgerentscheide angewandt. Bis heute hat die niedersächsische Regierung ihr Versäumnis nicht aufgearbeitet: Es gibt noch immer keine Regelung der Materie.

Nach Rücksprache mit dem Innenministerium und dem niedersächsischen Städte- und Gemeindebund entschied die Verwaltung, das Abstimmungsverfahren analog zu dem in der Gemeinde Garstedt durchzuführen, wo im November 1996 der erste niedersächsische Bürgerentscheid stattgefunden hatte. Für die Abstimmung sollten nur zwei statt der üblichen acht Stimmlokale geöffnet werden. Darüber hinaus fand keine Versendung von Abstimmungsbenachrichtigungen statt. Abstimmungstag und -ort wurden drei Wochen vorher in der Presse bekanntgegeben. Die Möglichkeit der Briefabstimmung wurde ausgeschlossen, obwohl der Abstimmungstermin in der Ferienzeit lag. Die Gemeindeverwaltung begründete ihr Vorgehen damit, daß die Kosten des Bürgerentscheids möglichst gering gehalten werden sollten.

Über diese Art der Durchführung, die den Eindruck erweckte, als wolle die Gemeinde nicht nur die Kosten des Bürgerentscheids, sondern auch die Abstimmungsbeteiligung gering halten, entstand in der Gemeinde eine heftige Diskussion, die sich unter anderem an der großen Zahl von Leserbriefen ablesen ließ. So meldete sich z. B. der Pastor *Klaus R.* aus Vörden zu Wort (siehe Kasten auf der folgenden Seite) und gab der Gemeinde zu bedenken, daß sie gerade diejenigen von der Teilnahme an einer demokratischen Entscheidung ausschließe, die ohnehin in der Gesellschaft schon benachteiligt seien: die alten, behinderten und kranken Mitbürgerinnen und Mitbürger.

Die Initiatoren des Bürgerbegehrens fragten in der Presse, ob der Gemeinde überhaupt an einer demokratischen Abstimmung gelegen sei. Sie spielten damit auf das 25%ige Zustimmungsquorum der NGO an und unterstellten, daß die Verwaltung mit dem gewählten, wenig bürger(begehrens)freundlichen Vorgehen eine geringe Abstimmungsbeteiligung anstrebe.

Leserbrief aus den *Bramscher Nachrichten* vom 21.06.1997

„Bei dem Bürgerbegehren am 20. Juli 1997 soll nach dem Entscheid der Kommune Neuenkirchen-Vörden keine Briefwahl zulässig sein. Das finde ich bedauerlich.

Ob die Kommune an die gedacht hat, die nicht zur Wahl kommen können? Es gibt einige Bürgerinnen und Bürger, die zu alt sind, um zum Wahllokal zu kommen, es gibt einige Bürgerinnen und Bürger, die körperlich zu schwach sind; es gibt einige, die behindert oder zu krank sind, um aus dem Hause zu kommen.

Das sind die Schwachen in unserer Kommune. Und gerade ihnen wird die Chance genommen, an einer demokratischen Entscheidung mitzumachen. Gerade ihnen, den Schwachen, (...) wird nun auch diese demokratische Chance und Möglichkeit vorenthalten.

Ob die Kommune daran gedacht hat? Die Entscheidung der Gemeinde wird der ganzen Kommune mit allen ihren Bürgerinnen und Bürgern nicht gerecht.

Ich fände es gut, wenn diese kommunale Entscheidung überdacht würde; noch besser wäre es, Briefwahl für alle zuzulassen."

Für die Gemeinde Neuenkirchen-Vörden bedeutete dieses Quorum, daß mindestens 1.338 Bürgerinnen und Bürger für das Begehren stimmen mußten. Die Gegner des Bürgerentscheids jedoch – diejenigen also, die sich gegen die Kostenbegrenzung aussprachen – mußten nicht unbedingt eine Mehrheit in der Abstimmung erlangen, um Erfolg zu haben. Dann nämlich nicht, wenn das Bürgerbegehren von weniger als den notwendigen 25 % der Stimmberechtigten unterstützt werden würde.

Diese Klausel forderte einen Abstimmungsboykott geradezu heraus. So rief denn auch der Bürgermeister von Neuenkirchen-Vörden bis kurz vor dem Bürgerentscheid die Bevölkerung dazu auf, der Abstimmung fernzubleiben: „Wer uns [den Gegnern des Bürgerentscheids] helfen will, bleibt einfach zu Hause."

Das Abstimmungsergebnis

Am 20. Juli 1997 fand in der Gemeinde Neuenkirchen-Vörden der
zweite niedersächsische Bürgerentscheid statt.

Tabelle 1:   Bürgerentscheidsergebnis in Neuenkirchen-Vörden

Ergebnis des Bürgerentscheids zur Begrenzung der Gesamt-kosten der Rathauserweiterung in Neuenkirchen-Vörden am 20. Juli 1997		
		in %
Stimmberechtigte	5.346	100,0
Abgegebene gültige Stimmen	1.665	31,1
Davon entfielen auf		
Ja	1.270	76,3
Nein	395	23,7
Ja in % der Stimmberechtigten		**23,8**
Erforderliche Zahl (Quorum)	**1337**	**25,0**
Nein in % der Stimmberechtigten		**7,4**

Trotz eines beeindruckenden Sieges an den Urnen – eine Dreiviertel-
Mehrheit der Abstimmenden bejahte das Anliegen des Bürgerbegehrens – scheiterte der Bürgerentscheid. Es fehlten genau 67 (!) Stimmen, um das Zustimmungsquorum von 25 % der Stimmberechtigten
zu überwinden. Am Ende setzten sich also die 7,4 % der Bevölkerung
durch, die an der Urne gegen das Anliegen votiert hatten. Jene, die
nicht zur Abstimmung gegangen waren, verhalfen ihnen zum Sieg.

Die geringe Stimmbeteiligung von nur knapp über 31 % zeigte
aber nicht, wie in einem Kommentar der *Bramscher Zeitung* vom Tag
nach der Abstimmung unterstellt wurde, daß bei dem Bürgerbegehren
„Aufwand und Ertrag in keinem Verhältnis zueinander standen" und
„es nicht gelang, klarzumachen, was am im Rat gebilligten Entwurf so
verschwenderisch sein soll".

Vielmehr demonstrierte das Ergebnis zweierlei:

(1.) daß ein Abstimmungsverfahren, das ein Quorum vorsieht, undemokratisch ist (bei keiner Wahl gibt es ein Quorum, und manch
direkt gewählter Bürgermeister würde an einer entsprechenden
25%-Hürde scheitern), und

(2.) die Arroganz der lokalen Eliten, die in dem Instrument des Bürgerbegehrens bzw. Bürgerentscheids eine „Majestätsbeleidi-
gung", einen „Schlag ins Gesicht" (so ein Kommentar in der
Bramscher Zeitung) zu erkennen glaubten: Sie setzten alle ihnen
zur Verfügung stehenden Mittel ein, um das Bürgerengagement
auszubremsen, bis hin zur Boykottparole – und hatten Erfolg damit.

Die abgeblockten „Bürger von Neubörger"

Ein Grundsatzkonflikt

Alternative Energien sind im Kommen. Nicht erst seit die neugewählte
rot-grüne Bundesregierung den Ausstieg aus der Atomenergie beschlossen hat, gewinnt die Windenergie an Attraktivität. Neben einer
global-ökologischen Sicht, derzufolge Windkraft eine Alternative ist,
um problematische Energiearten wie Atomkraft oder Kohle zu ersetzen, werden Windkraftanlagen seit einiger Zeit auch als eine gewinn-
trächtige Investitionsmöglichkeit erkannt. Bei geringen Wartungsko-
sten produzieren solche Anlagen langfristig Strom.

Daß die neu entstehenden Windparks nicht überall auf Zustimmung
stoßen, erscheint freilich schon aufgrund ihrer Größe und ihres Ausse-
hens inmitten der freien Natur plausibel. Wie bei vielen Problemen
gibt es auch bei Windkraftanlagen verschiedene Problemsichten und
unterschiedliche Interessenlagen. Diese lassen sich auch in Neubörger,
einer niedersächsischen Gemeinde mit 1.100 Wahlberechtigten in der
Nähe von Papenburg, feststellen. Da Neubörger nur wenige Möglichkeiten besitzt, um Betriebe anzusiedeln, die Gewerbesteuereinnahmen
in die Gemeindekasse bringen, bedeutete die Anlage eines Windparks
für den Kämmerer in Neubörger eine willkommene Steuerquelle – fast
100.000 DM im Jahr. Die Investoren versprachen der Gemeinde zudem, jährlich eine weitere Summe (9.000 bis 18.000 DM) an eine

gemeindliche Einrichtung zu überweisen. Diese Punkte sprachen für
eine Windparkansiedlung.

Die Betroffenen dagegen machten neben ökologischen Bedenken
(z. B. der Unterbrechung von Zugvogellinien) insbesondere Belastungen durch Lärm und Lichteffekte geltend. Sichtirritationen durch rotierende Windräder beeinträchtigten die Lebensqualität von Anwohnern
sowie den Erholungswert der Landschaft, denn in einem Umkreis von
bis zu 25 km zögen die 130 m hohen Anlagen die Blicke fast magisch
an. Neben einer Einschränkung des Erholungswertes erwarteten die
Grundbesitzer eine Wertminderung ihrer Grundstücke: „Überlegt euch
das gut, was ihr euch da hin holt, denn die Grundstücke verlieren beträchtlich an Wert. Die kauft höchstens noch einer, der euch mundtot
machen will", warnte eine Betroffene auf einer Informationsveranstaltung der Bürgerinitiative (*Der Wecker*, 25. Mai 1997).

Die Auseinandersetzung

Für die Genehmigung von Windkraftanlagen bedarf es zunächst einer
Ausweisung von Flächen im Flächennutzungsplan der Gemeinde. Für
den 26. März 1997 plante die Samtgemeinde Dörpen[1] eine Änderung
des Flächennutzungsplans, um das Verfahren zur Genehmigung des
Windparks einzuleiten. Unter den Anliegern formierte sich bereits im
Vorfeld der Protest in einer Bürgerinitiative. Am 20. März 1997 überbrachten die „Bürger von Neubörger" eine Liste mit 50 Unterschriften
– allesamt von Anliegern der geplanten Flächen in Neubörger und der
Nachbargemeinde Surwold –, die den Samtgemeinderat Dörpen dazu
bewegen sollten, diese politische Entscheidung für den Windpark nicht
zu treffen. Dennoch leitete das Gemeindeparlament (der Samtgemeinde Dörpen) in der darauffolgenden Woche die Änderung des Flächennutzungsplans ein. Nachdem im April 1997 130 weitere Unterschriften aus Surwold und 453 Unterschriften aus Neubörger übergeben worden waren, ohne daß sich ein Erfolg abgezeichnet hätte,

---

[1] Der Zusammenschluß mehrerer kleiner Gemeinden zu einer Verwaltungsgemeinschaft, der Samtgemeinde, ist eine niedersächsische Besonderheit. Die Samtgemeinde ist unter anderem für die Flächennutzungspläne zuständig.

beschlossen die Anwohner auf einer Informationsveranstaltung, welche die „Bürger von Neubörger" am 23. Mai durchführten, den Gemeinderat von (der Einzelgemeinde) Neubörger zu bitten, er möge eine Bürgerbefragung durchführen. Diese unverbindliche Maßnahme kann der Gemeinderat nach § 22d NGO beschließen. Auf der Sitzung des Bauausschusses, auf der Planungen des Gemeinderates ausführlicher besprochen werden, wandte man sich aus mehreren Gründen gegen die Bürgerbefragung:

- Wie im ersten Fallbeispiel waren es angeblich die Kosten. Es wurde als schlicht zu teuer empfunden, die Bürger an der Planung (in Neuenkirchen-Vörden durch einen Bürgerentscheid, in Neubörger durch eine Befragung) zu beteiligen.
- Der Bürgermeister gab darüber hinaus zu bedenken, daß zunächst eine Satzung für die Bürgerbefragung erarbeitet werden müßte. Die hiermit verbundene Arbeit scheuten allen Gemeindeparlamentarier.
- Schließlich wurde jedoch deutlich: Man spekulierte offensichlich darauf, daß der Protest im Sande verlaufen werde. Man wollte abwarten, ob und wieviele Anwohner das letzte Mittel des Widerspruchs gegen die Änderung des Flächennutzungsplanes nutzen würden. Dieser Widerspruch stellte verwaltungsrechtlich das letzte Mittel der Bürger gegen den Windpark dar. Hier war jedoch das Verwaltungsverfahren Gegenstand. Es handelte sich streng genommen um keine politische Entscheidung.

Als Alternative zu dem letztlich wenig erfolgversprechenden Widerspruch beschlossen die „Bürger von Neubörger", ein Bürgerbegehren durchzuführen, das sie am 27. Juni 1997 der Gemeinde anzeigten.

Die Initiatoren hofften, den Ausschlußkatalog – der die Bauleitplanung beinhaltete – dadurch umgehen zu können, daß sie einen allgemeinen politischen Grundsatzbeschluß gegen Windkraftanlagen im Gemeindegebiet formulierten und kein sogenanntes „Korrekturbegehren" gegen den aktuellen Beschluß – der gerade die Bauleitplanung betraf – beantragten. Diese Feinheit wurde allerdings sowohl vom Landkreis Emsland, der die Kommunalaufsicht ausübte, als auch vom Gemeinderat schlicht übersehen: Am 17. Juli 1997 teilte der Bürgermeister mit, das Bürgerbegehren, das inzwischen bereits knapp 12 % der Stimmberechtigten unterschrieben hatten, sei unzulässig.

So blieb also doch der Widerspruch für die Gegner des Windparks das letzte rechtliche Mittel. Entgegen der Annahme des Bürgermeisters wurde der Widerspruch von 606 Bürgern unterzeichnet. Diese erreichten aber lediglich, daß statt fünf Anlagen jetzt „nur" vier aufgestellt werden sollten. Begründung: Bei einem Bersten des Rotors könnten umherfliegende Teile Autos auf einer nahegelegenen Landesstraße gefährden.

Und die Moral von der Geschicht'?

Baurechtliche Verfahren sind langwierig. In einem mehrstufigen Entscheidungsprozeß wird zunächst ein grundsätzlicher Beschluß über eine Nutzungsänderung getroffen. Danach folgen die Detailplanungen. Schließlich kommt es zur Offenlegung, um die Detailplanung durch die Mitwirkung von Betroffenen zu verbessern, sofern das Kommunalparlament für die Einwendungen offen ist. Nach mitunter mehrjährigen Planungen können sich die Rahmenbedingungen stark verändert haben, so daß dieses Verfahren oft als zu lang und als unwirtschaftlich empfunden wird. Die Bemühungen, es zu verkürzen, sind daher verständlich. Dabei werden jedoch oft die Mitwirkungsmöglichkeiten der Bürgerinnen und Bürger eingeschränkt.

Wenn man sich aber den oben geschilderten Fall vor Augen führt, so scheint es, als werde der direktdemokratische Zugriff nicht wegen zu langer Planungszeiten verhindert, sondern um eine politische Grundsatzdiskussion zu vermeiden. Starre Ratsmehrheiten, hier sogar die Alleinherrschaft einer Partei (CDU), bergen in der Tat die Tendenz in sich, sowohl die Diskussion im Grundsatz zu vermeiden als auch über Einwände im Detail hinwegzugehen. Es ist also wenig stichhaltig, Bürgerbegehren mit dem Argument auszuschließen, die Öffentlichkeit sei bereits beteiligt. So grob das Instrument des Bürgerentscheids bei Detailfragen ist, so wichtig erscheint es bei den grundsätzlichen Fragen des Erscheinungsbildes der Gemeinde.

Gerade das geschilderte Beispiel zeigt, daß den Bürgerinnen und Bürgern nicht unbedingt Böswilligkeit unterstellt werden kann, wenn sich Planungsverfahren in die Länge ziehen. Im Gegenteil! Zunächst wurde über das unverbindliche Unterschriftensammeln an die Einsicht der Volksvertreter appelliert. Das Instrument, mit dem der Druck der Öffentlichkeit auf geregeltem politischen Wege ausgeübt und die Bürgerinnen und Bürger im Zweifelsfall selbst entscheiden können, blieb ihnen aber hier verwehrt, weil die Bauleitplanung von Bürgerbegehren und Bürgerentscheid ausgeschlossen ist. Dieser Themenausschluß sollte aufgehoben werden, denn kommunale Direktdemokratie stellt ein sinnvolles Korrektiv dar, insbesondere bei starren Mehrheiten.

Zusammenfassung

In den dargestellten Fällen handelt es sich um gescheiterte Bürgerbegehren, die deshalb ausgewählt wurden, weil sie die Probleme des Verfahrens zeigen. Denn die Niederlagen sind in beiden Fällen nicht auf den politischen Wettbewerb zurückzuführen, vielmehr spielten die Argumente Pro und Contra eine untergeordnete Rolle. Der größere Teil der Aufmerksamkeit von Verwaltung und Ratsmehrheit richtete sich darauf, das Verfahren gezielt so zu beeinflussen, daß es zu einem Ergebnis im Sinne der eigenen Meinung kam.

- Eine unfaire Ausgestaltung des Verfahrens hilft, die Ergebnisse nachgerade zu „manipulieren": Die fehlenden Ausführungsbestimmungen ermöglichen es, durch „versteckte" Abstimmungsurnen, Vernachlässigung der Information und geschickt gewählte Termine die Abstimmungsbeteiligung zu senken.
- Quoren verhindern eine ernsthafte Auseinandersetzung: Weil ein Fernbleiben vieler die Chancen auf einen Erfolg der Initiatoren senkt, ist es sinnvoll, die inhaltliche Auseinandersetzung zu vermeiden. Anders ausgedrückt: Das Zustimmungsquorum öffnet Boykottaufrufen und Stimmabstinenz Tür und Tor! Das kann und darf nicht Sinn direktdemokratischer Verfahren sein.
- Bürgerentscheide sind keine Mißtrauensvoten. Dennoch empfinden Parteien sie oft als solche: In Neuenkirchen-Vörden reagierte die CDU mit der Drohung des Parteiausschlusses gegen ein Mitglied, das lediglich in *einer* inhaltlichen Frage von der „Parteilinie" abgewichen war. Es bedarf einer größeren Offenheit der politischen Entscheidungsträger gegenüber dem Engagement der Bürgerinnen und Bürger, die durch mehr Erfahrungen mit Bürgerbegehren und Bürgerentscheiden hoffentlich entstehen wird.

- Ausschlußkataloge verhindern die Auseinandersetzung gerade mit jenen Problemen, die den Bürgern am meisten am Herzen liegen. Bürgerbegehren dürfen überwiegend nur in Bereichen durchgeführt werden, die von zweitrangiger Bedeutung sind. Wird den Bürgerinnen und Bürgern mißtraut? Einer demokratischen Konfliktkultur ist das nicht förderlich. Nicht der Konflikt ist das Problem, sondern der Versuch, seine Austragung zu verhindern.
- Die Streitkultur scheint bei politischen Mandatsträgern, wenn es um direktdemokratischen Verfahren geht, wenig entwickelt zu sein: Solange Ratsmehrheiten mit Bürgerbegehren willkürlich umgehen, eine Blockadehaltung an den Tag legen und die Verfahren ungestraft „manipulieren" können, und die Akteure dabei glauben, dies habe keine Auswirkung auf ihre Wiederwahlchancen, bleibt ein fairer Umgang in der Politik auf der Strecke. Jedoch dürfte dies auch an der in Deutschland mangelnden Übung im Umgang mit direktdemokratischen Verfahren liegen. In der Schweiz ist ein ähnlich unfaires Vorgehen wie in den betrachteten Gemeinden Niedersachsens nahezu undenkbar. Wir alle sind als Bürgerinnen und Bürger angehalten, bei der Durchführung von Wahlen und Abstimmungen auf Fairneß zu achten und gegebenenfalls bei Wahlen Konsequenzen aus dem Verhalten von Politikern zu ziehen.

Weiterführende Literatur

Lackner, Stefanie: Willensbildungsprozesse im Rahmen von Bürgerentscheiden. Forschungsansätze und -perspektiven, Diplomarbeit Politikwissenschaft, Marburg 1996.

Dies.: Neue Verfahren der Bürgerteilhabe, Wiesbaden 1999 (POLIS [Hessische Landeszentrale für politische Bildung] Nr. 28).

Mittendorf, Volker: Direktdemokratische Verfahren im kommunalpolitischen Politikprozeß – in ausgewählten Problembereichen in der schweizerischen Stadt Winterthur. Diplomarbeit Politikwissenschaft, Marburg 1998.

Spies, Ute: Bürgerversammlung, Bürgerbegehren und Bürgerentscheid in Hessen, Stuttgart 1999 (Marburger Schriften zum Öffentlichen Recht Bd. 13).

VIII. Pro und Contra Direkte Demokratie

22 Argumente für skeptische Zeitgenossen

Von DIANA SCHAAL und GERD HABERMANN

Nach aktuellen Meinungsumfragen wollen 70 % der Bundesbürger Volksbegehren und Volksentscheid auf Bundesebene einführen. Viele Bürgerinnen und Bürger sind aber dennoch skeptisch. Auf 22 oft gestellte Fragen geben wir hier eine kurze Antwort.

I. Fragen zum Volksentscheid, die viele Bürgerinnen und Bürger bewegen

Frage 1: Wenn wir den Volksentscheid haben, wird dann nicht über alles abgestimmt?

Viele Menschen befürchten, daß wir dann wegen jeder Kleinigkeit an die Urne gerufen werden. Schließlich haben wir Berufspolitiker/innen gewählt, damit wir uns nicht selbst um das politische Tagesgeschäft kümmern müssen.

Auch wenn die Bürger/innen das Recht auf Volksentscheid haben, wird nicht über jede Kleinigkeit abgestimmt. Dafür sorgt das Verfahren, mit dem der Volksentscheid herbeigeführt wird. Eine Bürgerinitiative, die über eine Vorlage abstimmen lassen will, muß dafür Unterschriften sammeln und zwar zweimal: Einmal, um nachzuweisen, daß ihre Vorlage überhaupt von einem allgemeinen Interesse ist. Bei der zweiten Unterschriftensammlung, dem Volksbegehren, geht es um die Frage, ob genügend Stimmberechtigte die Abstimmung über die Vorlage wollen. Erst wenn diese Hürden überwunden sind, kommt es zum Volksentscheid.

> **Direkte Demokratie durch Volksentscheid soll die repräsentative Demokratie nicht ersetzen, sondern ergänzen!**

Frage 2: Was ist, wenn zu wenige abstimmen?

Es ist natürlich immer von Vorteil, wenn die Stimmbeteiligung bei
Wahlen oder Abstimmungen hoch ist. Dadurch wird deutlich, daß die
Entscheidung – wie auch immer sie ausfallen mag – von einem Gutteil
der Bevölkerung mitgetragen wird.

Es gibt jedoch einen deutlichen Unterschied zwischen Wahlen und
Abstimmungen: Diejenigen, die wir wählen, treffen in den nächsten
vier bzw. fünf Jahren alle möglichen Entscheidungen, die wir noch
nicht überblicken können. Beim Volksentscheid geht es um ein einziges Sachthema, das nicht alle Stimmberechtigten für gleich wichtig
halten. Außerdem kommt bei Wahlen noch die Spannung dazu, welche
Partei bzw. welcher Kandidat die Wahl gewinnt. Aus diesem Grund ist
die Stimmbeteiligung bei Volksentscheiden selten so hoch wie bei
Wahlen.

**Wie viele abstimmen, hängt davon ab, wie wichtig den Bürgerin-
nen und Bürgern das jeweilige Abstimmungsthema ist.**

**Frage 3: Muß beim Volksentscheid nicht eine Mindestbeteiligung
oder Mindestzustimmung verlangt werden?**

Für den Volksentscheid ist es nicht gut, wenn die Stimmbeteiligung
sehr niedrig ausfällt. Denn dann entscheiden vielleicht viel zu wenige
eine Frage, welche die meisten in ihrer Tragweite noch gar nicht richtig erfaßt haben. Um dies zu vermeiden, verlangen die meisten Bundesländer für den Erfolg eines Volksentscheids zusätzlich zur Mehrheit der abgegebenen Stimmen eine Mindestbeteiligung (*Beteiligungsquorum*) oder Mindestzustimmung (*Zustimmungsquorum*) der Stimmberechtigten. Diese Abstimmungsklauseln führen allerdings nicht zu
einer besseren Entscheidungsfindung, ganz im Gegenteil:

-   Die Befürworter müssen die Bevölkerung dazu bewegen, in die
    Stimmlokale zu gehen. Die Gegner hingegen können es sich mit
    dem Aufruf „Bleibt zu Hause!" sehr einfach machen. Durch sol-
    chen Abstimmungsboykott sinkt die Stimmbeteiligung erst recht!
    Außerdem wird das Abstimmungsgeheimnis aufgeweicht: Wer

trotzdem noch zum Stimmlokal geht, „outet" sich automatisch als Befürworter.
- Die politisch Interessierten haben sich informiert, eine Meinung gebildet und dann mit Ja oder Nein abgestimmt. Sie werden für ihr staatsbürgerliches Engagement gleichsam „bestraft", wenn ein Volksentscheid „mangels Masse" für ungültig erklärt wird.
- Wird eine solches Quorum nicht erfüllt, dann zählt automatisch jeder, der zu Hause blieb, wie eine Nein-Stimme. Desinteressierte und Unschlüssige haben jedoch ein Recht darauf, gemäß ihrem Stimmverhalten behandelt zu werden – als Stimmenthaltung, ohne Einfluß auf das Abstimmungsergebnis!
- Quoren führen sogar dazu, daß Minderheiten entscheiden können.

Dafür ein Beispiel: 1998 wurde in Schleswig-Holstein über die Wiedereinführung des Buß- und Bettages abgestimmt (vgl. den Beitrag von *Schimmer*). Das Ergebnis war folgendes:

Tabelle 1:   *Beispiel für die Wirkung eines Zustimmungsquorums*

	Ja-Stimmen	Nein-Stimmen
Anzahl der Stimmen	über 420.000	unter 200.000
Anteil an den abgegebenen Stimmen	rund 68 %	rund 32 %
Anteil an den Stimmberechtigten	**knapp 20 %**	Klar unter 10 %

Zwar hat die große Mehrheit der Abstimmenden für den Erhalt des Buß- und Bettages gestimmt. Aber diese Mehrheit machte nur 20 % statt der erforderlichen 25 % der Stimmberechtigten aus. Damit hat sich die Minderheit der Nein-Stimmen in der Abstimmungsfrage durchgesetzt: Der Buß- und Bettag bleibt abgeschafft.

In Bayern, Hessen, Rheinland-Pfalz, Nordrhein-Westfalen und Sachsen bestimmt die Verfassung ausdrücklich, daß beim Volksentscheid über Gesetze, die keine Verfassungsänderung enthalten, die einfache Mehrheit der abgegebenen gültigen Stimmen entscheidet.

> **Bei Wahlen gibt es auch keine Kopplung an die Stimmbeteiligung. Deshalb: Nur wer abstimmt, entscheidet auch!**

Frage 4: Sind die Menschen überhaupt in der Lage, schwierige Sachverhalte zu beurteilen?

In der Tat wird unsere Welt immer komplexer: durch den technischen Fortschritt, die Globalisierung und die damit einhergehenden, tiefgreifenden Veränderungen. Viele Menschen fühlen sich hier überfordert, sachgerechte Beurteilungen abzugeben, und möchten dies gerne Expert/innen überlassen.

Nun sind Volksentscheide über Vorlagen von Bürger/innen keine Veranstaltungen, die unvermittelt am nächsten Sonntag stattfinden. Vom Sammeln der ersten Unterschrift über die Behandlung im Parlament und das Volksbegehren bis zum Volksentscheid können zwei und mehr Jahre vergehen. Eine lange Zeitspanne für die Bürgerinitiative, der Öffentlichkeit zu vermitteln, worum es in ihrer Vorlage geht. Parlamentsmitglieder und Expert/innen nehmen Stellung zur Vorlage. Am Ende dieses Diskussionsprozesses und besonders im Abstimmungskampf vor dem Volksentscheid kristallisieren sich dann die wichtigsten Pro- und Contra-Argumente zur Vorlage heraus. Damit wird die Abstimmungsvorlage in ihren Konsequenzen übersichtlich und kann auch von Nichtfachleuten eingeschätzt werden. Die Bürger/innen werden weniger ihren ersten emotionalen Aufwallungen folgen, sondern für sachliche Argumente zugänglich sein. Untersuchungen aus den USA zeigen außerdem: Wer sich kein eigenes Urteil zutraut, hält sich meist an die Meinung anderer, die als informiert empfunden werden, z. B. Experten oder andere Autoritäten. Und viele Menschen, die sich uninformiert fühlen, stimmen gar nicht erst ab!

Man soll übrigens nicht glauben, daß die Abgeordneten über jede Parlamentsvorlage genau Bescheid wissen. Auch sie richten sich in ihrem Abstimmungsverhalten hauptsächlich nach den Empfehlungen ihrer Partei-Experten und ihrer Parteispitze. Und noch etwas: Auch eine Wahlentscheidung ist eine komplexe Angelegenheit. Schließlich gibt man seine Stimme ja für ein ganzes Wahlprogramm ab, das Lösungsvorschläge für die unterschiedlichsten Bereiche enthält.

Wer glaubt, die Bürgerinnen und Bürger seien nicht in der Lage, kompetente Sachentscheidungen zu treffen, der muß sich fragen lassen, ob die Bürgerinnen und Bürger dann auch keine Wahlentscheidungen treffen dürfen.

Frage 5: Sollten nicht bestimmte Bereiche vom Volksentscheid ausgeschlossen werden?

In allen Bundesländern sind die Steuern vom Volksentscheid ausgeschlossen. Man befürchtet, bei einem solchen Volksentscheid könnten einzelne Gruppen ihre Sonderinteressen zu Lasten des Allgemeinwohls durchsetzen.

In vielen Bundesstaaten der USA und in der Schweiz hingegen können Bürgerinnen und Bürger selbstverständlich auch Gesetzesvorlagen, die Steuern betreffen, zum Volksentscheid stellen. Die Erfahrung zeigt: Wer steuerliche Entlastungen für die einen und damit möglicherweise steuerliche Belastungen für andere fordert, muß dies schon sehr gut begründen können, um den Volksentscheid für sich zu entscheiden.

Im Grundgesetz sind bereits bestimmte Punkte festgeschrieben, die nicht geändert werden dürfen – weder vom Parlament noch durch Volksentscheid. Dazu gehören: Der Schutz der Menschenwürde in Artikel 1, das Prinzip des demokratischen und sozialen Rechtsstaates in Artikel 20, die Gliederung der Bundesrepublik in Länder und deren grundsätzliche Mitwirkung bei der Bundesgesetzgebung in Artikel 79 Abs. 3. Durch zusätzliche Ausschlußkataloge für den Volksentscheid werden die Bürgerinnen und Bürger durch die Hintertür wieder für unmündig erklärt.

> **Die Bürgerinnen und Bürger dürfen durch Volksentscheid nicht mehr entscheiden als das Parlament selbst. Warum sollen die Bürgerinnen und Bürger – als Souverän – dann weniger entscheiden dürfen?**

Frage 6: Sind viele Fragen nicht zu kompliziert, um sie einfach mit Ja oder Nein zu beantworten?

Es stimmt: Eine Ja-oder-Nein-Entscheidung läßt keinen Spielraum mehr. Doch während des Entscheidungsfindungsprozesses ist es durchaus möglich, verschiedene Lösungsvorschläge für ein Problem als Alternativen nebeneinander zu stellen. Ihre Vor- und Nachteile sowie ihre Konsequenzen werden abgewogen. Werden sie dem Problem gerecht? Diese Arbeit leistet das Parlament in seinen Ausschüssen und Fraktionen. Aber auch im Parlament wird zum Schluß über eine Vorlage entschieden: mit Ja oder Nein.

Beim Volksentscheid kann ebenfalls über mehrere Vorschläge zum gleichen Thema abgestimmt werden, und man kann sogar bei jeder Vorlage mit Ja stimmen. Die Vorlage mit den meisten Stimmen gewinnt.

> **Am Ende eines jeden Entscheidungsfindungsprozesses muß die Sache auf den Punkt gebracht werden: Die Vorlage mit den meisten Ja-Stimmen gewinnt.**

Frage 7: Gibt es beim Volksentscheid überhaupt eine Chance, Kompromisse zu finden?

Parlamentsmitglieder können sich bei festgefahrenen Verhandlungen auf einen Kompromiß einigen. Die Bürgerinnen und Bürger jedoch haben beim Volksentscheid keinen Einfluß mehr auf die inhaltliche Gestaltung der Abstimmungsvorlagen: Sie können nur noch zustimmen oder ablehnen.

Aber es gibt auch beim Volksentscheid ein Modell, das Kompromisse möglich macht: Nach der ersten Unterschriftensammlung wird die Vorlage im Parlament behandelt. Das ist die *Volksinitiative*. Das Parlament kann die Vorlage unverändert übernehmen oder Änderungen anbringen, mit denen die Vertrauenspersonen der Bürgerinitiative einverstanden sein müssen. Es kommt vor, daß Bürgerinitiativen mit guter Absicht etwas regeln wollen, aber eine schlechte Vorlage dafür ausgearbeitet haben. Solche Fehler können dann im Zusammenspiel mit dem Parlament korrigiert werden.

Selbst beim Volksentscheid ist Raum für Kompromisse: Das Parlament kann nämlich eine eigene Vorlage mit zur Abstimmung stellen. So haben die Stimmberechtigten die Auswahl zwischen zwei Vorlagen. Auch eine andere Bürgerinitiative kann eventuell eine Vorlage zum selben Thema zum Volksentscheid bringen.

> **Durch die Behandlung von Volksvorlagen im Parlament und durch Konkurrenzvorlagen bei der Abstimmung sind auch beim Volksentscheid Kompromisse möglich.**

Frage 8: Ist für das Ergebnis eines Volksentscheids nicht letztlich niemand verantwortlich?

Sicher ist es sinnvoll, wenn ein Politiker „gehen" muß, der eine allgemeinschädigende Entscheidung getroffen hat. Wenn man weiß, daß man für Fehler geradestehen muß, wird man in aller Regel sich anstrengen, weniger Fehler zu machen.

Aber ob nun der „Kopf" eines einzelnen Verantwortlichen „rollt" oder nicht: Wir alle müssen mit dieser Entscheidung leben und können nur versuchen, die Folgen abzumildern. Auch die Konsequenzen einer Wahl müssen letztlich alle tragen. Demokratie ist ein Verfahren, das im höchsten Maße auf Teilhabe beruht – und damit auch auf die Eigenverantwortlichkeit der Teilhaber angewiesen ist.

> **In einer Demokratie sind alle für die gemeinsamen Entscheidungen verantwortlich – dies gilt für Wahlen genauso wie für Volksentscheide.**

Frage 9: Was ist, wenn Volksgesetzgebung und parlamentarische Gesetzgebung „sich beißen"?

Es kann passieren, daß im Parlament etwas in bestimmter Weise geregelt wurde, möglicherweise mußte hart um einen Kompromiß gerungen werden. Und dann führen die Bürgerinnen und Bürger einen Volksentscheid zu eben diesem Problem herbei und beschließen eine gänzlich andere Regelung. In einem solchen Fall ist es den Politikern nicht gelungen, ihre Regelung als sinnvoll zu vermitteln (vgl. den Beitrag von *Rehmet*). Gerade die repräsentative Demokratie kann dazu führen, daß Politiker sich keine Mühe mehr geben, den Bürgerinnen und Bürgern Gesetzesvorhaben verständlich zu machen. Dann wird der Volksentscheid zum Instrument der demokratischen Kontrolle. In der Schweiz reagieren Regierung und Parlament bei der Gesetzgebung daher besonders sensibel auf die Stimmung in der Bevölkerung, um einen Volksentscheid zu verhindern.

> **Die Schweiz zeigt es: Das gleichberechtigte Nebeneinander von Volksgesetzgebung und parlamentarischer Gesetzgebung bewirkt langfristig ein Aufeinanderzugehen.**

**Frage 10: Wird der Volksentscheid nicht von einflußreichen
Organisationen ausgenutzt?**

Einflußreiche Gruppierungen können auf die Idee kommen, den
Volksentscheid für ihre Zwecke zu nutzen. Sie haben im Erfolgsfall
eine wunderbare Legitimation: Das Volk will schließlich nur, was sie
wollen.

Diese Organisationen sind jedoch nicht zuletzt deshalb so einfluß-
reich, weil sie den direkten Draht zu Politikern suchen und finden.
Lobbygruppen, die bereits Fürsprecher in Parlament und Regierung
gewinnen konnten, haben es nicht nötig, die ganze Bevölkerung zu
mobilisieren und dabei außerdem das Risiko einzugehen, daß sie eine
Schlappe erleiden. Deshalb beschränken sich einflußreiche Organisationen beim Volksentscheid meistens auf die „Stimmen-Sie-mit-Nein"-
Kampagne.

> **Die Möglichkeit, einen Volksentscheid herbeizuführen, wird
> hauptsächlich von denjenigen Gruppen genutzt, die keine anderen
> Einflußmöglichkeiten haben: Elternverbände, Umweltgruppen
> und Oppositionsparteien bringen die meisten Vorlagen zum
> Volksentscheid ein.**

**Frage 11: Ist der Volksentscheid nicht womöglich eine Prämie für
Demagogen?**

Von Theodor Heuss ist der Satz überliefert, der Volksentscheid sei
„die Prämie für jeden Demagogen". Und auch Hitler nutzte Volksabstimmungen, um seiner Herrschaft einen demokratischen Anstrich zu
geben.

Doch Hitlers Volksabstimmungen waren „von oben" verordnete
und manipulierte Inszenierungen zum Machterhalt. Volksbegehren
„von unten" ließ das Naziregime nicht zu (vgl. den Beitrag von *Jung*).

Schauen wir uns einmal an, wer bisher in Deutschland Vorlagen
zum Volksentscheid gestellt hat: In der Weimarer Republik gab es insgesamt acht Versuche, einen Volksentscheid über Vorlagen von Bürgerinnen und Bürgern herbeizuführen. Vier Vorlagen wurden nicht
einmal zum Volksbegehren zugelassen, eine scheiterte im Volksbegeh-

ren, eine weitere wurde als erledigt zurückgezogen. Zum Volksentscheid kamen letztlich nur zwei Vorlagen: die eine *für die Fürstenenteignung* von SPD und KPD, die andere *gegen den Young-Plan* von Rechtsparteien, einschließlich der NSDAP. Die anderen sechs Vorlagen kamen ungefähr zu gleichen Teilen von SPD/Gewerkschaften, KPD, dem Reichsbund für Siedlung und Pachtung, von Organisationen der Aufwertungsgeschädigten bzw. Sparer und der Mieter. Die meisten dieser Vorlagen versuchten, die Folgen des Ersten Weltkrieges für besonders betroffene Bevölkerungsteile zu lindern (vgl. den Beitrag von *Schiffers*).

Von den über 100 Vorlagen, die in den deutschen Bundesländern von 1945 bis 1998 zum Volksentscheid gestellt werden sollten, wurden nicht einmal zehn von Parteien der extremen Rechten oder der extremen Linken eingebracht. Für unzulässig erklärt wurden in Nordrhein-Westfalen Anfang der 80er Jahre zwei Vorlagen, die sich gegen Ausländer/innen richteten, und in Rheinland-Pfalz Ende der 40er Jahre eine Vorlage der KPD zur Wohnungspolitik.

> **Das Argument, der Volksentscheid sei eine Prämie für Demagogen, wird durch die Erfahrung nicht bestätigt. Der Volksentscheid ist politisch neutral: Alle können ihn nutzen.**

Frage 12: Werden Meinungen nicht total manipuliert?

Wer schon einmal einen Abstimmungskampf in der Schweiz oder in einem amerikanischen Bundesstaat gesehen hat, kennt das Bild: Finanzkräftige Organisationen überziehen das Land mit Plakaten und überschütten die Stimmberechtigten mit Hochglanzbroschüren. Untersuchungen aus den amerikanischen Bundesstaaten zeigen: Kann die Gegenseite mehr als doppelt soviel Geld in den Abstimmungskampf stecken wie die Bürgerinitiative, dann hat sie eine Chance von mindestens 75 %, daß die Vorlage der Bürgerinitiative abgelehnt wird. Die Gegner sind immer in der besseren Position: Sie können sich gezielt Punkte aus der Vorlage herauspicken, um Ängste zu schüren, z. B. das beliebte Arbeitsplatz-Argument. Die Folge: Verunsicherte Bürgerinnen und Bürger stimmen eher mit Nein.

Nun verfängt diese Strategie allerdings nicht immer: 1976 bis 1988 wurden in den amerikanischen Bundesstaaten zwölf von 28 Vorlagen im Volksentscheid angenommen, welche die Nutzung der Atomenergie einschränkten oder verboten, trotz massivster Gegenpropaganda der Atomindustrie. Wenn die Bürgerinitiativen den Sinn ihrer Vorlage der breiten Öffentlichkeit überzeugend vermitteln können, dann hat ihre Vorlage trotz finanzieller Übermacht der Gegner eine Chance, im Volksentscheid angenommen zu werden.

Im übrigen können folgende Maßnahmen zu mehr Chancengleichheit bei der Information über die Abstimmungsvorlage führen:

(1.) Eine finanzielle staatliche Mindestförderung für Bürgerinitiativen, die eine Vorlage zum Volksentscheid stellen, z. B. in Form einer Kostenerstattung wie bei den Wahlen. Eine solche Kostenerstattung gibt es in Hamburg, Niedersachsen, Schleswig-Holstein, Sachsen und Sachsen-Anhalt. Eine andere Möglichkeit wäre die Gemeinnützigkeit für eine Bürgerinitiative für die Zeit zwischen Volksbegehren und Volksentscheid, damit sie steuerabzugsfähige Spenden einwerben kann. Bürgerinitiativen, die Vorlagen zum Volksentscheid stellen, wirken – genau wie Parteien – an grundlegenden politischen Entscheidungen mit. Es ist daher nur recht und billig, sie in maßvollem Umfang mit öffentlichen Geldern bei der Information der Öffentlichkeit über ihre Abstimmungsvorlage zu unterstützen.

(2.) Vor dem Volksentscheid bekommt jeder Stimmberechtigte ein Informationsheft, in dem die Argumente der Bürgerinitiative und der Gegenseite (meist der Regierung), in gleichem Umfang aufgelistet sind, sowie die Abstimmungsvorlagen im Wortlaut. Dieses Informationsheft gibt es in der Schweiz und in acht amerikanischen Bundesstaaten: Arizona, Kalifornien, Idaho, Montana, Massachusetts, Oregon, Washington State und Utah.

Es gibt Möglichkeiten, Meinungsmanipulationen beim Volksentscheid entgegenzuwirken. Erfahrungen aus den USA zeigen: Ein aufwendiger Abstimmungskampf nützt nichts, wenn die Argumente nicht überzeugen können.

Frage 13: Sind die Grundrechte und die Rechte von Minderheiten ausreichend geschützt?

Beim Volksentscheid wird in der Tat nach dem Mehrheitsprinzip entschieden. Die in der Abstimmung unterlegene Minderheit muß sich mit dem Ergebnis abfinden. Das kann zu Problemen führen, wenn es um schutzwürdige Belange von Minderheiten geht.

In Deutschland wird – im Gegensatz zu den amerikanischen Bundesstaaten – jede Vorlage, die zum Volksentscheid gestellt werden soll, bereits im Vorfeld darauf geprüft, ob sie Grundrechte verletzt. Zu den Grundrechten gehört auch das Diskriminierungsverbot in Artikel 3 Abs. 3 Grundgesetz: *„Niemand darf wegen seines Geschlechtes, seiner Abstammung, seiner Rasse, seiner Sprache, seiner Heimat und Herkunft, seines Glaubens, seiner religiösen oder politischen Anschauungen benachteiligt oder bevorzugt werden. Niemand darf wegen seiner Behinderung benachteiligt werden."* Dieses Diskriminierungsverbot gilt auch für Vorlagen, die neutral formuliert sind, aber diskriminierende Folgen für bestimmte gesellschaftlich benachteiligte Gruppen haben.

Im übrigen verbietet Artikel 19 Abs. 2 Grundgesetz, daß Grundrechte durch einfache Gesetze in ihrem Wesensgehalt angetastet werden. Die endgültige Entscheidung darüber, ob eine Vorlage zum Volksentscheid gegen Grundrechte verstößt, fällt das Bundesverfassungsgericht, genau wie bei parlamentarisch verabschiedeten Gesetzen.

Natürlich kann jeder Mensch, der sich durch einen Volksentscheid in seinen Grundrechten beeinträchtigt sieht, Beschwerde beim Bundesverfassungsgericht einlegen.

Gerade bei Anliegen, die Minderheiten betreffen, ist es wichtig, daß nicht am übernächsten Sonntag emotionalisiert und ohne längerfristige, verantwortungsvolle Auseinandersetzung mit dem Thema abgestimmt wird. Das Verfahren zur Herbeiführung eines Volksentscheids bietet dafür eine gute Voraussetzung. Denn während der Vorstufen der Volksinitiative und des Volksbegehrens besteht ausreichend Zeit für eine breite gesellschaftliche Diskussion. Auch die Behandlung von Volksvorlagen im Parlament kann minderheitenfeindlichen Vorlagen „den Stachel ziehen". Die Sensibilität der Bevölkerung ist ebenfalls ein wichtiger Schutz für Grundrechte und Minderheiten: So scheiterten wiederholt fremdenfeindliche Volksbegehren in Österreich und in der Schweiz, weil sich starke gesellschaftliche Gegenbewegungen gebildet hatten.

> **Der Rechtsstaat und wachsame, sensible Teile der Bevölkerung bieten beim Volksentscheid den besten Minderheitenschutz.**

Frage 14: Wird dann nicht wieder die Todesstrafe eingeführt?

Besonders nach spektakulären Verbrechen wird immer wieder der Ruf nach der Todesstrafe laut. Viele Menschen befürchten, daß solche Fälle dazu genutzt werden könnten, um die Todesstrafe mit Hilfe des Volksentscheids wieder einzuführen.

Die Todesstrafe ist nach Artikel 102 Grundgesetz abgeschafft. Auch wenn Verfassungsänderungen durch Volksentscheid möglich sind, müßten verfassungsändernde Vorlagen zum Volksentscheid im Zweifelsfall vom Bundesverfassungsgericht auf ihre rechtliche Zulässigkeit überprüft werden. Aus einem Urteil des Bundesverfassungsgerichts von 1977 zur lebenslangen Freiheitsstrafe läßt sich folgern, daß die Todesstrafe gegen den Schutz der Menschenwürde in Artikel 1 Grundgesetz verstößt. Und dieser Artikel gehört zum unveränderlichen Kern des Grundgesetzes. Jede Vorlage, welche die Wiedereinführung der Todesstrafe zum Ziel hätte, würde aller Wahrscheinlichkeit nach in der Zulässigkeitsprüfung scheitern.

Selbst wenn eine solche Vorlage für zulässig erklärt werden sollte, so dauert es eine geraume Zeit, bis es zum Volksentscheid darüber kommt. Bis dahin haben die Gemüter Zeit, sich wieder abzuregen und sich mit sachlichen Argumenten zur Todesstrafe zu befassen. Es ist aufschlußreich, daß keine der Opferschutz-Initiativen in der Bundesrepublik die Wiedereinführung der Todesstrafe fordert.

> **Ein Blick in die USA zeigt übrigens, daß auf Volksentscheid keineswegs die Todesstrafe folgt, ganz im Gegenteil:** In Alaska, Maine, Michigan und Washington D. C. wurde die Todesstrafe abgeschafft, bevor die Bürger/innen das Recht auf Volksentscheid erhielten. In keinem dieser Bundesstaaten wurde die Todesstrafe durch Volksentscheid wieder eingeführt. **Und in der Schweiz verbietet die vom Volk gebilligte Bundeverfassung ebenfalls die Todesstrafe.**

II. Fragen zum Volksentscheid, die oft von Unternehmern gestellt werden

Frage 15: Verzögern oder blockieren Volksentscheide nicht politische Projekte?

Es dauert immer seine Zeit, bis es zum Volksentscheid kommt. Dann besteht die Gefahr, daß schnelles Reagieren auf Herausforderungen nicht mehr möglich ist, sondern abgebremst wird.

Volksentscheide bremsen aber vor allem die Gesetzesinflation einer aktivistischen Regierung und eines aktivistischen Parlaments. Zudem sind die Gesetze häufig dauerhafter, da parteipolitisch motivierte Gesetzesrevisionen der Art seltener werden, wie sie Deutschland gerade wieder erlebt.

> **Gesetze und politische Entscheidungen sollen Bestand haben und daher nicht übereilt werden.**

Frage 16: Verhindern Volksentscheide unpopuläre, aber sachlich notwendige Entscheidungen, z. B. beim Thema EURO oder Atomenergie?

Es gibt die Befürchtung, daß technologiefeindliche Gruppen den Volksentscheid nutzen, um unbequeme, aber sachlich notwendige Entscheidungen zu verhindern. Damit drohten Nachteile für den Wirtschaftsstandort Bundesrepublik.

Demokratische Politiker sollten sich darum bemühen, das Volk auch für unbequeme Positionen zu gewinnen. Wenn ihnen das nicht gelingt, so haben sie in einer Demokratie nicht den Auftrag, *gegen* ein Volk zu regieren, das die Konsequenzen seiner Einstellung tragen muß. Ob der EURO, dessen Einführung zum gegenwärtigen Zeitpunkt die Fachwissenschaft fast geschlossen abgelehnt hat, wirklich auf Dauer von Vorteil ist, darüber kann man geteilter Meinung sein.

> **Demokratie bedeutet nicht, daß unbequeme Entscheidungen gegen den Willen der Bevölkerung durchgedrückt werden, sondern daß den Bürgerinnen und Bürgern erklärt wird, warum eine unpopuläre Maßnahme notwendig ist.**

**Frage 17: Wirken sich Volksentscheide nicht wirtschaftsfeindlich
aus?**

Sind dann nicht noch höhere Besteuerung, mehr Umverteilung und
Investitionsbehinderung zu erwarten? Wie oft haben nicht Bürgerinitiativen wichtige Verkehrsprojekte zumindest verzögert?

Deutschland ist *unter einer repräsentativen Demokratie* zu einem
Hochsteuerland und einem zunehmend ungünstigen Investitionsstand-
ort geworden. Der Staat ist in der Hand von Berufspolitikern, die davon leben, daß die Politik immer neue Gebiete reguliert. Mit dem politischen Initiativrecht erhalten auch die Unternehmer zumindest die
Chance, diese Entwicklung zu korrigieren.

Die empirischen Befunde aus Ländern mit Volksentscheid beweisen ferner, daß die Abstimmungsergebnisse keineswegs „wirtschaftsfeindlich" sein müssen. In Kalifornien wurde es z. B. mit der berühmten *Proposition 13*, die auch die Wirtschaft unterstützte, möglich, die
Steuerlast zu vermindern: das Fanal zu einer „Steuerrevolution" in den
ganzen Vereinigten Staaten (vgl. den Beitrag von *Heußner*). In der
Schweiz konnten wirtschaftsfeindliche Initiativen wie z. B für zwangsweise Mitbestimmungsregelungen in den Unternehmen oder der Versuch der Einführung einer restriktiven Handwerksordnung abgewehrt
werden. Lange wurde auch die Sozialversicherung vom Volk verworfen. Auch aus Bayern liegen nun umfassende Erfahrungen vor. So
haben zum Beispiel zur Errichtung von Gewerbegebieten vier Bürgerentscheide stattgefunden, dabei wurde in drei Fällen die Ausweisung,
nur in einem Fall die Ablehnung beschlossen.

Es ist ferner für die Schweiz und etliche amerikanische Bundesstaaten nachgewiesen, daß in Gemeinwesen mit größeren Beteiligungsmöglichkeiten des Volkes

- die staatlichen Leistungen kostengünstiger erbracht werden,
- die Staatsausgaben weniger schnell wachsen,
- die Staatsausgaben ein geringeres Niveau haben (gerechnet als
  Anteil am Sozialprodukt).

Dieser nicht überraschende Befund entspricht genau dem erwähnten
Vorzug der direkten Demokratie, die Macht der Politiker und der
Interessengruppen stärker als in repräsentativen Systemen zu begren-
zen. Freilich sollte immer auch das Element des „fiskalischen Födera-

lismus" – des Wettbewerbs von öffentlichen Körperschaften (Ländern/Kommunen) auch über autonome Steuersätze – hinzukommen.

> **Die Schweiz ist der beste Beweis: Der Volksentscheid im Zusammenspiel mit einem echten Föderalismus führt zu mehr Konkurrenz der Standorte untereinander und „belebt somit das Geschäft".**

Frage 18: Welche Vorteile bieten Volksentscheide für die Unternehmerwirtschaft?

Haben Unternehmer überhaupt etwas vom Volksentscheid? Schadet das „ewige Hineinreden" des Volkes in wirtschaftliche Fragen nicht eher dem Standort? Die Hauptvorteile sind folgende:

- die Chance eines wirtschaftlicheren Staates und Standortes mit vergleichsweise niedrigen Steuern- und Abgaben,
- die Chance zu eigenen politischen Initiativen gegen die Demagogie der Berufspolitiker,
- die Chance echten politischen Engagements außerhalb der Berufspolitik und an den Berufspolitikern vorbei statt eines nur leidenden Gehorsams.

> **Auch Unternehmer profitieren vom Volksentscheid durch Teilhabe und Standortkonkurrenz.**

Frage 19: Werden Unternehmer durch Volksentscheide nicht überfordert?

Es wird argumentiert, die repräsentative Demokratie entspreche dem ökonomischen Prinzip der Arbeitsteilung.

Das Repräsentativprinzip – die Auswahl der Politiker und die Entscheidung zwischen Parteiprogrammen – stellt weit höhere Anforderungen an die Informiertheit und eigene Nachforschung der vielbeschäftigten Unternehmer als die direkte Demokratie, wo es um konkrete Einzelfallentscheidungen geht. Hier ist das Pro und Contra relativ leicht zu übersehen und wird in einer Broschüre dokumentiert. So ist

es in den Staaten, in denen die direkte Demokratie umfassend praktiziert wird, namentlich in der Schweiz und in Kalifornien. Unternehmer
können sich mit Initiativen und Abstimmungsparolen besser zur Geltung bringen als mit traditioneller Lobbyarbeit. Es wird auch nicht „jeden Sonntag" abgestimmt, sondern vielleicht zweimal im Jahr an
„Sammelterminen".

> **Unternehmer können sich auf diejenigen wirtschaftspolitischen
> Sachentscheidungen konzentrieren, die für sie wichtig sind. Sie
> müssen nicht ständig Energie in Lobbyarbeit stecken.**

Frage 20: Macht die öffentliche Diskussion Lobbyarbeit von Wirt-
schaftsverbänden unmöglich?

Schadet der Volksentscheid nicht den Wirtschaftsverbänden, indem
diskrete Lobbyarbeit „hinter den Kulissen" des Parlamentes durch
öffentliche Diskussionen ersetzt wird?

Über den Wert effizienter Lobbyarbeit kann man geteilter Meinung
sein. Schließlich hat sie uns dahin geführt, daß Deutschland in den
letzten Jahren ordnungspolitisch mehr und mehr verwahrlost und teilweise gegen Verbändedruck gar nicht mehr zu regieren ist (z. B. Land-
wirtschaft, Kohlebergbau). Die Politiker sind oft in der Hand der In-
teressenvertreter, Korruption und Erpressung gehören zum Alltag einer repräsentativen Demokratie. Direkte Demokratie kann dieser Entwicklung entgegenwirken, das Gemeinwohl stärker gegen das Verbän-
dewohl zum Zug kommen lassen. Hierfür bieten die Schweiz und viele
amerikanische Bundesstaaten ausreichendes Anschauungsmaterial.

> **Mauschelpolitik durch mächtige Wirtschaftsverbände verfehlt
> häufig das Gemeinwohl. Volksentscheide helfen, verkrustete
> Machtstrukturen aufzubrechen.**

Frage 21: Führen Volksentscheide nicht zu einer neuen problema-
tischen Wirtschaftsdemokratie?

Es wird befürchtet, die Logik von „mehr Demokratie" ließe sich auch
auf die Unternehmen übertragen und würde hier die Mitbestimmungs-

diskussion fördern, die faktisch auf eine Enteignung unternehmerischen Eigentums durch Gewerkschaftsmacht hinausläuft.

Die international einzigartige und sachlich fragwürdige deutsche Mitbestimmungsregelung in Großunternehmen ist freilich *von der repräsentativen Demokratie* gegen die Unternehmerwirtschaft durchgesetzt worden. Länder, in denen die direkte Demokratie stark ist, kennen diese deutsche „Errungenschaft" nicht. In der Schweiz wurden Mitbestimmungsinitiativen dieser Art vom Volk eindrucksvoll verworfen.

> **Die Einführung des Volksentscheids führte weder in der Schweiz noch in den amerikanischen Bundesstaaten zu mehr Wirtschaftsdemokratie oder Enteignungsbestrebungen.**

Frage 22: Ist direkte Demokratie nicht eine „linke" Konzeption, die vornehmlich von „Rot" und „Grün" vertreten wird?

Es sind hauptsächlich die SPD und die Grünen, die sich für den Volksentscheid aussprechen. Sollte das Unternehmern nicht zu denken geben?

Die freiheitlichsten Demokratien der Erde – die Schweiz und die USA – sind auch diejenigen, in denen die direkte Demokratie am weitesten ausgebaut ist. Fragwürdige Katalogisierungen nach dem Schema „Rechts" und „Links" sind im übrigen keine Argumente. Schließlich hat die direkte Demokratie etliche Anhänger in den „rechten" Parteien, namentlich in der FDP, aber auch bei der CDU und besonders der CSU. Auch FDP und CDU haben in den Bundesländern schon Volksbegehren gestartet. CDU und SPD nutzen das Verfahren zur Einleitung eines Volksentscheids gleichermaßen, wenn sie in einem Bundesland in der parlamentarischen Opposition sind.

> **Alle Parteien haben in den Bundesländern schon Gebrauch vom Volksentscheid gemacht.**

Weiterführende Literatur

Demokratiereform. Anstöße zu einer ordnungspolitischen Diskussion, Redaktion: Gerd Habermann, Bonn 3. Aufl. 1996 (Schriftenreihe des Unternehmerinstitutes UNI Nr. 4).

Feld, Lars P./Kirchgässner, Gebhard: Die politische Ökonomie der direkten Demokratie: Eine Übersicht, St. Gallen 1998 (Diskussionspapier Nr. 9807).

Feld, Lars P./Savioz, Marcel R.: Vox Populi, Vox Bovi? Ökonomische Auswirkungen direkter Demokratie, in: Konstitutionelle Politische Ökonomie. Sind unsere gesellschaftlichen Regelsysteme in Form und guter Verfassung? Hrsg. v. Gerd Grözinger/Stephan Panther, Marburg 1998, S. 29-80.

Heußner, Hermann K.: Volksgesetzgebung in den USA und in Deutschland. Ein Vergleich der Normen, Funktionen, Probleme und Erfahrungen, Köln u. a. 1994 (Erlanger Juristische Abhandlungen Bd. 43).

Heußner, Hermann K.: Volksgesetzgebung und Todesstrafe, in: Recht und Politik, Vierteljahreshefte für Rechts- und Verwaltungspolitik Jg. 35 (1999), S. 92-100.

Knaup, Bettina: Plebiszitäre Verfahren als Ergänzung der repräsentativen Demokratie. Zur neueren Forschungsdebatte um Volksabstimmungen in der Bundesrepublik Deutschland, Bonn 1994 (Beiträge zur Demokratieentwicklung von unten Bd. 6).

Möckli, Silvano: Direkte Demokratie. Ein Vergleich der Einrichtungen und Verfahren in der Schweiz und Kalifornien, unter Berücksichtigung von Frankreich, Italien, Dänemark, Irland, Österreich, Liechtenstein und Australien, Bern Stuttgart Wien 1994 (St. Galler Studien zur Politikwissenschaft Bd. 16).

Pestalozza, Christian Graf v.: Der Popularvorbehalt. Direkte Demokratie in Deutschland, Berlin 1981 (Schriftenreihe der Juristischen Gesellschaft e. V. Berlin H. 69).

Rüther, Günther (Hrsg.): Repräsentative oder plebiszitäre Demokratie – eine Alternative? Grundlagen, Vergleiche, Perspektiven. Baden-Baden 1996.

IX. Die Kampagne zur Einführung des Volksentscheids auf Bundesebene – Anregungen und Vorschläge, wie das gehen könnte

Von THOMAS MAYER und TIM WEBER

Ein unerfüllter Auftrag des Grundgesetzes

Bisher ist der Auftrag des Grundgesetzes in Artikel 20 Absatz 2 unerfüllt: „Alle Staatsgewalt geht vom Volke aus. Sie wird vom Volke in Wahlen *und Abstimmungen* und durch besondere Organe der Gesetzgebung, der vollziehenden Gewalt und der Rechtsprechung ausgeübt." Parlament und Regierung tun sich schwer, den Bürgerinnen und Bürgern mehr Abstimmungsrechte einzuräumen.

1993 scheiterte die Einführung von Volksinitiative, Volksbegehren und Volksentscheid in der Gemeinsamen Verfassungskommission von Bundestag und Bundesrat. Ein Gesetzentwurf der SPD wurde zwar mit Mehrheit (29 gegen 27 Stimmen) angenommen, erreichte aber nicht die erforderliche Zweidrittel-Mehrheit. Ein weitergehender Vorschlag von Bündnis 90/Die Grünen bekam nur vier Stimmen.

Am 24. Juni 1998 hatte im Bundestag ein Gesetzentwurf zur Einführung bundesweiter Volksentscheide keinen Erfolg. Die Initiative von Bündnis 90/Die Grünen wurde mit den Stimmen von CDU/CSU, FDP und SPD abgelehnt.

Nach dem Regierungswechsel vom Herbst 1998 hat sich erstmals eine Bundesregierung die Einführung der Volksgesetzgebung auf die Fahnen geschrieben. In den Koalitionsverhandlungen zwischen SPD und Bündnis 90/Die Grünen kam man überein, auch auf Bundesebene Volksinitiative, Volksbegehren und Volksentscheid durch eine Änderung des Grundgesetzes einzuführen.

Mehr Demokratie e. V. begrüßt, daß in dieser Frage wieder Bewegung in die Politik kommt. Allerdings sind Probleme unvermeidbar. Erstens wird eine Zweidrittel-Mehrheit in Bundestag und Bundesrat benötigt. Das heißt, die Koalition muß noch Überzeugungsarbeit bei der Opposition leisten. Es genügt nicht, einen Gesetzentwurf lediglich *einzubringen.* Zweitens ist zu befürchten, daß ein Regelwerk mit hohen Hürden – wie leider in vielen Bundesländern (vgl. den Beitrag von *Jürgens*) – gewählt wird. Die Verfahren in den Ländern sind aber nur in Grenzen praktikabel. Sie gehen an den Bedürfnissen der Bürgerinnen und Bürger vorbei. Außerdem hat die Diskussion über die doppelte Staatsbürgerschaft gezeigt, wie leicht Spitzenpolitiker Rückzieher machen, wenn sie Gegenwind spüren. Der bayerische Ministerpräsident *Stoiber* kündigte um die Jahreswende 1998/99 ein Volksbegehren und einen Volksentscheid über die doppelte Staatsbürgerschaft an. Nachdem aus den Reihen der CDU dieses Instrument kritisiert worden war, sprach man nur noch von einer Unterschriftensammlung. Der neue Bundesaußenminister *Fischer* wiederum erklärte wenig später, es gebe wichtigere Dinge; die Erweiterung des Grundgesetzes um Volksbegehren und Volksentscheid solle zurückgestellt werden.

Volksabstimmungen werden nicht geschenkt. Mehr Demokratie muß erkämpft werden!

Beschließt das Parlament den Volksentscheid, wird – so ist nach aller Erfahrung in den Bundesländern zu befürchten – ein zahnloser Papiertiger herauskommen. Vor allem stehen die Bürgerinnen und Bürger außen vor. Sie können nicht darüber entscheiden, *ob* sie die bundesweite Volksabstimmung wollen und *wie* sie sie wollen.

   Es gibt einen anderen Weg. Auf Landesebene wurden und werden Volksbegehren zur Verbesserung der direkten Demokratie gestartet (vgl. Übersicht zu den bisherigen Volksbegehren in Bayern und Hamburg, folgende Seite). Obwohl die Landes-Regelwerke mit hohen Hürden versehen sind, haben diese Volksbegehren den Vorteil, daß sie auf gesetzlicher Grundlage ruhen. Auf Bundesebene gibt es eine solche Regelung nicht. Das ist aber geschichtlich keine neue Situation. Vor 170 Jahren gab es in den schweizerischen Kantonen – vor gut 100 Jahren auf der eidgenössischen Ebene – und vor 100 Jahren in den meisten US-Einzelstaaten auch keine Volksgesetzgebung. Sie wurde vom Volk durch politischen Druck erzwungen (vgl. den Beitrag von *Heußner*).

Volksentscheid in Hamburg: Wofür die Mehrheit stimmt, ist völlig egal

Volksentscheid in Bayern: Mehrheit entscheidet

Volksentscheid am 27. September 1998 in Hamburg über die Verbesserung der Volksgesetzgebung.

Die Abstimmungsbeteiligung betrug 66,7 Prozent. 74,1 Prozent stimmten für den Gesetzentwurf des Volksbegehrens „Mehr Demokratie in Hamburg". 60,0 Prozent stimmten für den Gesetzentwurf der Bürgerschaft. Da das Volksbegehren 45,3 Prozent der Stimmberechtigten bejahten, wurde der Bürgerwille durch die 50-Prozent-Klausel für ungültig erklärt. Es änderte sich bisher nichts.

Volksentscheid am 1.Oktober 1995 in Bayern über die Einführung des kommunalen Bürgerentscheides.

Mit großem Vorsprung gewann der Gesetzentwurf des Volksbegehrens „Mehr Demokratie in Bayern". Die Abstimmungsbeteiligung betrug 36,8 Prozent. 57,8 Prozent stimmten für den Gesetzentwurf des Volksbegehrens. 38, 7 Prozent stimmten für den Gesetzentwurf des Landtags. 3,4 Prozent stimmten gegen beide Gesetzentwürfe. Das Recht auf Bürgerentscheid wurde eingeführt. Denn in Bayern gilt das Mehrheitsprinzip.

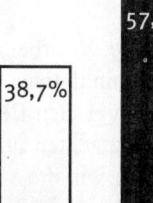

Anmerkung: In Hamburg gelten Abstimmungsklauseln. Bei einfachen Gesetzen müssen 25 Prozent der Stimmberechtigten, bei Verfassungsänderungen 50 Prozent der Stimmberechtigten zustimmen. Außerdem müssen bei Verfassungsänderungen Zweidrittel der Abstimmenden zustimmen. In Bayern entscheidet die Mehrheit der abgegebenen Stimmen.

Wie das geht? Wir machen das einfach!

Auf einer Pressekonferenz in München im Frühjahr 1998 werden wir gefragt, wie wir denn den Volksentscheid auf Bundesebene erreichen wollen. Die Frage kommt überraschend. Wir wollen eigentlich über andere Dinge reden. Nun gut.

In knappen Worten skizzieren wir das Volksbegehren „Mehr Demokratie in Deutschland" zur Einführung des bundesweiten Volksentscheids. Ungläubiges Staunen bei den Journalisten. „Das heißt, Sie wollen Ihre Forderung erreichen, indem Sie genau das anwenden, was Sie fordern?", fragt jemand. „Ja genau!", antworten wir. Der Journalist findet das „paradox". Es entsteht eine lebhafte Diskussion, die über eine Stunde dauert. So viel Engagement und Wortbeiträge haben wir auf einer Pressekonferenz noch nicht erlebt. „Das einzige, was Sie damit erreichen, ist eine riesige Diskussion, sonst nichts", ruft einer dazwischen. „Dann haben wir schon eine Menge erreicht", lautet unsere Antwort. Am Ende der Pressekonferenz haben wir die Journalisten noch nicht überzeugt. Aber eines spüren wir deutlich: Sie glauben uns, daß wir tun, was wir sagen.

Das Geheimnis des Erfolgs besteht unseres Erachtens darin, daß die Menschen an die Kraft des Volksbegehrens glauben. Wir schaffen Tatsachen, indem wir diesen Weg gehen. Je mehr Menschen überzeugt sind und mitmachen, desto größer sind unsere Chancen.

Die Idee

Mehr Demokratie e. V. arbeitet derzeit einen Gesetzentwurf zur Einführung von Volksinitiative, Volksbegehren und Volksentscheid auf Bundesebene aus (vgl. den Beitrag von *Kurz*). Diesen Entwurf stellen wir durch Bürgergutachten und Anhörungen zur öffentlichen Diskussion. Dann werden wir die von uns vorgeschlagene Regelung selbst anwenden. Mehr Demokratie e. V. wird eine Volksinitiative und ein Volksbegehren durchführen und dann mit Hilfe öffentlichen Drucks die Volksabstimmung über die Volksabstimmung erzwingen.

Uns ist dabei wichtig, daß die Volksgesetzgebung *vom Volk* eingeführt wird. Nicht das Parlament, sondern das Volk soll entscheiden, wieviel Demokratie es haben will. Ob das Volk die Volksabstimmung will oder nicht, weiß nur das Volk. Sie, liebe Leserin und lieber Leser, sollen also selbst bestimmen, ob Sie die bundesweite Volksabstimmung wollen und wie diese geregelt wird. Wenn wir uns die direkte Demokratie selbst erarbeiten, dann lernen wir sie auch besser schätzen.

In drei Schritten zum Ziel

Im Frühjahr 2001 beginnt das Volksbegehren „Mehr Demokratie in Deutschland". Wir starten z. B. am 23. Mai um 10 Uhr mit einer Pressekonferenz in Berlin. Dort kündigen die Vertrauenspersonen die Volksinitiative an und erläutern den Journalisten unsere Strategie. Am Tag darauf findet ein bundesweiter Aktionstag statt, an dem die Unterschriftensammlung anfängt.

Dem Volksbegehren liegt der Gesetzentwurf von Mehr Demokratie e. V. zugrunde. Für die Volksinitiative – den ersten der drei Verfahrensschritte – müssen mindestens 100.000 Unterschriften gesammelt werden. Die Unterschriften werden am Ende des Jahres beim Präsidenten des Bundestags eingereicht. Sollte der Bundestag, was zu erwarten ist, den Vorschlag nicht umsetzen, leiten die Vertrauenspersonen den zweiten Schritt – das Volksbegehren – ein. Dessen Eintragungsfrist läuft voraussichtlich vom 1. April bis zum 30. September 2002. Innerhalb dieser sechs Monate müssen mindestens eine Million Bürgerinnen und Bürger unterschreiben. Wenn wir diese Hürde nehmen, kann im Herbst 2003 die Volksabstimmung stattfinden. Der Bundestag kann einen konkurrierenden Gesetzentwurf mit zur Abstimmung vorlegen. Derjenige Vorschlag, der die Mehrheit der abgegebenen Stimmen auf sich vereinigt, ist angenommen.

Das Volksbegehren wird so viel politischen Druck erzeugen, daß der Bundestag die Volksabstimmung über die Volksabstimmung zulassen muß. Dieser Druck wird dadurch erzeugt, daß viele Persönlichkeiten des öffentlichen Lebens und Organisationen unsere Forderung unterstützen und daß beim Volksbegehren innerhalb von sechs Monaten mindestens eine Million Unterschriften gesammelt werden. Außerdem wird Mehr Demokratie in Schleswig-Holstein und Brandenburg – wo derlei möglich ist – Volksentscheide initiieren, die den jeweiligen Ministerpräsidenten bzw. die Ministerpräsidentin auffordern, im Bundesrat die Forderung nach der Volksabstimmung über die Volksabstimmung einzubringen. Es entsteht also eine politische Zange: auf Bundesebene das Volksbegehren mit der Forderung nach der Volksabstimmung und auf Landesebene die Volksentscheide mit der Forderung nach einer bundesweiten Volksabstimmung. Aus dieser Zange werden Bundestag und Bundesrat nicht herauskommen.

Die Vorbereitungen für das Volksbegehren laufen

Die Vorbereitungen dazu laufen seit Januar 1996. Damals entschlossen wir uns – nach dem Erfolg des Volksbegehrens „Mehr Demokratie in Bayern" – die bundesweite Volksabstimmung anzupacken. Der Zeitraum von 1996 bis 2003 gliedert sich in drei Phasen (vgl. Übersicht über die Phasen der Kampagne im Anhang).

In der *Vorbereitungsphase* schaffen wir derzeit die organisatorische Grundlage für das Volksbegehren „Mehr Demokratie in Deutschland". Dazu bauen wir Landesverbände und Regionalbüros auf und werben Mitglieder. Im Frühjahr 1999 hat Mehr Demokratie e. V. elf Landesverbände, zwölf regionale Büros und über 2.000 Mitglieder. Zum Vergleich: Drei Jahre zuvor hatte Mehr Demokratie e. V. ein Büro, keinen Landesverband und ca. 150 Mitglieder. Die wachsende Zahl von Aktiven und deren Fähigkeiten und Wissen gilt es zusammenzubringen. Wir knüpfen ein bundesweites Demokratienetz.

In der *Aufbauphase* werden die Maschen dieses Netzes enger geknüpft. Aktive gründen lokale Aktionskreise. Verbände und Parteien werden für die Forderung einer bundesweiten Volksabstimmung über die Volksabstimmung gewonnen. Vor allem finden in einzelnen Bundesländern Volksbegehren zur Verbesserung der Volksgesetzgebung auf Landes- und Gemeindeebene statt. Zwei solcher Volksbegehren starteten im Sommer 1997 in Hamburg. Bei den Volksentscheiden im September 1998 votierten jeweils über 73 % der Abstimmenden für unsere Gesetzentwürfe (vgl. den Beitrag von *Efler* sowie Übersicht oben). Weitere Volksbegehren werden derzeit in Baden-Württemberg, Bayern, Berlin, Bremen, Nordrhein-Westfalen und Thüringen durchgeführt bzw. sind geplant. Wir initiieren eine Reformwelle der direkten Demokratie auf Länderebene.

Diese Volksbegehren sind nicht nur für die jeweiligen Länder von Bedeutung. Sie sind auch Pilotprojekte für die bundesweite Volksabstimmung über die Volksabstimmung. Das dahinterstehende Prinzip, daß die Menschen selbst entscheiden, ob und wie sie mitbestimmen, wird erlebbar. Die öffentliche Diskussion wird breiter.

Die heiße Phase: ein Szenario

In der heißen Phase wird das Demokratienetz ausgeworfen, um die erste bundesweite Volksabstimmung zur Einführung der Volksabstimmung herbeizuführen. Im folgenden ein Szenario, damit Sie sich eine Vorstellung vom Ablauf des Volksbegehrens „Mehr Demokratie in Deutschland" machen können:

- Zu Beginn der heißen Phase gibt es schon eine breite öffentliche Diskussion über die direkte Demokratie. In den Bundesländern und Gemeinden haben die Bürgerinnen und Bürger in den letzten Jahren Erfahrungen mit Volksabstimmungen gesammelt. Gleichzeitig besteht ein dichtes Demokratienetz mit örtlichen Aktionskreisen. Verbände und Prominente haben sich für das Volksbegehren „Mehr Demokratie in Deutschland" ausgesprochen.
- Im Jahr 2001 beginnt diese Phase. Z. B. am 23. Mai 2001 um 10 Uhr starten wir mit einer Pressekonferenz in Berlin. Die Vertrauenspersonen kündigen die Volksinitiative an. Einen Tag später fängt die Unterschriftensammlung an.
- Wir sammeln 100.000 Unterschriften (Volksinitiative), um so unseren Gesetzentwurf zur Einführung von Volksinitiative, Volksbegehren und Volksentscheid auf Bundesebene im Bundestag einzureichen. Über alle Parteien hinweg wird die Volksinitiative von einzelnen Politikern begrüßt. Die Ergänzung der parlamentarischen Demokratie durch Volksbegehren und Volksentscheide sei überfällig. Bisher hat die Regierungskoalition ihr Wahlversprechen nicht erfüllt. Spitzenpolitiker äußern sich allerdings skeptisch und ablehnend. Man dürfe dem Druck der Straße nicht nachgeben. Das Parlament müsse seine Kompetenz behalten. Prominente, Verbände, Mehr Demokratie e. V. und viele Bürger fordern die Bundestagsfraktionen auf, sich der überfälligen Reform nicht mehr zu verschließen.

- Da die Mehrheit des Bundestages sich nicht entschließen kann, die Inhalte der Volksinitiative zu übernehmen, starten wir das Volksbegehren. In ganz Deutschland werden Unterschriften gesammelt. Im Bundestag geht es heiß her. Immer mehr Abgeordnete unterstützen die Forderung nach Einführung des Volksentscheids. Ihnen gefällt zwar nicht unbedingt unser Gesetzentwurf. Jedoch können sie unsere Forderung nach einer Volksabstimmung über die Volksabstimmung akzeptieren, auch wenn sie die Forderung ein wenig unheimlich finden. Schließlich würde ihnen die Entscheidung aus der Hand genommen. Viele Abgeordnete wollen der Bevölkerung einen Gegenentwurf mit zur Entscheidung vorlegen. Mehr Demokratie e. V. begrüßt das Vorhaben eines eigenen parlamentarischen Vorschlags. „Konkurrenz belebt das Geschäft". Der öffentliche Druck nimmt weiter zu. Den Volksentscheidsgegnern fällt es mit jeder Talk-Show und Podiumsdiskussion schwerer, zu vertreten, warum man den Menschen nicht vertrauen kann. Viele Bürgerinnen und Bürger werden aktiv für das Volksbegehren.

Zeitgleich mit dem bundesweiten Volksbegehren initiiert Mehr Demokratie in Schleswig-Holstein und Brandenburg Volksbegehren, mit denen der bundesweite Volksentscheid gefordert wird. In diesen Bundesländern sind Volksabstimmungen der Art möglich, daß der jeweilige Ministerpräsident bzw. die Ministerpräsidentin aufgefordert wird, unseren Gesetzentwurf und die Forderung nach einer ersten bundesweiten Volksabstimmung im Bundesrat einzubringen. Wir spielen gleichzeitig auf zwei Instrumenten, die sich ergänzen. Die landesweiten Volksabstimmungen finden bei Erfolg der Volksbegehren automatisch statt. Auf Landesebene kann die Einführung der bundesweiten Volksabstimmung jedoch nur empfohlen und nicht rechtsgültig beschlossen werden. Das ist wiederum nur mit einer bundesweiten Volksabstimmung möglich, die durch das Volksbegehren erzwungen wird.

- Wir reichen nun ein bis zwei Millionen Unterschriften im Bundestag ein. Jetzt muß die Volksabstimmung über unseren Gesetzentwurf stattfinden! Zugleich waren auch die landesweiten Volksbegehren erfolgreich. Der öffentliche Druck wird größer.

- Die Bedenkenträger und Gegner sehen sich in einer verzwickten Lage. Da die Einführung der Volksabstimmung ein Hauptthema der öffentlichen Diskussion geworden ist, müssen sie sich ständig dazu äußern. Doch wie sollen sie ihre ablehnende Haltung begründen, ohne die Bürgerinnen und Bürger zu verärgern, deren Stimmen sie bei der nächsten Wahl benötigen? Egal, welche Worte sie wählen, letztlich kommt als Botschaft an, daß sie dem Volk mißtrauen.

- In der CDU/CSU beginnt ein Strategiestreit. Viele sagen, daß eine weitere Blockadehaltung aussichtslos sei. Statt dessen solle man lieber versuchen, sich an die Spitze der Bewegung zu stellen. Im Bundestag könne man eine eigene Regelung der Volksabstimmung verabschieden. Nur so lasse sich eine Volksabstimmung über den Mehr-Demokratie-Entwurf verhindern. Außerdem könnte die CDU/CSU mit bundesweiten Volksabstimmungen doch Oppositionspolitik gegen die rot-grüne Bundesregierung machen. Die Regierungskoalition sieht sich in die Enge gedrängt. Sie wird immer wieder an ihr Wahlversprechen erinnert. Was spricht aber dann gegen eine Volksabstimmung über die Volksabstimmung, wenn das Instrument sowieso eingeführt werden soll? Den Schwarzen Peter der CDU/CSU zuzuschieben, geht auch nicht mehr. Immer häufiger äußern sich Unionspolitiker zustimmend zur Volksabstimmung. Mehr Demokratie e. V. fordert den Bundestag auf, einen Gegenentwurf zur Volksabstimmung vorzulegen. Die Bürgerinnen und Bürger können dann entscheiden, welchen Entwurf sie vorziehen.

- Die Situation spitzt sich weiter zu. Denn in Schleswig-Holstein und Brandenburg stehen in wenigen Wochen die landesweiten Volksabstimmungen an. Wenn sich hier die Mehrheit der Bürger für eine bundesweite Volksabstimmung über den Mehr-Demokratie-Entwurf ausspricht, dann ist die bisherige Abwehrargumentation, daß es sich nur um die Forderung einer „Minderheit" handele, hinfällig.

- Nach einigen dramatischen Klausursitzungen beschließt eine Zweidrittel-Mehrheit im Bundestag und im Bundesrat, daß die Volksabstimmung über die Volksabstimmung nicht länger blockiert wird. Zur Entscheidung stehen der Entwurf von Mehr Demokratie e. V. und ein Gegenentwurf des Bundestages.

Die Grundgedanken der Kampagne von Mehr Demokratie e.V.

(1.) Wir wenden uns direkt an die Bürgerinnen und Bürger, nicht an den Bundestag.

(2.) Als Souverän des Staates bestimmen die Bürgerinnen und Bürger die demokratischen Spielregeln selbst.

(3.) Die Volksabstimmung existiert schon dadurch, daß wir selbst den Weg der Volksabstimmung gehen.

(4.) Durch den Doppelweg bundesweites Volksbegehren und landesweite Volksabstimmungen in einigen Bundesländern erzeugen wir ein Maximum an Druck, so daß der Bundestag die Durchführung der ersten Volksabstimmung über die Volksabstimmung nicht mehr blockieren wird.

(5.) Wir bereiten die Kampagne gründlich und langfristig vor, so daß sie erfolgreich sein wird.

(6.) Der Bundestag kann sich an dem Prozeß der Volksgesetzgebung beteiligen. Er kann einen eigenen Gesetzentwurf alternativ zu unserem zur Abstimmung stellen.

(7.) Die Forderung einer Volksabstimmung über die Volksabstimmung ist das größtmögliche Dach, unter dem wir mit unterschiedlichsten Partnern zusammenarbeiten können. Auch diejenigen, denen unser Gesetzentwurf zu weit geht, können akzeptieren, daß die Bürger darüber entscheiden.

1996 bis 1998	1999	2000	2001	2002	2003

Vorbereitungsphase

Aufbauphase

Heiße Phase

Vorbereitungsphase

Schaffung der organisatorischen Grundlage:

- Gesetzentwurf zur Regelung der Volksabstimmung auf Bundesebene formulieren. Ein ausgearbeiteter Entwurf liegt vor. 1999 beginnt die öffentliche Diskussion.
- Landesverbände mit regionalen Büros gründen. Es gibt elf Landesverbände bzw. landesweite Gruppen. In neun Bundesländern sind zwölf Büros.
- Mitglieder und Aktive gewinnen. Mehr Demokratie hat über 2.000 Mitglieder.
- Presse regelmäßig informieren.

Aufbauphase

Das Demokratienetz wird enger geknüpft:

- Örtliche Aktionskreise gründen.
- Bundesweites Aktionsbündnis mit Verbänden und Parteien aufbauen.
- Prominente Unterstützer gewinnen.
- Landesweite Volksabstimmungen zur Verbesserung der Volksgesetzgebung auf Landes- und Gemeindeebene einleiten. Im Herbst 1998 fanden zwei Volksentscheide "Mehr Demokratie in Hamburg" statt. In Bremen, Berlin, Baden-Württemberg, Bayern, Nordrhein-Westfalen und Thüringen laufen Volksbegehren bzw. sind geplant.

Heiße Phase

Herbeiführung einer Volksabstimmung über die Volksabstimmung:

- Die heiße Phase beginnt im Frühjahr 2001.
- Volksinitiative (100.000 Unterschriften), um Bundestag und Bundesrat mit unserem Gesetzentwurf zu befassen.
- Volksbegehren (mind. 1 Mio. Unterschriften), mit der Forderung einer Volksabstimmung über die Volksabstimmung (2002).
- Landesweite Volksabstimmungen in Schleswig-Holstein und Brandenburg über unseren bundesweiten Gesetzentwurf zur Volksabstimmung (2001 bis 2003).
- Bundesweite Volksabstimmung über die Volksabstimmung, damit die Bürgerinnen und Bürger selbst über die Einführung der Volksabstimmung entscheiden können (2003).

X. Ein Vorschlag für die Bundesebene: Der Gesetzentwurf von Mehr Demokratie e. V. zur Einführung einer bundesweiten Volksgesetzgebung *

Von BRITTA KURZ

Für die Bürgeraktion Mehr Demokratie brachte der Erfolg beim Volksentscheid über „Mehr Demokratie in Bayern" (vgl. den Beitrag von *Nemitz*) einen enormen Motivationsschub, mit dem eine Konzentration auf neue Aufgaben einherging. Zum Jahreswechsel 1995/96 traf der Verein Richtungsentscheidungen, unter denen sich eine Kampagne zur Einführung der bundesweiten Volksgesetzgebung als zentrales, langfristig angelegtes Projekt herauskristallisierte. Eine solide handwerkliche Feinarbeit an den vorzulegenden Gesetzentwürfen und ihrer Begründung war eine wichtige Voraussetzung für den Erfolg in Bayern gewesen – dies sollte für den Vorschlag zur Bundesebene nicht anders sein.

Mühevolle Kleinarbeit – zur Entstehung des Gesetzentwurfs

Im April 1996 beschloß die Mitgliederversammlung von Mehr Demokratie e. V., einen Arbeitskreis „Bundesweiter Gesetzentwurf" einzusetzen. Mitglieder und Interessierte waren aufgerufen, inhaltliches Know-how und praktische Erfahrungen mit direkter Demokratie in die

---

* Der „Entwurf eines Gesetzes zur Einführung von Volksinitiative, Volksbegehren und Volksabstimmung", mit dem sich dieser Beitrag befaßt, sowie ein erläuterndes Eckpunktepapier können bei Mehr Demokratie e. V., Landesbüro Baden-Württemberg, Rotebühlstr. 86/1, 70178 Stuttgart, Tel. (0711) 509 10 10, angefordert werden. Beide Texte sind auch im Internet zugänglich unter:
http://www.mehr-demokratie.de/bund_gesetzentwurf.html
http://www.mehr-demokratie.de/bund_eckpunkte.html.

Erarbeitung des Vorschlags für die Bundesebene einzubringen. Im Mai 1996 konstituierte sich der Arbeitskreis, der seitdem unter Rückkoppelung an Mitglieder und Gremien des Vereins in 15, meist zweitägigen Sitzungen die Beschlüsse zu den einzelnen Verfahrensabschnitten faßte.

In Diskussionspapieren zur Vorbereitung einzelner Sitzungen erfolgte die Auswertung der Regelungen in den Bundesländern, der Schweiz und den Gliedstaaten der USA. Bei der Formulierung der Positionen fiel der Blick auch immer wieder auf bereits vorliegende Entwürfe für eine bundesweite Volksgesetzgebung. Zu nennen sind hierbei insbesondere die Vorschläge von Bündnis 90/Die Grünen (z. B. 1998 im Bundestag eingebracht) bzw. der SPD (1993 im Zuge der Diskussion über eine Reform des Grundgesetzes vorgelegt) und der als Ergebnis eines Fachgesprächs „Direkte Demokratie" in der Evangelischen Akademie Hofgeismar (1990) entstandene „Hofgeismarer Entwurf", dessen schlüssige Begründung und Dokumentation für den Arbeitskreis zu einer wichtigen Arbeitshilfe wurde.

Interessierten, die etwa aus Zeitgründen nicht an den Sitzungen teilnehmen konnten, stand die Alternative des schriftlichen Eingabewegs offen. Einen permanenten Informationsfluß über die Arbeit am Gesetzentwurf sicherten ein ausgedehnter Protokollverteiler sowie die _Zeitschrift für Direkte Demokratie,_ die in Beiträgen und Leserbriefen ein Forum für kontrovers diskutierte Aspekte bot. Das Kuratorium für Mehr Demokratie – ein beratendes Gremium, dem Kenner der Materie angehören – befaßte sich mit Beschlußlage und offenen Fragen des Arbeitskreises. Auf drei Mitgliederversammlungen wurden Eckpunkte des Gesetzentwurfs in einem breiteren Kreis diskutiert und beschlossen, wobei zu wichtigen und kontroversen Punkten Alternativvorschläge formuliert wurden, um für die weitere Diskussion eine gewisse Offenheit zu bewahren.

Im Sommer 1999 wird der Gesetzentwurf im ganzen der Mitgliederversammlung des Vereins zur Beschlußfassung vorgelegt, bevor er in eine breitere öffentliche Diskussion treten wird. Die im folgenden dargestellten inhaltlichen Positionen sind somit als eine Momentaufnahme zu verstehen, die im weiteren Prozeß noch Veränderungen erfahren kann.

Die Eckpunkte des Gesetzentwurfs

Vorverständigung

Dem Gesetzentwurf liegen einige ganz prinzipielle Überlegungen zugrunde. Erstens herrscht Einigkeit darüber, die Grundzüge des Verfahrens mit Verfassungsrang zu regeln und die näheren Bestimmungen in einem Ausführungsgesetz festzuhalten. Der ausschlaggebende Beweggrund für eine Verankerung im Grundgesetz ist, daß elementare politische Rechte des Volkes ihrem Rang nach diesen Standort verdienen. Zudem schützen die für Grundgesetzänderungen errichteten höheren Hürden die Volksrechte vor einer späteren Aufweichung oder gar Abschaffung. Für die Verankerung in der Verfassung spricht ferner, daß die Gegenmeinung, eine Volksgesetzgebung könne – mit Verweis auf Artikel 20 Absatz 2 des Grundgesetzes: „Alle Staatsgewalt geht vom Volke aus. Sie wird vom Volke in Wahlen und Abstimmungen [...] ausgeübt." – in einem einfachen Bundesabstimmungsgesetz geregelt werden, umstritten ist.

Zweitens basiert die Erarbeitung der Eckpunkte auf der Maxime, ein auch für ressourcenschwache Organisationen anwendbares Verfahren zu schaffen. Eine praktikable und durchschaubare Regelung also, die – im Gegensatz zu den entsprechenden Bestimmungen etlicher Bundesländer – keine „Fallgruben" und Tücken aufweist, die nur mit juristischem Sachverstand erkennbar sind.

Drittens sollte das Verfahren übersichtlich, einfach und in Form eines „schlanken Entwurfs" geregelt werden. Letzteres wurde – muß man im Rückblick einräumen – nicht strikt durchgehalten; die Forderung nach Schlankheit des Entwurfs trat des öfteren hinter dem Wunsch nach möglichst klaren Formulierungen mit geringen Auslegungsmargen zurück.

Die Grundzüge des Verfahrens

Das Kernstück des Vorschlags bildet die dreistufige Volksgesetzgebung aus Volksinitiative, Volksbegehren und Volksabstimmung. Mit diesem Initiativrecht gelangen von den Bürgern selbst erarbeitete

Vorlagen (in Form ausgearbeiteter Gesetzentwürfe oder als Vorschläge ohne Gesetzesform) in den politischen Prozeß.

Auf der ersten Verfahrensstufe – der *Volksinitiative* – wird mit relativ geringem Aufwand und politischen Druck eine Parlamentsbefassung herbeigeführt. Die Initiatoren haben dabei ein Recht auf Anhörung, das heißt, sie können ihre Vorstellungen vor Bundestag und Bundesrat erläutern. Greift der Bundestag – und der Bundesrat, sofern die Materie dessen Zustimmung verlangt – die Volksinitiative auf, erübrigt sich eine Weiterführung des Verfahrens.

Wenn das Parlament die Vorlage nicht oder nicht in einer für die Initiatoren zufriedenstellenden Form umsetzt, wird als zweite Stufe ein *Volksbegehren* eingeleitet. Flexibilität und Kompromißmöglichkeit sind in diesem frühen Stadium sinnvoll und erwünscht, deshalb bleibt es den Initiatoren vor der Anmeldung eines Volksbegehrens freigestellt, ihre Vorlage zu überarbeiten und beispielsweise Anregungen seitens des Parlaments oder eventuell neu aufgetretene Aspekte zu integrieren. Die zentrale Funktion des Volksbegehrens liegt im Nachweis der Wichtigkeit des vorgeschlagenen Konzepts: Nur wenn ein vorgeschriebenes Quorum an unterstützenden Unterschriften zusammenkommt, wird die Vorlage allen Stimmberechtigten zur Abstimmung vorgelegt. Aus der umgekehrten Perspektive betrachtet, kommt dieser Verfahrensstufe eine Filterfunktion zu: Themen, die von den Bürgerinnen und Bürgern nicht für so wichtig erachtet werden, daß sie durch ihre Unterschrift bekunden, darüber abstimmen zu wollen, werden hier „ausgefiltert".

Nach einem erfolgreichen Volksbegehren wird nicht ausdrücklich vorgeschrieben, daß das Parlament sich erneut mit der Vorlage befassen muß. Der Gesetzgeber kann ein Volksbegehren jedoch selbstverständlich zum Gegenstand parlamentarischer Beratung machen. Übernehmen Bundestag und erforderlichenfalls Bundesrat das Volksbegehren ohne Änderung der Vorlage, entfällt die Volksabstimmung, sofern die Initiatoren dem zustimmen.

Zur dritten Verfahrensstufe – der *Volksabstimmung* – kann das Parlament eine eigene Vorlage als Alternative zum Vorschlag des Volksbegehrens formulieren. Für die Abstimmenden erhöht sich dadurch die Auswahl, das Verfahren wird nicht auf eine Ja-Nein-Entscheidung reduziert, sondern eröffnet weitere inhaltliche Alternativen.

Zudem zeigen die Erfahrungen der Bundesländer, daß die parlamentarische Alternativvorlage für die Initiatoren inhaltliche Durchsetzungschancen bietet: Sie macht in aller Regel Zugeständnisse an die Vorschläge des Volksbegehrens, oft bis zu einem „Entgegenkommen auf halbem Weg".

Neben der dreistufigen Volksgesetzgebung enthält der Gesetzentwurf von Mehr Demokratie e. V. zwei weitere Verfahrensstränge: das fakultative Referendum und die obligatorische Volksabstimmung (vgl. folgende Seite, Tabelle1).

Ein *fakultatives Referendum* wird mit einem besonders geregelten Volksbegehren eingeleitet: Es kann sich nur auf vom Parlament beschlossene, noch nicht in Kraft getretene Gesetze beziehen. In Abgrenzung zum dreistufigen Verfahren des Initiativrechts handelt es sich bei diesem Instrument um ein Vetorecht des Volkes mit nur zwei Stufen. Praktisch wird es seine Anwendung finden, wenn die Initiatoren ein Parlamentsgesetz stoppen oder es zumindest an die Annahme in einer Volksabstimmung binden möchten. Damit der reguläre Gesetzgebungsbetrieb nicht unnötig ins Stocken gerät, muß das fakultative Referendum ein rasches Eingreifen ermöglichen und zügig vonstatten gehen. Aus diesem Grunde ist als Erfolgskriterium eine geringere Unterschriftenzahl in einem knapperen Zeitraum als beim Volksbegehren gefordert. Zudem erübrigt sich hier die Volksinitiative, da unmittelbar vor der Einleitung des Verfahrens ein Parlamentsbeschluß erging. Die Verfahrensvorschriften für die Volksabstimmung im Rahmen der Volksgesetzgebung gelten für das fakultative Referendum entsprechend.

Obligatorische Volksabstimmungen werden für alle Grundgesetzänderungen (obligatorisches Verfassungsreferendum) sowie für die Übertragung von Hoheitsrechten auf zwischenstaatliche Einrichtungen und supranationale Organisationen wie die Europäische Union eingeführt. Parlamentsbeschlüsse zu diesen Gegenständen können nur in Kraft treten, wenn ihnen das Volk zustimmt. Auch hier gelten die Verfahrensvorschriften für die Volksabstimmung im Rahmen der Volksgesetzgebung für die obligatorische Volksabstimmung entsprechend.

Tabelle 1:   *Die Verfahrensschritte im Überblick*

Volksgesetzgebung	Fakultatives Referendum	Obligatorische Volksabstimmung
Initiativ-Idee; Thema von allgemeinem Interesse ⇩		
Volksinitiative 100.000 Unterschriften (freie Sammlung) ⇩		
Anhörungsrecht im Bundestag (Frist von sechs Monaten) [mögliches Ende] / ⇩		
Anmeldung eines Volksbegehrens ⇩	Sonderfall beschlossenes Gesetz: ⇩	
Volksbegehren Eine Million Unterschriften (Frist von sechs Monaten) ⇩	Volksbegehren 500.000 Unterschriften (Frist von drei Monaten) ⇩	
Möglichkeit der Übernahme durch das Parlament [mögliches Ende] / ⇩	Möglichkeit der Übernahme durch das Parlament [mögliches Ende] / ⇩	
Evtl. Konkurrenzvorlage des Parlaments ⇩	⇩	Bei jeder Verfassungsänderung und bei der Übertragung von Hoheitsrechten ⇩
Volksabstimmung Erforderlich: Einfache Mehrheit, keine Zusatzhürden Bei zustimmungspflichtigen Gesetzen: Ländermehr erforderlich		

Gegenstände der Volksgesetzgebung

Im Rahmen der Volksgesetzgebung können Gesetze und andere bestimmte Gegenstände der politischen Willensbildung aufgegriffen werden. Die Vorlagen im gesamten Verfahren sind demnach ausformulierte Gesetzentwürfe oder allgemeine Anträge. Ziel dieser Regelung ist eine möglichst große Vielfalt und Offenheit der Themen. Die Ausdehnung des Bereichs über Gesetzentwürfe hinaus auf andere bestimmte Gegenstände der politischen Willensbildung findet sich beispielsweise auch in den Verfahrensregelungen Schleswig-Holsteins. Diese Formulierung erlaubt einerseits Vorlagen mit dem Charakter eines Gesetzgebungsauftrags, für den die Initiatoren die Zielvorgabe formulieren, andererseits bezieht sie Gegenstände wie politische Richtungsentscheidungen, Entschließungen etc. mit ein, für die eine Gesetzesform nicht oder nicht zwingend erforderlich ist.

Auf die Aufstellung eines Ausschlußkatalogs, insbesondere des in den Bundesländern verbreiteten Haushaltstabus, wurde bewußt verzichtet. Letzteres erwies sich in den Ländern als äußerst problematisch, wenn das Haushaltstabu zur Zurückweisung von Volksbegehren benutzt wurde, die in irgendeiner Form kostenwirksame Maßnahmen einschlossen (vgl. den Beitrag von *Kampwirth*). Generell kann den Bürgerinnen und Bürgern – dem Souverän des Staates – nicht durch einen Verbotskatalog der Zugriff auf ein Thema, das sie für sich zur Entscheidung reklamieren, verwehrt werden. Nicht die Vorab-Formulierung bestimmter ausgeschlossener Materien, sondern der Relevanztest in Form eines erfolgreichen Volksbegehrens reguliert die Themenauswahl.

Volksinitiative

Für die erste Verfahrensstufe der Volksgesetzgebung setzt der Vorschlag von Mehr Demokratie e. V. eine niedere „Einstiegshürde" mit angemessenem Sammlungsaufwand an. Die Unterschriften von 100.000 Stimmberechtigten müssen in freier Sammlung (beispielsweise an Informationsständen) zusammenkommen. Eine zeitliche Begrenzung für die Unterschriftensammlung erscheint in diesem frühen Stadium unnötig, da es im Interesse der Initiatoren liegt, die Angelegenheit zügig voranzutreiben. Geboten ist eine Fristsetzung jedoch für die

parlamentarische Behandlung, ansonsten wäre eine Verzögerung des
gesamten Verfahrens durch das Parlament – etwa aus taktischen Überlegungen – möglich, ohne daß die Initiatoren sich dagegen zur Wehr
setzen könnten. Das Ergebnis der Parlamentsbefassung soll deshalb
spätestens sechs Monate nach der Einreichung der Volksinitiative vorliegen. Die Entscheidung, ob das Verfahren der Volksgesetzgebung
durch ein Volksbegehren weiterbetrieben oder mit Abschluß der Volksinitiative beendet wird, liegt bei den Initiatoren.

Volksbegehren

Ein Volksbegehren kann frühestens nach Ablauf der Frist für die Par-
lamentsbehandlung, längstens 24 Monate nach Einreichung der Volksinitiative eingeleitet werden. Durch diesen zeitlich flexibel gestalteten
Übergang zur zweiten Verfahrensstufe verbleibt den Initiatoren genügend Zeit zur gründlichen Vorbereitung des Volksbegehrens, insbesondere für einen flächendeckenden Organisationsaufbau, ohne den
ein direktdemokratisches Projekt in einem Flächenstaat kaum erfolgreich sein kann.

Für ein Volksbegehren sind eine Million Unterschriften innerhalb
eines Zeitraums von sechs Monaten erforderlich. Die Unterschriften
werden kombiniert gesammelt, das heißt, die Initiatoren organisieren
selbst eine freie Sammlung, zudem werden in den Amtsräumen der
Gemeinden Eintragungslisten zum Volksbegehren ausgelegt.

Die Höhe des Unterschriftenquorums war einer der Punkte, die bei
Mehr Demokratie e. V. kontrovers diskutiert wurden. Alternativvorschläge lauteten: 0,5 Mio., 1,5 Mio. und zwei Millionen Unterschriften. Die Mitgliederversammlung des Vereins sprach sich mehrheitlich
für eine Million Unterschriften aus. Zentrales Argument dafür war die
aus der Praxis in den Bundesländern resultierende Einschätzung, daß
diese Hürde schwierig genug zu erreichen ist. Zugleich erfüllt ein
Quorum dieser Höhe aber durchaus die Funktion eines Filters, den
Einzelinteressen nicht durchdringen werden.

Einen besonderen Schutz können die Initiatoren für ein Volksbegehren erwirken, das keinen Gesetzentwurf, sondern einen anderen
Gegenstand der politischen Willensbildung behandelt. Mit der Einreichung eines Zehntels (100.000) der insgesamt erforderlichen Unterschriften tritt für die restliche Dauer der Eintragungsfrist des Volksbe-

gehrens – im Erfolgsfall bis zur Volksabstimmung – eine Schutzwirkung in Kraft: Beschlüsse staatlicher Stellen gegen das Volksbegehren dürfen nicht gefällt bzw. vollzogen werden. Für Gesetzentwürfe ist ein derartiger Suspensiveffekt bewußt ausgeschlossen, denn er könnte die gesetzgeberischen Rechte des Parlaments blockieren.

Diese Regelung soll ausschließen, daß während des direktdemokratischen Entscheidungsprozesses vollendete Tatsachen geschaffen werden, durch die sich die Entscheidungsgrundlage irreversibel verändert. Um ein Beispiel zu nennen: Wenn es in einem laufenden Volksbegehren um die Zielvorgabe eines Ausstiegs aus der Kernkraftwirtschaft geht, unterbindet die Schutzwirkung z. B. Vertragsabschlüsse der Exekutive zur Nutzung von Atomstrom mit mehrjähriger Laufzeit, die nach einer Volksabstimmung erforderlichenfalls nicht ohne finanzielle Auswirkungen aufzuheben wären.

Volksabstimmung

Die Volksabstimmung findet frühestens vier, spätestens zwölf Monate nach einem erfolgreichen Volksbegehren statt. Diese flexible Frist ermöglicht eine aus Gründen der Kostenersparnis sinnvolle Terminbündelung für mehrere Abstimmungen oder einen gemeinsamen Termin mit einer Bundestags- oder Europawahl.

Über die Annahme einer Vorlage in der Volksabstimmung entscheidet die Mehrheit der abgegebenen Stimmen (einfache Mehrheit). In Volksabstimmungen über Gesetze, die nach dem Grundgesetz der Zustimmung der Länder bedürfen, gilt darüber hinaus ein „Ländermehr": Für eine Annahme der Vorlage ist neben der Mehrheit der bundesweit abgegebenen Stimmen auch die Annahme in der Mehrheit der Länder entsprechend dem Bundesratsschlüssel – der Stimmengewichtung der einzelnen Bundesländer im Bundesrat – erforderlich. Das Ländermehr achtet das Föderalismusprinzip des Grundgesetzes und erfüllt die verfassungsrechtliche Vorgabe, daß die Länder grundsätzlich bei der Gesetzgebung mitzuwirken haben. Es wurde nach dem Vorbild des schweizerischen Ständemehrs in den Gesetzentwurf aufgenommen (vgl. den Beitrag von *Gross*).

Zustimmungs- oder Beteiligungsquoren, die den Erfolg in einer Volksabstimmung nicht nur an die Abstimmungsmehrheit, sondern zudem an ein Mindesterfordernis von Ja-Stimmen oder von Beteiligung, bezogen auf die insgesamt Stimmberechtigten, koppeln („Der Volksentscheid ist nur gültig, wenn ein Fünftel / ein Drittel / die Hälfte der Stimmberechtigten zustimmt / sich beteiligt."), wurden strikt abgelehnt. Derartige Klauseln verhindern in der Praxis eine argumentative Auseinandersetzung der Befürworter und Gegner eines direktdemokratischen Projekts. Sie verschaffen den Gegnern von vornherein einen Vorteil: diese haben die größeren Erfolgschancen, wenn sie in Untätigkeit verharren, sich der Diskussion entziehen, das Thema „totschweigen" oder gar offen zum Fernbleiben von der Abstimmung aufrufen.

Besondere Hürden für Verfassungsänderungen?

Für die Annahme einer Verfassungsänderung durch Volksabstimmung werden keine besonderen Hürden aufgestellt. Zu dieser Frage gab es bei der Erarbeitung des Gesetzentwurfs sehr kontroverse Diskussionen, insbesondere um die Frage, ob man für Verfassungsänderungen die einfache Mehrheit oder eine Zweidrittel-Mehrheit der abgegebenen Stimmen verlangen soll. Die wichtigsten Argumente für die jeweiligen Positionen:

Für die einfache Mehrheit: Nur diese Regelung beachtet das Mehrheitsprinzip und sichert die Gleichheit aller Stimmen. Eine Zweidrittel-Mehrheit ist zu restriktiv, sie verhindert eine positive Weiterentwicklung des Grundgesetzes. Der Mehrheitswille wird ignoriert, wenn er beispielsweise in der Abstimmung mit 60 % der abgegebenen Stimmen zum Ausdruck kommt. Ein gesellschaftlicher Grundkonsens in Verfassungsfragen ist zwar wünschenswert, es ist jedoch nicht möglich, ihn per Gesetz an ein besonderes Mehrheitserfordernis wie 66,6 % der Abstimmenden zu koppeln.

Für die Zweidrittel-Mehrheit: Das Grundgesetz muß besonders geschützt werden, da es die Rahmenbedingungen für andere Gesetze und das Zusammenleben aller vorgibt. Es enthält Grund- und Minderheitenrechte, die zu ändern es eines breiten Konsenses bedarf. Die Regelung für Volksabstimmungen sollte sich deshalb am parlamentarischen Verfahren orientieren und eine Zusatzhürde wie die Zweidrittel-Mehrheit der abgegebenen Stimmen bei Verfassungsfragen enthalten.

Wie bei der Höhe des Unterschriftenquorums im Volksbegehren traf auch in diesem Punkt die Mitgliederversammlung des Vereins die Entscheidung: Sie beschloß mehrheitlich die einfache Mehrheit ohne Zusatzhürde und formulierte Alternativen, die in der weiteren Diskussion des Gesetzentwurfs mitgeführt werden. Als alternative Vorschläge wurden benannt:

- eine Zweidrittel-Mehrheit der Abstimmenden für alle Verfassungsfragen;
- eine Zweidrittel-Mehrheit nur für die Änderung von Grundrechten, für die anderen Abschnitte des Grundgesetzes gilt die einfache Mehrheit;
- Verfassungsfragen werden in zwei aufeinanderfolgenden Volksabstimmungen entschieden; eine Annahme erfolgt nur, wenn die Vorlage zu beiden Terminen von der einfachen Mehrheit der Abstimmenden befürwortet wird.

Dauer des Verfahrens

Die Fristen der einzelnen Verfahrensstufen sprechen bereits für sich: ein Verfahren der Volksgesetzgebung ist kein „Parcours, über den man im Galopp reiten kann". Eineinhalb Jahre sind als minimale Verfahrensdauer zu kalkulieren, durch die Flexibilität zwischen den einzelnen Verfahrensstufen kann von eher längeren Zeitspannen ausgegangen werden. Dies ist durchaus beabsichtigt, denn breite öffentliche Diskussionsprozesse, die vor allem während der Unterschriftensammlung und vor der Volksabstimmung zur Meinungsbildung der Stimmberechtigten unabdingbar sind, lassen sich nicht unter Zeitdruck in Gang setzen.

Sinnvoll sind die langen Fristen zudem aus einem politisch-psychologischen Grund: Sie dienen dem Abflauen emotionaler Beweggründe und kurzlebiger Argumente. Beide Faktoren werden den direktdemokratischen Entscheidungsprozeß nicht in der vollen Länge überdauern können.

Für die Initiatoren bedeutet die lange Verfahrensdauer jedoch, daß sie einen „langen Atem" beweisen müssen. Hierin liegt eine Garantie für die Wichtigkeit des Themas, denn wenn sich die Initiatoren auf ein mehrjähriges Verfahren einlassen, kann von einem ernsthaften Anliegen ausgegangen werden.

Die Information der Stimmberechtigten

Vor der Volksabstimmung wird eine Informationsbroschüre an die Stimmberechtigten versandt. Alle zur Entscheidung stehenden Vorschläge werden darin gleichberechtigt vorgestellt. Neben den Vorlagen enthält die Broschüre in je gleichem Umfang die Positionen der Initiatoren des Volksbegehrens einerseits und die Stellungnahmen von Bundestag und Bundesrat andererseits, so daß den Stimmberechtigten die wichtigsten Pro- und Contra-Argumente zur Meinungsbildung vorliegen. Für diese Informationsregelung war das schweizerische „Abstimmungsbüchlein" Vorbild (vgl. den Beitrag von *Gross*).

Finanzierungsregelungen

Auch in diesem Bereich gingen die Meinungen bei der Entstehung des Gesetzentwurfs auseinander. Diskutiert wurde dabei in zwei Richtungen: Zum einen sind gewisse Finanzhilfen im langen Verfahren der Volksgesetzgebung nötig, um auch anfänglich unpopulären Themen eine Chance zu geben und um mitgliederschwache Organisationen bei der Finanzierung einer direktdemokratischen Kampagne nicht vor unlösbare Probleme zu stellen. Zum andern darf die Volksgesetzgebung nicht in den Ruch der Selbstbedienung geraten.

Mit den gefundenen Lösungen sind beide Aspekte zum Ausgleich gebracht: Ein gemeinnütziger Status für die Initiatoren stellt eine indirekte Hilfestellung dar, denn er erleichtert lediglich die Spendenwerbung. Die Last, für die Finanzierung der Kampagne zu sorgen, liegt nach wie vor bei den Initiatoren. Hinzu tritt eine sehr maßvolle Kostenerstattung, die, gebunden an die Volksabstimmung, den Druck zur Eigenfinanzierung erst gegen Ende des Verfahrens mildert.

Den gemeinnützigen Status erhalten die Initiatoren nach einem erfolgreichen Volksbegehren automatisch. Spenden für das Volksbegehren sind steuerlich gleichermaßen begünstigt wie Spenden an eine Partei. Ein Volksbegehren ist ein gemeinnütziger Vorgang. Wegen der Mitwirkung bei der politischen Willensbildung des Volkes ist die Gleichstellung von Spenden für Volksbegehren mit Spenden an Parteien nur konsequent. Der gemeinnützige Status, wie er Vereinen nach dem allgemeinen Steuerrecht zukommt, ist zudem bei politischen Kampagnen gefährdet oder nicht zu erlangen.

Die Herkunft der (Groß-)Spenden für ein Vorhaben ist auch in einem direktdemokratischen Verfahren von hohem Informationswert. Woher fließen die Gelder? Gibt es dominierende Geldgeber mit besonderem Interesse an einer Durchsetzung des Vorhabens? Wie hoch sind die Ausgaben? – Für Antwort auf diese und andere Fragen sorgt eine Rechenschaftspflicht: Vor und nach der Volksabstimmung müssen die Initiatoren ihre Finanzen offenlegen. Dies schafft Transparenz bereits vor der Abstimmung und kann indirekt eine Ausgabenbegrenzung bewirken.

Verglichen mit den Beträgen, die zum Teil in den Bundesländern pro Wahlstimme gezahlt werden, setzt der Vorschlag von Mehr Demokratie e. V. die staatliche Kostenerstattung niedrig an. Bis zu einem erfolgreichen Volksbegehren tragen die Initiatoren die Kosten selbst; für die Information der Öffentlichkeit und ihre Organisationsarbeit vor einer Volksabstimmung erhalten sie DM 0,25 pro gültiger für ihren Vorschlag abgegebener Stimme. Die Kostenerstattung wird maximal in der Höhe der nachweisbar entstandenen Kosten ausbezahlt. Dadurch ist gewährleistet, daß kein Überschuß erzielt werden kann.

Normenkontrolle

Wichtig ist die Frage nach der Verfassungskonformität volksinitiierter Gesetze. Einen gesetzgeberischen Akt des Volkes allenfalls im nachhinein – wie bei Parlamentsgesetzen oder der Initiativenregelung des US-Gliedstaates Kalifornien (vgl. den Beitrag von *Heußner*) – aus verfassungsrechtlichen Gründen aufzuheben, empfiehlt sich nicht. Die materielle Prüfung muß vielmehr bereits vor dem Volksbegehren stattfinden, um unnötigen Aufwand möglichst zu vermeiden.

Der Gesetzentwurf von Mehr Demokratie e. V. sieht deshalb eine präventive Normenkontrolle auf der zweiten Verfahrensstufe vor. Bestehen verfassungsrechtliche Bedenken, so wird die Zulässigkeit des Volksbegehrens vor Beginn der Eintragungsfrist durch das Bundesverfassungsgericht geprüft. Diese materielle Überprüfung kann von der Bundesregierung oder einem Drittel der Mitglieder des Bundestags beantragt werden.

Ein Vorschlag von Bürgern für Bürger

Der von den Mitgliedern der Bürgeraktion Mehr Demokratie erarbeitete Vorschlag für die Bundesebene wird hier einem breiteren Publikum vorgestellt. Damit geht der Gesetzentwurf in eine zweite Diskussionsrunde: Nach der vereinsinternen Debatte ist nunmehr vorgesehen, über diese Positionen eine breite öffentliche Diskussion anzustoßen. Im Rahmen einer Pressekonferenz im Sommer dieses Jahres werden die Eckpunkte vorgestellt; danach werden vom Herbst 1999 an Expertenanhörungen durchgeführt. Es folgt ein von unabhängiger Seite organisiertes Bürgergutachten zum Gesetzentwurf, das die Meinung von Laien einholen wird. Auf diese Weise fließen Anregungen sowohl von Fachleuten als auch von Bürgerinnen und Bürgern in die endgültige Ausgestaltung des Vorschlags ein. Besonders die Aufnahme des Konzepts durch die Bürgerinnen und Bürger erwarten wir mit großer Spannung, denn schließlich ist ihnen das Recht zugedacht, in einer „Volksabstimmung über die Volksabstimmung" zu entscheiden, ob der Vorschlag für die Bundesebene Gesetzeskraft erlangt.

Weiterführende Literatur

Eckpunkte des Gesetzentwurfs für die Bundesebene. Ergebnisse des Arbeitskreises bundesweiter Gesetzentwurf, in: Zeitschrift für Direkte Demokratie Jg. 11 (1999), Nr. 43, S. 10-25.

Entwurf eines Gesetzes zur Einführung von Volksinitiative, Volksbegehren und Volksabstimmung, in: Zeitschrift für Direkte Demokratie Jg. 11 (1999), Nr. 43, S. 26-32.

Jung, Otmar: Welche Regeln empfehlen sich bei der Einführung von Volksbegehren und Volksentscheid (Volksgesetzgebung) auf Bundesebene? In: Direkte Demokratie in Deutschland. Handreichungen zur Verfassungsdiskussion in Bund und Ländern. Mit Entwürfen zur Einführung von Volksbegehren und Volksentscheid auf Bundesebene („Hofgeismarer Entwurf"), hrsg. von der Evangelischen Akademie Hofgeismar/Stiftung Mitarbeit, Bonn 1991 (Brennpunkt-Dokumentation Nr. 12), S. 19-59.

Klages, Andreas/Paulus, Petra: Direkte Demokratie in Deutschland. Impulse aus der deutschen Einheit, Marburg 1996.

Die Autorinnen und Autoren

BACHMANN, ULRICH, geb. 1956 in Kassel, Jurist, von 1986 bis 1993 stellvertretender Leiter der Forschungsstelle für Zeitgeschichte des Verfassungsrechts und des Deutschen Instituts für Föderalismusforschung an der Universität Hannover, seit 1993 Referatsleiter im Hessischen Sozialministerium.

CAPRETTI, ANNA, geb. 1972 in Gütersloh, Studium der Politikwissenschaft, Psychologie und Romanistik an den Universitäten Trier, München und Marburg, Studienaufenthalte in Italien und Südafrika, schreibt derzeit an ihrer Magisterarbeit über Direkte Demokratie in Italien.

EFLER, MICHAEL, geb. 1970 in Bassum (bei Bremen), Diplom-Volkswirt und Diplom-Sozialökonom, Koordinator der beiden Volksbegehren „Mehr Demokratie in Hamburg", seit Anfang 1999 hauptamtlich bei Mehr Demokratie e. V., Mitglied des Bundesvorstands von Mehr Demokratie e. V.

ERNE, ROLAND, geb. 1967 in Zürich, Chemielaborant, von 1990 bis 1993 Jugendsekretär der schweizerischen Gewerkschaft Bau & Industrie, seit 1998 wissenschaftlicher Mitarbeiter am Europäischen Hochschulinstitut, Abteilung Politik- und Gesellschaftswissenschaften, in Florenz, Arbeit an einer Dissertation über die Demokratisierung der EU und die Rolle der deutschen und französischen Gewerkschaften in diesem Prozeß, Gründungsmitglied der europäischen Demokratiebewegung Eurotopia.

EVERS, TILMAN, geb. 1942 in Heidelberg, Dr. phil. habil., Privatdozent für Politikwissenschaft und Soziologie an der Freien Universität Berlin, Referent für politische Bildung der Deutschen Evangelischen Arbeitsgemeinschaft für Erwachsenenbildung.

GEITMANN, ROLAND, geb. 1941 in Sildemow (Krs. Rostock), Dr. jur., 1974 bis 1982 Oberbürgermeister der Stadt Schramberg, seit 1983 Professor für öffentliches Recht, Kommunalpolitik und Ethik an der Fachhochschule für öffentliche Verwaltung in Kehl, 1. Vorsitzender der Christen für gerechte Wirtschaftsordnung (CGW), Sprecher des Kuratoriums für Mehr Demokratie.

GROSS, ANDREAS, geb. 1952 in Kobe (Japan), lebt seit 1972 in Zürich, Lic. ès. sc. pol., Politikwissenschaftler/Leiter des Wissenschaftlichen Instituts für Direkte Demokratie (WIDD) in St. Ursanne/Zürich, Gründungsmitglied der GSoA (Gruppe für eine Schweiz ohne Armee) und der europäischen Demokratiebewegung Eurotopia. Gemeinderat (1986-1991), Nationalrat seit 1991 und Mitglied der Parlamentarischen Versammlung des Europarates seit 1995. Seit 1992 Lehrbeauftragter für Direkte Demokratie in Marburg, Trier (1994-1995) und Speyer.

HABERMANN, GERD, geb. 1945 in Barkhausen (bei Minden/Weser), Dr. phil., Leiter des Unternehmerinstituts (UNI) e. V. in Bonn der Arbeitsgemeinschaft Selbständiger Unternehmer (ASU), Dozent an der Universität Bonn und Sekretär der Friedrich-August-von-Hayek-Gesellschaft.

HAHNZOG, KLAUS, geb. 1936 in Stuttgart, Dr. jur., 1966 bis 1990 Staatsanwalt, Richter, Stadtrat, Rechtsanwalt bzw. Bürgermeister, 1978 bis 1990 Richter am Bayerischen Verfassungsgerichtshof, seit 1990 Mitglied des Bayerischen Landtages (Vorsitzender des Ausschusses für Verfassungs-, Rechts- und Parlamentsfragen), Bundesvorsitzender der Arbeitsgemeinschaft sozialdemokratischer Juristinnen und Juristen (ASJ).

HEUßNER, HERMANN K., geb. 1960 in Kassel, Studienaufenthalte in Indiana, Kalifornien und Washington D. C., Dr. jur., seit 1994 Verwaltungsrichter in Kassel (z. Zt. beurlaubt), seit 1996 Lehrbeauftragter an der Verwaltungsfachhochschule in Wiesbaden, Standort Kassel.

JÜRGENS, GUNTHER, geb. 1956 in Salzgitter, Dr. jur., 1986 bis 1988 wissenschaftlicher Mitarbeiter am Institut für öffentliches Recht der Universität Marburg, seit 1988 Richter am Verwaltungsgericht Kassel.

JUNG, OTMAR, geb. 1947 in Würzburg, Dr. iur. utr., Habilitation für Politische Wissenschaft und Zeitgeschichte, Privatdozent am Fachbereich Politik- und Sozialwissenschaften (Otto-Suhr-Institut) der Freien Universität Berlin, z. Zt. Forschungsreferent am Forschungsinstitut für öffentliche Verwaltung bei der Deutschen Hochschule für Verwaltungswissenschaften Speyer.

KAMPWIRTH, RALPH, geb. 1968 in Neunkirchen/Westfalen, Diplom-Politologe, seit 1993 verantwortlicher Redakteur der „Zeitschrift für Direkte Demokratie", seit 1997 Öffentlichkeitsarbeit bei Mehr Demokratie e. V., 1998 Initiator des Volksbegehrens „Mehr Demokratie in Bremen", Mitglied des Bundesvorstands von Mehr Demokratie e. V.

KLIEGIS, BRIGITTE, geb. 1951 in Rammsee bei Kiel, Lehrerin, Schulelternbeirats-Vorsitzende, Gründungsmitglied und Geschäftsführerin des Schleswig-Holsteinischen Elternvereins e. V., freie Sachbuchautorin.

KLIEGIS, ULRICH GEORG, geb. 1954 in Kiel, Dr. med., beruflich in der Medizintechnik tätig, Kreiselternbeirats-Vorsitzender, Mitglied des Landeselternbeirats, Gründungsmitglied und Vorsitzender des Schleswig-Holsteinischen Elternvereins e. V., Vorstandsmitglied des Deutschen Elternvereins e. V., Mitglied der Initiative „WIR gegen die Rechtschreibreform" Schleswig-Holstein.

KURZ, BRITTA, geb. 1965 in Göppingen, Staatsexamen für Politikwissenschaft und Germanistik, 1995 Mitarbeit beim Volksbegehren zur Einführung des kommunalen Bürgerentscheids in Bayern, hauptamtlich bei Mehr Demokratie e. V., Mitglied des Bundesvorstands von Mehr Demokratie e. V., Landesvorstand und Vertrauensfrau des Volksbegehrens „Mehr Demokratie in Baden-Württemberg".

LACKNER, STEFANIE, geb. 1969 in Stuttgart, Diplom-Politologin, Mitarbeiterin an der Forschungsstelle Bürgerbeteiligung und Direkte Demokratie an der Universität Marburg, seit 1999 Mitarbeiterin der Europa Fachhochschule Fresenius in Idstein/Ts.

MAYER, THOMAS, geb. 1965 in Kempten/Allgäu, Buchhalter, Mitbegründer der IDEE - Initiative DEmokratie Entwickeln (1988) und der Bürgeraktion Mehr Demokratie (1993), 1993 bis 1995 Vertrauensmann des Volksbegehrens zur Einführung des kommunalen Bürgerentscheids in Bayern, Geschäftsführer von Mehr Demokratie e. V. und von Omnibus für Direkte Demokratie gGmbH.

MITTENDORF, VOLKER, geb. 1970 in Ziegenhain (Hessen), Diplom-Politologe, Mitarbeiter an der Forschungsstelle Bürgerbeteiligung und Direkte Demokratie an der Universität Marburg, bereitet derzeit eine Dissertation über die Direkte Demokratie in der Schweiz vor.

NEMITZ, CARSTEN, geb. 1970 in Leverkusen, Diplom-Politologe, Magister der Verwaltungswissenschaften, 1995 Mitarbeit beim Volksbegehren zur Einführung des kommunalen Bürgerentscheids in Bayern, seit 1998 Forschungsreferent am Forschungsinstitut für öffentliche Verwaltung bei der Deutschen Hochschule für Verwaltungswissenschaften Speyer (Bearbeiter des Projekts „Demokratiereformen in westlichen Demokratien"), Arbeit an einer Dissertation zum Thema „Kommunale Bürgerentscheide", 1996 bis 1998 Mitglied des Bundesvorstands von Mehr Demokratie e. V.

PAULUS, PETRA, geb. 1968 in Kassel, Diplom-Politologin, Tätigkeit in der politischen Bildung, freiberufliche Autorin.

REHMET, FRANK, geb. 1971 in Stuttgart, Diplom-Politologe, Mitarbeiter an der Forschungsstelle Bürgerbeteiligung und Direkte Demokratie an der Universität Marburg, z. Zt. tätig im Bereich Erneuerbare Energien.

SCHAAL, DIANA, geb. 1962 in Stuttgart, Diplom-Politologin, 1996 Mitarbeit beim Volksbegehren „Mehr Demokratie in Hamburg", seit 1997 Mitarbeit beim Volksbegehren „Mehr Demokratie in Berlin", Vertrauensfrau dieses Volksbegehrens.

SCHIFFERS, REINHARD, geb. 1935 in Erfurt, Dr. phil. habil., wissenschaftlicher Mitarbeiter der Kommission für Geschichte des Parlamentarismus und der politischen Parteien in Bonn und apl. Professor für Politische Wissenschaft an der Universität Bonn.

SCHIMMER, ANDREAS, geb. 1957 in Freiburg i. Brsg., Diplom-Theologe, Leiter der Abteilung PR und Werbung und stellvertretender Leiter des Amtes für Öffentlichkeitsdienst der Nordelbischen Evangelisch-Lutherischen Kirche, Kampagnenleiter der Nordelbischen Kirche für den Volksentscheid zur Wiedereinführung des Buß- und Bettages als gesetzlicher Feiertag in Schleswig-Holstein im Jahr 1997.

VOGEL, HANS-JOCHEN, geb. 1926 in Göttingen, Dr. jur., 1960 bis 1972 Oberbürgermeister von München, 1972 bis 1974 Bundesminister für Raumordnung, Bauwesen und Städtebau, 1974 bis 1981 Bundesminister der Justiz, 1981 Regierender Bürgermeister von Berlin, 1987 bis 1991 Parteivorsitzender der SPD.

WEBER, TIM, geb. 1971 in Rendsburg, Diplom-Politologe, Gründungsmitglied der Bürgeraktion „Mehr Demokratie in Bayern" (1993), Sprecher des Bundesvorstands von Mehr Demokratie e. V.